島口《しまぐち》むんばなし

I

東 美佐夫 著

南海日日新聞社 編

南方新社

「島」と「シマ」探しを楽しもう

久岡　学

２０１８年春、奄美市政担当の女子が「副市長が職員研修で使っている資料が面白いんです。紙面で連載できませんか」と言ってきた。島口（方言）を通して地域のことを知ってもらおうと作成した資料だ。分かりやすいし、写真、イラストもふんだんにあって楽しい。一読して掲載を決めた。タイトルは本書とは少し違って「ちょっと一休み　島口むんばなし」。初校は私が担当し、二校目を彼女にお願いした。丁寧な仕事をする彼女が手伝ってくれるのはありがたい。同年6月4日に連載が始まり、２０２２年10月に完結。連載は１６０回の長期に及んだ。

著者は奄美市笠利町節田出身のけぃんむん（ケンムン）君こと東美佐夫・前副市長。ケンムンは奄美を代表する妖怪だ。ガジュマルやアコウの木に棲む。相撲やいたずらが好きで、愛すべき存在なのだ。そのケンムンを奄美大島北部では「ケィンムン」と呼び、徳之島では「キームン」、沖永良部に行くと「ヒーヌムン」となる。「ケン」「ケィー」「ヒー」はいずれも「木」を表す言葉で、「木の者（精）」という意味だ。奄美は広い。島ごとに、シマ（集落）ごとに言葉が異なる。多様性に満ちたシマジマの魅力や不思議をけぃんむん博士と愉快な仲間たちが解き明かしていく。

連載第1回の冒頭、奄美の島口に、日本の古語が残っていることを取り上げた。

最近、奄美の言葉が注目されています。

え～。なぜ？

実は２００９年、ユネスコが世界で約２５００の言語が消滅の危機にあると発表したからです。日本では、８言語が挙げられ、そのうちの一つが奄美の言葉です。その他は八重山語、与那国語、沖縄語、国頭語、宮古語、八丈語、アイヌ語です。

最近、ある同窓会での会話です。

A君「先生　ワン　トゥジのトゥジ（刀自）は奈良平安時代に使われていたそうですね」

恩師「え～本当！」

A君「（古語辞典を持ってきて……）ほらここに」

恩師「はげ～知らんかったがよ。方言使うな～ち　教えてたのに、古語だったわけね」

ということで、普段話す「島言葉（口）」が意外と奄美のPRに一役買うのでは、と言われています。

トゥジは妻のこと。方言周圏論にさりげなく触れている。中央から離れた地域に古い言葉が残るという考え方だ。枕草子に「冬はつとめて雪の降りたるはいふべきにもあらず」との和歌がある。「つとめて」とは早朝のこと。これを徳之島では「しとめて」と言う。〈文化の中心地に発生した新語が、波紋のように周囲に広がり、古語を次第に辺境におしやって、その結果離れた地に語の一致がみられるという、柳田国男が「蝸牛考」で提唱した伝播理論〉(『精選版日本国語大辞典』)

「トン(さつまいも)と魚味噌(いゅんみす)」の話が出てきたとき、徳之島で過ごした少年時代を思い出した。徳之島ではさつまいもを「ハンジン」という。子どもの頃、嫌というほど食わされた。カレーに入っていたこともあった。ある日のこと。母の姉が「ハンジンない?」と訪ねてきた。伯母は農業なんてしたことはない。母は「むっちいけ」(持っていきなさい)と笑顔で答えたが、伯母が帰ったあと、「ハンジンつくゅんに、いきゃし、なんぎしゅんち、しっちゅってぃかい?」(いも作るのに、どれだけ難儀しているのか知っているのだろうか)とこぼしていた。

本書は▽島ことばと生活文化▽全国方言との比較▽奄美から世界を見る▽奄美の島々散歩――など多岐にわたる。各島の地名や歴史、産業の変遷も取り上げた。

「島口むんばなし」は「島」と「シマ」探しの本だ。住んだことや行ったことのある土地を探すのも面白い。シマンチュ(シマッチュ)でなくても楽しめる。「わんのシマや、きゃしあたん」(私たちの集落ではこうだった)と思っていただけたら、望外の喜びだ。

(南海日日新聞社元編集局長)

島口むんばなしⅠ——目次

第2章　奄美から世界を見る

第3章　ふるさと（ルーツ）は奄美
——国内外に広がる奄美のDNA

第4章　奄美の島々散歩
——歴史・人口・文化・産業

第1節　喜界島編

第2節　加計呂麻島編

第5章　集落地名の由来と今むかし
――地名は歴史の語り部

装丁／オーガニックデザイン

島口むんばなしⅠ

※本書は新聞の連載を分野ごとに分類し章立て再構成しています。そのため、各回の内容が前後する箇所があります。その場合、どの章・節と関連しているのか分かるように説明していますのでご参照ください。
※本文中の「注」で、繰り返し説明が出てくる語句がありますが、新聞連載時のままにしています。
※本文中のイラストで作者表記がないものは、「けぃんむん君」作です。

第1章　島ことばは知識の宝箱——古典語と島ことば

第1節　古語が残る島ことば

1．トンと魚味噌《いゅんみす》

最近、奄美の言葉が注目されています。

え〜なぜ？

実は2009年、ユネスコが、世界で約2500の言語が消滅の危機にあると発表したからです。日本では、8言語が挙げられ、そのうちの一つが奄美語です。その他は八重山語、与那国語、沖縄語、国頭語、宮古語、八丈語、アイヌ語です。

最近、ある同窓会での会話です。

A君「先生！　ワントゥジのトゥジ（刀自）は奈良平安時代に使われていたそうですね」

恩師「え〜本当！」

A君「（古語辞典を持ってきて……）ほらここに」

恩師「はげ〜知らんかったがよ。方言使うな〜ち、教えてたのに、古語だったたわけね」

ということで、普段話す「島言葉（口）」が意外と奄美のPRに一役買うのでは、といわれています。

旅人などとの会話に役立つかもしれません。本書では「島言葉」の面白さを紹介したいと思います。

本書の案内は、『けぃんむん』君です。

なお、島々や集落で発音が異なりますが、けぃんむん君が育った大島北部の発音で表記しますのでご注意ください。

参考教材は、奄美群島広域事務組合発行の『島唄から学ぶ奄美のことば』（国立国語研究所及び琉球大学監修）、奄美遺産活用実行委員会の『シマグチハンドブック』（奄美市版）です。

それじゃ、島口むんばなしのはじまりじゃ。

今日は、先日の入学祝いの会話から古語探しをするぞ。

先輩「ゆぶぃや／入学祝《ゆえ》／行じゃんちょ／はげ〜／この頃の童《わらぶぃ》んきゃ／ほでぃていや」

後輩「兄〜／わきゃん時代と／ちがてぃ／まさん／かぁどゅりょん／からや／ありょろや」

先輩「わきゃ時代や／トンと魚味噌《いゅんみす》ば〜りぃ／噛《か》みゅたが

や／勉強も／てげてげ／夜《ゆ》さがてぃ／遊《あす》でぃや〜」

【現代語訳】

夕べは、入学祝いに行ったけど、この頃の子どもは、（大きく）成長しているよ。先輩、私たちの時代と違って、おいしいものを食べているからでしょうね。

われわれの時代は、サツマイモと魚味噌ばかり、食べていたね。勉強も適当に、一晩中遊んだものだよ。

このごろのわらぶぃ
イラスト・ただの乙子

さ〜みんな！　今日の会話に古語がどれだけ含まれているか分かるかな。

①「ゆぶぃ」＝古語【夕（ゆふ）べ】＝夕方。日暮れ時。宵。
②「ほでぃてぃ」＝奄美の古い言葉＝成長する。
③「まさん」＝古語【うまし】の「う」が省略された変化形？
④「かぁどゅ／かむ」＝沖縄・奄美で「噛む」は「食べる」
⑤「夜さがてぃ」＝古語【夜さりがた】＝夜になる頃。（奄美では一晩中）

次は奄美方言にたくさん古語が含まれている例を万葉集などで紹介するぞ。

【会話例】

「わん／とぅじが／くず／はぎ／やましゃんから／なん／やっち／いきょらんた／くちぬかぜ／ふきゅんころ／わらぶぃ／つれてぃ／うがみが／いきょろ」

【現代語訳】

私の妻が、去年、足を怪我（病気）したので　あなたの家に行けませんでした。東風（ひがしかぜ）が吹く頃（春）に、子どもを連れてお目にかかりに伺います。

ま〜こんな感じかな。

皆さん、この会話に古語がどれだけ含まれているか分かるかな。正解は、次回紹介じゃ。

今日は、な〜りっくゎ（少し）、あぐまかぬ（眠くて）、ねぐらち戻ろぃ〜。

※本書では、方言＝古語辞典＝現代語・万葉集等用例文の順で表記します。

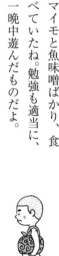

2．島口発音の基本形

さ〜みんな！　前回の会話に古語がどれだけ含まれているか、分かったかな。正解は次のとおりじゃ。

【会話例】

「わん／とぅじが／くず／はぎ／やましゃんから／なん／やっち／いきょらんた／くちぬかぜ／ふきゅんころ／わらぶぃ／つれてぃ／うがみが／いきょろ」

【古語】

①「わん」＝【我《わ》・吾《わ》】＝われ。私。

②「とぅじ」＝【刀自《とじ》】＝一家の主婦。婦人。（奄美では「妻」のこと）

③「くず」＝【去年《こぞ》】＝きょねん。

④「はぎ」＝【脛《はぎ》】＝膝より下、くるぶしより上の部分。すね。（奄美では足全体を「はぎ」という）

⑤「やます」＝【疚《やま》し】・【病む】＝痛める。病気になる。

⑥「なん」＝【汝《な》】＝あなた。

⑦「や」＝【屋《や》・家《や》】＝家《いえ》。家屋《かおく》。うち。へや。

⑧「くち」＝【東風《こち》】＝東から吹いて来る風。ひがし風。（春の季語）

⑨「わらぶぃ」＝【童《わらは》べ】＝子ども。子どもたち。若い者。若者たち。

⑩「うがみ」＝【拝《をろが》む】＝「見る」の丁寧語、お目にかかる。「をが（拝）む」の古い形。

万葉集等からの引用は、後ほどにして。今日は、基本的な島言葉を学習しておこう。

まずは「自分（私）」「あなた／君」は、島言葉でどう発音するかな。

「自分（私）」は、「我《わ》（吾《わ》）ん」「我《わ》ぬ」「我《わ》んね」だね。

「あなた／君」は、「いゃ〜」「うら」だ。年上の人には、「汝《な》ん」「汝《な》〜み」「汝《な》〜た」だよ。

では、「私たち」「あなたたち」「君たち」のように複数形の時は？

正解！「わ（ん）きゃ」「な（ん）きゃ」のように、後ろに「きゃ」をつけるね。

じゃ、ちょっとレ

ベルアップの質問（ムン尋ね）。

奄美群島で「きゃ」の発音と違う地域は？

正解は、喜界島の一部と沖永良部島の和泊町で「わちゃ」じゃ。

え～知名町は違うの？

では、ちょっと真面目に南北奄美地域の発音を文法でおさらいするぞ。

ただし、集落々々で、異なる発音があるから要注意じゃぞ。大学の先生が調べた基本形ということじゃ。このルールで話すと、本書の会話は概ねピタリと当たるぞ。

五十音【オ】段の発音

標準語【お　こ　そ　と　の　ほ　も　よ　ろ】

北奄美【う　く　す　とぅ　ぬ　ふ　む　ゆ　る】

南奄美【う　く　す　とぅ　ぬ　ふ　む　ゆ　る】

五十音【エ】段の発音

標準語【え　け　せ　て　ね　へ　め　れ】

北奄美【い　くぃ　すぃ　とぃ　ぬぃ　ふぅぃ　むぃ　るぃ】

南奄美【い　き　し　てぃ　に　ひ　み　り】

五十音【か行／は行】の発音

標準語　【き　／は　ひ　ふ】

喜界島南部・与論・佐仁【き・ち／ぱ　ぴ　ぷ】

沖永良部【ち　／ふぁ　ふぃ　ふ】

※注／北奄美（方言）＝奄美大島・徳之島・喜界島北部

南奄美（方言）＝喜界島南部・沖永良部島・与論島

「ぱ／ぴ／ぷ」の発音は、奈良時代よりも古い時代の日本語の特徴を保存しているそうだ。

え～佐仁集落の人は、貴重な言葉を使っているんだ。近くに佐仁の先輩がいたら聞いてみたらいいぞ。

南北奄美方言の発音を比較すると表のようになるよ。

今回は、ここまでじゃ。次回は、万葉集等からの用例文を紹介するとしよう。

	標準語	北奄美方言	南奄美方言
音	おと	うとぅ	うとぅ
雨	あめ	あむぃ	あみ
船	ふね	ふぬぃ	ぷに
金	かね	かぬぃ	はに
今年	ことし	くとぅし	ふとぅし
肝	きも	きむ	ちむ

※北奄美（奄美大島・徳之島・喜界島北部）
南奄美（喜界島南部・沖永良部島・与論島）

3．島口と古典文学

さ～て今回は、前回の古語を万葉集等から紹介しよう。

まずは、代表的な【刀自（とじ）】＝一家の主婦。婦人。奄美では妻】じゃ。ちょっと、おもしろい例文があるぞ。


「鹿島（香島）嶺の、机の島の、しただみを／い拾《ひり》ひ持ちきて、石もち、つつき破り／早川に洗ひ濯《すす》ぎ、辛塩《からしほ》に、こごと揉《も》み／高坏《たかつき》に盛り、机に立てて／母にあへつや、目豆児《めづこ》の刀自《とじ》／父にあへつや、身女児《みめこ》の刀自」（「万葉集」16巻3880）

【訳】香島山（石川県七尾市にある地域）近くの机島の海岸からしただみ（巻貝）を拾って持ってきて、石で殻をつつき破り流れの速い川で洗い清めてから、辛い塩でごしごしもんで、足の高い器に盛り付け、それを机の上に立てて、うやうやしく供え、母さんに差し上げましたか、かわいいおかみさん、父さんに差し上げましたか、愛くるしいおかみさん。（「石川県七尾市ＨＰ」参考）

どうじゃ！　島の方言は。万葉集に載っていることに、ちょっと驚いたろうが。

以下、代表的な古語を紹介しよう。

①「くず」＝【去年（こぞ）】＝きょねん。
「去年《こぞ》の秋　相見しまにま……」（「万葉集」）

【訳】去年（きょねん）の秋に、お目にかかったままでしばらく見ないうちに……。

【現代歌】去年今年《こぞことし》貫く棒の如きもの（高浜虚子）

②「はぎ」＝【脛（はぎ）】＝膝より下、くるぶしより上の部分。すね。（奄美では「はぎ」）
「久米の仙人の、物洗ふ女の脛《はぎ》の白きを見て、通《つう》を失ひけんは……」（「徒然草」）

【訳】久米の仙人が、洗濯していた女の白いふくらはぎを見て、神通力を失ったのは……。

③「やます」＝【疚（やま）し】・【病む】＝痛める。病気になる。
「おととひ（一昨日）より、腹を病《や》みて……」（「源氏物語」）

【訳】おといといから、腹悪くして……。

④「や」＝【屋（や）・家（や）】＝家（いえ）。家屋（かおく）。うち。へや。
「屋《や》の内は、暗き所なく光満ちたり」（「竹取物語」）

【訳】家の中には暗いところなく光が満ちています。

イラスト：ただの乙子

⑤「くち」＝【東風（こち）】＝ひがし風。（春の季語）
「東風《こち》吹かば匂い起こせよ梅の花　あるじなしとて春を忘るな」（菅原道真）
【訳】東の風が吹いたならば、（大宰府）まで香りを届けておくれ、我が邸の梅の花よ。主人がいなくなっても春を忘れないでおくれ。
⑥「わらぶぃ」＝【童（わらは）べ】＝子ども。子どもたち。若い者。若者たち。
「清げなるおとな二人ばかり、さては童《わらは》べぞ出《い》で入《い》り遊ぶ」（『源氏物語』）
【訳】さっぱりした感じの年配の女房が二人ほど、そしてその他には子どもたちが出たり入ったりして遊んでいる。
⑦「うがみ」＝【拝（をろが）む】＝「見る」の丁寧語、お目にかかる。「をが（拝）む」の古い形。
「畏《かしこ》みて仕え奉《まつ》らむ、をろがみて仕え奉らむ」（『日本書紀』）
【訳】慎んで（天皇に）お仕え申し上げよう。拝んでお仕え申し上げよう。

今日の最後は、代表的な島唄「いきゅんにゃ加那」から。加那は、愛《いと》しい人とか恋人のことで、女性の名前の後ろにつけて呼んでいたんだって（地域によっては、裕福な家庭の女性の尊称に、徳之島では〝ぐゎ〟と言うんじゃ）。だから、「いきゅんにゃ加那」は、「行くのですか？　いとしい恋人よ」の意味に。

「愛加那、いそ加那」は、いとしい愛さん、いそさんだね。じゃ～君の好きな人が舞ちゃんなら舞加那だけど、加奈ちゃんなら加奈加那だね。う～ん、ちょっと困ったな。（けぃんむん君　座布団1枚！）

今日は、勉強し過ぎて、つぶる（頭）や（病）ましゃんから、ここまでじゃ。次回は、飛ぶ貝？　の話題を紹介するぞ。

4．トビンニャとテラジャ①

さ～て、ちょっと一休みの時間、ず～と一休みと間違わんでください。

拝《うが》ん遠《どっ》さ、ありょん。いつぃんけん雨《あむ》ば～り、降《ふ》てぃ、稀稀《まれまれ》、山ら、下《う》れて、しっちゃっとぉ。汝《な》きゃ、元気しもんにゃ。

【現代語訳】長らくお目にかかりませんでした。いつも雨ばかり降って、久し振りに山から、下りて来ました。皆さん、元気にしていましたか。

さて、今日は、とあるレストランでのランチ時の会話から。

――島人が二階堂ふみ（「西郷《せご》どん」愛加那）風のきょ（ゆ）らむん、めらぶぃ（え）ウエートレスにスパゲティを注文。

ウエートレス「このスパゲティは、奄美の海産〝トビンニャ〟という貝を具にしています。大変人気でおいしいですよ。どうぞごゆっくり召し上がってください」

島人「娘さん娘さん〝トビンニャ〟ちば方言じゃが、観光客は分からんと思うよ。標準語名で教えてくれるね」

ウエートレス「分かりました。少々お待ちください」

〈5分後〉

ウエートレス「お待たせいたしました。〝トビンニャ〟の標準語名が分かりました。〝テラジャ〟と言うそうです」

島人「……？」

（待ったい待ったい。テラジャも方言じゃが、はげ～はげ～きゃしぃしゅっかい。な～りっくゎ、島ゆむた、ならたんほ～が、いちゃっとぉ）とつぶやく。

【現代語訳】待った、待った。テラジャも方言だけど、あ～どうしたもんかい。少し、島言葉を勉強した方がいいよ。

さて、ここで質問（ムン尋ね）。「トビンニャ／テラジャ」の標準語名は？

正解は、「マガキガイ」じゃ。この貝の仲間は、食用にもなる「クモガイ」や「スイジガイ」だね。「イモガイ」とよく間違われるので要注意じゃ。この貝（イモガイ）は、毒を持っているから食べちゃいかんぞ。

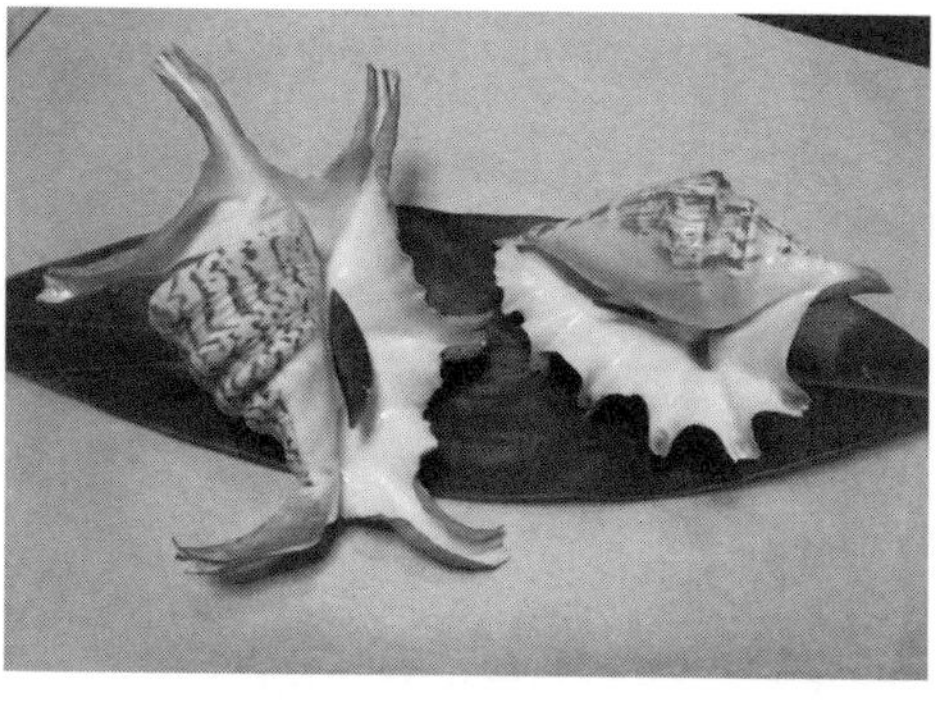

見分け方は『蓋《ふた》の形』をよ〜く見ることじゃな。

そうそう、奄美大島北部では「トビンニャ」、南部では「テラジャ／テラダ」だけど、沖永良部島では「トュビティラザ」だそうだ。おもしろいことに、敵から逃げるときは、蓋で海底を蹴ってジャンプするんだって。

そうか！「ニャ」は、貝を総称する方言だから、「飛ぶ＋貝」で「トビンニャ」だ。


さ〜て、今日の会話から古語探し！

その前に、前回の〝……つぶる（頭）や（病）ましゃんから……〟の「つぶる」も古語だぞ。

①「つぶる」＝【つぶり】＝かしら。あたま。
②「稀稀《まれまれ》」＝【稀（まれ）稀（まれ）】＝ごくまれに。時たま。偶然。
③「きょ（ゆ）ら＋むん（ぬ）」＝【清（きよ）ら】＋「者（もの）」＝美人。標準語「も」は奄美で「む」と発音。「の」は「ぬ」と発音。喜界島では「者」は「むぬ」。
④「めらぶぃ（べ）」＝【女童（めらは）・（めわらは）】＝少女。娘。
※注／「拝（うが）ん遠（どっ）さ」は、【拝む】の古語と「遠い・疎い」の複合語？ けぃんむん君の推測です。

さ〜て、今日の最後は、ちょっと変化した奄美の古い言葉から紹介するぞ！

「とんぼ」は古く奈良時代には、「秋津（あきづ）」と呼ばれたそうじゃ。ローマ字で書くと「Akizu」だね。

長い年月の間で口の開け方を簡単にするため、ある音が抜け落ちるそうな。

例えば、2番目のkが脱落して「A〜izu」、3番目のiが脱落して「Ak〜zu」となって発音されるようになるんだそうだ。

ちなみに、奄美では「とんぼ」を「エーザ（ヅ）」、フェーザ」、沖縄では「ア（ー）ケージュ」というね。これは、古い言葉の名残をとどめているんだって。

今日は、ここまで。次回は、飛ぶ貝の続きからじゃ。

イラスト：ただの乙子

5．トビンニャとテラジャ②

さ～て、前回の「トビンニャ」会話の続きじゃ。今回は、橋幸夫風のきょ（ゆ）らねせが、居酒屋で同じ質問をしたそうな。（え～橋幸夫を知らん？　吉永小百合&橋幸夫の♪いつでも夢を♪で一世を風靡したんだけど……）

きょらねせ「娘さん娘さん、この貝はおいしいけど何と言うの？」

娘さん「お客さん、東京からですか～。（品書きを見せながら）奄美の方言で北大島では『トビンニャ』、南大島では『テラジャ』とか言うんですよ。

茹《ゆ》でてもおいしいけど、みそ炒めも結構いけますよ。私の父は、奄美黒糖焼酎で晩酌しながら、つまみで食べていますよ」

きょらねせ「あ～そうですか。それじゃね。獲れる場所と標準語では何て言うのか教えてください」

娘さん「う～ん。ちょっとマスターに聞いてきますね」

〈30秒後〉

娘さん「お待たせしました。海底1～3mの砂地でよく獲れるそうですよ。刺身も、今日、マスターが近くの海岸で釣ってきた『ブインの魚』だそうです。

あっ、そうだ。貝の標準語名は、〝飛ぶ貝〟だって！　面白い名前でしょ。まだ少し残ってますよ。あ～ぁ、あたらしゃ」

同席者「飛ぶ貝!?　本当？」

この後、けぃんむん君が前回の会話を交ぜながら解説、娘さん大喜び、翌日のネタにしたそうな。

さて、ここで質問（ムン尋ね）。今日の会話で古語は？

正解は、次のとおりじゃ。

①「きょら＋ねせ」＝【清（きよ）ら】＋【ねせ】＝美男子。

※「ねせ」＝薩摩方言「よかにせ」の「にせ」の転化。沖縄では「にせ」＝青年（薩摩藩からの移入語）。語源は「新背」（『背』は古語で男性）や「稚魚」を「二才魚」「二才子」「二才」の由来とも。

②「あたらしゃ」＝【惜（あたら）し】＝惜《お》しい。もったいない。残念である。

③「ブイン」＝【無塩（ぶえん）】＝塩気を含まないこと。魚介類で、新鮮なこと。生であること。奄美で「え↓ぃ」と発音。

今回は、八月踊りで少しユニークな歌詞を紹介するとしよう。

恋煩いで悩む乙女の心情が、男女の歌掛けで面白く表現されているぞ。この唄は、奄美大島や喜界島の各集落で歌われているそうじゃ。

八月踊り「あかんも～ら」

（喜界島の発音と歌詞）

【歌詞】

①東 村《あかんも～ら》／あかか／雪《ゆち》ならぬ／歯《は》ぐちよ
気病《ちゃんめ》に／なりば／呼《ゆ》ばせ／一道《ちゅみち》
②気病《ちゃんめ》に／なとぅてぃ／ゆり転《ころ》うりばよ
あんま／ふりむぬや／ユタば／とぅむし
③医者《いさ》む／いやびらぬ／ユタむ／いやびらぬよ
吾《わ》が好《す》ちゅる／加那《かな》ば／一目《ちゅむ》ば／見《み》しり

【現代語訳】

①東村《ひがしむら》のアカさんは、雪のような白い歯並びよ（美人だよ）。

気の病（恋煩い）になれば、彼を呼んで一緒にさせろよ。（地域によっては、「あかむんらあかくゎ」、「あがんむらくゎ」で女性の名前。）

②気の病（恋煩い）になって、悶々《もんもん》と転ぶほど、苦しんでいると、お母さんのお馬鹿《ばか》さんは、ユタを呼んできた。

③医者もいらないユタもいらない。私が愛しているいとしい人を一目見せてください。

※出典／『島唄から学ぶ奄美のことば』

この歌名は、地域によって「あがんむら」「あがんむらくゎ」「あがん村はっくゎ」など表記が微妙に違うから注意じゃ。

よね（夜）や、けぃんむん君のどぅし（仲間）んきゃが山で集合する日じゃから、ここまで。

四番以下と歌詞に含まれる古語は、次回に紹介じゃ。今日は、うふくんでーた。

※注／「うふくんでーた」は、「ありがとうございます」で喜界島のあいさつことば。

イビラク担いでトビンニャを獲る
あんま（母・祖母）

※注／「イビラク」は壺型で
海用の小型ティルのこと。

6．八月踊りと奄美古語

さて、前回からの続きじゃ。喜界島八月踊り「あかんも〜ら」を紹介したね。恋煩いで悩む女性を描いたおくゆかしい歌詞だが、古語が随所に含まれているぞ。ちょっと紹介しよう。

ただし、四番以下は奄美大島と異なるので要注意じゃぞ。

【歌詞】

④雨垂《あまだ》りの下に／立つな／玉黄金《たまくがね》よ／心《くくる》やすやすとぅ／家《いや》に／いもれ

⑤心《くくる》やすやすとぅ／入《い》りぶさや／あてぃむよ／汝《な》みぬ／すら加那《かな》ぬ／うりば／さすり

⑥うみさしぬ／加那《かな》や／押《う》し隠《かく》ち／うかば／心《くくる》やすやすとぅ／家《いや》に／いもれ

⑦行きよ／玉黄金《たまくがね》よ／連《つ》りてぃ／行かりゅみ／後先《あとぅさち》どぅ／なりゅる／先《さち》や／一道《ちゅみち》

【現代語訳】

④軒の下に立つな、美しい人（大切な人）。心穏《こころおだ》やかに、家に入ってらっしゃい。

⑤心穏やかに、入りたくはあっても、あなたの奥さんがいたらどうするのですか。

⑥思っている妻は、押《お》し隠《かく》しておくから、心穏やかに家に入っていらっしゃい。

⑦行けよ、美しい人（大切な人）。連れて行けないけれども、後先になっても将来は一緒になるよ。

さて、ここで質問（ムン尋ね）。「あかんも〜ら」の歌詞で古語は？

正解は、次のとおりじゃ。「島口発音」（第1章第1節2項）の南北奄美地域の発音を参考にすると分かりやすいぞ。前回最後の〝……けぃんむん君のどぅし……〟の「どぅし」も古語じゃ。

①「どぅし」＝【同士（ど（う）し）・同志】＝仲間。連れ。どうし。

②「気病（ちゃんめ）」（奄美大島では〝きゃんめ〟）＝【気病（きや）み】＝心配・不安から起こる病気（恋煩い）。標準語「き」は喜界島で「ち」。

③「ふりむぬ」＝【耄（ほ）れ者（もの）】＝ばか者。放心した者。※奄美で「ほ→ふ」「の→ぬ」と発音。

④「雨（あま）垂（だ）り」＝【雨（あま）垂（だ）り】＝雨だれ（の落ちる所）。奄美では「軒」。

⑤「や」＝【家（や）】＝家。部屋。家屋。

⑥「玉」＝【玉（たま）】＝美しいものや優れたものの形容。すばらしい。

⑦「あとぅさち」＝【跡先（あとさき）】＝前と後ろ。前後の事情。奄美で「と→とぅ」と発音。

奄美群島は、昔昔、日本本土・琉球・アジアの人々との往来・交易に欠かせない地理的に重要な地域として多様な文化や情報を受け入れていたそうだ。

その結果、島々で独自の言葉が誕生したり古語が少しずつ変化したりしながら、今の奄美語として受け継がれたとも考えられているんだって。

江戸時代の八月踊り
＝奄美市立奄美博物館所蔵「南島雑話」より

今回から奄美の古い言葉も紹介するとしよう。

【奄美古語】

⑧【東村（あかんも～ら）】＝奄美では東のことを日が昇る方角の意味で〝あがり〟と言う。「あがりむら」が変化して「あかんもら」に。ただし、この歌名は地域によって「あがんむら」「あがんむらくゎ」など表記が微妙に違うから注意じゃ。

⑨【一道（ちゅみち）】＝恋人と同じ道を行くということ。

⑩【一目（ちゅむ）】＝ひと目だけ会わせてということ。

⑪【玉（たま）黄金（くがね）】＝玉や黄金のように大事なもの。

さ～て、今日の最後は、数字の発音についてじゃ。これは、奄美独特の表現なんだそうじゃ。

数字の1～9は、1「ってぃち」、2「ったーち」、3「みーち」、4「ゆーち」、5「いち（ー）ち」、6「むぃーち」、7「なな（ー）ち」、8「やーち」、9「くぬち」、10「とぅ」で、語尾に「～ち」と発音するね。

そして、数字の読みかたの後ろに「り」をつけると、単位を表すことばになるんだ。

ただし、数字の「1」だけは、単位と組み合わせると、発音は、「ちゅ……」だよ。

1人＝「ちゅり」、2人＝「たっり」。さしみの1切れ＝「ちゅっきり」、2切れ＝「たっきり」だ。

よね（夜）や、つまみに豆腐ちゅっきり（1切れ）で、だれやん（め）（晩酌）するかな。今日は、とーとぅがなし。
※注／「とーとぅがなし」は、「ありがとうございます」で与論島のあいさつことば。

7．奥深い奄美のことば

さ〜て、ちょっと一休みの時間。な〜りぃくゎ、だれやん（め）じゃ。

兄！　待《ま》ちも〜れ。酒飲《せ〜ぬ》みや、あらんど。まだ、早《ほ〜》かっとぉ、休憩ぬ、事《くうとう》ど。

【現代語訳】さ〜て、ちょっと一休み時間。少し、疲れをとるかな。

お兄さん！　待ってください。酒飲みではありませんよ。まだ、早いですよ、休憩のことですよ。

今回は、とある職場の一言多い先輩と後輩たちとのお話。

先輩「くぅん茶、ぬが、からさんや。マシュ入《い》ったんや、あらんな！　誰《た》るよ。ふり（る）むんや」
【訳】この茶は、どうして辛いのよ。塩入れたんじゃないのか！　誰よ。ばか者は。
後輩「先輩〜気のせいじゃないですか。いつもと同じですよ〜」
（心の声——本当は、隠し味に塩ひとつまみ入れちゃいました。♪ウフフ♪——）
天の声「はげ〜、如何《いきゃ》しゃる、童《わらぶぃ》よ。汗肌《あしはだ》ぬ、女童《めらぶぃ》んきゃにゃ、加那《かな》か、すらんば」
【訳】あ〜どういう青年だろうよ。きれいな娘（女性）たちには、優しくしないと。

なかなか、しゃれっ気たっぷりの先輩、後輩の会話じゃ。何となく職場の和やかな？　空気が伝わってくるな。けぃんむん君が無理やり古い言葉を使ったような気もするが……、ちょっと大目に見てほしい。

さて、今日の会話から古語探し！
①「あらん」＝【終止形（あらず）の】係り結び（あらぬ）の変化形」＝違う。そうでない。
②「ふり（る）むん」＝【ほれもの】が転化＝ばか者。うつけ者。奄美で「ほ→ふ」と発音。
③「わらぶぃ」＝【童（わらは）べ】＝子ども。若い者。
④「めらぶぃ」＝【女（め）童（らは）べ】＝少女。娘。
【奄美古語】
⑤「だれやん（め）」＝【疲（だ）る】＋【止（や）む】

＝疲れをとる。（南九州方言で「晩酌」）
⑥【ぬ】＝「何」。話し手が分からない物や事柄を尋ねるときに使う単語。
⑦【マシュ】＝「真塩」※海に行った後に海水を落とすことを「ウシュ」流すというね。↓古語【潮（うしほ）】が訛って「ウシュ」？か。
⑧【いきゃしゃる】＝「いかなる」が転化＝どんな。どういう。
⑨【汗（あし）肌（はだ）】＝魅力的な人肌から美人の形容。国語学者が絶賛した奄美古語。
※塩道長浜節の一節「汗肌ケサマツぬ……」
⑩【加那（かな）】＝愛しい。恋人。転じて、大事に・優しく。女性の名前の後ろにつけて、（……加那）のように愛称として使われることも。

さ～て、「汗（あし）肌（はだ）」は、国語学者も絶賛した古い奄美語だそうじゃが、他にもいくつかあるんじゃ。島唄から紹介するとしよう。

①今年《くとうし》／作《つく》たぬ／米《めー》や／しし玉《だま》ぬ／成《な》いしゅさ
②真北風《まにしかじ》／吹《ふ》きば／真南《まへ》ぬ／畦枕《あぶしまくら》

【現代語訳】
①今年作った米は、数珠玉のように実っているよ。
②真北の風が吹けば、（稲穂は）真南の畔を枕にしている。

この唄は、沖永良部の「ちくたぬめー節」の一節だ。この「しし玉《だま》」「畦枕」は、語感が美しいじゃろが。ことばの意味もＧｏｏｄじゃ。

【しし玉】＝数珠玉。

湿地に生える熱帯アジア原産の多年生草本。白色または帯青灰色となり、光沢を出す。かつて女の子がこの実をとって数珠のような首飾りを作って遊んでいました。

【畦（あぶし）枕】＝豊作。

収穫時、田の畔が風に吹かれた稲穂の枕になるほど実り垂れかかること。

歌掛けで句（歌詞）を途切れなく続けていくことを「畔（あぶし）並べ」といいます。
※出典／『島唄から学ぶ奄美のことば』）

あしゃ（明日）や、台風が来るらしいから、早めに、ねぐらに帰るかな。

イラスト：ただの乙子

今日は、みへでぃろ。

※注／「みへでぃろ」は、「ありがとうございます」で沖永良部島のあいさつことば。

8．旧車（者）たちの夜なべ談議

さ〜て、今日は、晩酌好きな仲間たちの会話を紹介しよう。

——ある日の夜ね方（夕方）、昼間の燃料？ を使い切った旧車（者）が集合し、補給用燃料を入れ満タンに。

参加した車（者）は、トヨペット、ニッサン、パッカード、シボレー、クラウンの各車（者）。

小一時間は、ローからセカンドギアでゆっくり安全運転で並走していたのだが、次第にエンジンの調子が良くなりスピード違反気味に。

わが車体の自慢話から最近の車の性能やデザイン比較まで。ついには文化論から産業論にまで発展、そのうち今昔会話へ……。全員奄美大島北部出身じゃから発音は要注意だ。

ニッサン車（者）「わきゃ頃や／田植稲刈《たぁう〜に〜か》り／うぎ剥《は》ぎんきゃ／しゃんじゃが／なまぬ／青年女童《ねせめらぶぃ》んきゃ／きゃしよ」

パッカード車（者）「ちゃ〜や〜／田もねんし／うぎも／ハーベスターじゃが／経験ねんや／あな（ら）んな？」

クラウン車（者）「産業ぬ基本や／農業じゃが／社員体験農業研修ちば／きゃしよ？」

シボレー車（者）「ちゃ／浜下《はまお》れ（り）や種おろしんきゃ／島ぬ行事や／稲作祈願や労働歌ぬ／流れじゃが／どぅきばてぃ／諭《ゆ》（教）しろ〜や」

トヨペット車（者）「あいあい／伝統行事も大事じゃが／なまらや／6次産業ばきゃっし／しゅんか／つぶる／やましゅんちょ／なまぬ／青年女童《ねせめらぶぃ》んきゃぬ／知恵んきゃもむる／大事じゃが／どぅ／酒飲《せ〜の》みべ〜り／すらんにし／明日《あしゃ》／さばくろ〜や」

イラスト：ただの乙子

【現代語訳】

・我々の頃は、田植え、稲刈り、きび刈りなどしたけど、今の若い男女はどうね。

・そうだね、田んぼもないし、さとうきびもハーベスターだし、経験ないのでは。
・産業の基本は農業だけど。社員体験農業研修っていうのはどうね。
・そうそう、浜おれ、種おろしなど島の行事は、稲作祈願や労働歌の流れで行われているのだから、どうよ、頑張って教えてみようか。
・いやいや、伝統行事も大事だけど、これからは、6次産業をどうするのか、頭痛めているところ。若い男女の知恵なども、とても大事だ。
・よし、決まり。どれ、酒飲みばかりしないで、明日、段取りしてみようか。

小林旭の「自動車ショー歌」を歌っているうちにこんな会話に発展したそうじゃ。その後の結果は、後日のお楽しみということで。

さて、今日の会話から古語探し！

①「剥ぎ」＝【はぐ（剥ぐ）】表面の部分をむき取る。はがす。
②「めらぶぃ（べ）」＝【女童（めらは）・（めわらは）】＝少女。娘。
③「つぶる」＝【つぶり（頭）】＝あたま。
④「やま」す＝【病む（やむ）】心配する。思い悩む。頭、心などを悩ませる。
⑤「さばく（ろ～や）」＝【さばくる】＝扱う。処理する。（奄美では「段取りする」などの意味も。）

【奄美古語】
①【きゃ】＝複数形を表す。吾きゃは私たち。喜界島、和泊町では「わちゃ」。ただし、「うぎ剥（は）ぎんきゃ」の「きゃ」は、「……など」の意味も。
②【ねせ】＝薩摩方言「よかにせ」の「にせ」の転化。
※〔第1章第1節5項〕参照。
③【きばてぃ】・【むる】などは次回以降へ

よ～ね（夜）や、刀自（とぅじ）ぬ、ま～さん（おいしい）、いゅん（魚）汁、準備しゃんから、ここまで。
今日は、おぼらだれん。
※注／「おぼらだれん」は、「ありがとうございます」で徳之島のあいさつことば。

9．奄美語と掛詞

奄美には、一つの発音で複数の意味を持つことばがあるのを知っているかな。

高校の「古典」で「掛詞《かけことば》」というのを勉強したじゃろが。え～忘れた！

それじゃ、今回は奄美語の奥深さを味わってもらおうか。古典の掛詞の定義とはちょっと違うので、ここでは「掛詞的な」としたほうがいいかな。

掛詞1【まり】

さ～て、この間、市内のバスに乗った時のことじゃが、乗り口と降り口が2カ所ある市内バスをイメージしてほしい。

ある停留所で80歳前後のおばぁが立っていました。おばぁが前のドアからバスに乗ろうとした時、運転手さんがおばぁに声をかけました。

運転手「おば～／まりら／乗りんしょれ」

おばぁ回れ右し、かがみながら、お尻を突き出して乗ろうとする。すかさず、運転手、

運転手「あい／ありょらんど／まりら／乗りんしょれ」

それでも、お尻を突き出して乗ろうとするおばぁ。運転手、笑いながら、

運転手「いちゃりょっか／気つけてぃ／乗りんしょれよ～」

【現代語訳】

・おばちゃん、後ろから乗ってください。
・あっ、そうじゃないですよ。後ろから乗ってください。
・いいですよ。気をつけて乗ってください。

奄美語の面白さじゃが、運転手は後ろのドアから乗ってほしくて、「まり」からと丁寧に伝えたつもり？

一方、おばぁは「まり」をお尻と勘違い。この光景を見ながら、乗客もクスクス。そんなある日の島バスの和やかな光景でした。

※【まり】＝「まり」は奄美古語で標準語「お尻」「後ろ」の意味なんです。

こんな使い方もあるぞ。

奄美語「わんや／学校の試験／いつんけん／まりら／一番あたんちょ」

・私は、学校の試験（は）いつも後ろから一番だったよ。
奄美語「年とぅれば／座てぃ／酒飲《せ～ぬ》みゅん時《とぅき》や／まりぬ／痛《や》でや」
・年取ると座って酒飲む時は、お尻が痛くてね。

掛詞2【はげ】

これは、ちょっと昔、東京で就職した島人（しまちゅ）が、電車の中で懐かしい先輩にバッタリ会った時の会話です。
就職島人「はげ～／稀稀《まれまれ》だりょっか先輩！／元気だりょってぃな」
島の先輩「はげはげ～／なつかしゃや～／いゃ～だか／元気しゅ～てぃな」
【現代語訳】
・お～久しぶりですね先輩！　元気でしたか。
・おお～懐かしいね。君も元気だったね。

2人の会話は、「はげ～」の連発。タイミング悪く隣に座っていたのは、頭の禿《はげ》た優しそうなご老人。ご老人、禿頭抱えながらいわく。
紳士老人「あの～イタリア語かオランダ語か分かりませんが、時折日本語で〝禿〟と言っているようですが、私の事を話しているのですか？」

島の先輩が、事の始終と奄美の方言で感動することば云々を話したら、ご老人笑顔で納得してもらったとのこと。
けぃんむん博士「〝はげ～〟のエピソードは、たくさんあるそうだよ。そうそう、大河ドラマ『西郷《せご》どん』では、〝あげ～〟との発音だったね。もしかしたら『禿』との混乱を避けるために配慮した？　これは推測じゃ」（地域によっては〝あげ～〟の発音もあるようです。）

掛詞3【やね】

海辺に近い2階建ての3世代同居の家庭で、高校入学前の孫とじいちゃんの会話。
じいちゃん「中学も今年で卒業だね。来年《やね》から世界を見渡せるぐらい一所懸命勉強せんといかんよ。頑張れ！」
中学生の孫「うん分かった。明日早起きしてから頑張るから」
と言った孫だが、翌日、朝早く屋根《やね》に上って水平線

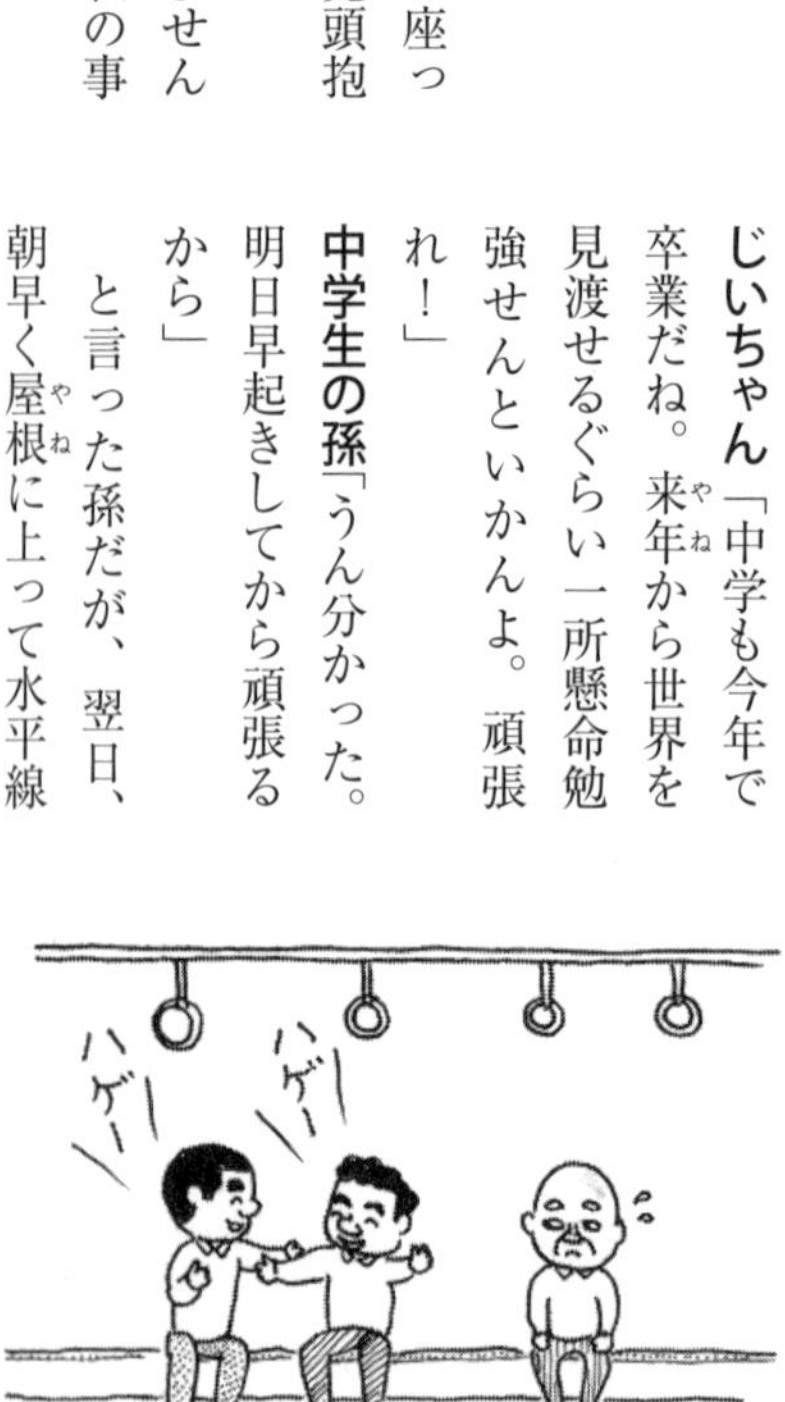

の彼方を見つめていたそうだ。

けぃんむん博士「ちょっと創作っぽいけど勘弁じゃ。ただ、解釈が違ったが世界に羽ばたく孫の意気込みを感じるな。なんとなく掛詞の面白さが分かったような気がするじゃろ」

今日や十五夜満月、あまくま（あっちこっち）で八月踊り。ほ〜らしゃ晩じゃや〜。（イラスト／ただの乙子）

10．奄美の季節と自然の島ことば①

けぃんむん博士「梅雨明け宣言で夏本番じゃな。たむだむ（誰も／各自）太陽（ティダ）の日差しが待ち遠しかったところかな。それじゃ〝自然〟テーマのムン語りを紹介」

ということで、こんな会話が……。

雨（あむぃ）の島ことば

ゆ〜なぎ君(注1)「今日《きゅう》ぬ雨《あむぃ》や汝《な》きゃ集落《シマ》や降らんたんちな。わきゃ集落《シマ》や土砂降りあたが。ちゃ、片降《かたぶ》り（偏降り）雨《あむぃ》あたんじゃやー」

びっきゃ君「ゲロゲロ。わきゃ／まれまれぬ／雨《あむぃ》あてぃ／ほーらかあたが」

てーちぎ君(注2)「ちゃ、ナガシ（梅雨）ち入《ほ》っちら空梅雨あったからやー」

はじぎ君(注3)「ちゃ、朝《すかんま》から南《はい》ぬ風が吹ちゅたんから雨《あむぃ》ぬ降りゅんち思たんちょ。わきゃ刀自《とぅじ》や／内雨《うちあむぃ》／しゅんちし／はーときら（明け方から）／家戸《やど》／閉めとぅたが」

けぃんむん博士「そうだな。今年は、太陽雨《ティダ(ン)あむぃ》ばかりで黍《うぎ》の生育をしわしていたからね」

※注1〜3の和名／ハマボー。シャリンバイ。ハゼノキ。

①「片降《かたぶ》り（偏降り）雨《あむぃ》」＝一つの集落でも東側は降って、西側は降らないような雨。
②「ナガシ」＝梅雨。語源は？
③「内雨《うちあむぃ》」＝シトシト降らず縁側の内側まで降る雨。
④「太陽雨《ティダ(ン)あむぃ》」＝太陽が照る快晴時に降る雨。

けぃんむん博士「せっかくじゃ。雨の豆知識を紹介しよう。

書物によれば雨の呼び名は400語もあると言われているらしい。それじゃ、ムン尋ね（質問）？ 次の雨漢字読めるかな」

◆季節の雨

①春雨 ②紅雨 ③緑雨 ④白雨 ⑤時雨

（答えは末尾）

イラスト：ただの女の子

方位（東西南北）の島ことば

ゆ〜なぎ君「方位の島口呼び名ちば、内地とぅ違うっち聞ちゃんば本当？」

びっきゃ君「ちゃ、沖縄も同じ呼び名らしいけど、地域の生活概念からの方位と自然科学の方位とは、ちょっと違うらしいけど、本当かい？」

けぃんむん博士「そうそう、なかなかよく知っているな。アイヌや南西諸島の人たちの世界観に通じるそうじゃ。〝民俗方位〟とも言われているらしい。少しだけ紹介しよう」

東＝アガリ（レ）・ヒギャ・ヒガ／西＝イリ／南＝ハイ・フェ／北＝ニシ

というそうだ。風名と重なるようだが、少し用例を紹介すると、

「東」＝太陽は東から上《あ》がる。島唄東節《ひぎゃぶし》。風名の時＝「コ（ク）チンカゼ」（東風《こち》）。

「西」＝太陽は西に入《い》る。西表島《いりおもてじま》。

「南」＝南風《はえ》の風。沖縄に南風原《はえばる》という地名。

「北」＝島では秋風の時期を新北風《みーにし》が吹く頃。

太陽の島ことば

けぃんむん博士「さて、奄美・沖縄でよく使われる島ことばの太陽［ティダ（ン）］じゃが、これまで多くの学者が語源解読に挑戦したそうだ。諸説ある一部を紹介しよう」

漢語由来のテダ（天道→太陽）があって不思議なことではない。整理をすると……。

㋐テダ（太陽）の語源を外国語に求めるのは、同系統である言語がないので避けるのが望ましい。

㋑「照る」説は、……受け入れにくい。

㋒「天道」が太陽の意味を表すのは、〈御《お》＋日《ひ》＋様《さま》〉と〈御（お）＋天道《てんとう》＋様《さま》〉の対応関係から理解できる。

4音節のテンタウ（天道）が2音節のテダに変化するのは、『おもろさうし(注)』に「船頭」を「せんどう」とも「せど」

とも書いた例が存在するところから納得がいく。
今帰仁方言では太陽のことをティダーと空のことをティントーと、「天道」から意味、発音が分かれたと見られる語がある。

※出典／間宮厚司『沖縄古語の深層（増補版）』森話社、2014年、39頁

※注／琉球王朝によって編纂された歌謡集（1531年〜）。

はじぎ君「え〜『おもろさうし』からひもとくのか。ちゃ、わきゃだか（夜空を見ながら）〝ティントー（空）見《に》しに！天の川ぬ、きゅらさや〟とか言しゅたが」

リズムがよく五感に響く島ことば、そこが魅力。次回は海が題材。また、拝《うが》みよ〜ろ。

※季節の雨読み／①はるさめ（しゅんう）②こうう ③りょくう ④はくう ⑤しぐれ

11．奄美の季節と自然の島ことば②

さ〜て、今回は〝海〟を題材にしてみよう。イノーでの釣りや〝いざり〟など、いにしえから島の暮らしと深いつながりがあった海。さまざまな島ことばがあるようだ。当然、今回は海のメンバーたち。

魚釣りとリーフ（サンゴ礁）

けぃんむん博士「子どもの頃は、夏休みに裏山で竹を切って釣り竿を作り、よく海に行ったな」

くさび君「わきゃ、わらぶぇぬ頃やイノーぬこもり（籠）じ、ねばり（ハタ科）・くさび（ベラ科）釣りしゅーたやー」

ねばり君「なつかしゃやー、あんま（お母さん）に／イショ（海）／いじ（行って）／じゅーたむ（お父さんのため）／酒《せぇ》んしゅけ（お酒のつまみ）／釣ってきて！と言われたこと思い出したが」

あやびき君「ちゃ、釣餌は、あまん（やどかり）とかサイ（ヌマエビ）を取ってたから、いゅ（魚）釣り経費は釣糸と釣針ぐらいじゃ」

けぃんむん博士「そうじゃな。夏の潮時《しゅどき》の頃は、カガンバク（箱めがね）持ったあんまをイノーで大勢見かけたな。ちょっと、海の地名を図で紹介しよう（次頁）」

海に関する島ことば

・「いゅ」＝魚。古語「いを（魚）」の転化？
・「イショ」＝海。古語「いそ（磯）」の転化？
・「いざり」＝夜漁すること。古語「漁《いざ》り」

・「シ（スィ）ーバナ」＝瀬《せ》は方言でスィで海面に突き出る岩石、満潮にかくれ干潮時に海面に出る暗礁をいう。(注1)「バナ」は鼻、端か？

※注1／金久正『奄美に生きる日本古代文化』刀江書院、1963年。

けぃんむん博士「ただ、シーバナについては、沖の瀬で波しぶきが花のように飛び散るところから、〝瀬の花〟と考えると面白い」

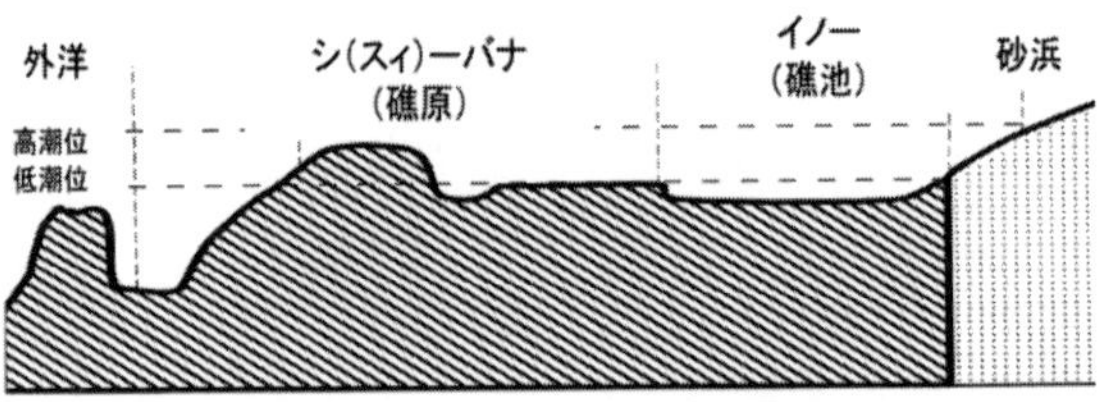

※参考：「シマグチハンドブック（奄美市版）」
奄美遺産活用実行委員会作成図を一部加工

あんまは海の物知り博士

あやびき君「昔ぬをぉばたや（おばたち）、タフ（蛸）獲り名人あたどやー。よく蛸の巣穴を知っていたよな。まだ、昔ぬイショ道具、ウギュン（蛸獲り棒）も残っているがよ」

くさび君「ちゃ、わきゃあんまも、いざりぬゆる（夜）や、すかんまら（朝から）ソワソワしゅーたが。うがししゅんば（そうだけど）、絶対巣穴ぬ場所や教《ゆ》してぃ呉《く》りらんたがよー」

けぃんむん博士「昔の人たちは、食料を海山から調達していたから、自然を知ることは生きるための知恵、生涯内緒だったようじゃ」

ねばり君「ちゃ、ちゃ、わきゃあんまや手熟《ていじゅく》ぬあたんちょ。行《い》きゅんたび、タフ（蛸）、ニャ（貝）、オオサ（アオサ）、ガシツ（ウニ）取てぃきゅーたや（取ってきたよ）」

《トビンニャとり》

イラスト：ただのみ子

海幸と漁具の島ことば（写真は次頁）

①「トビンニャ」＝マガキガイ。南大島「テラダ」、沖永良部島「トゥビキラザ」、与論島「ティダラ」、沖縄県「ティラジャー」。「飛ぶ＋貝」の意味。

②「カタンニャ」＝チョウセンサザエ。

③「クルムックン（クルスビ）」＝ハナマルユキ。「ウシ」「シビ」とも。

④「シルムックン（シルスビ）」＝ハナビラダカラ。

⑤「ウギュン」＝蛸などをひっかけて獲る道具。

けぃんむん博士「そうそう、危険で要注意の海中生物で、ちょっとユニークな呼び名を紹介しよう」

①「アメリカユン」＝ガンガゼ。長い棘《とげ》に毒がある。アメリカ大陸の大きさに由来？

②「ブトゥ（ブト）」＝イモガイ。種類によっては、刺されて死亡することも。マガキガイとの見分けは爪の形。

昔昔、子どもたちは、海へクサビ釣りに、じいちゃんばあちゃんはミャ／ニャ（貝）取りに行きました。そんな風景が島々で見られる夏休み。水分補給は十分に。また、拝《うが》みよ～ろ。

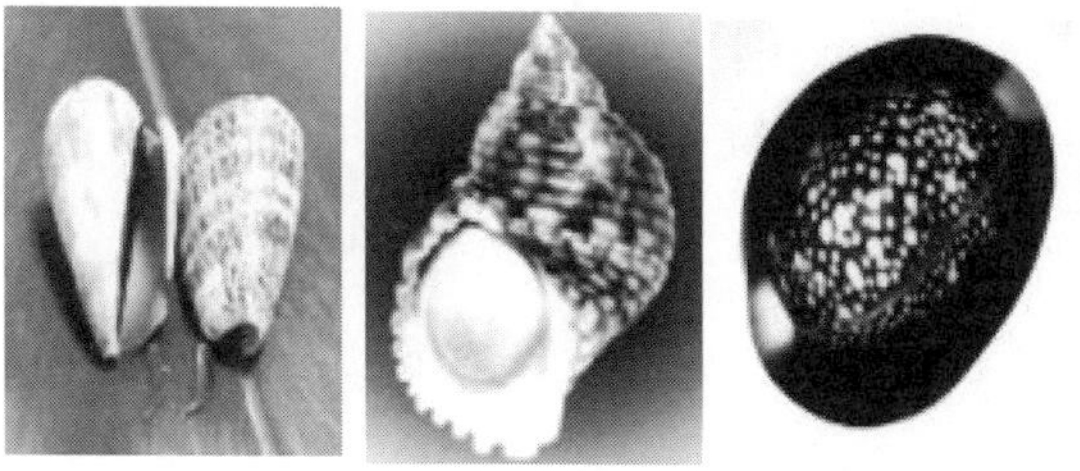

※写真は左側から①②③④⑤の順

①アメリカユン

②ブトゥ（ブト）

12．奄美の季節と自然の島ことば③

さて、〝海〟題材の続き。古くから島人と深いつながりがあった海。メンバーが夏休みのため、けぃんむん君の一人むんばなしに……。

けぃんむん博士「ちゅり（一人）話《ばなし》は、ちょっと／とぜん（徒然）ないけど／気張てぃにょ。それじゃ、今回は話題ごとに……」

あまん（ヤドカリ）は国の天然記念物？

「そうそう、昔釣り餌だった〝あまん〟じゃが、ヤドカリを総称しての呼び名。陸域と海域に生息しているんじゃが、種類も豊富（1500種以上）。ちょっと紹介しよう」

・ヤドカリの名前の由来は、巻貝の殻をおぶって「宿を借りる」ことから。
・エビやカニと親せきみたいな節足動物。
・天敵はタコや肉食魚・大型のカニなど。古くは人間の釣り餌。
・多くの種類がイソギンチャクと共生。
・陸域のオカヤドカリ（陸宿借）は、熱帯域に分布。世界で15種、日本で7種。
・日本では主に小笠原諸島と南西諸島に分布。
・日本に生息するオカヤドカリ全種が、国の天然記念物指定（1970年）。

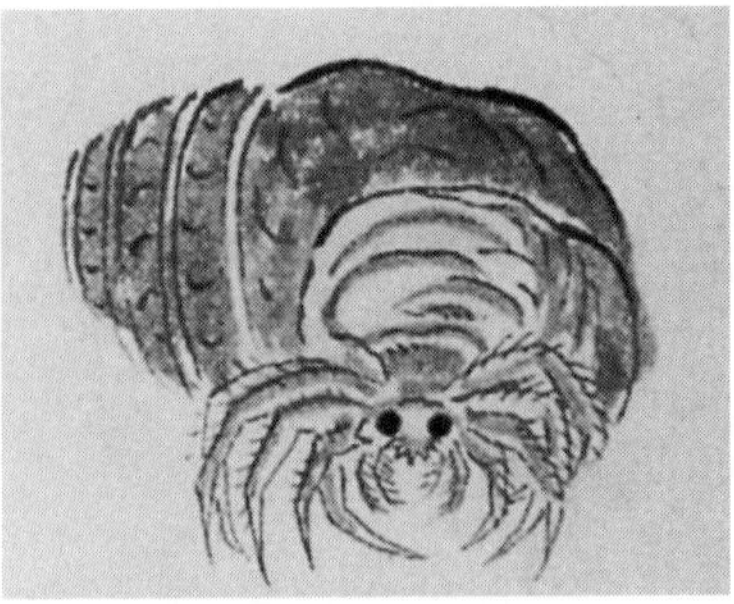

※図：江戸時代のヤドカリ
（「南島雑話」奄美市立奄美博物館所蔵）

◆あまん切り

「昔、じゅーに坊主刈りをされた時、あまん切り、あまん切り！　と言われて、みんなによく笑われたな。あれはヤドカリが歩いた跡に似てたからか？　そうだ！　歌謡曲〽もう二度とアマン[注1]……とかいう歌詞があったな。う〜ん、〝あまん〟は、異人さんが名付けた？」

※注1／フランス語で「恋人」のこと。

いざり（漁）のいま昔

「いさり（漁）は、全国各地で使われる言葉じゃが、古くは〝いざり〟で魚や貝を取る全般を言うようじゃ。奄美では夜の漁のことじゃが、その移り変わりを紹介しよう」

◆大正時代のいざり

旧10月から12月にかけての干潮時夜11時頃から3時頃までの漁のことである。

岬辺りの波の荒い場所のイラブチ、シガリ、トホなどを獲る。明火は、大正初期までタイと称する枯れたススキを束ねたもの。大正時代以降はハーシという油松の小片をテルに入れ、金網の籠に柄を付け燃やす。大正末期頃、竹筒に石油を詰めボロの芯をして燃やす。

間もなくカーバイトランプが現れ……。

タイやハーシ時代のイザリ風景はまことに美しいものであった。母親たちがイザリに出ると乳飲み児が目を覚まし泣き出すと、姉が抱いて浜に降りるのであった。「あれはお母さんの火だよ」と勝手に決める、何十もの火影が水に揺れて海いっぱい拡がる風情は幻想的であった。（『改訂名瀬市誌3巻　民俗編』1973年、84頁）

◆戦後（1945年以降）のいざり（番号は下の図と対応）

「戦後は、自然材のススキや松（①）から化学の力を応用したカーバイトランプ（アセチレンランプ）（②）に変わったのじゃが、その後はみんなが知っているとおりガス交換可能なランプ（③）やLED、充電式ランタンなどが登場しているようじゃ」

◆カーバイトランプと化学（注2）

「わらぶぇ（童）ぬ頃、あんまがカーバイト（下図）と水と混ぜてランプぬ火《まっつ》ば灯《とも》しゅたんけど、化学反応させていたということか。昔や物《むん》知り人《ちゅ》が多かったんじゃな」

※注2／CaC_2（炭化カルシウム）と水を反応させ、発生したアセチレンを燃焼させる構造のランプ。

◆いざり（漁）と島唄

「〃いざり〃に関する島唄は、たくさんあるんじゃが。代表的な一節を紹介しよう」

・海《いしょ》ぬ潮《しゅ》ぬヒャーレ　漁《いざ》り
しゃが潮《しゅ》どき
夜業家《うなびや》ぬ上《あが》り　ねせぬ潮《しゅ》どき

（訳／海の最干潮時は夜漁人の潮時である。乙女たちが夜業を終えた時は若者の潮時である）

※出典／金久正『奄美に生きる日本古代文化』

島のいざりは、天候が悪い時でも場所を変えると出漁OKだ。海に囲まれた小さな島の利点。

また、拝《うが》みよ〜ろ。

①

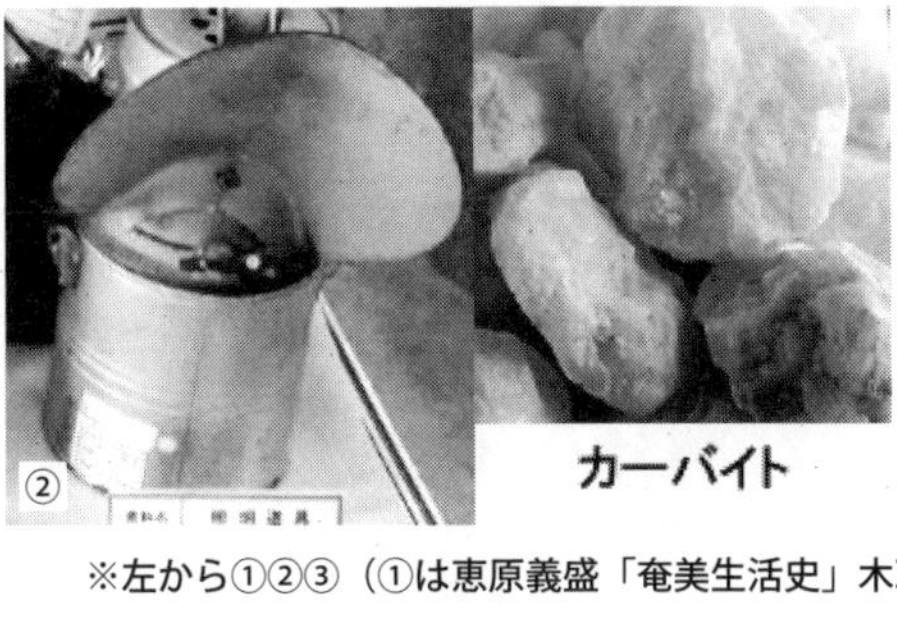

②

③

※左から①②③（①は恵原義盛「奄美生活史」木耳社〈1973〉から）

13. 奄美の季節と自然の島ことば（子どもの遊び編）①

さ〜て、今回は自然の生き物を題材にしてみよう。今回もメンバーが夏休みということで、けぃんむん博士の一人むんばなしとなった。

けぃんむん博士「たむだむ（ためんだめ）（各自／それぞれ）、子孫《くゎまが》連れてぃ、旅行《たびぃ》じゃんちじゃが、たまには家族孝行感心じゃ。それじゃ、今日は夏休みの話題を提供しよう」

海の生き物と島のことば

「いなさりん（子どもの小さい頃）の夏休みは、よく波打ち際でカムックヮ獲りやハリマの穴掘りして遊んだけど、最近の子どもたちは見かけんな」

ということで、昭和時代の子どもの海遊び。

◆カムックヮ獲り

・島々の方言名／ハマグイ（沖永良部島）、パマガミ（与論島）、カーミーグヮー（沖縄）。

・和名／スナホリガニ。ヤドカリ類。

・サンゴ礁域のきれいな砂浜に生息。本州中部以南のインド西太平洋海域に広く分布。

※参考／（財）海中公園センター監修『沖縄海中生物図鑑』新星図書出版

「波が引く時に、砂を足でほじくると出て来て波が寄せて来ると、さっと潜り逃げていくんじゃが、捕まえるタイミングが面白かったな。奄美では地域によってみそ汁の具や素揚げとして食卓にのるそうじゃ」

◆ハリマの穴掘り

・島々の方言名／ハンマ（名瀬）、ハンニ（徳之島）

・和名／ミナミスナガニ。

・温帯にも分布するが、分布の中心は熱帯地方で、砂浜、干潟、マングローブの地面に巣穴を掘って生息する。

「砂浜で比較的大きめで新しい穴を探し、乾いた砂を穴に入れる。その後、手で掘るんじゃが、掘り

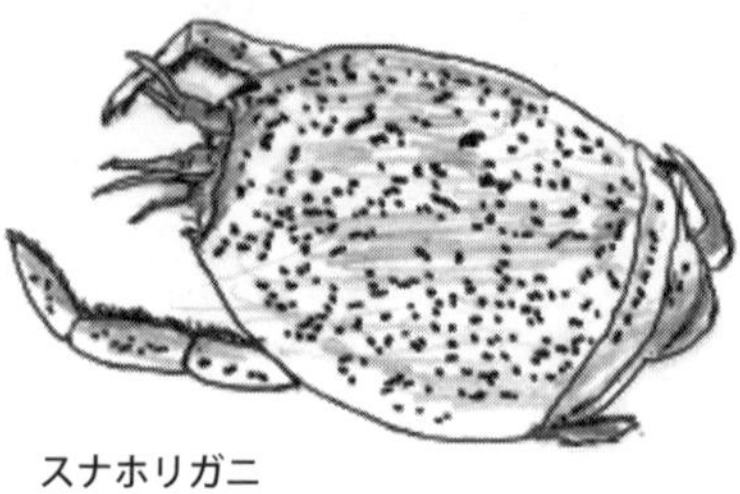

スナホリガニ

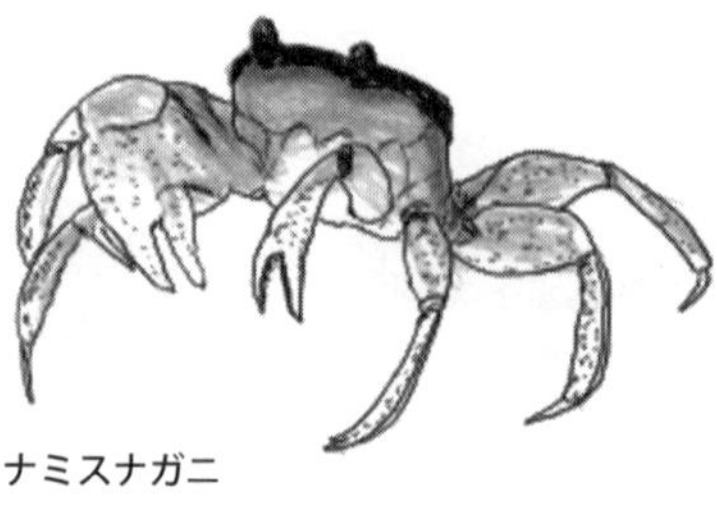

ミナミスナガニ

下げると砂の濃淡で穴の方向が分かって簡単に見つかるんじゃ」

その後は……？

「そうそう、捕まえたハリマを放して競争するんじゃ。砂浜だから気持ち良かったぞ。昔は、そんな遊びで足腰鍛えたんじゃろな」

◆カムックヮとハリマの語源

「カムックヮは、姿のとおり小さい亀の形からだろうな。島ことばで小さい子はくゎというから分かりやすい語源じゃな。

・ハンマは、砂浜を速く走る馬から「はま・んま（浜馬）」→「はんま」が由来(注)とも言われているそうだ。

※注／恵原義盛『奄美の方言さんぽⅡ』海風社、1987年、237頁。

・ハリマは、沖縄・徳之島の舟こぎ競争ハーリー／ハーレー（爬竜《はありい》）＋馬＝ハリマでは？（けぃんむん君の推測です）

自然の状況や生き物の行動・形から名前を付ける、島人の観察力のすごさかな」

空の生き物と島のことば

「空の生き物といえば、鳥じゃな。昭和の時代は、まち(し)きょ（ウグイス）や、すばむ／おくさむぃ（メジロ）を飼育していたけど、捕獲籠や飼育籠は子どもたちが自分で製作していたんじゃ。ちょっと手順を紹介すると――」

◆ウ（オ）トシカゴ（落とし籠）作り

・まず、山から竹を切ってくる。竹は太めと細めを数本。

・太めの竹を割り、細いヒゴを作る。

・細い竹を籠の柱と蓋《ふた》の長さに切って約1～2㎝の間隔でキリで穴をあけ、ヒゴを通す。

・左図の上が落とし籠。落とし蓋と鳥が籠の中に立ち止まる箇所が製作ポイント。

「ただし、現在メジロは保護鳥のため飼育禁止（2012年）になっているから要注意じゃ（罰則規定も）。

庭先の高枝の木でさえずる姿は風情あっていいもんじゃ。平安時代風に表現すると、

〝満開の緋寒桜、かくれんぼするメジロたち、さえずる姿いとおかし(注)〟

参考まで、奄美大島以南のメジロは

図の(9) オトシカゴ

リュウキュウメジロという亜種だそうだ」

※図／『改訂名瀬市誌３巻　民俗編』１６２頁。

※注／いとおかし＝とてもかわいらしい。

テレビがようやく登場した時代、島には遊びのステージが海や山に豊富にあった。夏休みも後半。

また、拝《うが》みよ～ろ。

14. 奄美の季節と自然の島ことば（子どもの遊び編）②

はあとき（暁時）から拝《うが》みよ～ろ。

今回は、植物を題材にしてみよう。夏休みが終わったことも知らないけぃんむん博士、山に帰れず一人むんばなし？

けぃんむん博士「それじゃ、夏休み最後の週じゃ。子孫《くゎまが》の宿題仕上げに慌てている？　今回は子どもの果実採集について紹介しよう」

子どもと木の実

①「ギムル木」（和名／ゴモジュ）の実

奄美大島以南に分布。生垣や盆栽用として利用。

「赤い実は、わらべ（ぶぃ）の頃、枝から採って食べたな。あまりおいしいとは思わんかったけど。それより、竹鉄砲の実玉《なりだま》の利用が多かったな……」

②「イソビ／イショビ」（和名／イチゴ）の実

奄美に自生するイチゴは、主にホウロクイチゴ、リュウキュウバライチゴが分布。

「アメリカの測量艦隊（１８５５年）は大島北部で野イチゴを大量に採集してビタミン補給食としたんじゃ。

昔は、ホウロクイチゴの葉は大きくて、紙の代替として重宝されたな。う～ん、ちょっと説明は勘弁じゃ。ヒントは？」

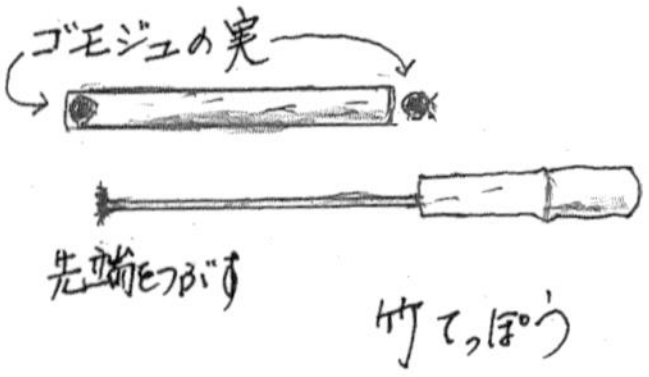

〝あ～スッキリした！〟

③「グィマ」（和名／ギーマ）の実

奄美大島以南に分布。日当たりの良い海岸近くの尾根筋に自生。提灯形の白い花が美しい。実は黒い。

「小さい頃、食べ過ぎて唇が紫に染まって、笑われたな。ちょっと恥ずかしかった」

◆その他の木の実

④「クヮー木」（和名／島桑）の実

「昔は、奄美でも蚕のえさとして葉が利用されていたようじゃ。書物によれば奈良時代から養蚕が行われていたそうだ。木の実は、結構甘くておいしかったぞ」

※大島では実を「ナデチ」という。

⑤「ヒトツバ」（和名／イヌマキ）の実

「そう多く自生する木じゃなかったな。木登りしないと採集できなかったような……。垣根や庭木で見事な景観を演出している集落もあるね」

ようやく、今日が2学期始まりの日だったことに気づいたけぃんむん博士。夏バテしそうな博士を見て、いつものオールドメンバーが助っ人で参加。

ニッサン車「昔ばなしもいいけど、こねだ（この間）の甲子園、神村学園もったいなかったな」

パッカード車「ちゃ、〝ピンチの後にチャンスあり〟高校野球の醍醐味《だいごみ》じゃが。神村優勝で大島高校が有名になりゅんちし、わきゃんだか刀自《とうじ》とぅ／はしとぅんま（一生懸命）／お応援したけど……」

クラウン車「刀自《とうじ》ちば、甲子園～兵庫県～奄美～万葉集～刀自がつながる貴重なテレビ番組見《に》しゃんちょ」

作家田辺聖子さん「刀自」エピソード

番組司会から夫（瀬戸内町出身）のふるさとの事を聞かれた田辺さん。

物書きとしてビックリしたのは、（奄美に）古語が残っていること。万葉集で、『母』のことを『刀自（とじ）』といいますでしょう。「いませ母刀自《おもとじ》面変わり（おめがはり）せず[注]」って。奥さんのことなんですね。

純夫さんは、大和刀自（やまとンとじ）を連れて帰った。大和刀自と言うんです。私は、大和の刀自なんですよ。『刀自』なんていう言葉を、初めて聞いてビックリした。

※参考／２０１９年６月30日ＮＨＫ　Ｅテレ「こころの時代　追悼　田辺聖子さん」放送から抜粋。

※注／「万葉集」第20巻４３４２　坂田部首麻呂の歌。

文化功労者の田辺聖子さんの旦那さんは兵庫県のお医者さん、そして夏の甲子園、どこかつながる縁。今日《きゅう》だか、ありがっさまりょ～た。

第2節　生活文化と島ことば

1. 稲作と島の伝統行事

さ～て、稲作は、田植え・稲刈《に～か》り・脱穀・精米・餅つきじゃな。その際の行事が、浜下《はまお》れ・八月踊り・種おろしだったが覚えているかな。

え！　忘れた？　じゃ今日は、コメ作りと島の伝統行事の関係を紹介しよう。前回の参加者の会話から。

ゆんどり君「おいおい／浜下れ八月踊り／種おろし／とぅ／稲《に～》作り／や／きゃしゃん関係よ／分かりゅんにゃ？」

びっきゃ君「ゲロゲロ サー 吾んだか／分からん／ちょ／けぃんむん博士に／頼みよろや～」

けぃんむん博士「そうじゃな。昔から伝わる島の行事は、ほぼ稲作文化じゃ。そろそろ稲刈り、種おろしの踊りが各集落で行われる頃じゃ。それじゃ文献から紹介しよう」

まず「浜下れ」じゃ。

……稲の草取りが終わり、ぼつぼつ螟虫が入る頃、これを除く祭りとしてハマオレがある。ムシカラシともいう。……業を休み、日中煙の立つことを忌むので夜明け前か前日にその日の食事を拵え、重詰めにして浜に下りて食事をする。

江戸時代の馬競争

従って、相集まり酒盛りになる。雨天の場合は高倉下でする。（『名瀬市誌3巻　民俗編』35頁）

……この日は午後から競馬や闘牛、舟漕ぎ競争などが行われていた……。（『笠利町誌』394頁）

けぃんむん博士「昔は各家々で農耕馬を飼っていたそうで、海岸の波打ち際を競争させて老若男女で楽しんだのを覚えているぞ。馬勝負（まんしぶ）、舟勝負（ふぬぃんしぶ）と言っていたな」

次に、「八月踊り」じゃ。

……八月の節句は考祖祭といって、新穀を神前に供え、先祖を祭り、五穀豊穣を祈るのである。考祖祭は新節（アラセツ）、柴挿（シバサシ）、どんがに分けこれを三八月（ミハチガツ）といっている。……新米で作った「ミキ」と「カシキ」を供えて火の神を祭り、豊年を祝う。……部落をすみずまで一軒残すところなく夜を徹し、二日も三日も踊り歩く。（『笠利町誌』396頁）

……晩は白米の飯を炊き、ご馳走が出る。飯が済むころからチヂン（太鼓）の音が聞こえ、部落の端の家を振り出しにハチグヮチヲドリが始まり……。次の家に引き揚げるときは、その間をおぼこり歌を唄いつつ移っていく。

〽おぼこりどやどる
果報しゃらどやどる
〽ヤネ（来年）や
稲加奈志　畦枕（『名瀬市誌3巻　民俗編』37頁）

次に、「種おろし」じゃ。「カネサル」ともいうそうだ。

……九月末から十月初めの庚申（かのえさる）の日に行われる農家の行事である。奄美では、明治の末頃まで

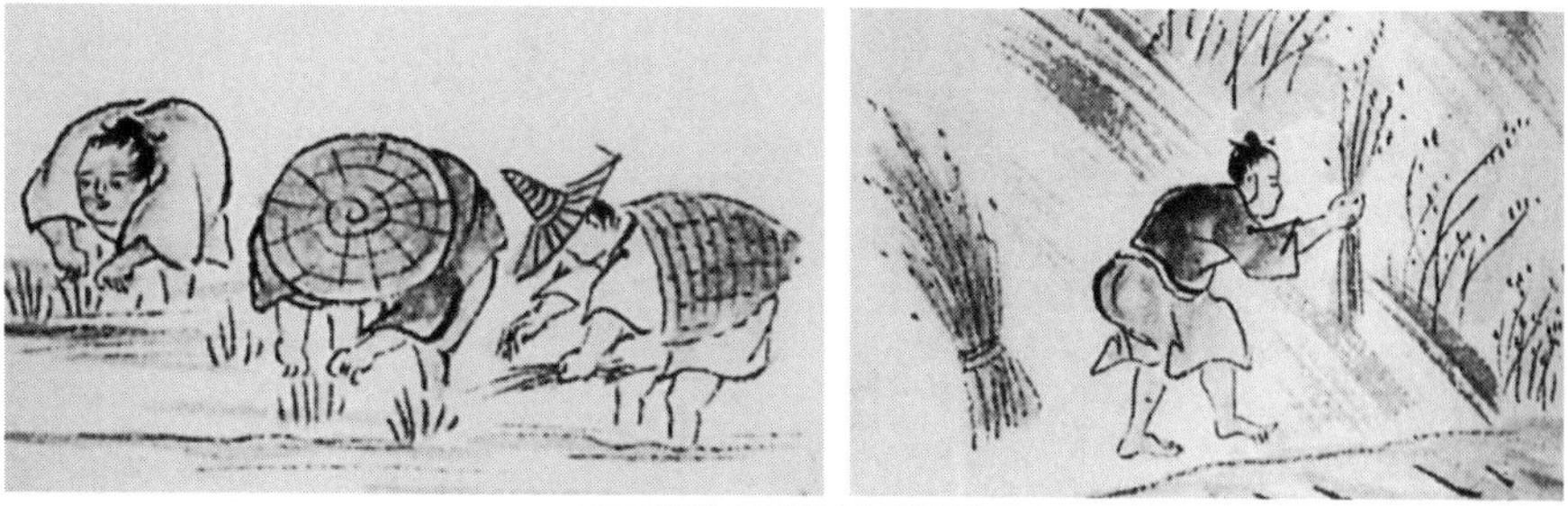

江戸時代の田植えと稲刈り

赤米本稲と呼ばれる在来種が作られていたが、その当時は九月から十月の始めにみずのえの日に浸種して、四、五日発芽させてから本田に移植されるのが、……庚申は餅をついて豊作を祈願する行事として発足した。……晩には、……一軒一軒踊り回り餅をもらい（近年は金品）あとでいっしょに食べる。それを餅貰踊（もちもれおどり）という。（『笠利町誌』397頁）

ましきょ君「ホ～（ホケキョ）そうなんだ！／田んぼの草取りと豊作感謝と祈願の稲作行事か／だけど、黍《うぎ》も昔（江戸時代）から作っていたとか聞くけど？／黍文化っちば／ねんたわけな」

※奄美では「さとうきび」を主にウギ、他にウジィ、トーギ、ウーニなどといいます。

すぃばむ君「ちゃ～ちゃ～（チュチュ～チュチュ）／吾んだか／聞きしゃか数《ゆ》して／呉《く》りぃんしょれ」

ゆんどり君「う～ん／どぅ／考《かん》げてぃにょ／（……さとうきび栽培は、大和村の直川智翁が1605年…中国福建省に漂着し……苗をひそかに持ち帰り……（「令和3年度　奄美群島の概況」121頁）……奄美の稲作は、縄文時代から伝播した……）
う～むつかか！／歴史の長さかい？／黍や強制し／作らさったんからや／あらんな」

ひゅーすぃ君「え～（ピー）／むつかかん／話じゃ／誰《たる》か数《ゆ》して／呉《く》りぃんしょれ」

ふぇーざ君「吾んだか／つぶる／やましゃ／けぃんむん博士に／聞ちにょ」

けぃんむん博士「そういえば、さとうきびに関係する伝統行事？　見当たらんような気がするな。何故じゃろ～。これは次回以降の宿題じゃ。あんまやふ（っ）しゅんきゃに聞いてみるかな」

今回の古語は次回紹介。ひまばん（昼飯）いっぱい　みしょて　元気しもれよ～。

次回は、労働歌「稲摺り節」を紹介しよう。

※図／奄美市立奄美博物館所蔵「南島雑話」より

2．稲作と島唄の世界

前回宿題の黍（さとうきび）文化は、すみょらん（すみません）、しばらくお預けということで。

今日は、稲作の一連の作業過程を歌った「稲摺り節」の紹介。この唄は、奄美から沖縄まで広く歌われているそうだ。

ただし、歌詞は地域で多少異なるので要注意だ！　下記は、島唄のテキスト『島唄から学ぶ奄美のことば』からの抜粋じゃ。

「稲摺り節」

【沖永良部島の発音と歌詞】

①今年世《ふとぅしゅ》や／変わてぃ／稲や／粟《あわ》ぬ／できてぃ

サア／稲《いに》摺り摺《し》りよ／殻撰《あらゆ》り撰《ゆ》りよ

②何石《なんごく》ぬ／米《ふみ》も／摺《し》てどぅ／減《ひ》ならしゅる

③摺臼《しるうし》ぬ／音《うとぅ》や／聞《ち》ちむ／聞《ち》ちぬ飽《あ》かぬ

④気《ち》ばてぃ／摺《し》りよ／姉妹《うない》ぬ達《ちゃ》／初穂《しちゅま》／かみらしゅんど（注1）

⑤稲《いに》どぅ／摺《し》らりゆる／粟《あわ》ぬ／摺《し》らりゆみ

⑥気《ち》ばてぃ／摺《し》りよ／仕舞《しもう》てぃ／茶祝《ちゃゆえ》／茶祝《ちゃゆえ》／しゃぶら

♫稲摺り摺りよ（臼で籾殻を除き）　♫殻撰り撰りよ（サンバラで米を選別して）　♫今年世は一倉高倉に貯蔵する

江戸時代の脱穀精米
※図＝奄美市立奄美博物館所蔵「南島雑話」より

【他地域の代表的な歌詞】

・今年世（代）や／一倉《ちゅくら》／来年《やね》が世や／二倉《たっくら》

・再来年《みしゅ》が／世や／三倉《みくら》／三倉建てろ

・今年／年加那志／果報な／年加那志

・来年《やね》ぬ／稲がなし／畦枕《あぶしまくら》

・道ぬ／笹草むぅ／真米《まくぅみ》なりゅり

【現代語訳】

①今年世は変わって（年があらたまって）、稲や粟が多くできた。さあ、もみ殻を選り分けろ、選り分けろよ。②何石の（たくさんの）米も、摺って（精米して）こそ減るものだ。③摺臼の音は、聞いても聞き飽きない。④頑張って摺れよ姉妹達。初穂持たせてやるよ。⑤稲《いに》は摺《し》ることができる。（だけど）粟《あわ》は摺ることができないよ。⑥頑張って摺ってしまって茶祝をしましょう。

・今年は（豊年万作で）、一倉（建ち）、来年は二倉。／再来年は、三倉、三倉建てろ（代々栄えていく）。／今年という年は、まことに果報な年であるよ。／来年の稲は、稲穂が枕になるほど実り垂れ豊作だ。／道の笹草も真米になることだ。

けぃんむん博士「昔（昭和20年頃）は、奄美各地でお米を作っていたそうじゃ。さとうきび畑より田んぼの面積が多かったようだ」

ましきょ君「そうだ！　敬老会で、をぅばっきゃが踊っていたが」

びっきゃ君「ちゃ〜ちゃ／思《おも》じゃしゃ／大島高校が甲子園／行《い》じゃん時《とうき》ぬ／応援曲じゃ」

【現代語訳】そうだ。敬老会でおばさんたちが踊っていたよ。／そうそう、思い出した。大島高校が甲子園に行った時の応援曲だ。

けぃんむん博士「そうじゃな。リズムも良いが歌詞の意味や語感が、また素晴らしいぞ。先人の感性の高さに、ただ驚くばかりじゃ」

じゃ〜奄美古語の奥深さを紹介しよう。

【奄美古語】

①**【姉妹（うない）】**＝奄美の代表的な古語で姉妹のことを「うなり・うない」。兄弟のことを「えへり」。

②**【かみらしゅんど】**＝「冠めらす」で頭に載《の》せさせること。かつては荷物を運搬するときに頭に載せたり、籠につけた紐を額から背中にまわして籠を背負ったりしていたんだ。

③**【一倉（ちゅくら）】**＝1（ってぃち）2（ったっち）……数字の読み方は〔第1章第1節6項〕参照。

④**【来年（やね）、再来年（みしゅ）】**＝年を表す独特のことば。去年（くず）＝古語「こぞ」。

⑤**【稲（に）がなし、年加那志（とし・かなし）】**＝「かなし」、「加那志」は尊いもの、愛しいものにつく接尾語。※第1章第1節3項参照。

⑥**【茶祝（ちゃゆえ）】**＝お祝い。この単語は今では使用されないようです。どういうお祝いかよく分かっていません。

⑦**【畦枕（あぶしまくら）】**※第1章第1節7項参照。

※注1／**【初穂（しちゅま）】**＝初穂（はつほ）。地域によっては、「初穂をたくさん食べさせますよ」、「支給米（or初米）を食

畦枕の風景

べさせますよ」、「一升持たせてやるよ」、他に「絹衣（いしゅ）」「天衣装（あまいしょ）」などとも。

3．稲作から広がる奄美の技術

今回は、古くから伝わる奄美独特の稲作に関わる道具と建物を紹介しよう。

ゆんどり君「昔の脱穀ちば／きゃし／しゅったんよ／分かりゅんにゃ？」

びっきゃ君「よ〜し／吾《わ》んだか／な〜りっくゎ／勉強しゃんから／教《ゆ》しろ」

（前略）刈った稲の根もとを縛ってそれを逆さにして干し、ムシロの上に広げて棒でたたいてモミを落とす。モミがらを丸いサンバラを使ってふるい落とし、たて杵《きね》で米つきしたらしい。

サンバラを使う風習はインド、インドネシア、台湾、沖縄、奄美にあり、馬蹄《ばてい》型の本土の箕と異なり、……中国―朝鮮半島経由と違うもう一つの「稲の道」があったのでは、と云われる根拠の一つになっている。……柳田国男（注1）が主張した「海上の道」だ。（名越護『南島雑話の世界』南日本新聞社、2002年、91頁）

※注1／民俗学の創始者。文化の中心地で新語が生まれ、それが波紋のように周辺に伝播した結果、同心円状の分布が形成され、発生の古い語ほど外側の遠隔地で見いだされる方言周圏論を提唱した。

ましきょ君「そうなんですか！　びっきゃ先輩。それじゃ『サンバラ』の模様と大島紬の『秋名バラ』と似ているのは、もしかしたら由来は、そこから？」

すぃばむ君「ちゃ〜ちゃ〜（チュチュッ）／吾《わ》んだか／聞きしゃか／けぃんむん博士／数《ゆ》して／呉《く》りぃんしょれ」

けぃんむん博士「そうじゃな。『秋名バラ柄』は、古典的

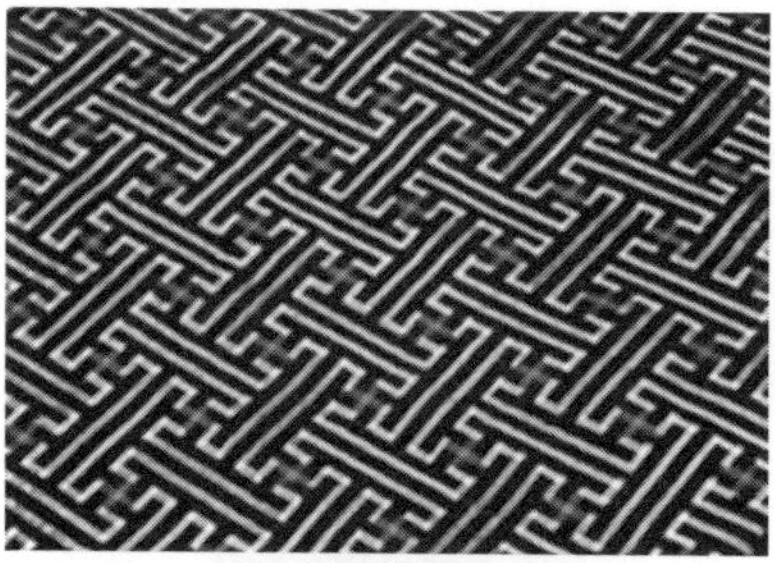

秋名バラ柄

サンバラ

な柄として大変有名じゃ」

　秋名の伝統柄「秋名バラ」の「バラ」は琉球語でザルを意味し、全体に黒っぽいザルの格子柄に赤や青の十文字が交差した模様。（「龍郷町」ＨＰから抜粋）

龍郷町の秋名バラはサンバラの模様に由来した呼び名だと言われているんだ。

　秋名集落は今でも稲作の盛んな地域だよね。国指定重要無形民俗文化財「ショチョガマ」や「平瀬マンカイ」など豊作祈願の行事が残っているけど、原点はやはり稲作だね。

ましきょ君「そうなんですか！　勉強になりました。博士もう一つ質問。収穫したコメは高倉に収納したそうですね。『高倉』は奄美独特の建物ですか？」

けぃんむん博士「う～ん／むづ（じ）らか／くぅと思《おも》じゃしゃや／ちょっと文献紹介しよう」

　（前略）高倉とは床を高くした蔵のことで、湿気やネズミから収穫した稲を守るために建てられたものです。……「高倉」は奄美地方のみならず、東南アジア地域にも見かけられますが、この建物の形は奄美地方独特のもので、建築学的、民俗学的にも貴重な文化財です。要点としては壁がなく、くぎを使わず、水平材を棟から降ろした隅木で吊るなどの独特の技法が見られます。柱、梁、隅材などの用材はすべて硬い材質のイジュです。（『鹿児島大学総合研究博物館 news letter No.6』抜粋）

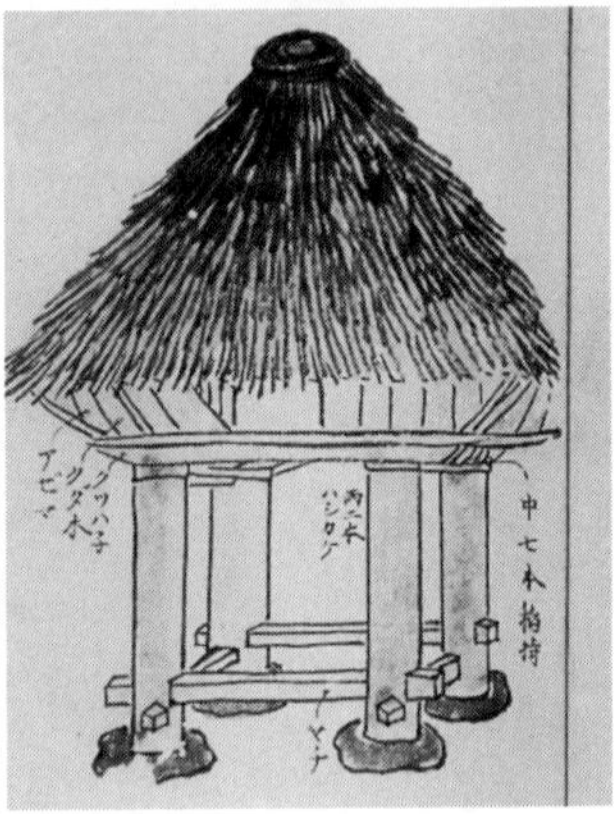

図１　江戸時代の高倉

　（前略）高倉のある風景は、今も奄美の独特の美しい風景だ。……島の有力者の家には、五穀を貯蔵する奄美独特の「高倉」があった。（『南島雑話の世界』南日本新聞社、86頁）

ひゅーすぃ君「え～（ピー）／うがし／だりょんな／昔や／イジュぬ／太《ふ》てぃかん／木っち／あたんじゃや」

ふぇーざ君「うっちゅんきゃに／聞ちゃん／くぅとぅ／あ

んば／島ぬ山じゃ／あまくまじ／ほでぃたん木ぬ／あたんちゅっか」

ましきょ君「あげ～ 先輩！／「稲すり節」ら／話が生《ま》れよたや～／今度ぬ／話や／やむらんた！／ありがっさまりょ～た」

【現代語訳】え～そうなんですか。昔はイジュの太い木があったんですね。／私も年寄りの皆さんに聞いたことあるけど、島の山ではあっちこっちで、成長した木があったそうだ。／先輩！ 稲すり節から話が発展しましたね。今度の話はすばらしいね。ありがとうございました。

さて、今日の会話からの古語探し！

【奄美古語】

【むづ（じ）らか】＝おもしろい。古語「珍（めずら）か」＝めったにない。

【うっちゅ】＝年寄り。

【あまくま】＝あちこち。あっちこっち。

【ほでぃたん】＝成長する。〔第1章第1節1項〕参照。

【やむらん】＝すばらしい、たまらない、など用途が多い語です。

今回の古語は由来がおもしろいので次回以降に紹介しよう。

な～りっくゎ勉強したから つぶる（頭）ぬ ほでぃたん かもや～。また、拝《うが》みよ～ろ。

※図1＝奄美市立奄美博物館所蔵「南島雑話」より。

4．稲作と黍《さとうきび》文化①

さ～て、黍（さとうきび）文化について、いつものメンバーが頭（つぶる）抱えながら、議論した会話を紹介しよう。ちょっと冒険じゃが、推測ということで勘弁してほしいそうじゃ。

会話は、トン普通語(注1)になったようじゃが。

※注1／「トン普通語」とは、標準語と奄美方言を混在させて話す言葉のことをいいます。戦後に生まれた奄美独特の表現といわれています。（参考／倉井則雄『トン普通語処方箋』1985年）

ゆんどり君「この間の／黍《うぎ》文化ぬ宿題／きゃし（どう）／なったかい」

びっきゃ君「ゲロゲロ（う～ん）／やっぱり／栽培歴史ぬ／長さじゃ／ないね」

すぃばむ君「チュチュッ（そうそう）わんもそう思うよ。少し調べた文献紹介しようか」

（前略）近世（江戸時代）以前といえば、奄美でもっとも重要な農作物であるさとうきび、さつまいも等がまだ伝来して来ない前である。……近世以前には、これら米、粟、麦とくに米が主食として作られ、米作中心の農業が行われていた。（中略）

江戸時代のサツマイモ収穫
＝奄美市立奄美博物館所蔵
「南島雑話」より

　中世までは、奄美は言うまでもなく琉球国の一部をなしていたが、……島津氏の統治になるにおよんで、……耕地開発および農作物も、特別の性格をおびるようになった。……水田作は多くは表面から立ち消え、耕地開発も甘蔗、甘藷（注2）畑として開発された。甘蔗は藩にさし出すものであり、甘藷は自分たちの生命をつなぐものであった。（『改訂名瀬市誌1巻』66〜69頁）

※注2／甘蔗＝サトウキビ、甘藷＝サツマイモ

ましきょ君「わんだか／な〜りぃくゎ（少しだけ）／調べたんだけど聞いてくれるかい」

（前略）狩猟採集から農耕への変遷の時期が判明しつつあることである。……奄美諸島では喜界町の城久遺跡群……赤木名グスク……これらの遺跡からオオムギ、コムギおよびイネ……回収された。……年代測定した。すると奄美諸島の栽培植物は約8世紀から約12世紀、沖縄諸島のそれは約9世紀から約12世紀という年代であった。すなわち農耕は北から南へと拡散していったのである。（「奄美・沖縄諸島先史学の最前線④（鹿児島大学国際島嶼センター）」『南海日日新聞』２０１７年1月20日付8面）

ひゅーすぃ君「う〜ん／わんだか／考《かん》げたんじゃが……／少し整理したっちょ」

まず稲作は、
・古来の豊作祈願祭事が先進地から伝播
・主食として必要な作物（収穫量によって生活に影響……感謝と祈願の気持ちへ）
・狩猟から農耕へ移行し集落の共同生活形態が形成
その結果、日本各地同様に稲作関連の遊びや祭事的行事へ発展した。

黍（さとうきび）作は、

・強制的に作る農作物（年貢＝黒糖＞米）

・主食じゃなく農作の想いが希薄

・過酷な労働条件と換金作物

その結果、遊びや祭事的な行事に繋がらなかった。ただし、黒糖を材料とする様々な菓子類が創作されて食文化へと発展した。

こんな感じだけど、どうかい？

びっきゃ君「ゲロゲロ～わんだか、真面目に調べたんっちょ（下のグラフ）。聞いてくれるかい……」

ゆんどり君「そ～か。黍と稲作は薩摩藩の政策や国際情勢の砂糖事情に大きく影響されるんだ。栽培歴史も半世紀以上差があるんだ」

グラフ：「奄美群島のさとうきびと稲作面積の推移」

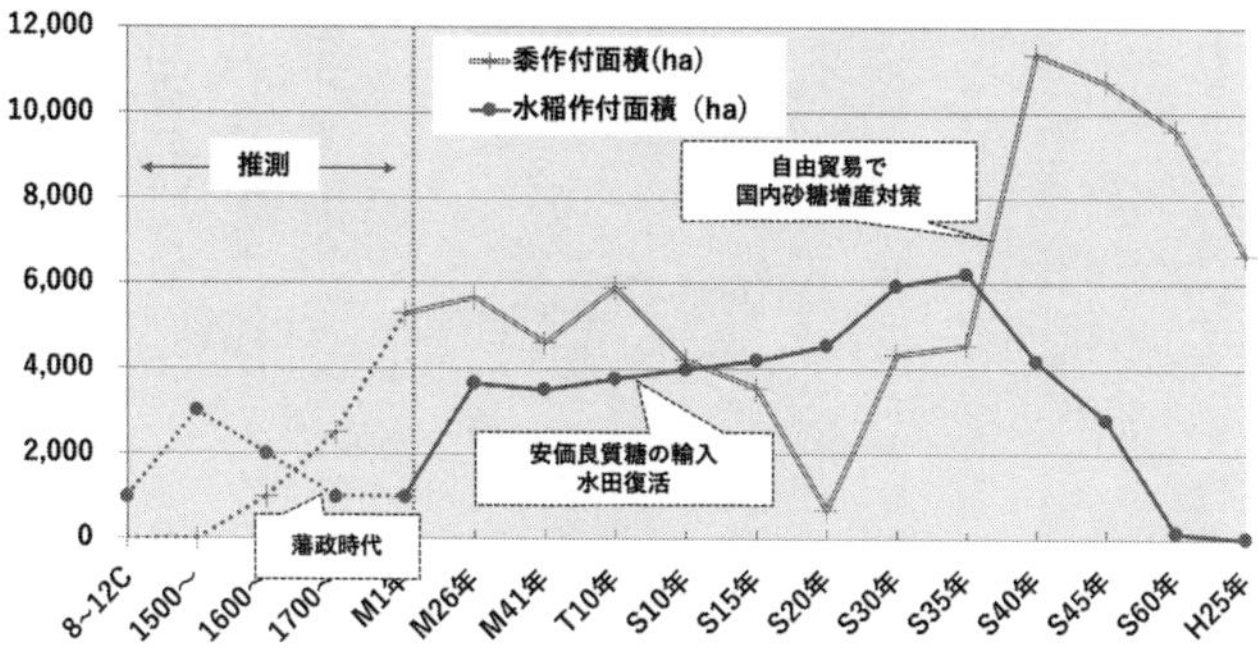

（出所）実線：「改訂名瀬市誌」「奄美群島の概況」から作成

びっきゃ君「う～ん、やっぱり黍は藩政時代の背景から祭事に発展する余裕などなかった。稲作は減少しても集落々（シマジマ）で古き伝統を守った／ちゅうくぅとや／あらんな」

けぃんむん博士「みんな、毎晩酒《せぇ～》ばかり飲《ぬ》どぅんち思ったけど、たまにはいい会話するじゃないか。じゃ～、さとうきびの食文化について、な～りっくゎ（少しだけ）紹介しようか」

砂糖の菓子類は次回紹介しよう。勉強し過ぎて、つぶる（頭）や（病）ましゃんから、ここまでじゃ。また、拝《うが》みよ～ろ。

5．稲作と黍文化②

さて、ちょっとムン尋ね（質問）。さとうきびを原料としてできるのは？　まず思い出すのは黒砂糖だ。それじゃ、黒砂糖を原料にしてできるのは？

けぃんむん博士「それじゃ、今日は前回からの続き、砂糖を利用した〝食〟について紹介しよう」

(前略) 苛酷な体制の中で、ある程度余裕をもってそれへ適応し、優れた知恵の所産として、砂糖の巧妙なる用法や菓子類を案出し、後世に伝えたのではなかろうか。(『改訂名瀬市誌3巻』103頁)

(前略) 藩政時代の奄美は、……砂糖黍をかじったり…舐めただけで鞭打たれた……と語られます。一方で『遠島録』(注1)には砂糖が頻繁に出てくることも事実です。……子どもたちに、砂糖や砂糖黍をたくさん土産に持たせた、……砂糖を使ったお菓子や料理が伝統的に存在する……。(今村規子『名越左源太の見た幕末奄美の食と菓子』南方新社、2010年、162頁)

※注1/名越左源太が奄美大島遠島時に書いた日記。

びっきゃ君「ちゃっちゃ/わきゃ/あんまが/祝《ゆえ》ぬ/時《とうき》/砂糖菓子《さたくわし》/作《つく》りゅたが/まさたや~」

ゆんどり君「そうだ/わきゃ/じゅうや/クルザタ(黒砂糖)舐《な》むながら/だれやん/しゅ~たが」

(前略)

嘉永3年5月20日　陰

夕方亭主が米と椎を交ぜた蒸菓子をくれた。毎日菓子類をくれること、とても叮嚀である。わたしのために毎日菓子類を作っていてくれるのか、または、かねてからそういう習慣のある村里であるのか、はっきりわからない。

『遠島録』には、実にたびたび、お菓子の名前が記されています。……幕末の奄美大島で甘いお菓子が贅沢品であっただろうことを疑ってしまうほどの登場回数といえるでしょう。(前出「幕末奄美の食と菓子」175頁)

奄美大島のもち菓子

奄美大島では、黒糖を使ったもち菓子が多く伝承されています。年中行事や祭の供え物、普段の日にもバラエティーに富んだもち菓子が作られてきました。(泉和子『心を伝える　奄美の伝統料理』南方新社、2015年、244頁)

けぃんむん博士「……ということで、各著書から整理すると30種類以上あるんだそうだ。よく作られるお菓子を紹介しよう」

すぃばむ君「チーチー（そうそう）。ひきゃげ、かしゃむち、ごま菓子、百合のせん、蘇鉄のかん etc、まだ／いっぱい／あたや～」

けぃんむん博士「そうじゃ、食材が乏しい時代、砂糖と島食材を用いて調理の工夫で多彩な菓子を考案したのに、びっくりじゃな。だけどこれだけじゃないぞ」

（前略）砂糖を応用した調味料があることを忘れてはならない。それは黒砂糖の廃物品で作られている酢である。廃物とは黍をねずみがかじり、……糖度の低い……このような黍を集めてしぼり、この汁を……つぼに詰めて発酵させたのが砂糖酢である。……現在、商品として販売されている酢より……砂糖酢が優っている……。（『改訂名瀬市誌3巻』112頁）

▶ふくらかん

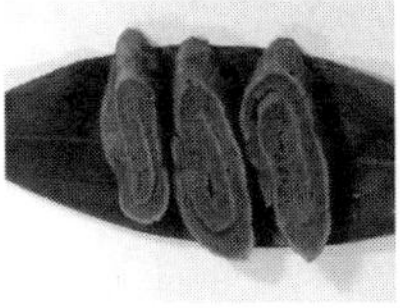
▶舟やき

▶ふち（つ）むち

▶型菓子

ゆんどり君「チュッチュッ！（そうだ！）加計呂麻島のきび酢は、〝薬糖〟〝ミネラルいっぱい〟〝長寿の健康食〟とかで注目されているのをテレビ番組で見たが」

けぃんむん博士「そうそう、南島雑話でも――加計呂麻島で特に良質糖が産出する――と記載されているんだ。不思議じゃな。そして極めつけは、みんな大好きな焼酎じゃ」

「江戸時代、椎の実やイモなどから焼酎を作ったそうだ。特に、さとうきびを原料にした焼酎が最もおいしいと重宝されたようだ」

「さて、さとうきび文化じゃが……。作物としての〝さとうきび〟、加工された〝食〟としての〝黒糖〟、それぞれ歴史の中で翻弄《ほんろう》されながらも、実は、奄美の伝統行事に欠かせない食材として重要な役割を果たしていたんだ」

「視点を変えると、〝稲作文化〟と同様に〝黍《うぎ》文化〟といえるかも知れないね」

さて、今日の会話からの古語探し！

【奄美古語】

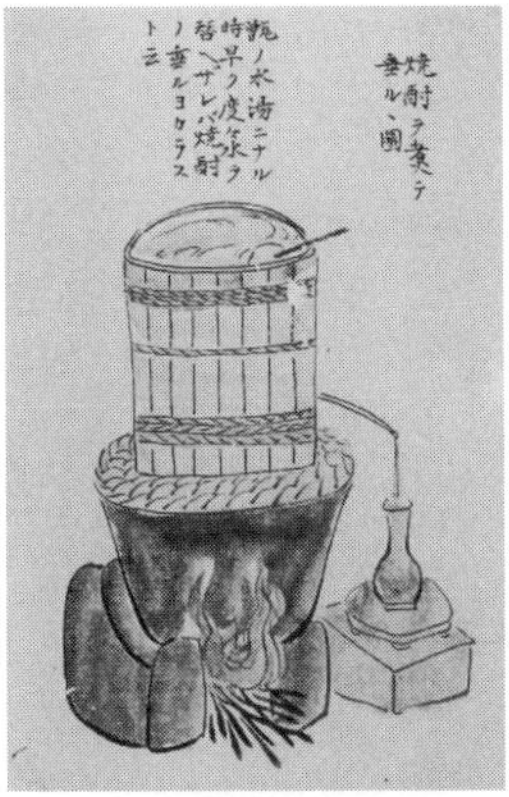
図1　江戸時代の焼酎製法

①【あんま】＝（昔は）母。（最近は）祖母。
②【じゅう】＝（昔は）父。（最近は）祖父。
③【ま（っ）さたや】＝おいしい。古語【うまし】の「う」が省略された変化形？
④【だれやん】＝晩酌。
※図1＝奄美市立奄美博物館所蔵「南島雑話」より。

第3節　島ことばと全国方言比較

1．奄美語散策と全国方言比較①

さ〜て、今日は、奄美語と日本各地の方言を比較してみよう。
まずは、本書で登場するメンバーを改めて紹介しよう。

（奄美大島北部方言名）
①【ゆん（む）どり】＝スズメ
②【ましきょ（ゃ）／まちきゃ】＝鶯
③【すぃばむ（笠利地域）】＝メジロ
④【ひゅーすぃ】＝ヒヨドリ
⑤【びっきゃ】＝カエル
⑥【えーざ／ふぇーざ】＝トンボ
※メンバーのプロフィールは第1章第4節1項参考。

けぃんむん博士「全国及び奄美の島々での主な方言名は以下のとおりじゃ。ただし、集落々々でも異なるので要注意！」

①スズメ＝いんどぅやー（喜界島）、ゆむどぅぃ（沖永良部島・与論島）、ゆむどぅーや（沖縄県国頭）
②ウグイス＝ちゃっちゃー（喜界島）、ましちょーじゃ（沖縄県首里）、ましゃ（まさ）（宮古島）
③メジロ＝くさまくゎ、おくさむぃ（名瀬）、はなつゆくゎ・花露（大和村）、さーみ（沖永良部島）、さんむ（徳之島）
④ヒヨドリ＝ひゅ（よ）ーし（奄美大島の一部）
⑤カエル＝びっちゃー（喜界島）、びっきゃー（山形県）、びっき（びき）（東

メジロ（写真：里村正力さん提供）

北各県・南西諸島）、あうだ（石垣島）、あたびく（与論島）⑥トンボ＝えーず（喜界島）、えーざ（沖永良部島）、うしゃみゃ（徳之島）、あけず（東北各県）、あーけーず（沖縄県首里）

※出典／佐藤亮一『標準語引き―日本方言辞典』小学館、２００４年。

ちょっと話題の方言を紹介するかな。

◆「メジロ」大和村【花露（はなつゆ・くゎ）】

……よく囀（さえず）るめじろはタンクヮイといい競吟の選手として重宝がられます。……花露！まことに優雅で、めじろの仕草を思わせる名でしょう。緋寒桜の花の露を吸っている姿が目に浮かびます。（恵原義盛『奄美方言のさんぽⅡ』185頁）

◆「カエル」東北【びっきゃー・びっき】

◆「トンボ」東北／沖縄【あけず・あーけーず】

びっきゃ君「そうだ！『方言周圏論』を思い出した。奈良平安時代の都（奈良・京都）から遠方の奄美・沖縄、東北地方に同じ発音の古い言葉が残っているんだ。他も、なりっくゎ調べたっちょ。ただ、研究者の間では諸説あるそうだ」

◆「可愛い」奄美＝かなさーん・かなしゃん等、東北＝かなしー　◆「淋しい」奄美＝とぅでぃなさーん等、東北＝とぜんない・とぜねぁ　◆「着物」奄美＝いしゅ・いしょ、東北＝いしょ　◆「産む」奄美／沖縄＝なしゅい・なしゅん・なすん等、東北＝なす　◆「母」奄美／沖縄／富山／福井／三重／高知＝あんま　◆「魚」奄美／沖縄＝いゆ・いゅー、東北／関東／四国＝いお・いよ・いょー

※参考／楠正一『方言学概論』育英書院版、１９３６年。

けぃんむん博士「ぶぎんしゃぬ／ちゅんきゃや／いしょむちあたや～／わきゃや／じんぬ／ねんたん／かな／とぅでぃなさ／ぬ／なりぃくゎ／うゎーなり／しゃんちょ」

【現代語訳】金持ちの人たちは、着物をたくさん持っていたね。私はお金がなかったので（着物がなく）淋しくて少し嫉妬したよ。

けぃんむん博士「それじゃ、世界のことばと比較じゃ。次の英文を方言で訳しなさい」

“If you eat hot taro and fish-miso you will fart.”

正解は後段で！　昔流行した方言のような英語のような発音……。今日の古語がヒントじゃ。

さて、今日の会話から古語探し！

①「ぶぎんしゃ」＝【分限者（ぶげんしゃ）】＝金持ち。富豪。
②「うゎーなり」＝【後妻（うはなり）】＝ねたむこと。嫉妬。
③「カム」＝【かむ（醸む）】＝食べる。
④「ひる」＝【放（ひ）る・痢（ひ）る】体内から外へ放つ。たれる。

【奄美古語】
①【じん】＝お金。古語「銭（ぜに）」の転化？
②【いゅー】＝魚。古語「いを（魚）」の転化？
③【トン】＝さつまいも。トンは奄美大島北部、他にハヌス、ハンス、ウムなど。

さ〜て、英訳わかったかな。ちょっと下品じゃが、古語の勉強ということで勘弁。

【標準語訳】熱い芋と魚の味噌を食べると屁（おなら）するよ。

けぃんむん博士「そして方言直訳すると、〝熱芋《あつとん(どん)》と魚《いゅー》味噌《みす》噛《か》むば屁《ふー(ふぃ)》放《ひ》りゅんど〟これを抑揚つけて発音すると？」

「〜アッド↗ント／イユー(ン) ミス↘／カム↗ バ／フー／ヒリュンド↘」

ほら！　なんとなく英語らしくなったじゃろ。還暦過ぎのおじ・おばに読んでもらうといいぞ。

イラスト：ただの乙子

2. 奄美語散策と全国方言比較②

さ〜て、前回の英文の方言訳どうだった？　今回は、日常使用する方言の由来や語源についてじゃ。奄美語がもっと好きになるはずだ。

「トン普通語」の由来（「第1章第2節4項」参照）

（前略）「トン普通語」という言葉は、だれが言い始めたのか、はっきりわかりません。……ある先生が、「私は戦前聞いたことはない。島尾先生あたりが言い出したのではないか」と、言われるほどです。戦後に生まれた新しい語と考えられます。世間に紹介したのは、島尾先生の『離島の幸福・離島の不幸』の中の「名瀬ことば（注1）」が、最初では。（倉井則雄『トン普通語処方箋』10頁）

※注1／「名瀬においてはことにひとつの珍しい標準的共通語、いくらか自嘲的にそれを『名瀬普通語』とか『トン普通語』とかいっていることばが生まれた。トンというのは、島の人々の重要な食料品であるところの甘藷のことだ」（前書95頁から抜粋）

けぃんむん博士「わきゃ／いなさりんや／トン普通語／ばかりで話をするから先生に怒られたがよ。あっ！　これもトン普通語だった？」

「やむらん」の由来（第1章第2節3項）参照）

（前略）昭和23、4年頃、「ヤムララン」というユムタが流行《はや》った。当時大島中学校の……英語担当の金井直照兄が授業中に、この語を乱発したのがもとで、たちまち大流行した語である。やめることができない、という意味から便利重宝な語として人気沸騰した。（中略）金井直照兄から……語源について回答をいただいた。屋仁川に通い出して、やめようと考えたがやめられない、その苦しみを授業中に「ヤムララン」という言葉の乱発となった。英文で「I just can't stop it.」と書いてあった。（倉井則雄『奄美方言語源散策』１９８８年、２６０頁）

イラスト：ただの乙子

けぃんむん博士「そうだ！　大島高校が／甲子園出場しゃん時の／アルプススタンド応援は／やむらん／たや～」

さかさことば「うがみんしょーらん」

（前略）「めっかりもうさん」これは種子島の朝のあいさつです。

直訳したら「目に掛かり申さぬ」、つまり「お目にかかりません」という意味です。「きょうは　めっかりもうさん」……がもともとの形です。次のように意味を展開させて、「おはようございます」を表すようになっていった。

今日は、まだお目にかかりませんね。↓でも、今、お目にかかりましたね。↓おはようございます。（中略）

奄美大島北端に「スィカマウガミンショーラン」という形が報告されています。「ウガミンショーラン」は「拝みません＝お目にかかりません」という意味ですから、これも「さかさことば」が朝のあいさつに変化したものです。（木部暢子『じゃっで方言なおもしとか』岩波書店、２０１３年、72〜75頁）

えーざ君「え〜／まっち（待って）／呉《く》りんしょれ／〝ウガミン　ショロ・レ（奄美大島）〟とか〝ウガミャブラ（沖永良部島）〟とかは、／きゃし／考《かん》げれ／ば／いっちゃんかい」

けぃんむん博士「そうじゃな。研究者は〝拝み候わん（へ）〟、〝拝み侍る〟とか解説しているようじゃ。時間の経過とともに、否定・肯定表現が各集落（シマジマ）で変化したんじゃろうな。島ちゅの控え目、奥ゆかしさを感じるな。

ちなみに、〝侍《はべ》る〟は奈良時代、〝候《そうら》へ〟は平安時代のことばだそうだ」

「けぃんむん」の由来

（前略）「ケンムン」という語は、古語の「物の怪（け）」から「怪（け）の物」と転じて、方言「ケンムン」となったと考えられる。この「ケ」はキでもケでもない、中間の音である。山の木の木の方言音で、共通語にはない音である。（中略）

恵原義盛先生は真偽は判らないが、愛すべき妖怪、奄美の太古から、海や山、森には神がいる。自然と共生しながら精神文化の中で生き続けてきた、その名残とも……。（倉井則雄「奄美方言語源散策」２６１〜２６５頁）

けぃんむん博士「そうそう。わんのどぅし（仲間）は、奄美・沖縄や全国各地にいるぞ。実在するとも、しないとも言われているけど、謎（いや神秘）の存在じゃ。

研究者は、語源を他にも〝化の物〟とか〝木の物〟〝気の物〟と言っているようだな」

▼奄美大島／徳之島＝ケィンムン　▼喜界島＝ガワラ　▼

沖永良部島＝ヒィーヌムン▼与論島＝ハタパジャマンジャイ　▼沖縄＝キジムナー　▼全国＝河童

今日は、ここまで。また、拝《うが》みよーろ。

図1　江戸時代の「けぃんむん」

※図1＝奄美市立奄美博物館所蔵「南島雑話」より。

3．奄美語散策と全国方言比較③

さ〜て、今回はトウ（唐）の付く奄美語の由来や語源についてじゃ。えっ！　と思う方言もあるぞ。
まずは、予備知識から。

　昔は外国から入ったものをトウ〇〇……と呼んだ。奄美も本土と同じであったと見られます。奈良・平安時代に遣唐使船によって唐から多くの文物がもたらされた……そうしたことから外来物すべてに唐の冠が付されたのでしょう。（恵原義盛『奄美の方言さんぽⅡ』海風社、42頁）

けぃんむん博士「それじゃ昔流行した野菜の歌から。今でも保育所で歌われているそうだ。『ごんべさんの赤ちゃん』の曲で歌うといいぞ」

「とっつぶるとしぶりの歌」

▼♪とっつぶる／とっつぶる／たっか泣かし？▼しぶりが／泣かさんば／たっか／泣かしゅん▼夜ねや／吾きゃちゃんに／くびらしゅど▼泣くな／泣くな／とっつぶる！

【現代語訳】▼南瓜《かぼちゃ》よ、南瓜よ、誰が泣かしたの？▼冬瓜《とうがん》が泣かさなければ、誰が泣かしたの？▼今夜は、私のお父さんに（柱に）くくりつけさせるからね。▼（だから）泣くな、泣くな、南瓜よ！

①**【とっつぶる】**＝かぼちゃ（南瓜）。

かぼちゃは、16世紀ポルトガル船によってカンボジア産が大分県に持ち込まれ、その時に「カンボジア野菜」が訛って「カボ

とっつぶる
たっか泣かし？
ごめん
イラスト：ただの乙子

チャ」になったと言われています。

また、中国の南京からやってきたものを「南瓜」、唐の国からやってきたものを「唐茄子」、という別名もあるようです。

方言では「ボーボラ」という地方もあります。ポルトガル語で、「カボチャ」を意味する abóbora（アボボラ）に由来するといわれます。

※参考／「独立行政法人農畜産業振興機構ＨＰ」

すぃばむ君「〝頭〟は方言で〝つぶる〟……唐から来た頭のような野菜だから〝トウ＋ツブル〟で〝とっつぶる〟?」

けぃんむん博士「そうじゃな。そんな気もするがどうだろう。全国各地の呼び名から手掛かりがつかめるかな」

▼「ぼーぶら・ぼーぼら」＝主に西日本▼「とーぶら」＝北海道、秋田県の一部▼「なんかん・なんき・なんきん」＝北陸・西日本▼「なんくゎー・なんくゎん」＝沖縄▼「とーつぃぶる・とーちぶる・とーつぶろ」＝奄美各地　※中国では「南瓜（ナングァ）」。

②**【しぶり】**＝とうがん（冬瓜）。

冬の瓜《うり》と書きますが、旬は夏です。冷暗所で保存しておくと冬までもつことから、漢字で「冬瓜」（とうがん）と記すようになったといわれています。原産地は、インドといわれ日本には平安時代の書物『本草和名』（10世紀）で記載があるほど古くから親しまれてきた野菜です。奄美大島へは中国、沖縄より渡来したといわれています。

※参考／『広辞苑』、「奄美群島静物資源データベース」

すぃばむ君「〝しぶり〟は〝渋い〟＋〝瓜《うり》〟が訛ってかい?」

けぃんむん博士「ちょっと強引じゃな。さて、語源はなんじゃろうな。あまくま調べたがわからんかったがよ」

▼「しぶり」＝奄美大島・喜界島▼「しぶい／しいぶい」＝徳之島・沖永良部島・与論島▼「しぶい／すぶい」＝沖縄

農村小唄(注1)「**唐鍬《とうげ》ぬ軽さ**」

♪唐鍬《とうげ》ぬ軽さヨー　ヤーレ加那と打ちゅる

♪荒地畠ぬ　ソーレ唐鍬《とうげ》ぬ軽さヨー

けぃんむん博士「よくカラオケで歌われる新民謡の名曲じゃ。〝荒れた畑を耕すのは大変だけど、愛おしい女性と一緒だと何とクワが軽いことだろう〟こんな感じかな。この「とうげ／とーぐぇ」は、『唐鍬（とぅぐわ）＝頭部を全部鉄で造り、木の柄をはめた鍬』（広辞苑）で、ちゃんとした全国共通語だったと知っていたかな？」

※注1／この唄は、１９４８（昭和23）年、南海日日新聞社主催による奄美新民謡一位入選作です。

選後小感　『農村小唄』

素朴な農民の心情が吐露されている。愛情と勤労と明日の生活への明るい希望とが端的にあらわされている。ミレーの絵を見るような尊い詩情がある。（『南海日日新聞』１９４８年8月3日付抜粋）

4．ちょっと道草《あまくま》

今年《くとうし》も去年《くず》同様、はあときから拝《うが》みよ～ろ。今回から加計呂麻島の話題……、その前に新人の年賀状から少し話が脱線。

ゆんどり君「A君！　正月は帰省して〃あまくま〃見し《に》／ちゃんち／年賀状に書いてあったけど、どこを見てきた？」

新人A君「どうして分かったんですか！　実家が東北なので、岩手の海女《あま》さんや野生の熊《くま》にも会いました。友人の仁志《にし》ちゃんとも会って楽しかったですよ。他にもあっちこっち見てきました」

めじろ君「海女？　熊？（あっちこっちの意味だったけど）」

――会話がかみ合わず、けぃんむん博士が応援することに。

けぃんむん博士「まだまだ、島ことばに慣れてないようじゃな。それじゃ、まずは島々紹介の前に、〃あまくま〃の話題からじゃ。日本語と奄美語の奥深さが詰まった面白いことばじゃ」

迎春
久し振りの帰省でふるさとの名所めぐりで楽しんでいます。
〒021　岩手県・・・

あまくま

「外間」「内間」「仲間」など人名・地名に使われる「間《ま》」と「あま」「くま」「つんま」「まー」「なま」の「ま」は同じ意味だと知っていましたか？　たった一文字の「ま」ですが、空間（場所）や時間を表す重要な役割を担っています。場所がどこなのか、時間はいつを指しているのかを決めるのが「ま」の前に付く「あ」「く」「っん」なのです。場所が話し手から遠ければ「あ」を付け「あま（あそこ）、近ければ「く」を付けて「くま（ここ）」、その中間であれば「っん」を付けて「っんま（そこ）」になり、「あまくま（あちらこちら）」のような言葉ができます。

一方、時間の流れの中で、その「ま」が現在であれば「な」を付けて「なま（今、現在）になり、「なまぬ　ゆー（今の世の中）」（琉大名誉教授　宮良信詳「しまくとぅば雑学」『新風《みーかじ》第15号』２０１６年）

「ま」には、「完全・純粋なもの」の意味があります。（中略）「間」は、現在は「ものとものとの間の空間」のことを言う言葉ですが、元は「その中心となるところ」の意味でした。その「間」の類義語に「ひま」があります。「ひま」の「ま」は「すきま」「空間」のこと。類義語の「ひま」（隙）にも空間と時間の両義があるのです。最後に紹介したいのが、「いま、ひまある?」の「いま」（今）です。これも「間」を語源とする言葉です。「い」は強意のための接頭語です。（小山哲郎『白川静さんに学ぶ　これが日本語』論創社、２０１９年）

めじろ君「え～〝間《ま》〟には、いろんな意味があるんだ！島ことばの面白さじゃやー」

けぃんむん博士「そうなんじゃ。古語の〝彼方（あち）〟や〝此方（こなた）〟と組み合わせて〝彼間（あま）此間（こま）〟が語源で、琉球の古い書物には(注1)〝あまこま〟との記載もあるようじゃ」

※注1／『混効験集』琉球語の古語辞典（１７１１年）

新人A君「う～ん、奄美語と琉球語が似ているのも面白いですね。語源を辿ると勉強になります。いや～〝物事（むん）ぬ知り果てやねん〟ちゅくぅとですね」

けぃんむん博士「それじゃ、ちょっと〝ま〟の会話例を紹介しよう」

【会話1】

友人A君「いゃーや（君は）／どこに行ってたの?」

友人B君「わんや（私は）／あま（あそこ）ぬ雲ぬあんとろがり（ある所まで）／いじゃんっちょ（行ったよ）」

友人C君「わきゃや（僕たちは）／くまじ（ここに）／ふぅたんばど～（居たけどね）」

【会話2】

友人A君「くぅん本や（この本は）／だーじ（どこに）／

あてぃよ（あったの）」
友人B君「ずーと／っんまじ（そこに）／あたんばど～（あったのによ）」

ちょっと道草したが、歴史・文化・産業など話題が豊富な島が、ここ加計呂麻島じゃ。それじゃ、年の初めのムン尋ね？

Q1　明治時代の人口と自治体数は？
Q2　その頃、群島で上位の特産品は？

ヒントは、明治時代ぶぎんしゃ（注2）が多かった島で推測を。また、拝《うが》みよ～ろ。

（第4章第2節1項に続きます）

※注2／「ぶぎんしゃ」＝古語【分限者（ぶげんしゃ）】＝金持ち。富豪。

5．島ことばは知識の宝箱①

島々散歩は、夏休みでしばらく休憩。久しぶりにオールドメンバーが参加して島口むんばなしが。

けぃんむん博士「島ことば（方言）を漢字で表すと様々な情報を得ることができるんじゃったな。いわば知識の宝箱じゃが、今日は夏休みの後輩たちにことばのプレゼントはどうかな」

——ということで、メンバーのむんばなしを川柳風に紹介することに……。

昔の恋愛談義から

◆若い頃、美人を見て

・島口①「あん、女童《めらべ》や／胴震《どうぶる》い／しゅんぐらい／美人《きょらむん》じゃが」
・〈標〉あの少女は、体が震えるぐらい美人だね。
・古語【女童《めらは》】＝女の子。少女。【胴震《どうぶる》ひ】＝興奮で全身が震えること。
・島口②「吾《わ》ん自刀《とうじ》ぬ／美人《きょらむん》／ちし／後妻《うわなり》／する／仲間《どぅし》

（友人）」

・〈標〉私の嫁（妻）が美人だということで、やきもちやく友人。

・古語【自刀《とじ》】＝一家の主婦。【後妻《うはなり》】＝しっと。ねたみ。【同士《どし》・同志】＝仲間。

◆そこで、独身の後輩たちにひと言

・島口③「一人《ちゅり》暮らしや／徒然《とうでぃん》なさ／刀自《とうじ》／とむらん／ばやー」、「あいあい、待てば／大き《ふー》い魚《いゅ》（注1）／心配《しわ》／いらん」

・〈標〉一人暮らしは寂しいよ。奥さんを探さないとね。いやいや、時期を待てば素敵な人が現れる、心配いらないよ。※（注1）の傍線は島のことわざ。

・古語【徒然（とぜん）】＝退屈なさま。奄美方言ではさびしい。【とむ】＝探す。

昔の夏休みを思い出して

◆夏のスコールに遭い空を眺めて

・島口④「雨《あむ》あがり／水平線眺むてぃ／七色輝く野扇《のーぎ》／清《きょ》らさかな」

・〈標〉雨上がり、水平線を眺めたら七色に輝く虹が（扇のように広がって）とても美しい。

・奄美方言【野扇《のーぎ》】＝虹（注3参照）

◆釣ってきた魚を猫《まや》（ミケ）が狙って

・島口⑤「ミケが／無塩《ぶぃん》ぬ／魚《いゅ》／まぶりゅんば／見《に》し／かなかっち／思《おも》たり／ねたさっち／思（おも）たり……」

・〈標〉（猫の）ミケが新鮮な魚を欲しそうにしているのを見て可愛いと思ったり憎らしいと思ったり……。

・古語【無塩《ぶえん》】＝魚介類で新鮮なこと。【魚《いを》】＝さかな。【まぶる（守る）】＝じろじろ見る。【ねたし】＝憎らしい。「猫《まや》」は奄美方言。

けぃんむん博士「さーて、どの先輩の川柳かわかるじゃろか。それぞれに個性が出ていたな。それじゃ、島ことばの奥深さを、なー

りっくぁだけ（少しだけ）標準語で紹介してもらおうか」

奄美と東北方言「方言周圏論」

えーざ君「高校の先生が、奄美と東北の方言は似ている、有名な学者柳田国男の〝方言周圏論〟(注2)という学説があるとか言っていたね。今日の会話からピックアップすると……。実は〝えーざ・びっきゃ〟もだけどね」

【えーず（ざ）】＝秋津（奈良時代）／あきづ→あけづ→AKEZU→第2母音（K）脱落→AEZU→奄美では「えーず（ざ）／ふぇーざ」などに変化。

※注2／文化の中心地で新語が生まれ、周辺に伝播した結果、同心円状の分布が形成され、発生の古い語ほど外側の遠隔地で見いだされるという説。

表　「方言周圏論」の方言事例（奄美と東方地方比較）

島口番号	奄美方言	東北地方	古語	古語辞典訳	奄美語訳
③	とぅでぃんなさ	とぜんない	徒然《とぜん》	退屈でさびしいこと。	さびしい。
⑤	かなしゃん かなかー	かなしー	愛《かな》し	いとおしい。可愛い。	いとおしい。可愛い。
メンバー	えーざ(ず)	あけず	秋津《あきづ》	とんぼ。	とんぼ。
メンバー	びっきゃ びっき	びっきゃ びっき	蟇《ひき》	ひきがえる。	かえる。

※出典：「日本方言辞典」（小学館）から各地の類似する方言を記載。

びっきゃ君「奄美には、独自の古いことばが多く残っているけど、今日の〝野扇《のーぎ》〟(注3)は先人の詩的センスの代表だな〜」

※注3／長田須磨『奄美女性誌』農山漁村文化協会、1978年、138頁（著者は1902年生まれ大和村出身）

暑い日が続く毎日。太陽雨《てぃだんあめ》の時、野山や大海原を眺めて野扇（虹）を探してみては……。

次回もちょっと寄り道です。また、拝《うが》みよーろ。

※掲載古語は『新明解 古語辞典 第三版』（三省堂）を参照。

6．島ことばは知識の宝箱②

さて、前回の会話から島ことばのおもしろさを毎日サンデーのオールドメンバーが紹介。

えーざ君「そうだ、思い出した！ 〝あんたの名前は、庭先で飛び回っているトンボの姿が美《きょ》らさっち、じいちゃんが名付けたんだよ〟と、アン

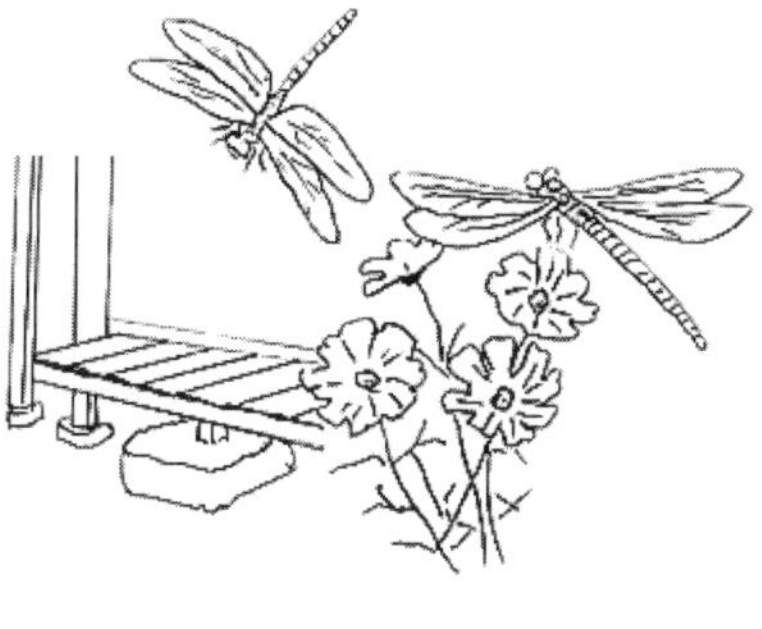

マが言っていたが」
ましきょ君「そうそう、沖縄や種子島では、〝あけーず・あーけーず〟とかだったな。えーざ君！　高校時代の方言周圏論をよく覚えてたことじゃが」
えーざ君「国語の担当が、新任のもぞかん(注1)女性先生だったから授業が楽しくて真剣に聞いてたね」
※注1／九州地方の方言で「かわいい」。
けぃんむん博士「動機が……だけど？　それじゃ、前回の川柳風島ことばを分解（表）してみよう。また面白いぞ」
びっきゃ君「なるほど、島ことばを漢字に変換すると意味がイメージできるということか。確かに面白いな」
けぃんむん博士「さて、前回の島口むんばなしで懐かしいことばもあったのじゃが……」

表　**「分解で見る島ことば」**

島口番号	奄美方言	分解	古語	古語辞典訳	奄美語訳
①	胴震い《どうぶる》	胴＋震い	胴震ひ《どうぶる》	古語の「胴＝胴体」と「震える」で、興奮で全身が震えること。	
②	後妻《うわなり》	後＋妻	後妻《うはなり》	妻ある人が、後からめとった妻。ねたみ。	奄美では「やきもち・嫉妬」等。
⑤	無塩《ぶいん》	無＋塩	無塩《ぶえん》	塩気を含まない。生であること。	新鮮

※出典：「新明解 古語辞典　第三版」（三省堂）、金久正「復刻 奄美に生きる日本古代文化」（南方新社）、恵原義盛「奄美の方言さんぽⅠ・Ⅱ」（海風社）

独身時代出席した結婚式のある風景から

・島口⑥「今日《きゅう》ぬ／よかろひに／夫婦《めおと》／まぐわいて……の祝《ゆえ》ことば聞き／ひな壇 夢《いむぃ》見る吾《わ》ん」※古語【夢《いめ》】＝寝目《いめ》の意。「ゆめ」の古形
〈標〉今日の佳き日に夫婦一緒になって……の祝言葉を聞いてひな壇に座る夢を見る（独身の）自分。
・島口⑦「六調で／はとふきながら／来年《やね》や／吾《わ》んが主役とつぶやく青年《ねせ》」
・〈標〉六調で鳩（指笛）吹きながら来年は自分が主役だとつぶやく青年。
けぃんむん博士「島口⑥の〝まぐわい〟は古事記(注2)にも登場するんじゃが、漢字にすると『目合《まぐは》ひ』。目を合わすから、愛情の表現や結婚の意味になるそうじゃ」
※注2／712年に編纂された日本最古の歴史書。
ましきょ君「チュッチュッ、見つめて結婚か。風情があってなかなかじゃが。島口⑦の〝はとふき〟も古語っち聞いたけど?」
けぃんむん博士「そうじゃ。古ワイド節でもあったな。古

語訳は〝秋のころ、人が鳩の鳴き声をまねて手を合わせて吹く[注3]〟だそうだ。
　奄美では小指や人さし指など多彩な吹き方あるんじゃが、秋の種おろしの風景と重なるのも、いとおかし（興味深い）ことじゃな」

※注3／『新明解 古語辞典 第三版』

子ども時代の遊びを思い出して

・島口⑧「裸足で遊ぶな／ビズル踏んで／怪我するからね／と言うアンマ」

・〈標〉裸足で遊ばないように、ガラス踏んで怪我するからと言う母（or祖母）。

・島口⑨「テントウ[注4]蟹《がん》に噛まれたら雷鳴るまで我慢我慢」

・〈標〉大きな?蟹のハサミに挟まれたら雷が鳴るまで我慢しなさい。

※注4／この方言は北大島の一部の地域のみか? 語源不詳。「空」を方言で「テントウ」、語源は「天道」の説も。

えーざ君「島口⑧のビズル[注5]は最近聞かないけど、昔はビズル箱とかビズル瓶と使っていたな」

※注5／ガラスを意味するポルトガル語、ビードロが訛ってビジュル・ビジョロ・ビズルに。（倉井則雄『奄美方言語源散策』102頁）

けぃんむん博士「この外来語は、本土より先に伝わったとの説[注6]もあるようじゃ。16世紀頃、異国船が来航していたことを考えるとなるほどじゃな」

※注6／恵原義盛『奄美の方言さんぽⅡ』44頁。

びっきゃ君「島口⑨の〝テントウ蟹《がん》〟の話は、雨が降るとよく両親から聞かされたが。最近死語になったけど、濡れてまで遊ぶな！ との注意だったかもしれんな」

けぃんむん博士「実は、この奄美語〝蟹＝がん〟、英語やドイツ語では〝病気の癌や大きなカニ・かに座〟という意味があるそうじゃ。ことばの由来は古代ギリシアまで遡るとのことじゃ。偶然の一致とは思えんじゃろ」

　博士の推理に首かしげつつも異国船云々で、そうかもなーと、うなずくメンバー。

　さて、次回は……。

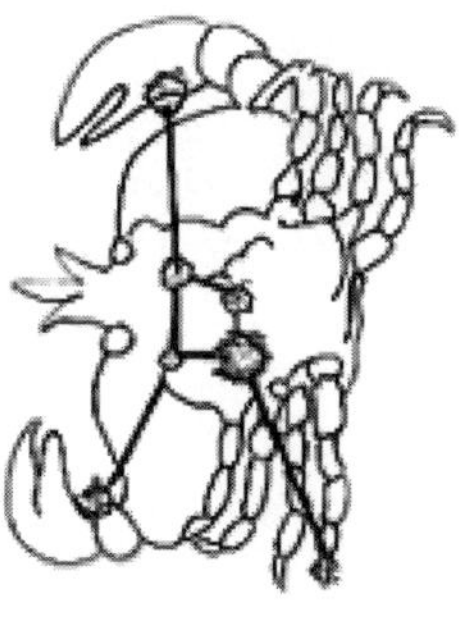

7．島ことばは知識の宝箱③

今回は、新人君たちが夏休み明けで帰省先から持ち帰ったお土産の話題。

新人A君「前回の島ことば、勉強になりましたよ！

①夜空に輝く星座のかにと病気の癌《がん》

②テントウ（空）の蟹（カニ＝がん）

偶然の一致なんでしょうけど、天体に例えたとしたら島人の世界観にちょっとびっくりですね」

けぃんむん博士「そうじゃな。かに座には〝わが子を守り家族を保護する〟という意味があるそうじゃが、島のアンマが子どもを守る姿と重ねると、奥深いことばなのかもしれんな」

ましきょ君「そうそう、今日は、新人君たちが実家のじぃ・ばぁからたくさんことばのお土産を持ち帰ったとか……」

――ということで、新人君たちのお土産を紹介すると。

江戸時代の歩く百貨店・棒手振り

新人B君（横浜出身）「先祖は、商人《あきんど》だったそうで、ひいじいちゃんの代は、天秤棒を担いで朝一番に漁師や農家から仕入れた新鮮な魚や野菜を江戸の町を売って歩く仕事で、棒手振《ぼてふ》り（注1）と言ったそうです。

同業者は、①朝一番の豆腐売り・シジミ売り・納豆売り、②四季の折々の金魚売り・虫売り・蚊帳《かや》売り・扇の地紙売りなど100種類以上あったそうですよ」

※注1／「振売《ふりうり》」とも呼ばれた。

びっきゃ君「ちゃじゃが、吾きゃいなさりん（1970年代）、〝へ

初鰹売りの図「守貞謾稿　巻6」
※出典：国立国会図書館所蔵

竿秤（さおばかり）で魚を量る

と〜ふと〜ふ〃とか、〃〜ぶいんは、いらんねー〃とかの掛け声を聞いていたな〜」

えーざ君「おばぁが、きんむぃ（斤目・重さ）を量《はか》って、〃1kgの無塩《ぶいん》の魚《いゅ》だりょん／な〜りぃくゎ／まけよたん／からよ〜〃とか言っていたね」

だけど、さすが都会の江戸じゃや〜。商品の数が違う！」

新人B君「先祖は豆腐も売っていたようで、曽祖母は豆腐料理が十八番《おはこ》で当時人気のあった『豆腐百珍』（注2）というレシピ本も残っているんです」

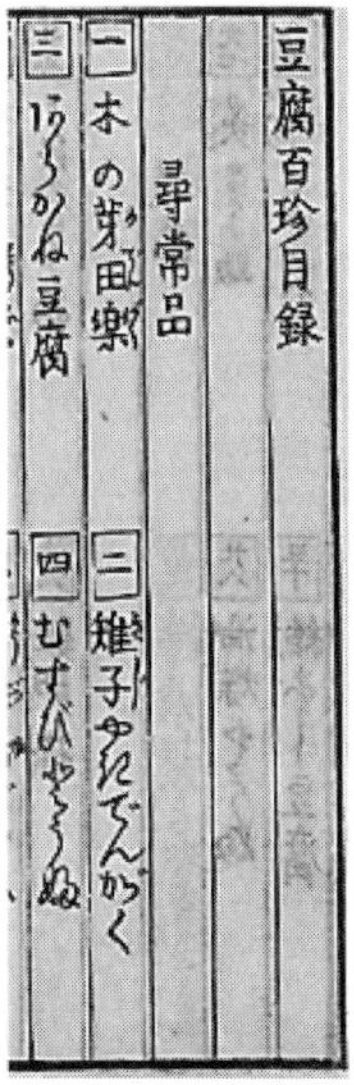

（現代語訳）
①尋常品（木の芽田楽、飛竜頭など26品）
②通品（やっこ豆腐、焼き豆腐など10品）
③佳品（なじみ豆腐、今出川豆腐など20品）
④奇品（蜆もどき、玲瓏豆腐など19品）
⑤妙品（光悦豆腐、阿漕豆腐など18品）
⑥絶品（湯やっこ、鞍馬豆腐など7品）

「豆腐百珍」目録（国立国会図書館所蔵）

※注2／1782年に出版された料理本、100種の豆腐料理の調理方法を解説している。

新人A君（岩手出身）「偶然だ！　実家で、びっきゃ先輩と豆腐が登場する昔ばなしを教えてもらいましたよ。岩手でも蛙は〃びっき〃で方言周圏論のことは話題になっていますよ」

百足（ムカデ）が草鞋（わらじ）はく

昔ある村に、仲の良いムカデと蛙のびっきが住んでいました。ある日2匹は久しぶりに会ったのでごちそうをこしらえて一緒に食べようということになりました。

そこで蛙は、足の速いムカデに「隣村まで豆腐を買ってきてくんろ。おいしい湯やっこを食べよう。その間、わしゃー米を炊き、芋と大根を切って煮物を作るけん」

ムカデはＯＫ！　と威勢よく出ていきました。

しばらくして、蛙がすっかり支度ができた

草鞋はく百足さん

頃、「そろそろムカデどんが帰ってくる頃じゃ、迎えに行ってくるか」と戸を開けてみると、縁側にムカデが腰掛けています。

「おー、ムカデどん、今迎えに行こうかと思ってたとこじゃ」と喜ぶ蛙。

すると、「いやいや、なにしろ足の数が多いのでな、ようやく今、片足が履き終わったところじゃて」とムカデは言ったそうな。

蛙はびっくり仰天、ひっくりがえ（る）ったのじゃと。おしまい。

※この昔ばなしは「ムカデの医者むかえ」「ムカデの使い」の題でアニメや絵本化されている。「ひどく手間のかかる」意。

びっきゃ君「なるほど、民話の古里岩手県じゃが。子どもたちに聞かせる笑い話にちょうどいいね。ことばのお土産か……、島ことばと一味違うごちそうだったが」

第4節　島の呼称と名字の由来

1．奄美の名字と一字姓①

今日は、ある放課後の一休み時間、奄美の名字はなんで一字姓が多い？　との話題からヒートアップした、ちょっと愉快な会話を紹介するぞ。参加者は以下の仲間たち。

ゆんどり君(注1)、ましきょ君(注2)、すぃばむ君(注3)、ひゅーすぃ君(注4)、びっきゃ君(注5)、えーざ君(注6)の6人。

え～方言名が違う！　う～ん、前回同様、奄美大島北部出身じゃからな。ただ、各地域と比較するとおもしろいぞ（第1章第3節第1項参照）。

その前に、高校の教科「歴史」を少しおさらいじゃ。

Q1　江戸幕府の成立年度は？

Q2　薩摩藩が奄美・琉球を支配したのは？

Q3　明治の始まりは？

さてさて、迷わず3問正解した人は、大学受験者レベルじゃ。え〜全部不正解？

酒飲みが多くて、劣化進行中？　正解は末尾で。

ゆんどり君「びっきゃよ／島ぬ名字や／一字姓が多《ふ》〜さんや／何《ぬ》がよ／夜《ゆ》さがて／鳴しばりうっか／分かりゅんにゃ？」

びっきゃ君「ゲロゲロサー／吾んが分からんくぅとや／ありょ〜らん／but 難儀《なんぎ》あんから／けぃんむん博士に／頼みよ〜ろ」

けぃんむん博士「よ〜し／今日《きゅう》ぬ／教《ゆ》しぐとじゃ／汝きゃ吾きゃ／気ばてぃ聞きんしょれよ〜」

今回は、『改訂名瀬市誌』など各市町村誌等を参考にしたからね。詳しく知りたい時には、「奄美学」刊行委員会編『奄美学―その地平と彼方』（南方新社、2005年、318〜350頁）、麓純雄『奄美の歴史入門』

イラスト：ただの乙子

（同、2011年、75〜77頁）を読むといいぞ。

奄美群島では、琉球王朝の頃、一部の人たちには名字があったそうだ。

その後、薩摩藩が奄美・琉球を支配下に置いてから名字を名乗ることを禁止したそうじゃ。

ただし、藩に貢献した者には名字を与えたんだ。

まず1726年〜1761年、奄美大島の田畑（龍郷）、次に喜界島の澄江と徳之島の砂守（伊仙）の三家だそうだ。

名字を持つ者を郷士格《ごうしかく》と言ったそうだよ。

だけど、本土と奄美・琉球との区別を明確にするため「大和めきたる（のようなor風な）名字・容姿の禁止」という通達を出したそうな。

これは、薩摩藩のアジアを視野に入れた外交政策があったと言われているようだ。

そこで、奄美群島の場合は、中国との交易を続けるため一字姓に改名させたと考えられているそうだ。

ましきょ君「ホ〜（ホケキョ）、そうなんですか。けぃんむん博士！　例えば一字姓に改正させられた名字って、どんな名字があるんですか？」

すぃばむ君「チュチュチュ〜（ちゃっちゃ〜）、吾《わ》んだか聞きしゃか。沖縄の例も教《ゆ》して呉《く》りぃんしょれ」

けぃんむん博士「よしよし、どぅ、教《ゆ》しろうや」

田畑は龍郷の地名をとって「龍」へ、砂守は伊仙の「伊」へ、喜界の澄江は一代限りで終わったそうだ。

沖縄は、(遡って1624年)この通達によって二字か三字姓(沖縄では、琉球時代にかなり名字を持っていた人が多かったとか)に改名させられることになったそうだ。

例えば、福山→譜久山へ、西(いり)→伊礼、東(ひじゃ)→比嘉・比謝・比賀へ、前田→真栄田、前里→真栄里、徳山→徳久山へ改名させられたとのことじゃ」

会話はまだまだ続くのじゃが、次回へ。

今日の参加者のプロフィールをちょっと紹介しよう。みんなの周りにも似た人がいるはずだよ。

・注1【ゆん(む)どり】=スズメ。スズメはよくさえずる鳥だから「ゆむた(言葉)+鳥」となった? よくしゃべる先輩。

・注2【ましきょ(や)/まちきゃ】=ウグイス。ウグイスは春を告げる鳥で、先輩にやんご連行余儀なくされるイケメンの後輩。

・注3【すぃばむ(笠利地域)】=メジロ。姿形美しく鳴き声高い唄者鳥で、格好いいがカラオケ横取り好きな先輩。

・注4【ひゅーすぃ】=ヒヨドリ。タンカンなどの果樹や野菜等を突く鳥で、摘まみ食い大好きな先輩。

・注5【びっきゃ】=カエル。イシカワガエルのように世界一美しいと自称し、やんごで自慢している輩。

・注6【えーざ】=トンボ。トンボは古語で「秋津(あきづ)」のように物知りの古風漂う先輩。

(答え)

A1.1603年 A2.1609年 A3.1868年

2.奄美の名字と一字姓②

まずは、前回のおさらいから。

・奄美群島の名字は、当初「田畑」「澄江」「砂守」の三家(郷士格)のみ許可。

・ただし、薩摩藩のアジアを視野に入れた外交政策のため一字姓に改名。

・田畑→龍へ、澄江→一代限り、砂守→伊へ。

・沖縄は、「大和風の名字は禁止」通達で二字or三字姓へ改名。

ということで……。

ひゅーすぃ君「ピー（え～）／うがしな／うがししゅんば／奄美や／今《なま》だか一字姓が多《ふ》～さんや／如何《いきゃ》しゃん／くぅとかい……」

けぃんむん博士「う～ん、いいところに気づいたぞ。ちょっとむずかしいけど、以下を紹介しよう」

（前略）（1783年、藩主島津重豪は）異国船唐船を取り締まるため異国方（注1）で名字を検討するようにいわれ、その結果「芝、文、林、朴、純、種、南、澤、栢、泊」の10字の名字が検討された。（中略）

1800年代になると、多くの郷士格が輩出する。この場合、西家は「西間切西方」から、住家は「住用間切」から、太家、和家は「焼打間切大和濱方」の「大」と「和」から選んだことが考えられる。

他の島では、……明治に名字が許可されたとき、「沖永良部島」という島名から「沖」「島」「沖野」「撰」と名乗っていたという……同じく沖永良部島では、「近世後期には5親族が郷士格を与えられたが、……先祖となる藩役人の姓から一字をとる場合が多く、町、上、山、市、竜の姓を名乗った。例えば、『土持』であれば『土』というようにである。」という。つまり、藩役人の二文字名字、つまり「日本式」名字の一字をとったという。（中略）

しかし、1875（明治8）年、……全国と同じ名字の義務化の布告が大島大支庁長名で伝えられた。その際、奄美の歴史的経緯から一字名字をつける人々が多かった。……そのため、奄美の人々は、

①先祖の一字名字から二文字の日本式名字とならざるを得なかった。

②先祖の一字名字を貫いた。

③両方の名字の融合形式をとるという対応をした。

※注1／異国船の取締りに当たった役職のこと。

これは、前回紹介の『奄美学―その地平と彼方』の一部を引用したんじゃが、整理をするとこんな感じかな。

・当初は、10字の一字姓から選択させた。

・その後、地名や先祖（琉球や薩摩藩役人）の名字の一字を選んだ。

・明治以降は、一字姓のまま、二字に復姓、もしくは融合名字とした。

えーざ君「え～、なるほど、だから奄美は一字姓が多いん

だ！　それで、明治になって一字姓はどうなったのかな？」

けぃんむん博士「そうじゃな。興味深いことに、『龍』は『田畑』に戻した家系もあるし『龍』のまま残した家系もあるそうじゃ。

『伊』も同様に『砂守』と『伊』になったようじゃ。澄江もその後、『澄』『澄江』と復姓しているそうだ。それぞれ由緒ある家柄なんじゃな」

びっきゃ君「ゲロッゲロ／な〜りくゎ／賢こさなたんにし／しゅ〜り／ムンぬ知り果てやねん／ちゅ／くぅとじゃや〜」

けぃんむん博士「それじゃ、ちょっと教《ゆ》しぐとぅついでに、ムン尋ね？

Q1　奄美の一字姓は全部で何種類？

Q2　次の一字姓はなんて読む？

出身地（集落・島）など名前の由来が分かるかも知れんぞ」

蘇、津、和、治、弥、英、前、直、陽、称、賀、鼎、鎮、頭、寔、記、佐、赫、井

※『龍郷町誌　歴史編』306頁から抜粋。

Q1の答えは、龍郷町誌やNTT電話帳から400ほどの名字があるそうだよ。

さ〜て、一字名字の読みは次回のお楽しみということで、

薩摩役人の接待
＝奄美市立奄美博物館所蔵「南島雑話」より

前回からの古語探しじゃ。

①「夜さがてぃ」＝【夜さりがた】＝夜になる頃。「奄美では一晩中」

②「難儀（なんぎ）」＝【難儀】＝むずかしいこと。わずらわしいこと。

③「教（ゆ）し・ぐと」＝【教ふ（をし・ふ）・事】＝伝授する。さとす。

④「汝きゃ・吾きゃ」※第1章第1節2項参照。

⑤「呉（く）りゅん」＝【呉（く）る】＝……してやる。……してもらう。

⑥「今（なま）」＝【むま（今）】＝いま。中古和歌の中で、「馬屋（むまや）」にかけて「今や」の意で用いられます。

今回は、勉強し過ぎて、つぶる（頭）や（病）ましゃんから、ここまでじゃ。また、拝《うが》みよ〜ろ。

3．奄美の名字と一字姓③

さ〜みんな、前回の名字読めたかな？　正解は以下のとおりじゃ。

蘇（いける）／津（わたり）／和（にぎ・かのう）／治（はる・はじめ）／弥（わたる・ひさし）／英（はなぶさ）／前（すすめ・まえ）／直（すなお・なおし）／陽（みなみ）／称（となえ・かのう）／賀（よく）／鼎（かない）／鎮（しずめ・ちん）／頭（ほとり・ふとり）／可（かなり・か）／寔（まこと）／記（しるす）／佐（たすけ）／赫（てらし）／井（わかし・い）

すぃばむ君「一字姓が約４００！／たまがりじゃ／だ〜ぬ／市町村が多《ふ》さんかい？」

けぃんむん博士「ＮＴＴの電話帳で調べたら以下のようになったそうだ。少し誤差はあるかな」

奄美市＝２２０、喜界町＝１３５、瀬戸内町・徳之島町＝１１０、その他町村＝20〜１００

びっきゃ君「さっきぬ／一字名字や／ほ〜らさん／きょ（ゆ）らさん漢字／ば〜りにし／しゅんや／うとまらしゃや〜」

【現代語訳】さっきの一字名字は、喜ばしい美しい漢字ばかりみたいだけど不思議だ。

けぃんむん博士「いいところに気付いたぞ。漢字の一字じゃが、意味がすばらしい。ちょっと漢字辞典から紹介するとしよう」

▼「蘇」＝よみがえる。生きかえる。▼「津」＝船の発着所。▼「弥」＝あまねし（行き渡るさま）。▼「鼎」＝尊い（優れて価値があり、尊敬すべきさま）。▼「賀」＝祝う。喜ぶ。物や言葉を贈り祝福する。▼「赫」＝光の輝くさま。

今回は、明治以降の時代に翻弄された奄美の一字姓について紹介しよう。

（前略）進学、徴兵制の入営兵が本土と交流するようになり、本土

出身者の二字三字の苗字の中に奄美出身者の一字姓が偏見される嫌いがでてきたのである。

……改姓の多くは、……アメリカ軍政下のころで、……手続きが簡単であったから、多くの改姓はこのころである。（『龍郷町誌』306頁）

（前略）明治八年、一字姓をつけたのは、それが格式の高いもの由緒ある苗字であると考え、自ら好んでつけたのではと考えられる……。

一字姓の多くが縁起の良いものが多く、忌み嫌われるものは皆無である。奄美諸島の藩政時代の歴史や一字姓の由来について……韓国籍や中国籍と間違え、いわれのない差別や不当な待遇をした。むしろ奄美群島の一字姓は藩政時代以来の由緒ある姓（家柄）であることを誇ってしかるべきである。（『宇検村誌』533頁）

ゆんどり君「吾きゃ刀自《とうじ》ぬ／じゅ～（ふっしゅ）が／昔台湾じ就職しゅん時《とうき》／一字姓ら二字姓ち／変えたんち／聞《き》ちゃんば／うがしゃん／くぅと／あたんじゃや」

【現代語訳】私の妻の祖父（父）が、昔台湾で就職する時に、一字姓から二字姓に変えたと聞いたけど、そういうことだったんだ。

けぃんむん博士「そうじゃな。一字姓から二字姓に変える苦心をした例をちょっと紹介しようか」

（前略）中には、戸籍面はそのままにして、適宜に呼び方の上で二字姓にしたいという気の利いたやり方の人もあった。たとえば、青《あお》　堀永《ほりえい》を青《あお》　堀永《ほりたけし》と読ませ、里《さと》　沢勇《さわゆ》を里《さと》　沢勇《さわいさむ》にしたが如きである。面白いことにその青さんの奥さんの姓が赤で名はアイであった。「青、赤、藍が揃いましたからお嬢さんは、むらさきと命名しなさいよ、一家とりどりの花に満たされますが――」と冗談で言ったことだった。（文英吉『奄美大島物語　増補版』南方新社、2008年、108頁）

あっ！　忘れてた。今回と宿題の「奄美古語」は以下のとおりじゃ。

【奄美古語】

①【気ばてぃ】＝鹿児島方言「気張る」頑張るのこと。全国各地でも使われている。

②【むる】＝とても。非常に。

※恵原義盛『奄美の方言さんぽⅠ』では「ムル＝全部。皆。総体。の意味で〝諸〟〝丸〟の訛りであると考えられる。」との記載。

③【何（ぬ）が】＝「何」話し手がわからない物や事柄を

尋ねる時に使うことば。

④【いきゃしゃん】＝古語「いかなる」が転化＝どんな。どういう。

⑤【たまがり】＝古語「魂（たま）消（ぎ）る」の転化？＝肝をつぶす。驚く。たまがる。

⑥【うとまらしゃ】＝「不思議だ」の意味。

毎日暑《あっ》さぬ、ひまひま涼《すぃだ》みんしょれよ。また、拝《うが》みよ〜ろ。

4．消えゆく一字姓／島の呼び名①

さ〜て、今回は、久し振りにいつものオールドメンバーがゆらって（集まって）、だれやん談義で盛り上がった。

話題1「一字姓の話」

パッカード者「こねだぬ／NHK〝日本人のおなまえっ！〟ちゅん／番組見《に》しぃな」

ニッサン者「ちゃっ／加計路麻島出身ぬ／学者が／ノーベル賞候補ち／言《い》しゅたや／ほうらしゃ／くぅとぅじゃ」

シボレー者「おもじゃしゃ／島ぬ一字姓や／意味があん／名前ば〜り／あたんち」

クラウン者「うがし／しゅんば／わきゃ／いとこぬ／親《うや》や／一字姓や／はつかかんちし／裁判所じ／二字姓ち／変更しゃんち／聞《き》ちゃが」

トヨペット者「ちゃ／なま／思うば／あたらかた〜や／わきゃだか／申請しゃんけど／却下なたんち／じゅうが／いしゅたが／いっちゃたん／かもや〜」

けぃんむん博士「奄美大島北部方言で混乱しそうじゃが、要約すると、この間のNHK番組見たね？／加計路麻島出身の学者がノーベル賞候補。／奄美の一字姓は意味のある名前ばかり／いとこは、一字姓が恥ずかしくて裁判所で二字姓に変更した／我が家も申請したけど却下された。／ま〜、こんな感じかな」

そんな会話で話題となった新聞記事をちょっと紹介しよう。

消えゆく一字姓
変更申し立てぞくぞく

鹿児島家庭裁判所名瀬支部では、離島などに事務官を派遣して巡回サービスを始めている。各種手続きの中で最も多いのは姓名の変更で、毎年400人弱が祖先から伝わった姓名をすてて新しい姓名を名乗っている。

イラスト：ただのて子

家裁の調べでは、昨年1年間で姓名の変更を申し立てた人は、全郡で450人、このうち361人が許可になった。単姓から現代風に二字以上の復姓が特徴だ。

家庭裁判所では「姓名のため本人が苦しんだりいやな思いをすることは同情するが、島を現す単姓や、本土にない島特有の姓名が一つ一つ消えていくのはさびしい」ともらしている。（『南海日日新聞』1963年3月2日付）

けぃんむん博士「本土人《ちゅ》も、あたらしゃ（もったいない）と思ったようじゃな」

話題はあっちこっちに飛びながら、人の呼び名から島の呼び方まで発展した。

話題2「島々の呼び名の話」

パッカード者「大昔、奄美ぬ名前や〝海見嶋《あまみ》〟ち／知《し》ちゅてな」

シボレー者「ちゃ、高校時代ぬ先生から〝日本書紀（奈良時代の歴史書）〟に海見〜阿麻彌〜菴美〜奄美ち載ってたんち習《なら》たが」

【日本書紀　巻第26（斉明天皇）】

三年秋七月丁亥朔己丑、覩貨邏國男二人女四人漂泊于筑紫、言、臣等初漂泊于海見嶋。

【訳】3年（657年）秋7月3日、覩貨邏国《とからのこく》の男2人、女4人が筑紫に漂着した。「私どもははじめ奄美の島に漂着しました」といった。

【同　巻第28（天武天皇）】

丙辰、多禰人・掖玖人・阿麻彌人、賜祿各有差。

【訳】（682年）7月25日、多禰《たね》の人（種子島の人）・掖玖《やく》の人（屋久島の人）・阿麻弥《あまみ》の人（奄美大島の人）に、それぞれ禄を賜った。

【続日本紀　巻第1（文武天皇）】

秋七月辛未。多褹。夜久。菴美。度感等人。従朝宰而来貢方物。

【訳】（699年）多褹、夜久、奄美、度感（徳之島）等の人、朝宰に従ひて来りて方物を貢す。

【同　巻第6（元明天皇）】

十二月戊午。少初位下太朝臣遠建治等、率南嶋奄美・信覚及球美等嶋人五十二人。

【訳】（714年）12月5日少初位の下・太の朝臣遠建治等、南の嶋奄美、信覚（石垣）及び球美（久米）等の嶋人52人を率いて南の嶋より至る。

※現代語訳／宇治谷孟「日本書紀（下）」講談社。

トヨペット者「海見る嶋か。夢がある呼び名じゃやー。そうだ！　昔人《むかしちゅ》が良く言《い》しゅたん、〝海のかなたには理想郷があるニライカナイ〟の話を思い出したがよ」

会話はヒートアップし、群島の島々へと発展した……。次回へ続く。

写真：大宰府跡から出土した木簡「棯美」

※写真／734年頃の木簡（『九歴だより№43』九州歴史資料館）

5．島の呼び名②

さ～て、前回からの続き。燃料満タンにしたオールド者（車）の皆さん、会話はヒートアップし、群島の島々へと発展したところだが。

パッカード者「海見嶋《あまみ》や／きゅらさん／名前／あたが／他ぬ島や／ぬっち（なんて）／言《い》しゅてぃかい？」

けぃんむん博士「少し古い書物じゃが、新井白石が書いた南島志から紹介しよう」

話題2「島々の呼び名の話」

けぃんむん博士「表は〝南

表　島々の呼び名変遷

島名／出典	与論島	沖永良部島	徳之島	喜界島
海東諸国紀注1	與論島	小崎恵羅武島	度九島	鬼界嶋
おもろさうし注2	よろん	えらふしま	とく・どく	ききゃ
国絵図注3	与論嶋	永良部嶋	徳之嶋	鬼界嶋
南島志注4	與論島・輿論島	永良部島・恵羅武島	徳島・度九島	鬼界嶋
その他（明の人が呼んだ呼称）	繇奴島《ゆんぬ》	野刺普	度感島（続日本紀）	吉佳《ききや》

注1）1471年刊行。朝鮮の外交使節団が日本国・琉球国の地理・風俗など記した書。
注2）1531年～1623年成立。沖縄・奄美群島に伝わる古代歌謡の集成書。
注3）徳川幕府が各大名に命じて作成させた国単位の絵図。
注4）1719年刊行。江戸時代の学者・新井白石が琉球の使節との会談で得た情報等をまとめた書。

島志〟の奄美記載分を整理したんじゃが、呼び名の移り変わりがおもしろいじゃろが」

ニッサン者「え〜島々／むずらか／名前あたんじゃや／わんだか／昔ぬ異人さんが／ぬっち／言《い》しゅたんか／調べんたちょ」

【ヨーロッパ人が付けた島名】

・大島＝サンタ・マリア島（聖母マリア）
・喜界島＝バンガロー島（屋根の低い島）
・徳之島＝レキオス島（ポルトガル語で琉球）

ヨーロッパ人による奄美諸島の発見は「大琉球島」や宮古、八重山とともに、1543〜51年の間と考えられており、大島本島の発見の月日は9月8日か12月8日と考えられています。奄美の島々は16世紀以来「サンタ・マリア」と言われていたことがその根拠です。

聖母マリアのような美しい島だ！

この聖母の日は毎月あるようですが、その〝最もという日〟がこの9月8日か12月8日で……。そのほか、徳之島がレキオス、喜界島がバンガローと言われていました。（友寄英一郎（琉球大学）「近世奄美と異国船」『南海日日新聞』1974年5月25日付）

・吐噶喇《とから》列島＝クレオパトラ諸島（エジプトの最後の女王で絶世の美女）
「1846年フランスのサビーヌ号のゲラン艦長が名付けたと言われている」そうだ。

・慶良間《けらま》島（沖縄県）＝アナキリマ島
「異国人が、〝あの島は？〟と尋ねたとき、地元民いわく〝アマ（あそこは）キリマ（けらま）〟と答えたため」と言われているそうだ。（『沖縄県教育委員会史料編集室紀要 52号』）

速度違反？ 気味で、昔の車の自慢話まで——。あの頃の車は個性があったな、今はちょっと名前をおぼえるのも大変などなど、話題は広がり、ついに北海道の地名の由来まで発展……。

シボレー者「ちゃ、〝海〟が付く地名ちば／北海道じゃが／由来や／わかりゅんにゃ」

明治の初め、蝦夷地をどう呼ぶか新政府内で議論があった。松浦武四郎が6案を挙げる。日高見道、北加伊道、海北道、海島道、東北道、千島道。このうち「北のアイヌの地」の意を込めた北加伊道が採られ、「北海道」と字が改められた。「武四郎の本命は北加伊道。提案理由からもアイヌの人々への敬意が伝わります」。（「天声人語」『朝日新聞』２０１８年8月1日付）

シボレー者「〝この土地に生まれた者〟ちゅアイヌのことばが由来になったのか。〝海見る嶋〟理想郷（＝奄美）となりっくぁ（少し）重なるなー」

けぃんむん博士「そうじゃな。日本の南北の島名に共通項を発見したような気持ちじゃ。

さすが、年配ばかりで知識は豊富じゃ。異人さんの感性もすばらしい。島の特徴を美しく表現しているな。ま～ちょっと燃料加減せずにヒートアップし過ぎて健康が心配じゃがな？」

6．島の呼び名③

今回は、久しぶりに〝はあとき〟まで盛り上がり、地名の今昔話まで発展……。

けぃんむん博士「島の呼び名には、それぞれ意味深い由来があって、面白かったじゃろ。ただ、議会や新聞紙上で論争があった地名もあったぞ」

話題1「沖永良部島の呼称は？」

おきえらぶじま？　おき「の」えらぶじま？

沖永良部島は「おきのえらぶじま」か「おきえらぶじま」か――。和泊町議会第2回定例会で議員発議の「沖永良部島の呼称に関する決議」が可決された。……「おきえらぶじま」を統一呼称にしようというもの。この決議案は知名町議会にも提出される予定だ。さて、呼称論争の結論はいかに――。（「島の呼称論争」『南海日日新聞』２０１２年6月23日付）

けぃんむん博士「呼称については、これより前にも議論と

イラスト：ただのてる子

なり、その時は〝おきのえらぶじま〟に落ち着いたそうじゃ。ただ、時代とともに〝の〟がない呼び方が一般的になったので、再度の議論となったようじゃ」

ニッサン者「え〜結局／きゃし／なてぃかい？」

けぃんむん博士「結果は、知名町議会も〝おきえらぶじま〟に統一することに決議したそうじゃ」

話題2「沖永良部島のあいさつことば〝ニフェデービル〟」にも発展……。

けぃんむん博士「沖永良部や沖縄の〝ありがとうございます〟の島ことばじゃが、語源を調べると……。

〝ニフェ＝二拝《にはい》、デービル＝で侍《はべ》る〟のことで「二拝（にはい）」は2回のお辞儀。「二拝二拍手一拝」は神社の作法じゃな。八重山地方では、「ミーファイユー（三拝云）」でありがとうの意味——だそうじゃ」

パッカード者「ちゃ、わきゃ／わらぶぬ頃／名瀬ぬおがみ山も御神山 or 拝山か？　新聞投書ぬ良く出《い》じゅとぅたが」

シボレー者「ちゃ、昭和40年頃じゃが。名瀬市議会ぬ／一般質問も／あたんち／じゃが」

けぃんむん博士「そうじゃな。議論の末、ひらがなで〝おがみ山〟になったっそうじゃ。大岡裁定で治めたってことかな。せっかくじゃ。少し当時を思い出してみよう」

　昭和33年、26年ぶりに引揚げてきて驚いたことが二つある。一つは名瀬の街にカラスがいなくなったこと、もう一つは拝山がいつの間にか御神山なっていることだ。（中略）

　昭和36年、おがみ山の公園計画の当初案には御神山公園と表記、その後、拝山に訂正……。このことが、「御神山」になじんだ方々の抵抗を招いたとみえ、昭和38年に新聞記事になり、市議会でも質問が。その後、賛否論が地元紙をにぎわすことに。

　大まかに、御神山説は名瀬出身でない方々で年弱の人に多く、拝山説は名瀬出身で古老に多いということになる。（大山りん五郎「拝山にたたずんで」『南海日日新聞』１９６５年3月24日付）

話題3「あまくま話」

けぃんむん博士「話題は途切れず、穂（帆）がなく〝あまくま〟に飛び跳ねたところじゃが……」

パッカード者「ちゃ、〝穂がない〟とか〝あまくま〟とかよく使うけど、詳しく論《ゆ》（教）して呉《く》りゅんしょれ」

けぃんむん博士「そうじゃな。〝穂がない〟は、南九州で使われることばで、＝しょうがない。考えがない。ドジなどの意味だが、稲の穂・舟の帆がないことに由来すると言われている。ただ、奄美（北大島）では、こんな表現例もあるぞ

穂がまち（頭）ぬ／ねん／くぅと／すんなよ。（＝考えのないことするなよ）

じゅうあんまが、子どもを叱る時によく使ったんじゃが、この用例を見ると稲の穂の〝穂〟が語源かもしれんな。〝あまくま〟もおもしろいが、次回じゃ」

今回は、初登場古語を例文表記で紹介しよう。

①「はあとき」＝【暁《あかとき》】＝「明時（あかとき）」の意。転じて「はあとき」。「あけぼの」より早い時刻で、まだ暗い時刻をいう。

「あかときの夢（いめ）にみえつつ……」「万葉集」

〈島口例〉

はあときら／はて（畑）しぐぅと／きばりしょんや～（朝早くから畑仕事頑張りますね）

ティダ（ン）（太陽）の照《て》りゅん日や夏天気じゃやー。また、拝《うが》みよ～ろ。

第２章　奄美から世界を見る

1．遣唐使と奄美①

さ〜て、〝ちょっと一休みの時間〟。え〜忙しくて休む暇なんかない？

すみょらんた／吾《わ》んだか／国立公園指定なてぃ／山あっき（歩き）／ばり／だりょんちょ／

（ごめんなさい。私も国立公園に指定されて山歩きばかりだからね）

最近は「西郷どん」「世界自然遺産」「ＬＣＣ効果」などで島々が 賑わっているそうじゃが、特に世界自然遺産登録は期待が大きいな。

ただ、自然もすごいが、奄美の特徴は、世界と繋がっていることじゃ。歴史を遡ると諸外国と奄美の関係の多さに驚くぞ。

今回から「奄美から世界を見る」をテーマに島々のおもしろさを紹介しよう。

「ぱぴぷ」発音と遣唐使

けぃんむん博士「まずは、ぱぴぷ発音と遣唐使についてじゃ。

奄美の一部地域では、古く奈良平安時代（8〜12世紀）の発音が残っていたな。

そうじゃ、喜界島の一部、与論島、そして奄美大島では笠利町佐仁集落。実は、ぱぴぷ発音から中国唐時代と朝鮮時代が見えるんじゃ。

それじゃ、笠利町佐仁集落から世界を見てみよう」

ゆんどり君「え〜大きく出ましたね。佐仁から中国・朝鮮時代？」

けぃんむん博士「ちょっと話が長くなるんじゃが、キーワードは〝遣唐使〟じゃな。まずは、高校の歴史の勉強から。え〜面倒？ ま〜我慢して読んでみよう。日本史から奄美の役割がちょっと見えるぞ」

（前略）唐文化の摂取に旺盛な意欲をもやした朝廷は、……大規模な遣唐使（注1）を派遣した。……山上憶良らは唐の文化を伝え、わが国の文化の向上に大きな役割を果たした……。新羅（注2）とはしばしば衝突することがあった……894年菅原道真の建議によって律令時代に多くの犠牲をはらって派遣された遣唐使が廃絶……

（大島高校教科書「日本史」〈昭和47年版〉から抜粋）

※注1／日本から遣隋使の後に唐に送った国使（630年〜894年）。

※注2／古代の朝鮮半島南東部にあった国家。

あやびき君「思《おも》じゃしゃ！／年号覚えの語呂合わせ〝唐乱れ白紙（894年）戻そう遣唐使（遣唐使廃止）〟っていうのがあったが」

けぃんむん博士「さて、ここから本番じゃ。なぜ、遣唐使と奄美が関係するかじゃ」

（前略）はるか昔の日本にも通訳はいた。……「おさ（訳語・通事）」が、それである。……「訳語」「通事」という語が、一か所に数多く現れている古代の資料と言えば、律令の細則集である「延喜式」くらいしかない。この書は927年に選定された……「訳語」などは、対外派遣使節団、来日外国使節団への賜り物の規定の中に、集中的に現れている。

　○入唐大使。判官。録事。訳語・主神・医師……画師。……新羅奄美等訳語（後略）。（湯沢質幸『古代日本人と外国語』勉誠出版、2001年、91頁）

けぃんむん博士「そうじゃ。遣唐使の使節団には奄美語の通訳が乗っていたそうだ。ちょっとビックリじゃろが」

ゆんどり君「え～、本当だりょんな。う～ん。それと中国・朝鮮時代？」

けぃんむん博士「ま～ちょっと慌てるな。よ～りよ～り（ゆっくり）、聞くんじゃ。まずは佐仁集落で使われる方言の発音から。

　標準語の〝はひふ〟は、喜界島一部／与論島／佐仁集落では〝ぱぴぷ〟、沖永良部島〝ふぁふぃふ〟と発音するそうじゃ。

　例えば、鼻（はな）／花（はな）→（ぱな）、船（ふね）／骨（ほね）→（ぷに）のようにじゃ」

※参考／『島唄から学ぶ奄美のことば』奄美群島広域事務組合、2010年。

　研究者の学説では、「は」行音の子音は、奈良時代以前はpで、奈良時代にはφになり、さらに江戸時代初期にhに転化したそうだ。ちなみに、「葉」は、古くは「パ」paで、「ファ」φa、「ハ」haと変化したと言われているそうだ。

イラスト：ただの乙子

けぃんむん博士「ここで、ちょっと休憩。このことを説明する室町時代のなぞなぞを紹介しよう。ヒントは発音じゃ。おもしろいぞ。

（昔は）〝母には二たび会ひたれど父には一度も会はず(注3)〟

答えは、な～んだ。（次回に続く）」

※注3／室町時代の日本最初のなぞなぞ集『後《ご》奈《な》良《ら》院《いん》御《ご》撰《せん》何曾《なぞ》』の一問。

あやびき君とゆんどり君、この日は道草せずに高校時代の日本史の教科書を探しに早々と帰宅したそうな。

ちょっと専門的だけど世界に広がる奄美を見るため、勘弁じゃ。

今日は、ここまで。〝なぞなぞ〈何《な》ぞ何《な》ぞ(注4)〉〟の答えは次回に。

※注4／「何ぞ何ぞ」は古い表現です。

2．遣唐使と奄美②

さ～て、前回の続き。このなぞなぞは、諸説あるそうじゃが、詳細は県立奄美図書館などで調べてほしい。今回は大学受験レベルかな？

（昔は）(注)〝母には二たび会ひたれど父には一度も会はず〟

※注／通常（　）は記載さていません。なぞ解きのヒントとして付記しています。

けぃんむん博士「みんな分かったかな。答えは〝唇〟。え～なぜかって？　実は、母の発音は、ぱぱ（奈良時代以前）→ふぁふぁ（奈良時代）→はは（江戸時代初期以降）と変化したと考えられているそうだ」

ゆんどり君「あっ！　そうか。〝ぱぱ〟〝ふぁふぁ〟は唇が二回くっ付くけど、父は一回も接することがないということか」

あやびき君「なるほど。だけど遣唐使船に奄美人《ちゅ》が乗ってたっち／まれてぃ／初めてぃ／聞《き》きゅっか／たまがり！」

けぃんむん博士「ただし、奄美人が通訳士だったか、奄美語を勉強した朝廷の学者が乗っていたのかどうかは不明のようだ」

いずれにしても、奄美と大和朝廷間で交流があったことは間違いないことじゃな。

それじゃなぜ、この発音が奄美の地域に残ったかじゃ。その手掛かりになる著書を紹介しよう。

天平7年（735）南島に小野朝臣老らを派遣して島の名、船の碇泊所、水の有る所……などを記した碑（立札）を建てさせた。のちの延喜式の遣唐使の規定にも奄美語通事（通訳）が含まれている。南島路をとるための布石であるとみたとしてもおかしくない。（上田雄『遣唐使全航海』草思社、2006年、40頁）

はるか昔からいろいろな方言があったが、それにしても遣唐使に「奄美訳語」が加わっているのには驚かされる。古代日本の朝廷が、こと言葉の上では奄美を外国並みに扱っていたこと、それくらい中央との方言差がはなはだしかったことを物語っている。（湯沢質幸『古代日本人と外国語』94頁）

前回のおさらいを整理すると。

・奄美の一部（佐仁集落等）では、奈良時代以前（8世紀）の「ぱぴぷ発音」が残っている。

・遣唐使船（7~9世紀）に奄美の通訳（訳語）が乗っていた。

ここからは、けぃんむん博士の推測じゃが……。

遣隋使・遣唐使（600～894年）の間、南島路航路（特に復路は黒潮で有利）で水・食糧補給地として、佐仁集落が寄港地だったのでは？（図1参照）

図1　遣唐使の推定航路
出典：「日本大百科全書」（小学館）

そこで、ことばの交流が生まれ、奈良平安時代の古語が色濃く残った、と考えると夢は広がるじゃろが。喜界島や与論島もその寄港地の一つだったんじゃろな。

けぃんむん博士「佐仁集落で物知《むんし》り人《ちゅ》が多いのは、通訳（訳語）の遺伝を受け継いだから、それとも遣唐使から技術や先進知識が伝播したから……かも知れんな」

そうそう、脱線しそうじゃ。ぱぴぷ発音から中国唐時代と朝鮮時代を見るんじゃった。

・聖徳太子の遣隋使・菅原道真の遣唐使廃止、約400年古代中国と交流。
・中国の政治制度や芸術文化、仏教経典等が伝播（大宝律令、平城京整備）。
・ペルシャ〜シルクロード（絹の道）〜唐を通じて持ち込まれた国宝正倉院宝物（ガラス器・楽器・仮面など）。
※正倉院の献物帳に「南島から褐色紬が献上された」との記録が残されている。
・有名な遣唐使（高野山真言宗の弘法大師空海、比叡山天台宗の最澄、唐招提寺建立の鑑真和尚など）。
・新羅との関係悪化で航路は朝鮮半島から奄美など経由の南東路へ（倭国白村江の戦で敗戦）。
・朝鮮3国時代（高句麗、新羅、百済）の終焉。

けぃんむん博士「どうじゃ、ぱぴぷ発音から日本とアジアの関係が見えてきたじゃろ」

あやびき君「う〜ん。ちょっと疑問なのは、どうして〝沖縄訳語〟が載ってなかったんだろうか?」

ゆんどり君「ま〜夢が広がったちゅうことで我慢しよう。オチは、1200年の時超えて世界自然遺産登録向けての〝奄美地域通訳案内士〟が現代版訳語（おさ）ちゅうことじゃ!」

さて、今回の会話から古語探し。

【奄美古語】

①【まれてぃ】＝生まれて。今年や稲（にー）ぬまれた（豊作だ）。（漁帰りに）いゅ（魚）ぬまれてぃな?（よく獲れたか）など用途は多様。

②【たまがり】＝古語「魂（たま）消（ぎ）る」の転化?＝肝をつぶす。驚く。たまがる。

次回は、奄美から「日露戦争」を見てみることにしよう。

3．日露戦争と奄美

さ〜て、奄美のことばからアジアの歴史が見えたけど、どうだったかな。

今回は、新たに海好きメンバーが加わって明治時代の奄美とロシア帝国について〝だれやん〟談義が始まったぞ。え〜? 奄美とロシアも関係するわけ。

けぃんむん博士「それじゃみんな、ちょっと歴史の参考書から質問、次の有名なことばがわかるかな?

〝本日天気晴朗なれど浪高し〟」

ねばり君(注1)「ＯＫ！　くず（去年）／見《に》しゃん／三船敏郎主演ぬ／映画〝日本海大海戦〟のシーンで／あったが！」

くさび君(注2)「ちゃ！　ねばり君とぅ／まーじん／見《に》しゃん／から／吾《わ》んだか／わかりゅっと。いしょぬ（海の）／くぅとぅや／吾《わ》きゃ／いゅんきゃ（魚達）が／得意じゃが」

２人が自慢げに話す〝日本海大海戦〟とは……。

１９０５年、東郷平八郎率いる連合艦隊が対馬海域でロシアのバルチック艦隊を撃破した映画。

連合艦隊の被害は小艦艇数隻のみで、バルチック艦隊の艦艇はほとんど撃沈された。日本海軍は日清戦争後に沿岸防備のために全国に監視施設（望楼(注3)）を設置した。海戦で日露戦争は終結を迎えた。

三船敏郎、加山雄三、笠智衆（「男はつらいよ」午前様）など往年のスターが出演。

※注１／【ねばり】＝カモンハタなどハタ科。海好きなＡ君。

※注２／【くさび】＝ニシキベラなどベラ科。海好きなＢ君。

※注３／遠くを見渡す高い建物。ものみやぐら。

けぃんむん博士「そうそう。この監視施設が全国81カ所中、奄美で３カ所あるのを知っていたかな？　ちょっと紹介しよう（表１）」

ねばり君「そうだった！　バルチック艦隊の進路を事前に発見できたことが大勝の要因だったとか。奄美の望楼が第一報を知らせた⁉」

けぃんむん博士「う〜ん、ちょっと調査できずじゃ勘弁。ただ、太平洋と東シナ海の両海域を監視できる笠利埼は、重要だっただろうな。

今回は、この海戦で大敗したことがロシア革命につながったというこ

表1　海軍望楼一覧表（奄美地域）

望楼名	所在	仮設／常設	無電の有無	設置日
皆通	奄美大島東岸　皆通崎	常設		1900.7.17
曽津高	奄美大島西部　曽津高崎	仮設		1904.2.5
笠利	奄美大島北　笠利崎	仮設	有	1904.8.24

※参考:『海軍制度沿革　3巻』（海軍大臣官房　1939印刷）p. 696－700から作成

とじゃ」

あやびき君「あ！　思《おも》じゃしゃ。１９１７年〝得（19）意な（17）革命ロシアで起こる〟or〝一苦（19）一難（17）ロシア革命〟とか年号語呂合わせがあったが」

だれやん談義は盛り上がり、場所を変えてヒートアップ。明治～大正～昭和の国際情勢へと発展した。説明が大変なので以下に紹介しよう。

・１８９４（明治27）年日清戦争で台湾が日本へ。〝外国からの沿岸防備のため全国に海軍望楼（見張り所）を設置。
・１９０４年日露戦争、１９０５年日本海海戦。
※奄美ではカツオ漁業盛ん（漁船１３０余隻）。
・中国を舞台に日露独仏英等がしのぎあい。
・１９１４年第一次世界大戦、国際情勢は緊張へ。
・１９１７年ロシア革命（３００年続いた皇帝制度終焉）でソビエト連邦誕生へ。レーニンやスターリンの登場。

笠利崎沖を航行した場合のバルチック艦隊のイメージ

ねばり君「なるほど、望楼台から日露戦争～日本海戦勝利～ロシア革命～ソビエト連邦誕生につながるんだ。むづ（じ）らかや」

くさび君「うがしじゃが、高校時代に聞きしゃかたやー。なーりっくゎ賢さなてぃ赤点とぅらんたんかも」

けぃんむん博士「そうじゃな。奄美の史跡や名所と日本史・世界史を関連付けると、身近で覚えやすかったじゃろな」

さて、今回の会話から古語探し。

①「くず」＝【去年（こぞ）】＝去年。昨年。

【奄美古語】

①【ま～じん】＝一緒に。※琉球時代歌謡集「おもろさうし」の〝まぢうん、まぢゅ〟の転訛とも。
②【いしょ】＝古語「いそ（磯）」が「いしょ」？
③【いゅ】＝魚。古語「いを（魚）」の転化？
④【むづ（じ）らか】＝おもしろい。古語「珍（めずら）か」＝めったにない。
⑤「だれやん（め）」＝【疲（だ）る】＋【止（や）む】＝疲れをとる。（南九州方言で「晩酌」）

次回は、太平洋の海流に乗って奄美にたどり着いたボトルレターから世界を眺めてみることにしよう。

4．ボトルレター①

さ～て、今回は、海好き仲間たちが釣った魚を持ち寄り、夕べの〝いざり〟は大漁、すかんま（朝）の釣りはまんでぃ釣れたとか、刺し身をおいしく食べるには、と話は盛り上がり……。

ねばり君「刺身や／やっぱりわさびじょうゆが一番／ま（っ）さや」

くさび君「あいあい／酢で締めてぃから／噛《か》みゅんが／最高じゃが」

あやびき君「ちゃ！／加計呂麻島ぬ／黍《きび》酢や／ミネラル・ポリフェノール豊富ぬ／健康酢っちし／む～る／まっさか」

ねばり君「ちゃ！／うっちゅん／きゃぬ／カツオのビンタ／噛むば／つぶる(頭)ぬ／いっちゃ／なりゅんち／いしゅたが」

けぃんむん博士「そうじゃな。カツオの頭は栄養満点なＥＰＡ・ＤＨＡが豊富で、特にＤＨＡは脳機能向上効果に役立つそうだ」

話は弾み、そのうち世界は海でつながっている！　そんな話題へと発展したが……。

けぃんむん博士「みんな、有名な島崎藤村の童謡『椰子《やし》の実《み》』ができた経緯を知っているかな」

〽名も知らぬ　遠き島より
　流れ寄る　椰子の実一つ
故郷の岸を離れて
　汝《なれ》はそも　波に幾月(※)

（※何カ月の間、波に流されてきたのか）

私は明治30年の夏、伊良湖岬（愛知）の突端に一月余り遊んでいて、あゆの風の経験をしたことがある。さまざまの寄物の、立ち止まってじっと見ずにはおられぬものが多かった。船具や船の破片……。遠い海上の悲しみを伝うるものがあり……。椰子の実の流れ寄っていたものを三度も見た……。この話を東京に帰って島崎藤村君にしたことがよい記念である。（柳田国男『海上の道』岩波書店、1978年、24～25頁）

けぃんむん博士「この伊良湖岬の体験から文化などは、南方から伝播した〝海上の道〟の説が生まれたんじゃな。黒潮の恩恵じゃ」

くさび君「昔、吾《わ》きゃシマぬちゅ（人）が／いしょ（海）／行じゃん時／手紙ぬ／ほっちゅん（入った）／瓶／見っけたっか」

——ということで、当時のボトルレターを紹介しよう。1998年5月24日、米国ワシントン州の沖合いで9歳の男の子が父親と一緒に魚釣りに出かけた時に放流したそうだ。

手紙の概要は——。

誰かがこのボトルを見つけるかどうかを確認するための実験です。

どこで、いつ私のボトルが見つかったのか聞かせてください。

私のボトルがどのように移動したかを見るのを手伝ってくれてありがとう。

ボトルは、2002年8月奄美大島北部の東海岸に漂着していたのを地元住民が発見。

ねばり君「え！　4年3カ月も太平洋をプカプカ漂流していたわけ。たまがりじゃ。その後どうなったんかい？」

くさび君「ちゃっちゃっ、ボトルは太平洋を何回グルグル旅したのかも聞きしゃかや」

けぃんむん博士「そうじゃな。いろんな海流（次頁図参照）に乗って、やっと奄美にたどり着いたということじゃな。研究者は一周3～4年程だと推測[注1]しているそうだ。見つけた島人からの手紙と少年からの返事を紹介すると——」

※注1／2002年11月第2回漂物学会講演から

〈島人からの手紙〉

・奄美大島の概要（人口、気温、

2002年8月笠利町節田海岸で見つかった着ボトルレター

海岸の写真〉。
・テキサス州ナカドーチェス市と姉妹都市。
・4年間旅した瓶に出合い驚いたこと。
〈少年からの返事〉
・少年の年齢や中学校在籍中だということ。
・日本からの海外交流生を受け入れる予定だけど、クラスの誰も名前を発音できないこと。
・ボトルレターを流した理由や手紙に感謝と返事を書くことに感動していること。

くさび君「アメリカ大陸と奄美はつながっているのか。不思議じゃやー。♪海は広いな大きいな♪っち歌があったけど、本当じゃが」

けぃんむん博士「そうじゃな、だけど驚くなかれ。何と

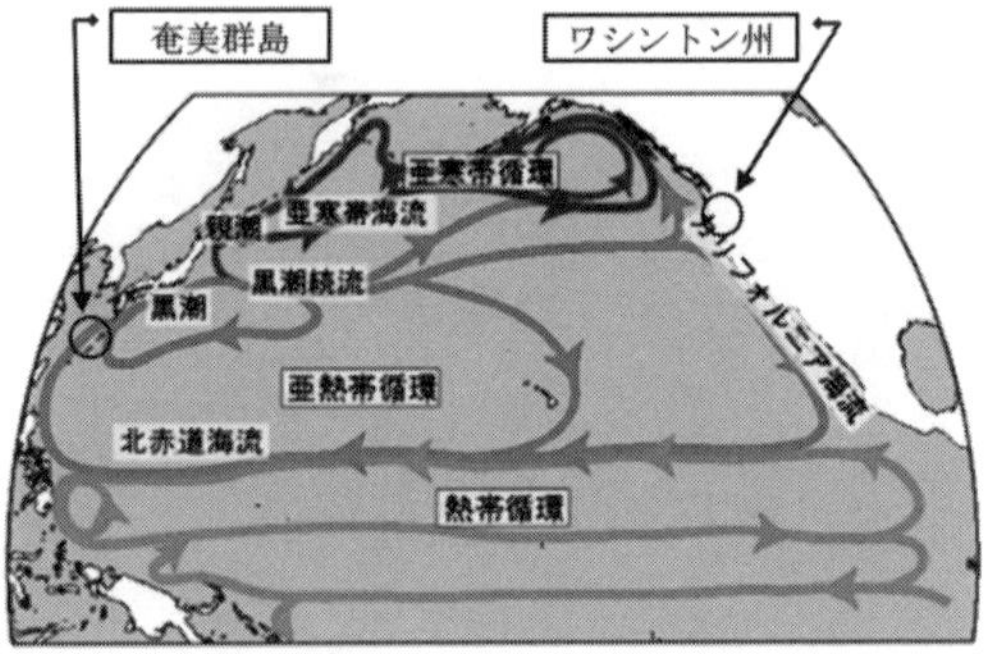

図：海洋表層の循環の模式図（気象庁 HP より）

132年前のボトルレターが昨年（2018年）にオーストラリアの西海岸で発見されたそうだ。次回紹介しよう」

今も旅を続けているボトルレターが、いつかどこかの渚にたどり着くかも……。（古語は次回へ）

5．ボトルレター②

さ〜て、前回からの続き。オーストラリアで発見された132年前のボトルレターを紹介しよう。

けぃんむん博士「このボトルは、西オーストラリア海岸の砂浜で半分埋まった状態で発見されたそうじゃ」

このメッセージは1886年6月12日付で、世界の海流をよりよく理解し、より速く、より効率的な航路を見つけるために、ドイツの長期海洋実験の一部として帆船「ポーラ号」から投じられた。今までの世界記録は108年4カ月と18日でした。

調べると、瓶は〝ジン（蒸留酒）〟でドイツ海軍観測所が海流調査の一環としてインド洋で大量に放流した記録が残っており、当時の航海記録と手紙の中身が一致していた。

ボトルとメッセージは西オーストラリア博物館で2年間展示される予定。
※出典／「西オーストラリア博物館」発行2018年3月6日作成ニュースから

けぃんむん博士「そうそう。地元新聞でこんな記事も見つけたぞ。ちょっと概略紹介しよう」

ギリシャ人船乗りが1998年、ハワイ沖で流した家族へのラブレター入り瓶が2009年に大和村国直海岸で発見された。手紙は家族に渡され奄美とギリシャの交流が続いている。
※参考／『南海日日新聞』2010年8月22日付

発見されたボトルレター

ポーラ号

ねばり君「ちゃじゃが、ケビン・コスナー主演ぬ『メッセージ・イン・ア・ボトル』ちゅ、少し似たような映画があったが」

けぃんむん博士「そうじゃな。夫婦愛を描いたアメリカのベストセラー小説の映画版じゃな。よく知ってることじゃ」

ねばり君「いしょ（海）ぬ／くぅとぅや／OKちょ／なりっくゎ（少し）／とぜ（ん）なか／話あてぃ／なだ（涙）／落《うとぅ》しゃんちょ」

あやびき君「海に囲まれた小さい島だけど、世界の国々とつながっていることが分かったがよ！　あまくまじ自慢しようかい」

けぃんむん博士「いろんな海流に乗って、世界を旅するボトルレターには、あまたの出会いがあるんじゃな。
　古代の大航海時代も潮と風の流れを利用したんじゃろな。特に黒潮（世界屈指の大海流）は、奄美に様々な影響を与えているといわれているんじゃ。ちょっとまとめて紹介しよう」

・黒潮の海水温（20～30度）で温暖多湿の稀有な亜熱帯地域→多様な動植物相を形成。
・黒潮に乗って南方から生物文化等が伝わる。
・黒潮に乗って日本人祖先は南方から来た？　との最近

研究も。

あやびき君「そうだ！　〝古代ミステリー　日本人はどこから来た？〟ちゅテレビ番組で草舟漕いで与那国島から北上する実験を見たが」

人類が日本列島へやって来たのは、シベリア経由、朝鮮経由、南から沖縄に渡って来た3つのルートが考えられています。この3つのルートの人々が、複雑に交じり合って、私たち日本人になったと考えられています。中でも注目されているのが、沖縄ルートなんです。

※参考／NHK「クローズアップ現代」2016年7月26日放送。

さて、前回と今回の会話から主な古語探し。

①「とぜ（ん）なか／とでんなさ」＝【徒然《とぜん》】＝さびしいこと。

※参考／恵原義盛氏は、長崎県諫早市で「とぜんかなりました」ということばを聞いて、その意味を「さびしいようなわびしいような気持ち」と聞いてびっくりした。「とぜん」は「徒然」であるに違いない、と著書に書いている。

作家の梨木香歩さんも同じ体験をしている。

東北民話風の小説を読んでいて、「徒然（とぜん）ね」という言葉に出会い、それが寂しい、という意味だと知り、とても驚いた。驚きの理由の一つは、南九州でもそれはまったく同じ意味で使われていたからである。……明らかに私の勉強不足で改めて古語辞典を引けば、確かに「寂しい」という文字も出てくる。（梨木香歩「炉辺の風おと」『毎日新聞』日曜くらぶ〈2〉2019年1月27日付。）

【奄美古語】

①【ま（ー）さん】＝古語【うまし】の「う」が省略された変化形？

②【む（～）る】＝とても。非常に。※恵原義盛『奄美の方言さんぽI』では「ムル＝全部の意味で〝諸〟〝丸〟の訛りであるとの記載。

③【うっちゅ】＝年寄り。④【あまくま】＝あちこち。あっちこっち。⑤【まんでぃ】＝たくさん。⑥【すかんま】＝朝。

次回は、江戸・明治時代の異国船来航から世界を眺めてみることにしよう。

6．異国船と奄美①

さ〜て、ボトルレター（外国では〝ボトルメッセージ〟が一般的だそうだ）どうだったかな。海に面しているからこその出来事じゃな。

けぃんむん博士「さて、今回は奄美に来航した異国船から世界を見てみよう」

１８５４年ペリーの来航（黒船艦隊）

米艦大島東海岸を測量す

安政元年6月7日（陽暦7月1日）ペリーはミシシッピー号を率いて那覇に着いた。

この航海中、米国艦隊は大島東海岸（注1）に近寄って種々の観測を行い、士官を上陸せしめた。彼等は島民と交渉し、麺飩（パン）・豚肉を出して鶏・野菜と交換し、また植物標本等を採集したが、まもなく帰艦した。（名瀬市史編纂委員会『鹿児島県史（奄美関係抜粋）』1963年、105頁）

けぃんむん博士「（注1）の奄美大島東海岸は、奄美市名瀬小湊集落と考えられているそうだ。当時を伝えるエピソードを紹介しよう」

イラスト
ただの乙子

校長先生から聞いた話で「ペリーが水を求めてきたとき水を汲んであげると、感謝の気持ちを表して、パンや洋食類を与えて帰船した。昔子供たちが「ベルベル、アンマリ、ウヮカムナ、ミチカドナンテ、トビヒッカブルトゥ（ベルベルたくさん豚食べるなよ、道角でひどい下痢するぞ）」と呼びあって遊んでいた。（隣重俊『小湊むんがたり』1993年、11頁）

けぃんむん博士「ベルベルは、ペリーのことじゃろ〜な。地元の人たちに、珍しい洋食品を食べて下痢するなよ、とペリーにたとえて皮肉たっぷり伝えたのかもな。ペリー来航の翌年は別の異国船が奄美を調査しているそうじゃ」

１８５５年名越左源太がスケッチした異国船

琉球及び大島へ来航の外船

安政2年2月琉球沖縄島を測量した米船があり、3月17日・18日両日、大島名瀬方小宿村沖(注2)を通過し、或いは伊津部港に入った異船があり、同月、笠利湾に入り、両3所に上陸して測量するもあったが、これらは何れも下田へ航行中のヴィンセンス号であったと推測される。（『鹿児島県史（奄美関係抜粋）』106頁）

安政2年4・5月には……合衆国北太平洋探検隊船ヴィンセンス号及びボルポイス号がジョン・ロッジャースとリンゴルドとの指揮の下に、大島・加計呂麻・喜界の諸島を測量調査し、下田に向かって去った……左源太は2艘の黒船が小宿村の沖を通過するを見て、精密に写生……。（昇曙夢『大奄美史』奄美社、1968年、419頁）

※注2／1855年3月18日（太陽暦5月4日）、名越左源太がスケッチした小宿沖の異国船。

安政二年乙卯三月
十八日伊津部湊江
入ルを小宿邑より八合
程隔て見る、
西洋船
此船ハ西ヨリ東の方へ行、亦
西の方へ帰ルヲ見ル、往来
帆ナシ、

※出典／「見聞雑事録」『鹿児島県資料　名越時敏史料八』

ねばり君「島の東西海岸に異国船が現れ、島人は、たまがたやー（驚いたね）」

けぃんむん博士「今回、あまくま調べたら、名越左源太がスケッチしたのはヴィンセンス号じゃなく、同行した蒸気艦ジョン・ハンコック号だったようじゃ。なぜなら、ヴィンセンス号は帆船だったからじゃ。ちょっと紹介しよう」

艦隊は、旗艦ヴィンセンス号、ハンコック号（艦隊の中で唯一の蒸気艦）、ポーポイズ号、クーパー号、そして補給船のケネディー号という5隻から構成されていた。1854年8月、香港で司令長官がリンゴー

ヴィンセンス号
出典：「Naval Historical Center Command」HP

ルドからジョン・ロジャーズに交代となり、小笠原へ向かっていたポーポイズ号が、同地近海で行方不明になるという事故が生じたのである。ハンコック号が任務を終え、1855年2月13日に香港に戻ってきた時、そこにポーポイズ号の姿はなく、（中略）……1855年5月13日（安政2年3月27日）には、ヴィンセンス号とハンコック号が下田に入港した。（後藤敦史「一外国人が見た開国日本」『大阪観光大学紀要第14号』2014年、6〜9頁）

※参考／ポルポイス号『大奄美史』＝ポーポイズ号

けぃんむん博士「ポーポイズ号は遭難、司令長官のリンゴルドも下田へ航海する前にロジャーズと交代させられ本国に送還されたそうだ。これは、最近になって、ハンコック号に乗船していた士官の航海日記でわかったそうじゃ」

今日はここらで、ありがたさまりょーた。

推測だった歴史の一部が、近年の専門家の研究で明らかになったということじゃな。

ひぐるさ／なたんから風邪ひきしょんなよ。

7．異国船と奄美②

さ〜て、前回からの続き。

異国船の人たちが奄美をどう見ていたのか、今回は奄美を記録した2人の航海日記から。

けぃんむん博士「まずは、前回のおさらい&なーりっくゎ（少し）説明の追加じゃ」

・1854年3月　アメリカ海軍ペリー提督によって日米和親条約締結。（日本開国）

・同年6月　ペリー艦隊が奄美大島名瀬小湊？に上陸し測量調査。

・同年7月　沖縄で琉米修好条約締結。

・1855年4〜5月　アメリカ海軍測量艦隊（ロジャーズ司令官）が奄美の島々を調査、その様子を名越左源太がスケッチ。

けぃんむん博士「ペリーが記録した〝日本遠征日記〟があるんじゃが、奄美関係分を少し要約して紹介しよう」

1854年ペリー提督の日記

〈下田へ向かう時〉

1853年7月2日、私は、わずか4隻の艦を率いて、那覇を出港した。フォン・シーボルトは、この島々の東海岸を探検したものは誰もいないと言っている。北部諸島のうち一番大きなのは、Oho-sima（大島）と呼ばれている。

この島は、大きな都市が一つ、町がいくつかあり、大いに開墾が進んでいる。

〈条約締結後、沖縄に向かう時〉

1854年6月29日朝、大島と喜界島、すなわちバンガロー・アイランドを抜けて、東岸の入江や湾など正確に記録した。

これまでの海図は、1848年にパリで出版されたものだった。今回、この海図を大きく修正した。私は、モーリーとウェッブ大尉を2隻のボートで小さな湾に派遣した。士官たちは、小村を見つけ、粗末な武器で武装した現地人一団と出合った。しかし、現地人は、立ちはだかっていたが、礼儀正しく、パンと豚肉と交換に野菜と鶏肉を持ってきた。植物の標本も採集した。

この島々は、徹底的に調査する価値がある。米国政府が早急に艦船を派遣することを望む。

※出典／M・C・ペリー、木原悦子訳『ペリー提督日本遠征日記』小学館、1996年、55頁、251頁。

あやびき君「え〜 シーボルトちば／日本史じ習《なら》たん／有名なドイツ人医者じゃ」

くさび君「なるほど／喜界島ぬくぅとぅや／島の形から（屋根の低い）バンガロー島ち呼ばれたのか」

けぃんむん博士「そうじゃな。よく観察しているな。165年前に〝価値がある島〟と評価しているのも驚きじゃ。おそらく奄美の自然の豊かさに注目したんじゃろな。ペリー来航の翌年、左源太がスケッチした異国船じゃが、前回紹介した士官の航海日誌が公表されている。なお、測量艦隊司令官はペリーが任命したそうだ」

1855年測量艦隊士官ハーバーシャムの日記　〜『マイ・ラスト・クルーズ』〜

・私たちは、香港を出発し蝦夷島にある函館に向かうことにした。
・途中、これまで未踏のいくつかの島を調査した。
・ゆっくりと北へ進み、活火山と休火山を通り過ぎ、ついにOusima（大島）に到着した。

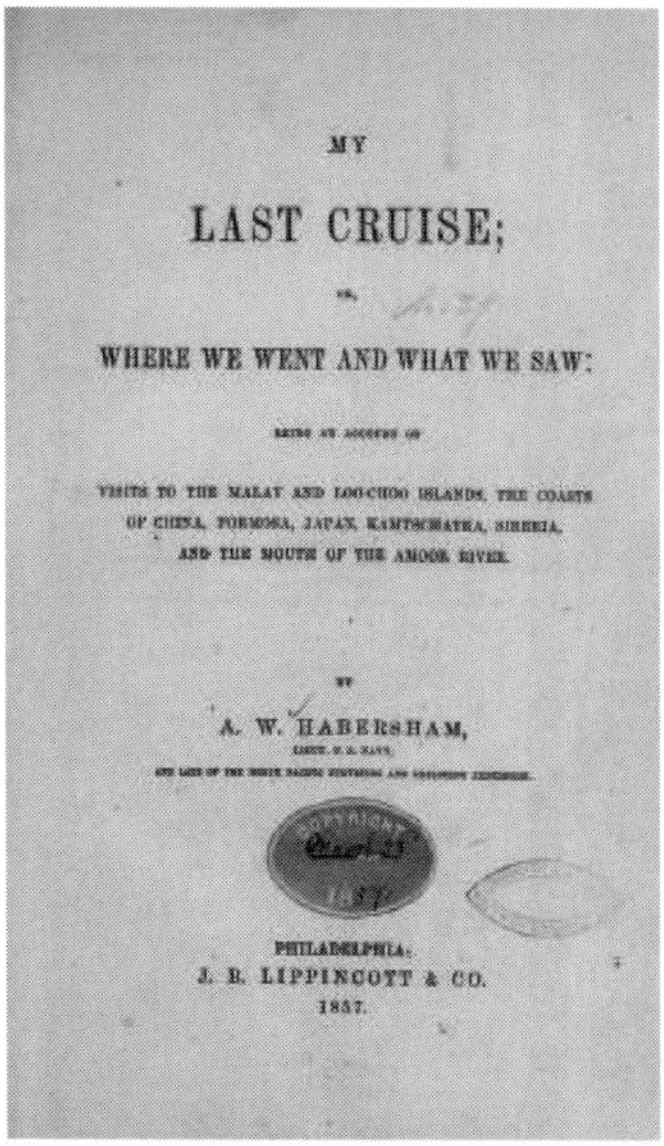

『My Last Cruise』
ハーバーシャム著
出典：アメリカ議会図書館 HP

・西海岸は避難所として素晴らしい港がある。
・島の北部で地面に沿って走るつる性のラズベリー（注1）と茎状の低木のマラガ（スペインの都市）のブドウ（注2）と似た果実をたくさん採集した。
・その場所は北緯28度30分、東経129度32分（注3）で、将来重要な港となるはずだ。
・この静穏な港を離れて下田へ向かった。
※（注1）は葉が約20㎝と記載していることから「ホウロクイチゴ（方言名いしょび）」（下段中央）、（注2）は「リュウキュウイチゴ」（同右）と思われる。（注3）は笠利湾。

けぃんむん博士「そうそう、ペリー提督が友好条約を結んだけど、琉球や日本人からは新鮮な食料を提供されなかった。そのため、大島（笠利町？）の野イチゴがビタミン補給食として壊血病を防いだ、と記録されているんじゃ。すごいことじゃな」
あやびき君「ちゃ、いなさりん（小さい時）／道端じ／いしょび／採《とぅ》てぃ／噛《か》みゅたが」
くさび君「え～島の野イチゴが栄養食材だったのか。ほーらしゃ（誇らしい・嬉しい）／くぅとぅ／聞《き》ちゃ」
けぃんむん博士「島人から〝なぜこの島に来たの？〟と不安そうに尋ねられたとか。本土と琉球の間にある奄美群島だけど、諸外国から見れば地理的に重要な位置だったようじゃ」

今日はここらで、ありがたさまりょーた。

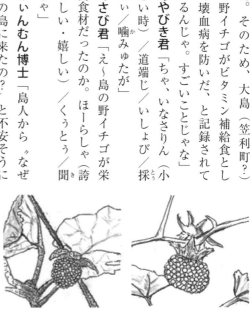

8. 異国船と奄美③

さ～て、前回からの続き。

異国船の来航で驚いたのは、島人だけじゃなかったようだ。

けぃんむん博士「異国船が来航した記録はいくつかあるんじゃが、主な出来事をちょっと紹介しよう」

・1614年　英船アドベンチャー号が大島に寄泊、三浦按針ことウィリアム・アダムスが船長として乗っていた。（『鹿児島県史』）

・1771年　東間切り伊須へオランダ船漂着。ベニョフスキー（ポーランド士官でロシアの捕虜で官船を奪い日本海岸を南下）一行と思われる。（『大島代官記』、『鹿児島県史』）

・1828年　与論島・沖永良部島へ異国船漂来。後に沖永良部島知名に上陸。唐いもを貰って去る。（『沖永良部島代官記』）

・1855年　異国船軍艦3隻、住用港に来る。（『笠利氏家譜』）

※出典／『改訂名瀬市誌1巻　歴史』431～433頁。

あやびき君「ちゃじゃが〝三浦按針（日本名）〟や高校ぬ日本史じ習《なら》たが。

来日した最初？の英国人で江戸幕府の外交顧問に抜擢され、長崎平戸に商館を開いた異人さんじゃが」

けぃんむん博士「そうじゃな。彼の航海記では、シャム（タイ）を目指したけど船の修理が必要で奄美大島に寄港したそうじゃ。4年後の1618年にも寄港したようじゃな」

あやびき君「1855年頃、わきゃ／うやふじ／きゃぬ／島ぬ／あまくまじ／2隻見《に》しゃんとか3隻見《に》しゃんち言《い》しゅたんけど／本当や／きゃし／あたんかい」

けぃんむん博士「そうそう。この3隻は、前回紹介の士官ハーバーシャムが乗船したハンコック号、旗艦で帆船ヴィンセンス号とクーパー号だったそうだ。

図：名越左源太がスケッチした小宿沖の異国船　その2
出典：「見聞雑事録」（『鹿児島県史料　名越時敏史料八』）

奄美では3隻が合流or2班に分かれながら数日間調査したようだ（注1）」

※注1／後藤敦史（大阪観光大学）「アメリカ北太平洋測量艦隊（1853―1856）による海図とその目録」『外邦図研究ニューズレター』（2013年）を参考。

あやびき君「薩摩藩や／たまがたんち／思《おも》たんけど／きゃし（どんなに）／しゃんかい？（したんだろう？）」

当時の南西諸島周辺は異国船の来航が頻繁で、1857年に「斉彬は奄美大島を拠点としてオランダとの貿易構想を練りながら、同時に琉球を拠点として新たな外国貿易計画を打ち立てていた」。そのためには大島の絵地図が必要で、島中を調査するように左源太に命じたのだ。（『南島雑話の世界』南日本新聞社、255頁）

1844年フランスの軍艦が琉球に来航し、通信・貿易を要求する薩摩藩時代の琉球開国問題であった。欧米列強による開国要求は、琉球開国問題から始まった。薩摩藩だけの問題でなく、幕府の存亡にもかかわる重大事件……。琉球・奄美群島への守備隊派遣を実施するために必要とされたのが、正確な地図である。

大和浜の湊には、さまざまな船が逗留、漂着した。1851年、島津斉彬が藩主となった。この頃、外国（フランス、アメリカ、オランダ）が琉球への開国を求めた。守衛方として最初に派遣されたのは、汾陽《かわみなみ》次郎を含めた14名、一行は1851年大島大熊村へ大船二艘で到着した。守衛方は、大和浜方に拠点を置き、島民の家を宿舎とした。（『宇検村誌』474～476頁、『大和村誌』256～263頁）

くさび君「え〜、幕府も薩摩藩も大変だったんだ。それで奄美に守備隊を配備したのか」

あやびき君「ちゃ〜じゃが／異国船が／奄美ち／ぬが／来《き》ゅんにし／なたんかい？」

けぃんむん博士「よく気づいた。大和村や宇検村は湾が奥深くて良港だったから防衛拠点地にしたんじゃろな。奄美に来航した背景も欧米の思惑が入り交じって面白いぞ。

まず、▼鯨の油を確保するため日本を〝捕鯨船の補給基地〟にしたかったこと、▼東アジアでの貿易拡大を図るため〝中国に直行する蒸気船の中継基地（太平洋横断）〟にしたかったことのようじゃ。

そのため、本土と中国の間に連なる琉球・奄美は重要な位置にあったということのようだ」

あやびき君「鯨の油が燃料だったのか。ちゃ、1840年頃アメリカが7割、（注2）鯨を捕獲してたっち／北極ぬ／いゅん／きゃぬ／言（い）しゅたが」

くさび君「ちゃ、昔やアメリカ・ヨーロッパから中国までは、喜望峰～インド経由で長旅あたんち／ふっしゅ／きゃぬ／言（い）しゅたや～」

※注2／荒このみ編『史料で読むアメリカ文化史2』東京大学出版、145頁を参考。

異国船と奄美のエピソードは、まだまだあるんじゃが、またんきゃ語りよ～ろ。

9．蘇鉄と奄美の人々①

再び、奄美から世界を眺めてみよう。

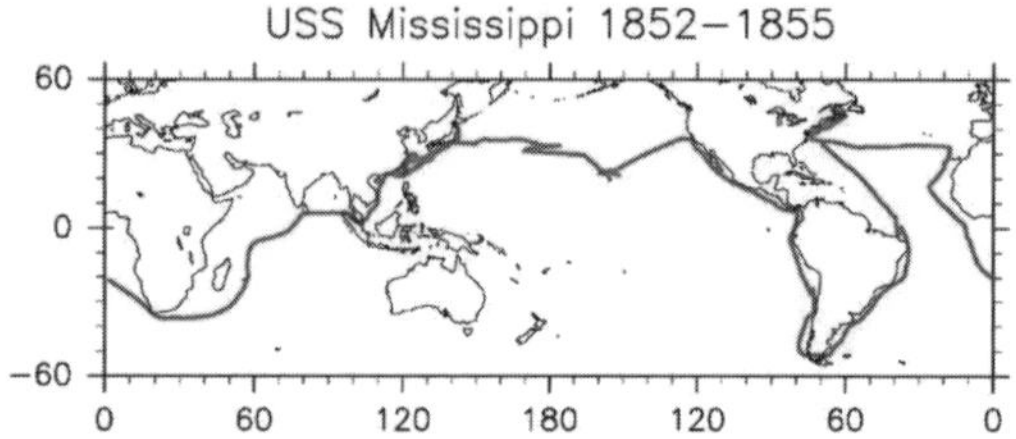

1852 ～ 1855 年のミシシッピ号の航路（ペリー乗船艦）
出典：JCDP HP

遣唐使、望楼台、ボトルレター、異国船から奄美と諸外国とのつながりを見てきたけど、まだまだあるぞ。今回の主役はソテツ（蘇鉄）じゃ。メンバーは、いつもの海の仲間たち。

ねばり君「ちゃ、昔（1970年頃）や／ソテツ葉2枚重ねて／稲わらで括《くく》るアルバイトで／小遣い貰ったや～」

あやびき君「わきゃ／いなさりぃん（小さい時＝子どもの頃）や／ソテツぬ葉とぅ／サイ取りかご（注1）・首飾り作《つく》たり／しゅーたが。え～世界とぅ／きゃし／繋ながりゅんかい？」

※注1／ヌマエビ＝沼や川に生息する体長3㎝ほどの小型のエビ。釣り餌等。

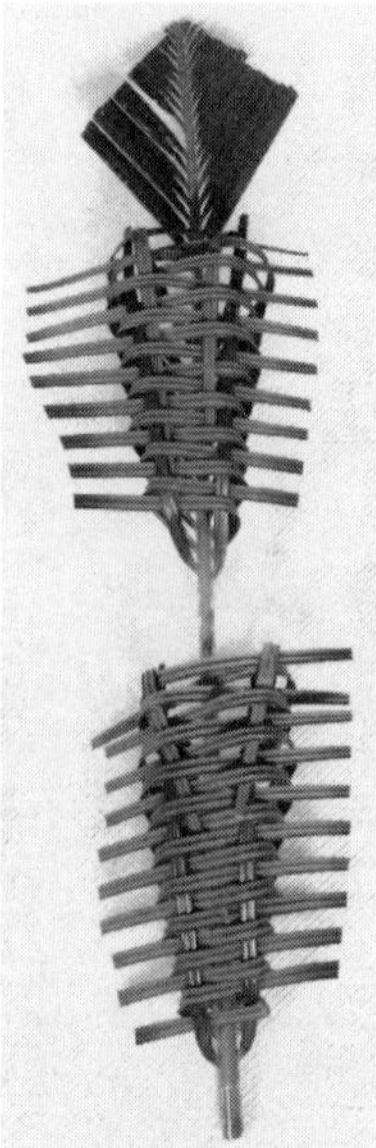
サイ取りかご

けぃんむん博士「そうじゃな。蘇鉄が奄美の人々の生活に深く関わっていることは、よく知られているな。だけど、明治時代ヨーロッパで大変注目されていたことを知っているかな？

本題の前に、まずは蘇鉄の基礎知識から」

ソテツ（蘇鉄）とは

・裸子植物門・ソテツ綱・ソテツ目・ソテツ科・ソテツ属の常緑低木。

・ソテツ属は、９属約１００種が新旧両大陸とオーストラリアの熱帯、亜熱帯に残存している。このうちソテツ属 以外のザミア属（新大陸熱帯に分布）、ディオーン属（メキシコ）、マクロザミア属（オーストラリア）などをまとめてザミア科とすることもある。この場合、狭義のソテツ科は1属約20種でマダガスカルと東南アジアに産し、ソテツ（蘇鉄）はその最北限の種で琉球列島から九州南部にまで自生がある。（以上『ブリタニカ国際大百科事典』より）

・「生きた化石」とも言われ、恐竜時代（２億年以上前）に繁栄。

・デンプンが多く含まれ食用に。

・中国では茎・根・葉等を漢方薬に利用。

・ワシントン条約で輸出入許可が必要な植物。

くさび君「え〜恐竜時代ぬ植物ちな！／映画〝ジュラシック・パーク〟思《おも》じゃしゃ」

けぃんむん博士「そうじゃな。直訳すると地質時代の〝ジュラ紀＋公園〟ということになるな。恐竜時代の植物が奄美各地に自生していたとは、びっくりじゃろ」

ねばり君「ちゃ、あんまが／噛《か》みゅん／むんぬ／ねんとぅきゃ／ソテツ粥《がゆ》・実味噌（なりみす）／作くとぅたんち／言しゅたが」（お母さんが食べる物がない時には……）

南島雑話での蘇鉄　その①

けぃんむん博士「せっかくじゃ。久しぶりに『南島雑話』から江戸時代の蘇鉄について紹介しよう」

『蘇鉄の事』▼蘇鉄を切りて食するに………製法悪ければ毒に当たりて死すれど、製法良ければ難をのがれる。（略）▼（蘇

図：江戸時代の蘇鉄の臼つき風景

鉄幹）を切って、臼《うす》にてつき崩して、すべて粉になし飯・粥にても食するなり。はなはだ手間のいる事なり。……味噌、醤油でも煮て食し、砂糖混ぜればさらに良い。蘇鉄の種のことをナリという。ナリ（実）も食材となる。

【蘇鉄カン】
泉和子著
『心を伝える 奄美の伝統料理』から

ねばり君「そうか。あんまが〝蘇鉄地獄〟とか言しゅたんや、危険を覚悟しながら飢えをしのいだっていうことか」

けぃんむん博士「そうじゃな。江戸時代、蘇鉄のデンプンは甘藷（サツマイモ）と同じぐらい貴重だったようじゃ。（写真は南島雑話を元に再現したもち菓子）」

奄美の暮らしと蘇鉄

けぃんむん博士「それじゃ、ここで奄美での蘇鉄利用について、少し紹介しよう」

・畑などの境界木
・燃料用（与論・沖永良部・喜界で枯葉利用）
・遊具・装飾品用（エビ獲りかご、おもちゃ）
・野菜苗の風よけ・日よけ用（葉）
・盆栽・園芸用（黄金ソテツ、獅子ソテツ）
・肥料等用（肥料の3要素N、P、Kを含むため鹿児島県が奨励、泥染め田の鉄分補強）

はーじん君[注2]「え～たまがり（びっくり）じゃ。用途やいっぱいあったんじゃ」

※注2／島口好きな新社会人、高級魚「スジアラ」の方言名。

新しい仲間も参加し、話題はまだまだ発展したが……、次回へ。

※参考図書／栄喜久元『蘇鉄のすべて』南方新社、『改訂名瀬市誌第3巻』、名越護『南島雑話の世界』南日本新聞社、図=奄美市立奄美博物館所蔵「南島雑話」より。

10．蘇鉄と奄美の人々②

さ～て、前回は蘇鉄の基本的な情報と奄美との関わりについてだったが、もう少し調べてみよう。蘇鉄が奄美人にとって重要な役割を果たしていたことがわかるぞ。

くさび君「わきゃ、じゅうだか、蘇鉄ば植《う》〜とぅたんち、言しゅたが。本当かい？」

「南島雑話」での蘇鉄　その②

『蘇鉄の事』▼南島は薩摩藩の余沢（恩恵）受け今日を渡るといえども、海上150里を隔てれば、大船数十隻下りて、米その外、器品に至るまで賜うといえども、年凶すれば……蘇鉄をおびただしく植えて凶年の用意とす。▼10月より3、4月までの間に植えるなり。蘇鉄の成長が悪い時は、根に金釘を埋めて、あるいは蘇鉄に打ち込めば、たちまち育つなり。

けぃんむん博士「そうそう、〃蘇鉄〃の名前は、枯れかかったときに鉄クギを打ち込むとよみがえるという伝承に由来するそうじゃ」

図：蘇鉄の植え付き風景

蘇鉄と島唄・新民謡

けぃんむん博士「南島雑話の内容は、島唄の歌詞からも知ることができるぞ」

▼〽西ぬ口から白帆や巻《ま(ん)》きゃ巻《ま(ん)》きゃ来ゆり
蘇鉄《すてち》ぬ胴掻粥《どうがきかい》や　はんこぼせ

（訳／船が白帆を巻き巻きやってくる。もう食べ物も大丈夫。蘇鉄の幹から採った粥など捨ててしまいなさい）（指宿良彦監修「豊年節」『奄美民謡総覧』南方新社、2011年、67頁）

※「胴・掻き」＝蘇鉄の幹。古語「胴（どぅ）」＝胴体。

けぃんむん博士「この歌は、薩摩時代に本土から米が来るのを待ち焦がれた島人の心情を表しているそうじゃ。こんな人生訓歌も……」

▼〽磯端《いしょばた》ぬ蘇鉄や
石株《いしんがぶ》に抱《だ》かとてぃどぅ太《ほ》でて
吾《わ》きゃや母《あんま》と父《じゅう》に
抱《だ》かれてまた太《ほ》でて

（訳／磯端の蘇鉄は、石株に抱かれて大きくなる。私も母や父に抱かれて大きくなることだ）（同前）

あやびき君「わんだか、蘇鉄題材にしゃん／懐かかん／歌／知ちゅっとぅー。宴会ぬ最後や／いつんけぇん／踊《うど》とぅたが」（宴会の最後はいつも踊っていたよ。）

▼〽赤い蘇鉄の　実も熟れる頃
加那も年頃　加那も年頃　大島育ち
※田畑義夫「島育ち」（昭和38年紅白歌合戦曲）

▼〽奄美なちかしや 蘇鉄のかげで
泣けばゆれます サネン花ョ
※三沢あけみ「島のブルース」（昭和38年紅白歌合戦曲）

▼〽そてつぬ実ぬ《なり》　赤さどぅきょらさ
愛人《かな》が想いぬ　色とぅどぅ似しゅり
※「そてつの実」

けぃんむん博士「〝島育ち〟〝島のブルース〟が、紅白歌合戦で歌われたのを知っていたかな？　しかも同じ年にじゃ。〝そてつの実〟の歌は、ちょっとむずかしいかな。だが詩に恋心があふれていて素晴らしいじゃろ」

はーじん君「ちゃ、わきゃ／音痴あたんから上手な人《ちゅ》に／うゎなりくゎ（嫉妬）／しゃんちょ」

あやびき君「え〜結局、蘇鉄とヨーロッパの関係はきゃしなたかい？」

けぃんむん博士「それじゃ、本題に入ろう。まずは、次のQuestion（ムン尋ね）から」

Q1　明治時代、蘇鉄を輸入したヨーロッパの主な国は？

①イギリス　②オランダ　③ドイツ　④スペイン　⑤フランス

Q2　その蘇鉄の用途は？

①クリスマス用　②園芸用　③生け花用　④葬儀用　⑤おもちゃ用

今回の古語を例文表記で紹介しよう。

①「うゎなり」＝【うはなり】＝後妻。嫉妬。やきもち。
「大后、石之日売命、はなはだうはなりねたみし給ひき」（古事記）

ムン尋ね答えは次回へ。また、拝《うが》みよ〜ろ。

11．蘇鉄とヨーロッパ①

さ〜て、前回のQuestion（ムン尋ね）わかったかな？ 今回から本題。ヨーロッパで注目された蘇鉄と外国人が見た明治時代の奄美について紹介しよう。

けぃんむん博士「それじゃ、前回の問題の答えからじゃ。2問正解はヨーロッパ通じゃな」

Q1　明治時代、蘇鉄を輸入したヨーロッパの主な国は？
正解　③ドイツ
Q2　その蘇鉄の用途は？
正解　④葬儀用（本書での正解）
※他に国内では生花・花輪の材料、海外では装飾用も。

はーじん君「えー、ドイツは、きゃしし（どうして）蘇鉄に注目しゃんかい？」

けぃんむん博士「そうじゃな。覚えているかな？ ペリー提督（米国）の航海日記（1854年）で、奄美は〝調査するに価値ある島〟と報告していたことを。そう！ ヨーロッパの人たちも明治時代に詳しく調査しているんじゃ」

奄美を来島・調査したヨーロッパの人たち

・1880（明治13）年 ルードヴィヒ・ドゥーダーライン（ドイツ人生物学者、東京大学講師）
1880（明治13）年8月15日から16日間、名瀬〜加計呂麻島を往復した旅行記録「琉球諸島の奄美大島」を発表。（1881年）
・1885（明治18）年 アルベルト・ワーグナー（ドイツ人園芸家）
園芸家の間で「蘇鉄のワーグナー」として知られる。
・1889（明治22）年 アルフレッド・ウンガー（ドイツ人園芸家）
「奄美大島——蘇鉄と鉄砲百合の里・ある植木屋の旅スケッチ」を発表。（1908年）

ねばり君「え〜、ドイツ人ばかりじゃや。何《ぬ》が（どうして）かい？」

けぃんむん博士「なぜ？ と不思議に思うじゃろ。実は、こんな指摘も……。

明治時代に入ると、ヨーロッパの列強の艦隊が沖縄を訪れた。奄美大島は久しく外国人の目に止まらなかった。唯一の例外として、１８８０年から90年にかけて、奄美が中部ヨーロッパのドイツ語圏の注目を集めた。それはルードヴィヒ・ドゥーダーラインによる調査旅行と報告書によって引き起こされた……。（クライナーヨーゼフ／田畑千秋共訳『ドイツ人の見た明治の奄美』ひるぎ社、１９９２年、11頁）

ということだそうじゃ。その報告書を読んだドイツなどの園芸家や商人が奄美に来島したようじゃ。概要を紹介しよう」

『琉球諸島の奄美大島』（**L・ドゥーダーライン著**）

・**風俗習慣**　大島の人々は常に親切で察しがよかった。ここの人々は大変丁寧である。ほとんど立ち止まって挨拶した。こういうことは日本では稀になった。彼らの行動はいつも礼儀正しかった。

・**宗教**　この幸福な島には寺（神社）も僧侶（神主）もいない。崇拝の対象は先祖である。

・**農業**　蘇鉄は日当たりのよい山の斜面に規則正しく列状に植えられている。昔は米の代わりとして重要な食物であったといわれている。

・**植物相**　この地帯で野生椰子を見ることができた。蘇鉄はこの地帯どこでもある。

・**大島と日本の関係**（注1）　二つの大きな動物相の地域、旧北区と東洋区の境界線が、大島と九州の間にくる。奄美大島で最も目立つ、典型的な植物の幾つかが最北分布という事実である。

※注１／生物相の特徴を基にした地理的区分。
※出典／『ドイツ人の見た明治の奄美』から抜粋。

あやびき君「親切、幸福の島、旧北区と東洋区か！　短期間でよく調べたことじゃやー。世界自然遺産ぬ生物多様性、環境文化型とかの言葉と重なりゅっか。ほーらしゃくぅとぅじゃ」

けぃんむん博士「明治の初期、奄美を来島した異人さんは数人いたようじゃが、記録が残っているのは、L・ドゥーダーラインとA・ウンガーだけのようじゃ」

次回は、蘇鉄が奄美の経済に与えた影響とドイツの国で起きた貿易事情じゃ。今日は、とーとぅがなし。※「ありがとうございます」（与論島）

12．蘇鉄とヨーロッパ②

さ〜て、異国人が奄美を詳しく調査していたのに、ちょっと驚いたね。しかも短期間に。

今回は、蘇鉄が奄美経済に与えた影響とドイツで起きた貿易事情について紹介しよう。

けぃんむん博士「なーりくゎ（少し）、前回までの内容を整理すると……」

蘇鉄は、

▼太古（ジュラ紀）の恐竜時代に繁栄。

▼奄美の生活に欠かせない植物。

▼新民謡や島唄などの題材。

ドイツ人学者が、

▼奄美大島を調査（1880年）。

・奄美には動植物相の境界線あり。

・蘇鉄は至るところに分布。

・礼儀正しく親切で幸福な島。

そのため、ヨーロッパで注目。

けぃんむん博士「実は、このドイツ人学者の調査報告と当時のヨーロッパのある事情とが重なったのじゃが……」

ドイツでは古くから椰子《やし》の葉が天使が亡くなった人の霊を天国に迎えてくれるという意味で、国王はじめ貴族の葬式に使われていた。

しかし、資産階級や庶民までも真似し始めたので椰子が足りなくなり、似ている蘇鉄の葉が注目された。その影響で明治20年頃には、中部ヨーロッパ、特にドイツで蘇鉄の葉が大量に売れるようになった。（クライナーヨーゼフ／田畑千秋共訳『ドイツ人の見た明治の奄美』(注) ひるぎ社、1992年、51頁）

※注／L・ドゥーダーライン『琉球諸島の奄美大島』（1881年）の翻訳書。

けぃんむん博士「そうじゃ。葬儀用として重宝され、ウンガーたちは、相当な利益を得たそうじゃ。彼の論文を整理すると……」

・1885（明治18）年～数年間、A・ワーグナーが奄美大島の蘇鉄を輸入して成功を収める。

・1889年～1907年、A・ウンガーが蘇鉄葉で莫大な富を築く。

・1900年頃、奄美で蘇鉄ビジネスが静かなブームとなる。

・ドイツ政府は蘇鉄貿易に乾燥葉100kgあたり250マルクの高い輸入税（関税）を課す。

ねばり君「え～奄美の蘇鉄が高関税の対象になった！ たまがりじゃ（驚き）、現代版トランプ政権と似しゅんかもやー」

けぃんむん博士「そうじゃな。実は、当時の貿易規模や利益額などを現在の額に換算したのじゃが、ちょっとすごい。当時の取引状況から推測してみよう」

・1898（明治31）年、蘇鉄葉約250万葉神戸等に輸出、初め27年伊藤義侃、宮地住連太郎、20万葉代金1500円、その後中止、30年になって小橋某も加入し30万葉となり次第に多額に。

※出典／『大島代官記』121頁。

・蘇鉄葉1枚の地元買取り平均単価＝2厘9毛、神戸港引取り平均単価＝6厘8毛。

※出典／栄喜久元『蘇鉄のすべて』南方新社、140頁。

けぃんむん博士「そして、当時の巡査の給料（8円～9円）で換算すると、右下の表のようになるそうじゃ」

はーじん君「え～たまがり！ 関税でこの額？ 輸入税がなければ相当儲けたんじゃや」

けぃんむん博士「そうじゃな。園芸業者たちはあまりにも高い関税だったため、

・発効前に大量に蘇鉄葉を仕入れた。

表：蘇鉄葉の貿易額（推計）

	仕入れ蘇鉄葉	奄美仕入額（奄美売上）	神戸輸出額（仲買売上）	輸入税（250マルク/100kg）
1898年	250万葉	約0.7万円	約1.7万円	119円/100kg
現在換算	—	約1.4億円	約3.4億円	約40億円

※参考：（1）明治30年　1マルク＝0.4779円　妻木忠太「維新後大年表」（大正３年初版 ）90p、貨幣制度量衡内外比較表
（2）明治30年頃の巡査（おまわりさん）の給料8～9円、現在約16万円（週刊朝日編「値段史年表　明治大正昭和」） 1円≒2万円

・地元業者もかなり財産を築いた。
・しかし、高関税で取引が中断されたため奄美経済に影響を与えた。

と、ウンガーは報告しているんじゃ」

次回は、蘇鉄の輸出事情を明治の新聞報道から紹介しよう。ちょっと意外な展開が……。

今日は、ミヘディロー。※「ありがとうございます」（沖永良部島）

13．蘇鉄とヨーロッパ③

明治時代、ドイツ政府が蘇鉄輸入に高い関税を課したことで、貿易事情に変化が起きたのだが……。

けぃんむん博士「実は、輸入税の実施の背景について当時の〝琉球新報〟は次のように紹介しているぞ。ちょっと意外な展開じゃ」

蘇鉄葉の輸出状況

本県（沖縄県）および大島で産出される蘇鉄葉の輸出額は、昨年（明治41年）で769万枚に達し、一昨年より173万枚増加した。蘇鉄葉は、造花アーチの原料としてその大部分はドイツに向かって輸出。ドイツは植林条例の発布と同時に関税を引き上げ、非常に自国の植材を保護している。それ以来、際立って注文が入って来ないので、内地の停滞も次第に加わり……。（しかし）たまたま下半期にアメリカ方面から一度に多量の注文が入ってきたため、蘇鉄葉の盛況は良く、逆に前年に比べやや増加を示すことになった。

（「蘇鉄葉の輸出状況」『琉球新報』1909年3月31日付）

はーじん君「え～植材保護のため輸入税を課したわけじゃや。なーりっくぁ(少し)蘇鉄輸入ば／しわしゃんじゃやー」

けぃんむん博士「そうじゃな。ドイツ政府は蘇鉄貿易は自国の林業政策にとって脅威だったようじゃ。ただ、アメリカからの注文は好タイミングだったようじゃな」

あやびき君「今《なま》あれぃば、アメリカも高関税を課しゃんかもやー」

高品質の奄美産蘇鉄葉

けぃんむん博士「そうそう、新聞には、

〝わが国の産出する蘇鉄葉で海外の好みに適するものは

大島産の蘇鉄葉だけである〟

と、奄美産の品質の良さを報告していたぞ」

あやびき君「ちゃ、昔ぬ／うっちゅんきゃ／や蘇鉄ば／愛《かな》か（大事に）／育てたんち／言しゅたや」

はーじん君「う～ん、大事な食糧あたんからだろやー」

けぃんむん博士「そうじゃな。それじゃ、蘇鉄葉の輸出（移出）について、A・ウンガー等の論文をもとに整理をしょうか。これまでの文献とちょっと異なるけど、これも今後の研究課題じゃな」

蘇鉄葉貿易の疑問？

①1885（明治18）年から1898（明治31）年までドイツ人園芸業者が奄美大島から蘇鉄葉を輸出。

【課題1】地元文献では1894（明治27）年、輸出（移出）開始との記載。

グラフ:「蘇鉄葉の域内及び国内輸出推移（1885年～1940年）」

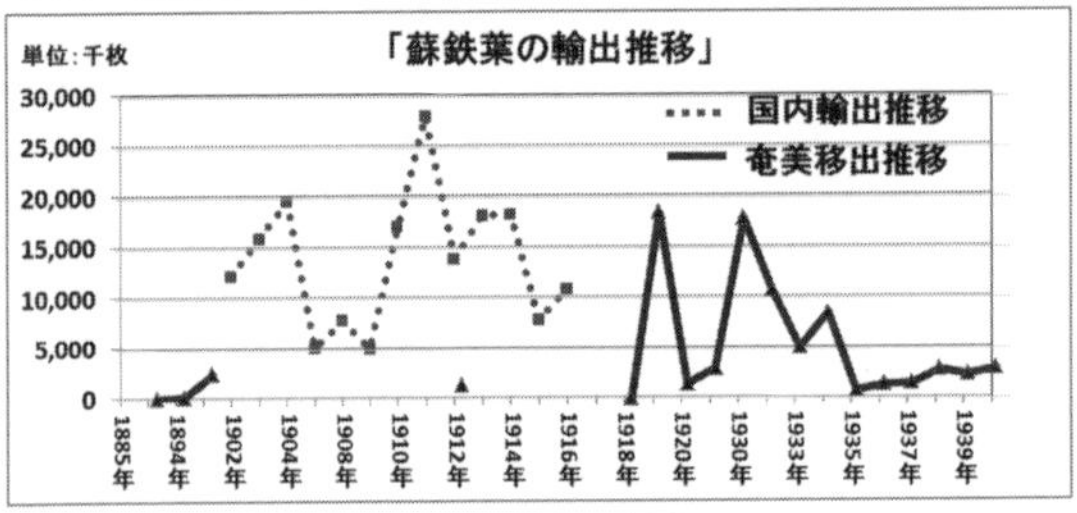

※出典：「大日本外国貿易年表」（大蔵省）
「鹿児島県大島郡勢要覧」（大島支庁）

②1902（明治35）年から1916（大正5）年まで蘇鉄葉輸出（国統計）、約1千万枚／年との記録。

③1918（大正7）年から1925（昭和15）年まで蘇鉄葉輸出（地元文献）、百万～1千万枚／年との記録。

【課題2】国と地元文献の年度記録の違い。

イラスト：ただのて子

あやびき君「え～国と地元のデータが補完しゅんにし／しゅんや／何《ぬ》がかーい」

けぃんむん博士「そーなんじゃ、それがちょっとした謎なんじゃ。あまくま（あっちこっち）調べたんじゃが、国の貿易統計にはあるのに、地元の文献にはない？」

はーじん君「ちゃ、わきゃんだか／どぅしぃんきゃに聞ちゃんば／たむだむ（それぞれ）／かまち（頭）病《や》ましゃんち／いっとぅき（一時）宿題ち／しんしゅろや」

ねばり君「ちゃ、賛成、賛成！」

ということで、この蘇鉄葉輸出の謎？は、しばらく調査ということに……。

それじゃ、今日のQuestion（ムン尋ね）。

Q１ ウンガーは、蘇鉄輸出が困難になったため、次の植物に注目した。それは？

さて、今日の会話から古語探し！

①「どぅしぃ（んきゃ）」＝【どし（同志・同士）】＝仲間。

②「愛（かな）か」＝【愛（かな）し】＝いとおしく。奄美では「大事に」の意味も。

【奄美古語】

①【しわ】＝心配。「世話（せわ）」が転じてとの解説も。

②【うっちゅ（んきゃ）】＝年寄（たち）。上（うー）の人（ちゅ）が訛った？

また、うがみよーろ。今日は、おぼらだれん。※「ありがとうございます」（徳之島）

14．異国人に愛された鉄砲百合①

さ〜て、前回のQuestion（ムン尋ね）わかったかな？

奄美では、この植物によって、国内でも有名な産地として新たな展開が始まったのだが……。

けぃんむん博士「それじゃ、前回の正解は？」

名瀬でのウンガー（Unger 1908）

Q１ ウンガーが、次に注目した奄美の植物は？

正解 鉄砲百合。

鉄砲百合に注目したドイツ人

あやびき君「ぬが（どうして）、鉄砲百合に注目しゃんかい？」

けぃんむん博士「そうじゃな。彼（ウンガー）の論文を改めて整理すると、

・関税発効前に商社が競争し蘇鉄葉を輸入。
・蘇鉄葉の価格は通常の3倍に高騰。
・関税発効後、取引休止で奄美業者は困惑。

そこで彼は、

・奄美大島で自生する鉄砲百合に着目。

と、報告しているんじゃ。ただ、鉄砲百合に着目したの

には、様々なタイミングが重なったようじゃ」
・彼は、明治22～23年頃から百合も輸出。
・栽培地は主にバミューダ諸島や埼玉・小笠原・横浜の植物園など。
・球根のウイルス被害で栽培ピンチ。
・関東より2カ月早く育つ奄美の鉄砲百合に着目。
・復活祭（イースター）(注1)向けに輸出（明治30年頃から）。
※注1／キリストの復活を記念する祝日。春分後最初の満月日曜日（3～4月）。

ねばり君「え～蘇鉄取引中止・百合ウイルス被害・復活祭・開花時期か！　タイミングぬ、ばっちし一致しゃんじゃやー」

はーじん君「ちゃ、島人《しまちゅ》や／はとふち／ゆるくだんち（喜んだと）／あんまとじゅら教《ゆ》しぃて／むらたが（教えてもらったよ）」

けぃんむん博士「そうじゃな。彼は奄美に貢献したことや論文を読んだ人は、奄美に興味を持つだろうと報告しているんじゃ」
・地元の職人や商社は、蘇鉄葉を乾燥させる場所を増やすなど投資をしたが、市場が急に無くなり奄美の経済に大きな影響を与えた。
・一方、島民に新たな収入源を提供した。
それはユリの球根（Lilium longiflorum）、日本語の「鉄砲百合」である。
※参考／『ザ・ガーデン・ワールド　第12巻』１９０８年、５４２頁。

あやびき君「ちゃ！〝えらぶ百合ぬ花〟ぬ歌、思いじゃしゃ。良い歌詞あたやー」

〽永良部　百合ぬ花　アメリカに　咲かち　ヤリクヌ
咲かち　ヤリクヌ
〽うりが　黄金花《くがにばな》　島にヨー　咲かさ
（沖永良部の百合の花をアメリカに咲かせて、その金の花を島に咲かせよう）
※『島唄から学ぶ奄美のことば』から。

けぃんむん博士「そうじゃな。〝えらぶ百合〟は海外でも有名になったんじゃが。それじゃ、百合貿易から世界をながめてみよう」

世界で注目された日本の百合

①1800年代、シーボルトなど外国滞在学者が白い花の美しさを海外に紹介。

②1867（慶応3）年、イギリス人ジャーメイン（注2）が初めて百合根を輸出。

③1871（明治4）年、百合根（球根）貿易の公式記録。

④1873（明治6）年、ウィーン万国博覧会に出品。その後、爆発的な人気との著書も。

※出典／『横浜開港資料館館報　第38号』、「輸出入物品高表」（大蔵省国立公文書館蔵）、「ユリ根の輸出」（国立公文書館アジア歴史資料センター）

※注2／この人は、次回以降の重要人物です。

けぃんむん博士「さ～て、この後、奄美の鉄砲百合が海外で活躍するんじゃが。次回へ」

さて、今回の初登場古語を例文表記で紹介しよう。ワイド節でお馴染みの……、

①「はとふち（く）」＝【鳩吹く】＝鳩の鳴き声をまねて両手を合わせて吹き鳴らす。奄美では指笛全般。

「朝まだき袂《たもと》に風の涼しきは鳩吹く秋になりやしぬらむ」

（平安時代「堀河百首」）

また、うがみよーろ。今日は、うふくんでーた。※「ありがとうございます」（喜界島）

15．異国人に愛された鉄砲百合②

さ～て、今回は異国で活躍した〝奄美の鉄砲百合〟を紹介しよう。オールドメンバーも参加してムンばなしが始まったのだけど……。

ねばり君「こねだ（この間）や、いしょびき（口笛）吹きながら／きゅ（ょ）らさん百合／眺むてぃたっとぅが／道迷いしゃんちょ」

けぃんむん博士「そ～か、それで最近見かけんかったのか。16世紀頃、ヨーロッパの異人さんを魅了した奄美の百合じゃ。しょうがないか」

はーじん君「え〜、５００年前ぬ話！　本当ぬくぅとぅだりょんな？（本当の事ですか）」

サンタマリアと呼ばれた島

けぃんむん博士「そ〜なんじゃ。昔々、大島がサンタマリアの島と呼ばれたことを覚えているかな。実は、サンタマリア＝聖母マリアのスペイン語・イタリア語。そして、〝白いユリは聖母マリアを象徴する花で、純潔のシンボルとされている〟ということだそうじゃ」

えーざ君(注1)「ちゃ！　島々／眺《な》がむぃたん異人さんや／白《しる》かん／百合ぬ／あまくまじ／咲きゅん／見《に》し〝オー！　マリア様のような島じゃ〟ち言しゃんとか？」

けぃんむん博士「そ〜か、えーざ君は奈良時代以降の事も詳しいから、よく知っているはずじゃな。ま〜推測じゃろが、勘弁しよう」

※注1／【えーざ】＝「とんぼ」は奈良時代は「秋津」。Akizuの第二母音が省略された奄美語。

けぃんむん博士「それじゃ、今回は、百合（ユリ）の基本情報からおさらいしておこう」

・世界で約１００種、北半球の温帯に広く分布、アジアに約60種。

・日本には15種、うち7種は日本特産種。

・東洋ではユリは食用や薬用に使用。

・日本の主な自生種は、山百合、鉄砲百合、鬼百合など。鉄砲百合は琉球列島に自生。

※出典／『ブリタニカ国際百科辞典』、『日本大百科事典』

はーじん君「そ〜か。鉄砲百合は、琉球列島の自生種あたんじゃやー」

けぃんむん博士「そうなんじゃ。ウンガー(注2)は、初来島以来（１８８９年）目をつけていたようじゃ。ただ、

・蘇鉄葉で十分儲けることができたこと。

・蘇鉄葉は輸送が簡易で病気に強いこと。

・百合は本土で十分確保できたこと。

などで、まだまだ奄美の出番じゃないと思ったのかも知れんな」

※注2／奄美大島に4回来島、蘇鉄と百合を移出したドイツ人。

あやびき君「本土ぬ百合ちば、きゃしゃん種類あたんかい？」

ねばり君「吾《わ》んだか、なーりっくぅわ（少し）調べたんちょ。博士ぬ真似し、ここでムン尋ね（Question）」

Q　明治時代、ふーさ（多く）輸出しゃん百合や？

①ヤマユリ　②オニユリ　③カノコユリ　④ササユリ　⑤

テッポウユリ

けぃんむん博士「う～ん、少し勉強したようじゃな。答えは次の楽しみとしよう（17項参照）。それじゃ、奄美鉄砲百合の歴史をのぞいてみよう。ちょっと数字ばかりだけど勘弁じゃ」

奄美産鉄砲百合の歴史

①1897（明治30）年頃、ウンガーが奄美大島から輸出。

※出典／『ドイツ人の見た明治の奄美』、「Unger 論文」542頁。

②1897年、横浜植木株式会社・ポーマー（注3）商会など名瀬村で百合取引開始。

③1899（明治32）年、難破救助された外国人（注4）の助言でえらぶ百合の栽培。

④1902（明治35）年、沖永良部島でアイザック・バンディングと地元の市来氏が取引開始。『知名町誌』では1904年と記載。

※出典／記念誌編纂委員会『えらぶユリ栽培百周年記念誌』1999年、『和泊町誌』1985年。

※注3／ドイツ人（1871年来島）で北海道開拓使の園芸技師。

※注4／アイザック・バンディングのこと。

さて、今回の初登場古語を例文表記で紹介しよう。

①「いしょびき（く）」＝【うそぶく】＝口笛を吹く。「この蛍をさし寄せて、包みながらうそぶき給へば」（平安時代「宇津保物語」）

【訳】この蛍を近寄せて、（袖に）包んだままで口笛をお吹きになると。

次回は、けぃんむん君も迷路に。いしょびき吹きながら、少しボ～っとしていたようだ。

16．異国人に愛された鉄砲百合③

さて、日本の百合が初めて海外輸出された1871（明治4）年、その25年後に奄美の鉄砲百合が世界に羽ばたくのだけど……。

けぃんむん博士「その前に地元でも議論になったえらぶ百合について少し紹介しよう」

　ユリ取引開始年の特定促す

和泊町　一般質問を続行。沖永良部島のテッポウユリ栽培はまもなく百年を迎える……しかし、栽培取引開始の年月日が明治32年説と同35年説の二通りあり、あいまいになっていることが指摘された。（『南海日日新聞』1996年6月22日付）

はーじん君「え～たまがりじゃ。（驚いた）栽培と取引開始時期か！　明治37年まで含めると、3つの説？　があんじゃ」

けぃんむん博士「議論の結果、明治32年を栽培開始年に決定したとのこと。ただ、前回紹介したバンディング氏来島の背景については諸説あるようで、現在も気にしている専門家もいるようじゃ。当時の地元紙記者も相当調査したとか」

※参考／記念誌編纂委員会『えらぶユリ栽培百周年記念誌』101頁。

あやびき君「吾《わ》きゃだか、あまくまぬ／どぅしぃんきゃに／聞ちゃんば／分からんたが……」

ということで、この謎解き？は当分お預けとして、先に話を進めよう。

ユリ栽培を指導した異人さんたち

けぃんむん博士「当時は百合の安定確保や輸送リスク（傷み）の対応などで苦心したようじゃ。そのためウンガー、バンディングは……」

・乱獲を防ぐため鉄砲百合の栽培を推奨。
・百合根の輸出時にサトウキビの枯葉（ハカマ）を敷き詰めた包装による腐敗防止策を発見。
・収集・出荷・荷造り・栽培など指導。

けぃんむん博士「そうそう。彼（ウンガー）は、国内の園芸家や当時の農商務大臣に〝日本百合は素晴らしいが栽培法を誤ると絶滅の恐れあり〟と忠告していたそうじゃ」

あやびき君「ちゃ、

ウンガー撮影の写真（1907）「鉄砲百合の栽培（奄美大島）大きな球根作製のために芽や花を除去」と記載。（出典：Unger 論文）

ウンガーの論文じ百合畑《ばて》ぬ写真見《に》しゃが、栽培ぬ指導しゅーたんじゃ。ほーらしゃくぅとぅじゃ（嬉しいことだ）」

はーじん君「はげ～、蘇鉄と百合でジン持ち人《ちゅ》んきゃぬ／ふーさ（多く）／なたんちじゃが（なったそうだ）」

えーざ君「よ～し、吾《わ》んも博士ぬ真似じゃ、ここでムン尋ね（Question）」

Q1　明治時代、奄美ぬ島々じ、百合ば、ふーさ（多く）生産しゃんや？」

①奄美大島　②喜界島　③徳之島　④沖永良部島　⑤与論島

Q2　明治時代、市町村ぬ、トップや？

けぃんむん博士「いいところに気が付いた。島々の収穫高を比較すると……」

えーざ君「博士！　待った待った。うがし簡単に教《ゆ》し／しょんなっちょ（教えないでください）」

それじゃ、ヒント。

その1　ちょっと意外です。

その2　1934（昭和9）年、日米間での「ユリ根輸入統制問題」資料に「エラブ」が記載されています。

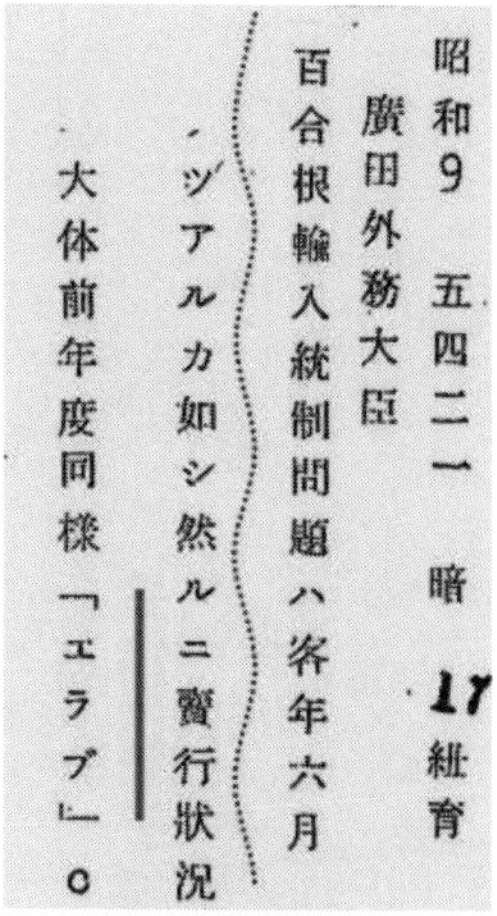
昭和9　五四二一　暗　17　紐育
廣田外務大臣
百合根輸入統制問題ハ客年六月
ノツアルカ如シ然ルニ實行状況
大体前年度同様「エラブ」。

商務書記官から
外務大臣への電報
（抜粋）

さて、今回の島ことばで初登場古語を例文表記で紹介しよう。

①「ジン」＝【銭（ぜに）】＝ゼンの変化。おかね。「殿の内の絹、綿、銭など、ある限り取り出でて、添えてつかはす」（平安時代「竹取物語」）

【訳】お屋敷にある絹、綿、銭など、ある限りのものを取り出して持たせておやりになる。

異国の人たちを魅了した奄美の鉄砲百合。小さな島々の新たな挑戦が……、次回へ。

17．国内輸出トップになった鉄砲百合

さ～て、小さな島々から新たな挑戦が始まったのだが

……。まずは、前回のえーざ君のムン尋ね（Question）分かったかな？

けぃんむん博士「それじゃ、答えあわせを……、あっ！　えーざ君の出番じゃった」

えーざ君「ありがっさまりょーた、博士！　今回やどぅしぃんきゃとぅ（仲間たちと）、あまくま調べてぃ整理しゃんから、聞《き》ち呉《く》りんしょれ。それでは、こねだ（この間）（前々回）の正解から」

Q１　明治時代、多く輸出した百合は？
正解　ヤマユリ、鉄砲百合、カノコユリの順。
（※昭和３年頃は「鉄砲百合」が約６割）
Q２　明治時代、奄美で百合生産トップの島は？
Q３　同じく市町村生産トップは？

鉄砲百合の島々変遷（Q２・３正解）

えーざ君「それじゃー、下段のグラフを見《に》し呉《く》りんしょれ。なーりっくぅわ、前回の情報もあわせて整理すると……」

・１８９７（明治30）年頃、奄美大島から移出開始。
・１９０８（明治41）年～１９１３（大正３）年、群島トップは奄美大島、次いで沖永良部島、徳之島。
・１９１４年（第一次世界大戦）以降、沖永良部島（48％）、次いで奄美大島（44％）、徳之島（8％）。

あやびき君「ということで、吾《わ》ん出番じゃ」

Q２の島々生産量の順位は（明治時代の合計）、１位＝奄美大島（約８割）、２位＝沖永良部島（約２割弱）。

Q３の順位は、１位＝瀬戸内町（鎮西村）、２位＝龍郷町（龍郷村）、３位＝奄美市（名瀬村）。

はーじん君「ちゃ、現在瀬戸内町となっている鎮西村（加計呂麻島、与路島、請島）が鉄砲百合ぬ主要産地あたんち！　びっくりしゃが」

けぃんむん博士「そうじゃな。１８９０（明治23）年、第１回国会議員選挙時の大島郡納税者トップ（注１）は、ここの地域（諸鈍）の人だったそうじゃ。ぶぎんしゃが、手広く作付けしてたのかも知れんな」

グラフ①

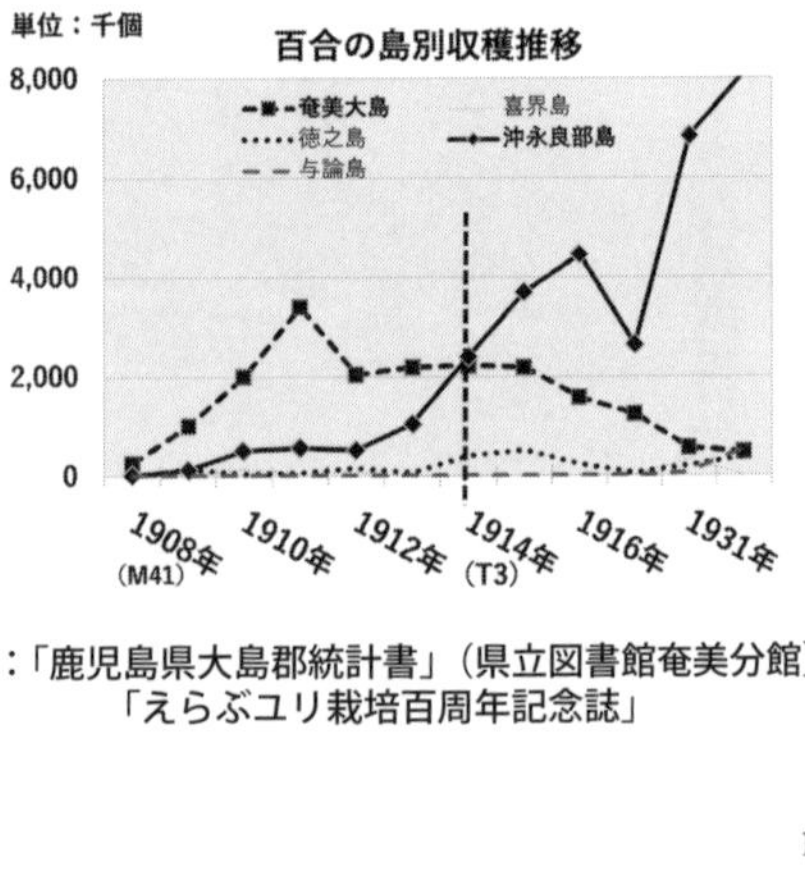

出典：「鹿児島県大島郡統計書」（県立図書館奄美分館）、「えらぶユリ栽培百周年記念誌」

※注1／国税15円以上納めた人が有権者。

世界の「えらぶユリ」

けぃんむん博士「1914（大正3）年以降の百合生産は、沖永良部島が他の島を大きくリードするんじゃ。特に、和泊町の成長はすごい！　地元では、アイザック・バンディングの貢献が大きいと言われているそうじゃ」

えーざ君「う～ん、1934（昭和9）年、米国で〝エラブ〟の名前が挙がる(注2)ちゅことは、短期間のうちに国際的な地位を獲得したのか。すごいことじゃや」

※注2／米国在住商務書記官から外務大臣への電報。

けぃんむん博士「そうじゃな。二人の異人さんの技術的な指導もあったんじゃが、やはり島人の勤勉さや努力が実ったんじゃろーな。

それじゃ、今日のQuestion（ムン尋ね）」

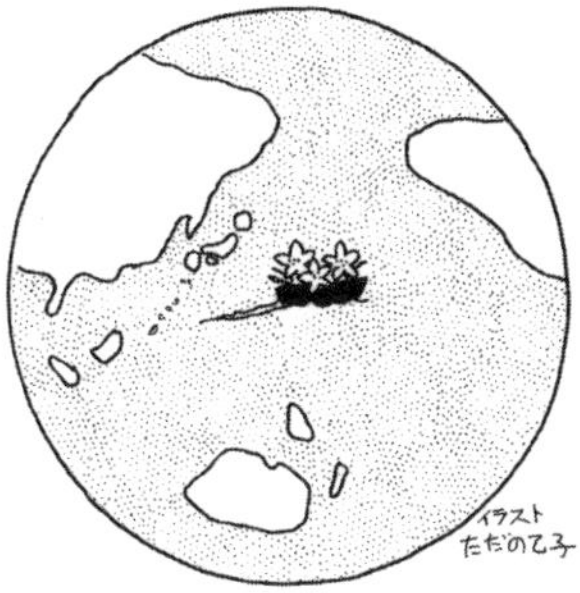

Q1　大正～昭和初期頃、海外輸出で「えらぶユリ」の占める国内割合は？

①10％　②30％　③50％　④70％　⑤90％

Q2　百合の主な輸出国は？

えーざ君「今回や、む～る（たくさん／とても）勉強しゃんから簡単簡単！」

Q1は、全国の約30～50％、しかもほとんど沖永良部島産で～す。だけど、ちょっと設問がね～。

Q2は、明治から昭和時代ず～っとイギリスとアメリカが主な輸出国で、全体の約9割で～す。

さて、島ことばで久しぶり登場の古語を例文表記で紹介しよう。（「島ことば」＝【古語】＝現代訳）

▼「ぶぎんしゃ」＝【分限者（ぶげんしゃ）】＝金持ち。財産家。「銀5百貫目よりして、これを分限といへり。千貫目の上を長者とは言ふ。（江戸時代「浮世草子」）

【訳】銀5百貫目以上持っている人を金持ちと言っている。千貫目以上を富豪というのである。

ありがっさまりょーた。また、拝《うが》みよ～ろ。

18．欧米で注目された奄美の植物

2人の異人さんの来島で、野山の植物が国際舞台に飛び出したのだが……。ただ、百合の島外移出については諸説あるようで、なかなか奥が深くて面白い。

けぃんむん博士「どうして、2人の異人さんが奄美地域に注目したのか？　面識があった？　ちょっと気になるところじゃが」

プラントハンター（植物採集家）と日本

日本列島の山野に自生する植物は、ほぼ4000種あるといわれ……同じ島国のイギリスでは、まず数百種……。範囲をヨーロッパに広げて比較しても、それでも貧弱といわざるを得ない。（中略）19世紀の半ばに至って、ヨーロッパの植物消費を強烈に刺激したのは日本の植物であった。（白幡洋三郎『プラントハンター』講談社、2005年、244～246頁）

▼5000年前から愛されたユリ

けぃんむん博士「そうそう、世界で最も古くから栽培されていたのは、英語名『マドンナリリー』と呼ばれる百合で、BC3000年前のクレタ島（地中海）出土品にも描かれていたようだ」

上記の著書には、こんな記述も……。

▼バンディング[注1]と甑島・カノコユリ

バンディングは、仕入れに熱心で日本各地に買付けに出かけたという。所用で神戸を訪れた彼は神社を参観したところ、紅色の美しいカノコユリの供えに目を奪われた。……栽培業者を探し産地が甑島とわかると、早速日本人社員を派遣して甑島を調査させた。大量に買い集めイギリスに輸出し大変な好評を得た。（261頁）

※注1／えらぶユリを世界に紹介したイギリス人。
※以下、バンディング（Isaac Bunting）をBun氏、ウンガー（Alfred Unger）をUng氏と記載します。

奄美の島々は植物の宝庫

ねばり君「なるほど。植物の種類が豊富な日本に注目したのか。そうか！　奄美には、その内の2割以上、しかも固有種（特定の地域に分布する種）が125種[注2]も分布しているから、大いに注目されたのか」

けぃんむん博士「そうなんじゃ。Bun氏（51歳頃）が甑島を調査させた時期は、ドイツ人Ung氏（31歳頃[注3]）が奄美から鉄砲百合を移出した年（明治30年）と同じ頃だったようだ。少し整理をすると……」

※注2／世界自然遺産推薦書参考、注3／奄美大島から蘇鉄と百合を輸出したドイツ人。

①1850年代、ペリー提督やアメリカ測量艦隊が奄美の島々で植物採集。

②日本開国でプラントハンターが多数来日、キクやユリを観賞用として輸出。

③1880年、ドイツ人生物学者が奄美大島の自然（動植物等）、生活を詳しく調査。

・ポイント1　Bun氏とUng氏は横浜外人居留地区に店舗を構えていた。

・ポイント2　Ung氏は、③の報告書を読み、明治22年から奄美大島の植物（蘇鉄・鉄砲百合）を移出した。

・推理1　Bun氏は、Ung氏の奄美大島での活躍（情報提供も）や過去の報告書などから奄美の島々に注目。

・推理2　Bun氏は、直接甑島or奄美大島に調査へ。ただし、アクシデントに遭い沖永良部島へ、あるいは社員を残し単独で平地の多い沖永良部島へ。

※ウンガー論文では、奄美大島、徳之島は高い山が多いと記載。

あやびき君「その後のUng氏の活躍は、第2章16項で紹介していた栽培指導……ということか。奄美の島々に注目したのは偶然じゃなかったのかも」

えーざ君「なるほど、奄美に関する報告書を読んでいた？その結果、奄美の島々に惹きつけられたと考えるとおもしろい」

ヨーロッパで注目された奄美の植生

けぃんむん博士「そうじゃな。歴史的な経緯を紐解くのはなかなか大変じゃ。今回、Bun氏が漂着した記録を探すことはできんかったが、ただ……。

・蘇鉄や鉄砲百合が奄美の島人の生活に大きな影響を与えたこと。

・そして二人の外国人が島の経済に大きく貢献したこと。

これらは、すごいことじゃ。Ung氏の論文には、奄美の自然のす

日本の菊
素晴らしい！
このユリも
素敵ね！
イラスト：ただの乙子

ごさがわかる、こんな説明もあったぞ」

南西諸島には大変興味深い植生がある。それについては誰も知らないし、また想像もできないが、1887（明治20）年頃からヨーロッパの造園や園芸に重要な意味を持ち続けていた。（前出『ドイツ人が見た明治の奄美』59頁）

※主な参考文献／（1）記念誌編纂委員会『えらぶユリ栽培百周年記念誌』1999年、（2）Alfred Unger『ザ・ガーデン・ワールド　第12巻』1908年、（3）ブルージェイムズ著、酒瀬川純行訳「時の砂の上の足跡　アイザック・バンティング」『志學館大学研究紀要　第38巻』2017年（4）鈴木一郎『日本ユリ根貿易の歴史』1971年、他。

蘇鉄と百合から世界の経済や生活スタイルが見えたような……。また、拝《うが》みよ〜ろ。

第3章　ふるさと（ルーツ）は奄美――国内外に広がる奄美のＤＮＡ

1．全国各地の郷友会

今日も、はあときから拝《うが》みよ～ろ。

さて、だれやん席で、全国に奄美出身者は？　とよく話題に上がる。実際どれぐらいだろうか。今回は、若手と年配組がゆらいながら語った。

けぃんむん博士「前回のムン尋ね（第6章5項。「奄美出身者は全国にどれくらいいるか」）、分かったかな？　正解は、推計で約１００万人だそうだ。算数好きなメンバーが、はーしとぅんま（一生懸命）頑張ったようじゃ」

てぃーち君(注1)「ちゃ、博士にたんばって（頼まれて）、難儀しゃんちょ。図書館通いしたら、昔の統計データがいっぱいあったがよ」

たーち君(注2)「かまち病《や》ましゃんけど、まぁ～我慢して聞《き》きんしょれ」

※注1、2／数字「1」「2」の奄美語。

全国各地の主な郷友会の歴史

けぃんむん博士「それじゃ、みんなが頑張った成果を紹介する前に予備知識を少し。まずは、全国各地の主な郷友会組織の歴史から」（２０１９年時点）

・東京奄美会…１８９９（明治32）年創立１２２周年
・関西奄美会…１９１６（大正５）年創立１０３周年
・鹿児島奄美会…１９１８（大正７）年創立１０１周年
・沖縄奄美連合会…１９５３（昭和28）年創立65周年

クラウン車「わきゃ／をぅじ・をぅば／たんだか／早くに内地に行《い》じゃんち聞《き》ちゃやー」

けぃんむん博士「そうなんじゃ。実は、明治維新以降、大志を抱いた多くの若者が島から本土へ渡っているんじゃ。各地の奄美会創立の背景をちょっと紹介しよう」

【東京奄美会】

１８９９（明治32）年1月、在学中の泉二新熊（龍郷）、昇直隆（曙夢）（瀬戸内）、大島直治（名瀬）らが中心になって上野の「韻松亭」で大島郡出身者の青年50人ほどで新年会を開催。

※出典／『東京奄美会百年の歩み』

【関西奄美会】

１９１６（大正５）年10月、牧長永（龍郷）、稲信一郎（名瀬）、永井彦二（名瀬）、郷畝七（鎮西）など近畿地方に在住する奄美出身者で大阪市近郊の「南陽館」で大阪大島郡人会を設立。
※出典／『関西奄美会創立100周年記念誌』

【鹿児島奄美会】
1918（大正7）年夏頃、「鴨池公園広場」にて在鹿児島大島郡人会が創立。
※出典／「特集　鹿児島奄美会100年の歩み」『南海日日新聞』
2018年11月4日付。

【沖縄奄美連合会】
奄美復帰に伴い、在琉出身者の将来に対する不安が高まり、有志が集い在琉出身者の相談窓口として各地区の居住地ごとに郷友会が組織された。
※出典／『沖縄奄美連合会創立60周年記念誌』

けぃんむん博士「最近設立（2000年以降）の郷友会は、中部奄美会、広島奄美会、福岡奄美会、東北奄美会などがあるようじゃ」
クラウン車「市町村単位とか、集落単位の郷友会があるち聞いたけど、大小合わせるとどれほどあるのかい？」
けぃんむん博士「そうじゃな。全国単位では右記のとおりじゃが、それぞれに旧市町村単位、その下に集落や校区単位があるようじゃから、かなりの郷友会が存在するようじゃ。全国でも珍しいそうじゃ。大正時代の奄美出身者の概要を記載した地元紙には……」

明治大正時代の出身者

大正時代の奄美出身者は、大阪府3万、兵庫県8千、東京7千、福岡5千、長崎3千、鹿児島1万3千、沖縄2千、台湾6千、朝鮮2千の合計7万6千人という数字がある。
※出典／「特集　関西奄美会の歩み」『南海日日新聞』
2017年4月16日付。

てぃーち君「そうか。明治〜大正時代、既に多くの島出身者が本土で活躍していたのか！」
けぃんむん博士「出身者の職業を見ると、弁護士・大学教授、官僚や大島紬で財を成した島人もいたそうだ。今でもよく耳にする先人は……」
・泉二新熊（龍郷）／

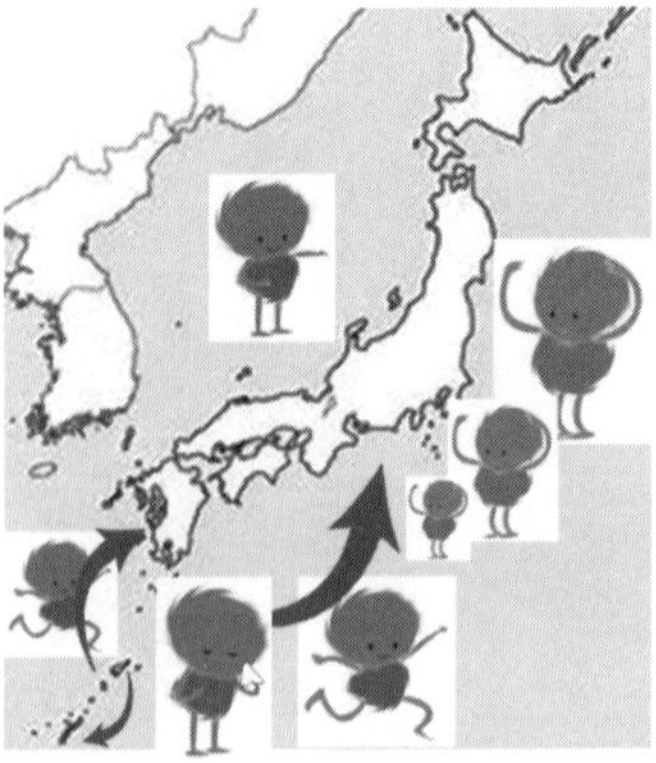

東大法卒、検事総長、大審院長（現最高裁判長）
・昇曙夢（瀬戸内）／ロシア文学者、陸軍士官学校教授、著書『大奄美史』
・大島直治（名瀬）／東大卒、北九州大学（現・北九州市立大学）初代学長

次回、出身者数の推計結果について紹介しよう。今日《きゅう》もありがっさまりょ〜た。

2．海外への移住者①

今日も、はあときから拝《うが》みよ〜ろ。
さて、前回からの続き。全国各地の奄美会を紹介したところだが……。

ニッサン車「まったい（待って）、博士！ わきゃ／じゅーぬ（爺さんの）／どぅしゃ（友達は）／海外移住しゃんち聞ちゃんけど？」
けぃんむん博士「そうだった。海外にも奄美会があるんじゃ。忘れるところだった。確認できた海外編をちょっと紹介しよう」

海外の奄美会の歴史
【南カリフォルニア奄美会】
1975（昭和50）年創立44周年。
1975年の暮れに、奄美群島出身者が7〜8名集まり、島ちゅうの飲み会を持とうではないかいうことで始まったのが奄美会の誕生でした。（『南カリフォルニア奄美会40年』）

【ブラジル奄美会】
1918（大正7）年移住開始〜1969（昭和44）年創立〜2002（平成14）年まで。(注1)

ブラジルにいる奄美出身者の同郷団体である伯国奄美会が設立されたのは1969年10月5日であった。……1978年6月、新築のブラジル奄美会館で会員460人出席のもと、「ブ奄美会館竣工式と奄美出身者移民60周年祭典」が挙行された。会館は、宇検村出身が多いサンパウロ市に建設された。（『宇検村誌』679頁）

※注1／加藤里織「ブラジル奄美移民」『立教大学ラテンアメリカ研究所報　第46号』79頁。

てぃーち君「え〜、島人《しまんちゅ》が南米ブラジルで奄美会館まで

造ったのか！　すごいことじゃゃー」

けぃんむん博士「そうなんじゃ。大正・昭和の初期は、ブラジル以外に満州（中国北部）やミクロネシアなどへも移住したそうじゃ。ちょっと数字でみてみよう」

海外移住の背景

たーち君「え～、沖縄や鹿児島は結構海外移住者が多かったんだ。ぬがか～い?」

けぃんむん博士「そうなんじゃ。表1から特にブラジル移住者が多いのがわかるはずじゃ。奄美群島では、宇検村からの移住者が6割（439名）と圧倒的なんじゃが……。実は……」

クラウン車「博士！　まった、まった。わきゃだか勉強しゃんから聞ちくりんしょれ」

――ということで、クラウン君の熱弁から……

「戦前県別移住者数1899（明治32）年～1941（昭和16）年」

表1　（単位：人）

年次／県名	1899 ～1941（A）	全国順位	Aのブラジル移民数（B）	Bの奄美群島移民数
鹿児島県	14,085	⑫	5,302	698
沖縄県	72,227	②	―	―
全国合計	655,661		―	―

※出典：原口邦紘「移民研究と史料― 鹿児島県の場合 ―」（海外移住資料館研究紀要第4号）、田島康弘「奄美とブラジル移民」（鹿児島大学教育学部紀要第48巻）から作成

・当時（大正・昭和）の宇検村は、かつお節製造の衰退、就職難や食料不足、人口増（大正9年人口／9355人）への対応が必要だった。

・この頃、国や民間の海外移住策（ブラジル・満州・南洋群島などへ）があった。

・奄美群島では、宇検村が積極的に海外移住に取り組んだ。

・ミクロネシアへの移住者（表2）は、ほとんど奄美出身者（注2）で仕事は主にさとうきび製糖会社。

※参考文献／『宇検村誌』、注2は「2010年 鹿児島大学国際島嶼研設立フォーラム」資料から。

※「ミクロネシア」／サイパン島、グアム島、マリアナ諸島、カロリン諸島、マーシャル諸島などの総称。

「南洋群島」／ミクロネシアの諸島群。第一次大戦後に日本の委任統治領、第二次大戦後は米国の信託統治領。（『ブリタニカ国際大百科事典』を参考）

「ミクロネシアへの移住者総数」

表2　（単位：人）

年次	1939年時点（s14）	全国順位
鹿児島県	2,488	④
沖縄県	41,201	②
全国合計	71,847	

※出典：「昭和14年版　南洋群島要覧」（南洋庁刊）

けぃんむん博士「そうじゃな。大正から昭和初期は、第一

次世界大戦、関東大震災、世界大恐慌、満州事変など日本全体が苦しい時代。その解決の道を海外に向けたということかな。

宇検村には、ブラジル在住宇検出身者の寄付で整備（昭和31年）した〝伯国橋〟が今でも残っているそうだ。（伯国／ブラジルの漢字表記）

ちょっと脱線しそうになったが、世界情勢と海外移住が深く関わっているということじゃ。

そうそう、奄美会は、他にもアメリカ小野津会、ロサンゼルス奄美会、ニューヨーク奄美会などもあるようじゃ」

ニッサン車「そうか。理由はさまざまだけど、島人が世界各地に活躍の場を求めたということか！」

次回は、台湾・満州編を紹介しよう。今日《きゅう》も　ありがっさまりょ～た。

イラスト：ただの女の子

3．海外への移住者②

今日も、はあときから拝《うが》みよ～ろ。

さて、前回はブラジルとミクロネシアに活躍の場を求める島人を紹介したところだが、実はまだまだ続きが……。

けぃんむん博士「日本の海外移住は、明治時代以降だそうじゃが、主な背景は……」

海外移住の歴史的背景

▼日清（１８９４年）・日露戦争（１９０４年）、第一次世界大戦（１９１４年）(注1)、関東大震災（１９２３年）などで農村部は疲弊。

▼人口増加で食料不足と余剰労働が発生。

・明治初年（１８６８年）…３３００万人

・明治末年（１９１２年）…５０００万人

・終戦後（１９４７年／昭和22年）…８３００万人

▼解決のため、海外への移住政策を推進。

・移住先は、ハワイ・北米・南米などや日本政府を置いた台湾や満州(注2)など。

▼宇検村が農林省経済更生指定村に指定され、村長が開拓

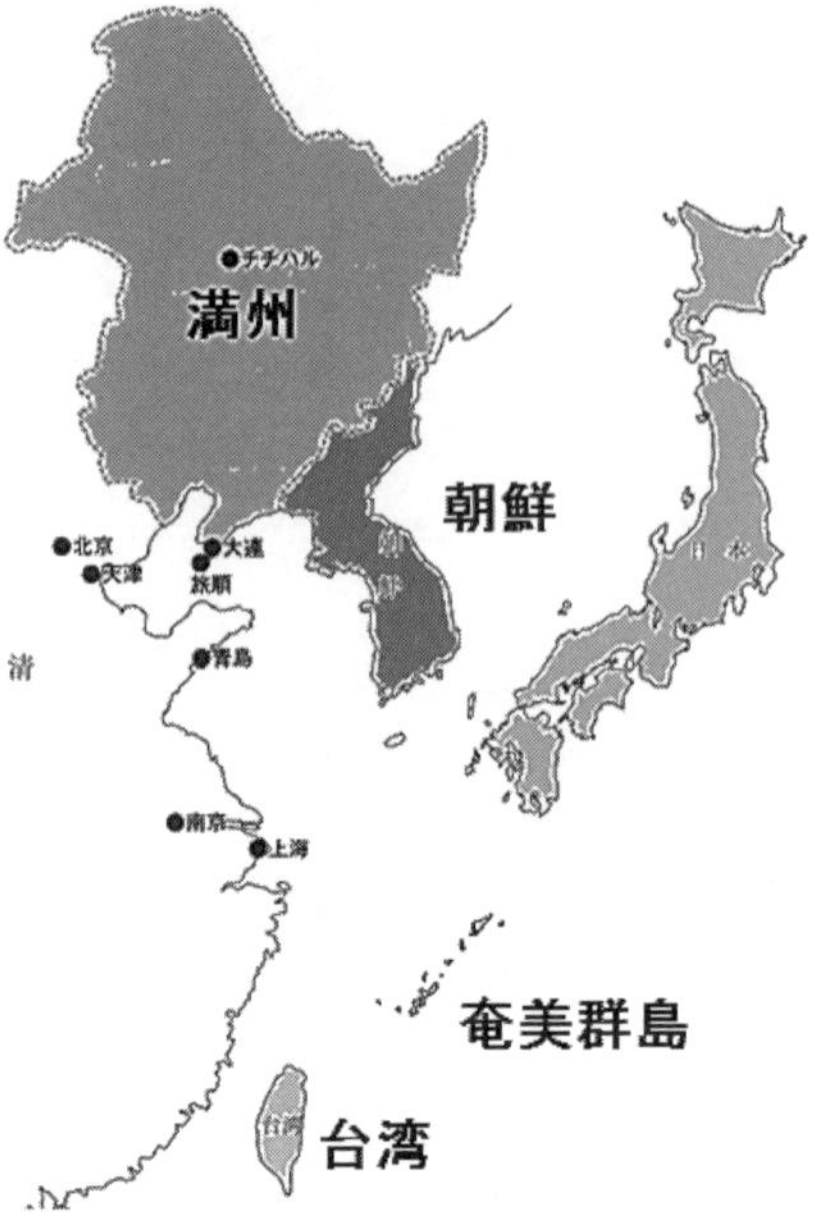

団移住に向け満州視察。

※注1で統治下となった地域（注2）に出先官庁を置く。（図）

てぃーち君「え～、過疎化・人口減少とかで、大変大変っち言っているけど、増え過ぎて困った時代なんだ。〝時よ止まれ〟じゃなく〝時よ戻れ〟じゃ！」

シボレー車「あい～、うがしあなんちょ。（いや、そうじゃないよ）　わきゃ／じゅうとあんまや／満州じ／む～る難儀しゃんち。人口問題どころやあらんち思うがよ」

パッカード車「ちゃ、わきゃ／あんまや満州から引き揚げ途中で／くゎ（子ども）が病死したっち涙流《なだ》（注3）がしゅたが」

※注3／夏川りみの歌「涙《なだ》そうそう」の「涙《なだ》」は古語で、〝涙がぽろぽろこぼれおちる〟こと。

——オールドメンバーが、両親や祖父母から聞いたエピソードを懐かしく語ったが、その中から……。

▼エピソード1　A君の親は、独身時代（1935年頃）に満州鉄道就職。終戦後、捕虜としてシベリア抑留。極寒の中、森林伐採の重労働従事。朝、目が覚めると隣人が凍死していた。

シベリア抑留

第2次世界大戦終結時にソビエト連邦に降伏、または逮捕された日本人に対するソ連によるシベリアでの強制労働。抑留者の数は、日本政府の調べでは約57万5000人とされ、うち約5万5000人が死亡、約47万3000人が帰国。抑留者は主として軍人であったが、満州開拓団の農民、満州の官吏、南満州鉄道株式会社など国策会社の職員、従軍看護婦など。

※参考／『ブリタニカ国際大百科事典』

クラウン車「そうだった！　宇検村の開拓団も〝飢えや病

気などで多数の犠牲者を出して、命からがら島に引き揚げてきた〃（宇検村誌）とか書いてあったのを思い出したが」

▼エピソード2　B君のおじさんは、台湾の師範学校を卒業して教師に。おばさん（妹）も渡台、乗船時（沖縄発）に厳しい警察の検査があった。終戦帰国後、台湾の教え子との交流も続いた。

けぃんむん博士「そうなんじゃ、戦前の移住者は、決してバラ色でもなかったようじゃ。A君のお父さん同様、満州移住者の多くが、シベリア抑留を経験しているようじゃ。ただ、台湾では、当時の日本人の功績を称える碑もあるようじゃ。奄美ゆかりの人もいるぞ」

西郷菊次郎（愛加那長男）

菊次郎ゆかりの地台湾宜蘭市を表敬訪問

西郷庁憲徳政碑（台湾宜蘭市）

菊次郎は、1896（明治29）年に台湾県支庁長、97年には宜蘭庁の初代長官に任命されました。菊次郎は当時氾濫を繰り返していた宜蘭川に堤防を築き、その防波堤は「西郷堤防」としていまでも現存しています。またその功績を称え、地元有志が「西郷庁憲徳政碑」として石碑を建立しました。

※出典／『広報たつごう』2018年7月号。

たーち君「え〜、〃大河ドラマ西郷どん〃で足を怪我した菊次郎じゃ。地元の有志で建てた碑か、すごいことじゃや。いつ頃かい？」

けぃんむん博士「1905（明治38）年に建立されたようじゃ。碑文の最後には、〃西郷公の栄光を永々に伝えるべく、ここに碑を建立し、公の徳をたたえるものである〃と最大の賛辞で締めくくっているそうじゃ」

じゅうあんまの苦労の数々、学ぶところ多い海外編だけど……、今日はここまで。また、拝《うが》みよ〜ろ。

4．海外への移住者③

今日も、はあときから拝《うが》みよ〜ろ。

前回は、台湾や満州移住者の苦労が分かる海外編だった。それじゃ、今回は、アジア移住者の推移を紹介しよう。

けぃんむん博士「そうじゃな、参加メンバーのおじー、おばーの厳しい移住生活を知ることができたな。戦前は、決して恵まれた環境ではなかったようじゃ」

たーち君「先輩！　平成生《ま》れのわきゃや幸せな時代じゃが、なりぃくゎきばらんば、いかんやー」

パッカード車「ちゃ、わきゃも戦後の昭和生《ま》れあんから、親《うや》ぬ苦労や、あまり分からんちょ」

——ということで、明治から昭和初期の奄美群島から東アジアへの渡航者推移は……。

けぃんむん博士「図1から台湾への渡航者が最も多かったようじゃな。各統計書各年の転出数（渡航者）を合計すると、外地へ約8万人、海外へ約2万人（注1）だそうじゃ。実は、大島農学校（注2）から9年間で約37名（注3）の卒業生が台湾に渡ったそうじゃ」

※注1／各年度統計不足や転出先＝移住とは限らないため戦前の奄美から台湾他、海外へ移動した推計である。

※注2／大島農学校～大島中学校～大島高校へ。

※注3／高嶋明子「大島農学校をめぐる人的移動についての試考」『日本語・日本学研究　第3号』2013年、51頁、1906（明治39）年～1914（大正3）年の進路合計。

てぃーち君「あ！　そうか。昭和10年、大中卒業ぬ／わきゃ伯父（うじぃ）や台湾師範学校へ入学しゃんち言しゅたが、その一人あたんじゃ」

たーち君「博士、質問！　台湾から満州は、外国じゃないのかい？」

けぃんむん博士「そうそう、前回紹介したのじゃが、日清戦争～第一次世界大戦で日本の統治下に置いた地域を〝外地〟、その他の国を〝外国〟と区別していたんじゃ。ちなみに、国内を〝内地〟と呼んでいたそうだ」

トヨペット車「今《なま》だか、〝わきゃ兄や内地住まいじゃが〝

図1「戦前の奄美群島からの渡航者推移（人）」

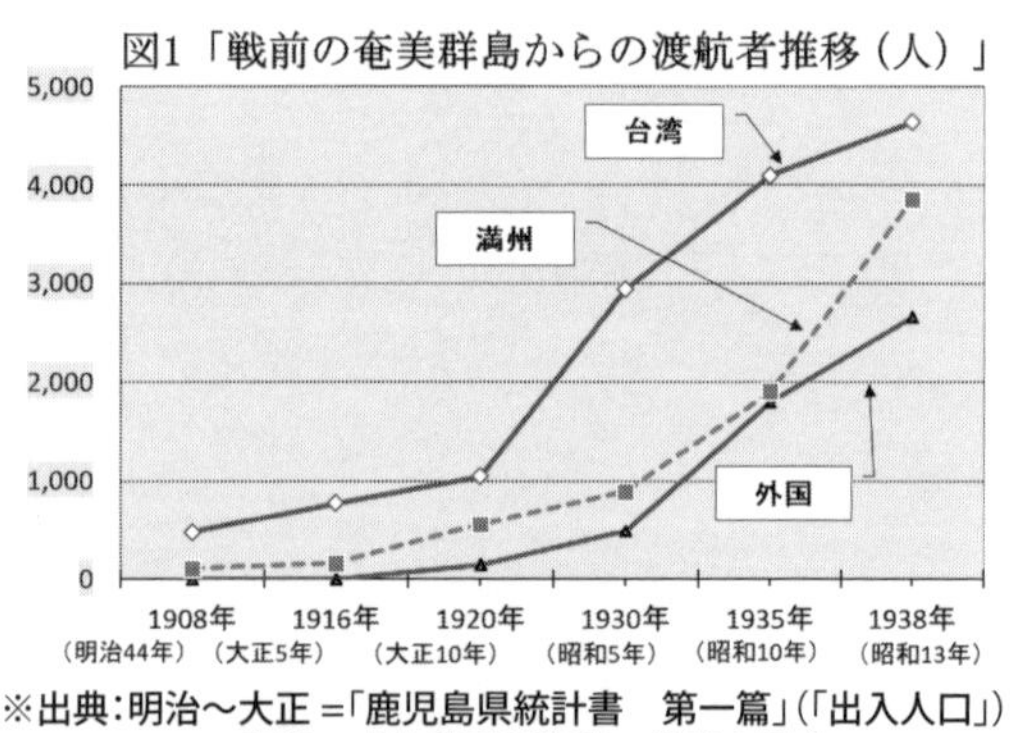

※出典：明治～大正＝「鹿児島県統計書　第一篇」（「出入人口」）、昭和＝「大島郡勢要覧」（「出人員」）

とか表現しゅっか。
国の予算区分で内地、沖縄、奄美、離島の費目があるのを新聞で見たことがあるが……」
けぃんむん博士「そうじゃ、1945（昭和20）年の終戦で、〝外地〟の渡航者の多くが帰国したそうじゃ」（エピソードは前回紹介）
――その後、ムン話は盛り上がり、話題は戦後の海外移住に。会話を整理すると……。
・全国の移住者は、表1から戦前＝約65万人、戦後＝7万人（戦前の約10％）。
・戦前・戦後の県別移住者上位は、①広島、②沖縄、⑫鹿児島県。
・移住先の国別では米国・ブラジルがダントツで2世等を含め推定で世界に300万人が海外在住。
・奄美群島の国別移住先トップはブラジル。島別では奄美大島、市町村トップは宇検村がダントツで移住者が多い。
・理由は、村の移住政策が背景に。
てぃーち君「そうか！　テレビで〝世界のウチナーンチュ大会〟を見たことあるけど、沖縄県は海外移住者が多いからか」
けぃんむん博士「そうなんじゃ。1990年から6回開催されたそうじゃが、琉球王国時代の〝万国津梁の鐘の碑文（注4）〟に移民県を象徴することばがあるそうだ」
※注4／15世紀半ばに琉球国王が制作させた梵鐘《ぼんしょう》。「……琉球国は南海の景勝の地にあって……船をもって万国の架け橋となり……。」の意味の碑文が刻まれている。（写真は「首里城公園HP」から）
たーち君「そうじゃ、2018年11月に第1回鹿児島県人世界大会を開催して話題になったが。奄美出身ぬ人《ちゅ》んきゃも6カ国50人参加したから、第1回〝奄美群島世界大会〟開催しゃんちじゃが」

表1　戦前・戦後の海外移住者数（鹿児島県／奄美／沖縄県）　（単位：人）

年次 ／ 県名	戦前:1899(M32)年〜(1941(S15)年		戦後:1952(S27)年〜1993(H4)年			
	移住総数	うちブラジル	移住総数	うちブラジル	中南米計	その他国計（米国・カナダ他）
(1)鹿児島県	14,085	5,302	2,618	1,616	2,288	330
奄美群島	*	698	*	174	*	*
奄美大島	*	649	*	153	*	*
うち宇検村	*	440	*	52	*	*
(2)沖縄県	72,227	14,829	7,227	6,178	7,164	63
(3)全国計	655,652	188,615	73,035	53,657	67,037	5,998

※出典：国際協力事業団「海外移住統計」（平成6年）、田島康弘「奄美とブラジル移民」（鹿児島大学教育学部紀要　第48巻）から作成、「*」はデータ確認できず。

地球儀を見ながら同郷の絆を深めた移住の人たち。世界がぐ～んと近くなったような気もする。次回は、再び国内外編。またんきゃじゃ。

5．国内外移住者の推計①

今日も、はあときから拝《うが》みよ～ろ。

さて、今回は、改めて若手メンバーが推計した出身者数について……。

けぃんむん博士「全国そして海外へと活躍の場を求めて転出移住した奄美の人たちだった。さて、その総数は、そして2世3世は？　若手メンバーの推計を紹介しよう」

てぃーち君「博士、ありがっさまりょーた。やっと出番じゃ。まずは、表1を見《に》しくりんしょれ」「1915（大正4）年調査時の0～4歳年齢層（2万6857人）は、40年後の1955（昭和30）年時1万71人が群島に住んでいることになるね。

ということは、その差（1万6786人）が転出（移住）or亡くなったと仮定されるのだけど。この考えをもとに整理をすると……」

表1　「奄美群島の年齢別人口推移」　(単位：人)

西暦 / 年齢層	1910年 M43	1915年 T04	1950年 S25	1955年 S30	1985年 S60	2015年 H27
0～4	26,627	26,857	29,478	31,139	12,047	5,025
25～29	15,041	19,211	14,097	13,779	9,889	3,769
30～34	15,670	16,177	11,997	11,961	11,516	5,394
35～39	13,190	14,843	10,888	10,553	9,678	6,031
40～44	10,739	12,472	10,554	10,071	7,635	6,308
60～64	5,284	5,253	7,491	7,919	9,013	9,888
65～	8,838	10,371	5,807	15,785	24,368	34,442
総数	196,710	210,814	212,448	205,357	153,062	110,147

※出典：「国勢調査」（1910年～30年は「鹿児島県大島郡統計書」、50年「琉球政府」、55年以降は「奄美群島の概況」）

【移住者の推計方法】

▼「0～4歳年齢層」－「数十年後の年齢層」＝「移住者数」＋「自然減数（死亡者数）」と仮定。

▼統計データ及び時代背景（転出時期）から

・1911年～1930年を移住第1世代（15～19歳）

・1931年～1955年を移住第2世代（20～24歳）

・1956年～1985年を移住第3世代（25～29歳）

・1986年以降を移住第4世代（25～29歳）

▼移住第1～第4世代（男女）の婚姻率から子ども（2世）を推計。

▼2世（男女）の子ども（3世）、3世の子ども（4世）を推計。

トヨペット車「つぶる病《や》ましじゃ！　なりっくゎ簡単にならんな。わきゃ昭和生《ま》れにも／分かりゅんにし／教《ゆ》してぃに」

けぃんむん博士「そうか。そろばんの時代か。今はパソコンで複雑な計算も簡単だしな。

今回の生存率・婚姻率・子ども数などは、国（厚生労働省）の生命表とか合計特殊出生率とかのデータを組み合わせて試算したそうじゃ。推計のイメージは図1の通りじゃ」

クラウン車「明治時代、内地・外地・海外に渡った／をぅじ・をぅば、たや／移住者第1世代ちゅくぅとぅじゃ」

パッカード車「そう言えば、わきゃ／をぅじぬイャクムィ（兄）[注]や元気しーもんち言《い》しゅたが。くぅわまが（子ども孫）、ひ孫や2世3世4世ちゅことじゃ」

※注／大正時代まで、上層階級家庭における兄の呼称。恵原義盛『奄美の方言さんぽⅡ』参照。

けぃんむん博士「それじゃ、国内だけでなく海外も含めて推計すると……。推計方法はメンバーそれぞれで若干異なったようじゃが……、概ね表2のように100～120万人になったそうじゃ。

ただし、移住1世~3世の出身者が、その後親わずね（介護／世話）[注1]でUターン or 都会に再就職したとかは、とりあえず無視したそうだ」

※注1／奄美語「わずね」＝古語【わずらふ】＝「気にやむ。病気になる」から発展して「介護／世話」の意?

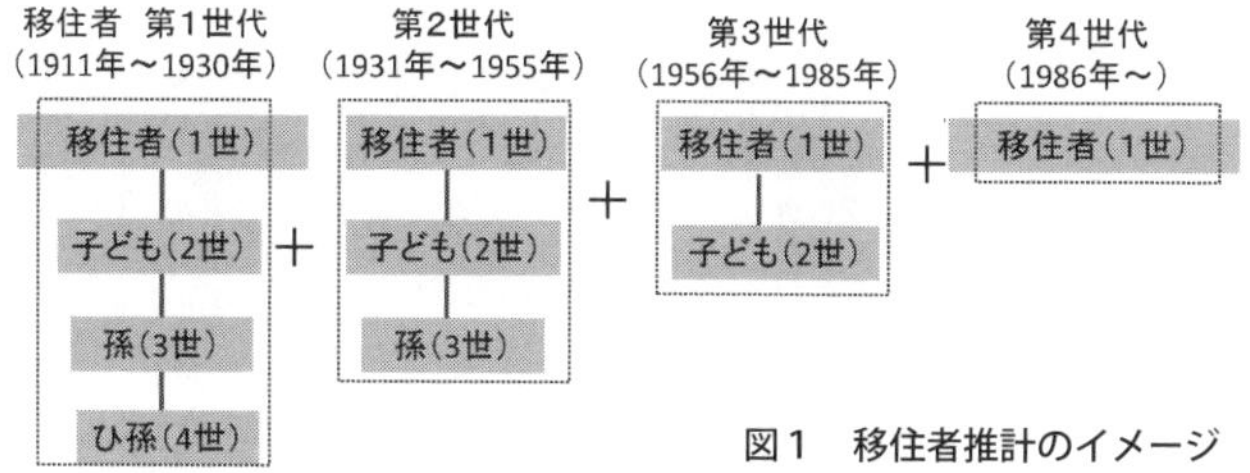

図1　移住者推計のイメージ

表2　「奄美群島から転出した移住者総数の推計」

（単位：人）

国勢調査年度 ＼ 転出時期		第1世代 1911(M44)～1930(S5)	第2世代 1931(S6)～1955(S30)	第3世代 1956(S31)～1985(S60)	第4世代 1986(S61)～	計
1955年(S30)	奄美1世	22, 508	13, 601	－	－	36, 108
	奄美2世	147, 284	－	－	－	147, 284
	計	169, 791	13, 601	－	－	183, 392
1985年(S60)	奄美1世	16, 136	75, 321	34, 110	－	125, 566
	奄美2世	123, 430	137, 111	28, 472	－	289, 014
	奄美3世	169, 847	－	－	－	169, 847
	計	309, 413	212, 432	62, 582	－	584, 427
2015年(H27)	奄美1世	3, 488	59, 328	54, 570	13, 318	130, 703
	奄美2世	123, 183	136, 837	66, 284	7, 435	333, 740
	奄美3世	224, 849	160, 807	77, 552	－	463, 208
	奄美4世	270, 217	－	－	－	270, 217
	計	621, 738	356, 972	198, 406	20, 753	1, 197, 869

※表1の「国勢調査」統計データをもとに作成

次回は、地域別（関東・関西等）の出身者数を紹介しよう。また、拝《うが》みよ～ろ。

6．国内外移住者の推計②

はげ～　稀稀《まれまれ》だりょん。拝《うが》ん遠《どぅ》っさや～。

さて、今回は地域別（関東・関西等）の出身者数について紹介しよう。

けぃんむん博士「すかんま（朝）からムン尋ねじゃ。奄美出身者が最も多く転出した地域は、どこだと思う？」

①関東　②関西（近畿）　③中部　④鹿児島本土　④沖縄　⑤その他

たーち君「博士！　待っちくりんしょれ。今回は、吾《わ》ん出番じゃ。な～りぃくゎ勉強しゃんから聞ちくりんしょれ。それじゃ、まずは転出先を大きく分類すると……（表1）。

う～ん、数字ば～り（べ～り）っちし／兄んきゃが祟《たた》りゅん（注1）（怒る）から、主な地域のみをグラフにしてみたがよ～（図1）」

※注1／奄美語「祟りゅん」＝古語【祟る】（神がたたる。人間が怒る）。金久正『奄美に生きる日本古代文化』刀江書院、1963年、405頁。

表1　「奄美群島から他地域へ転出推移」

（単位：人）

	1910年頃 大正時代	1961年 S36	1970年 S45	1979年 S54	2000年 H12	2010年 H22	2015年 H27
関東圏	9%	8%	8%	16%	13%	12%	9%
関西圏	50%	26%	24%	20%	14%	12%	9%
中部圏	*	23%	18%	4%	4%	4%	2%
福岡圏	7%	1%	0%	3%	8%	7%	9%
鹿児島圏	17%	36%	40%	50%	51%	54%	56%
沖縄	3%	0%	0%	2%	3%	3%	3%
その他	14%	6%	28%	5%	8%	9%	11%
総数	76,000	12,995	17,425	13,427	16,379	13,975	12,003

※出典：大正時代「南海日日新聞（2017年4月16日付）」、1961年・1970年「奄美群島の概況（中学校卒業者府県別就職数）及び「鹿児島県統計年鑑」（県内／他府県転出数）から推計、1979年「昭和54年　鹿児島県社会移動人口調査結果報告書」（鹿児島県）、2000年～2105年「国勢調査」（総務省）から編集作成　「＊」印はデータ不明

図1　「奄美群島から他地域への転出割合」

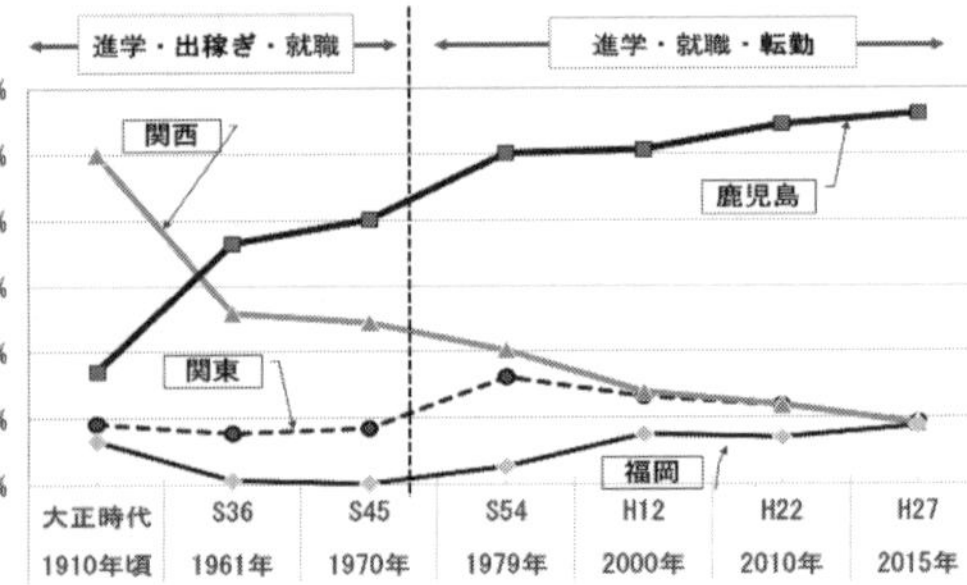

――ということで、たーち君が熱心に語るが、少々ややこしくなったので、説明を整理すると……。

転出先の特徴は

・1910年頃（大正時代）から1970年前後（昭和40年頃）は、関西・中部圏に約5割転出。

主な転出理由→①就職　②進学　③出稼ぎ

・1980年以降、鹿児島本土への転出が5割、関東・関西・福岡圏が約10％前後で横並び。

背景→①関西・中部は出稼ぎ減少

②鹿児島本土は転勤世帯増加

・中部圏・沖縄県は、1970年以降1桁台（約3～4％）でほぼ横ばい推移。

けぃんむん博士「う～ん。結構勉強しているようじゃな。ただ、戦後（1945年～）の米軍統治下8年間のデータが欠けているな。ちょっと、当時の新聞記事を紹介しよう」

復帰直後の沖縄在住奄美人

在沖奄美人37500名

地方庁発表　正式移住者だけで

沖縄に在住する大島出身者は5万人或は6万人と推定されるが、大島の復帰に当たってこれらの人々に対する措置については内外各□にも大きく取上げられ注目を呼んでいる。来島中の政府調査団もこれらの人々の具体的数字を知りたいと調査方を地方庁に依頼したが、移動証明書もなく転出した人々が相当数あり実績を掴むことは困難。

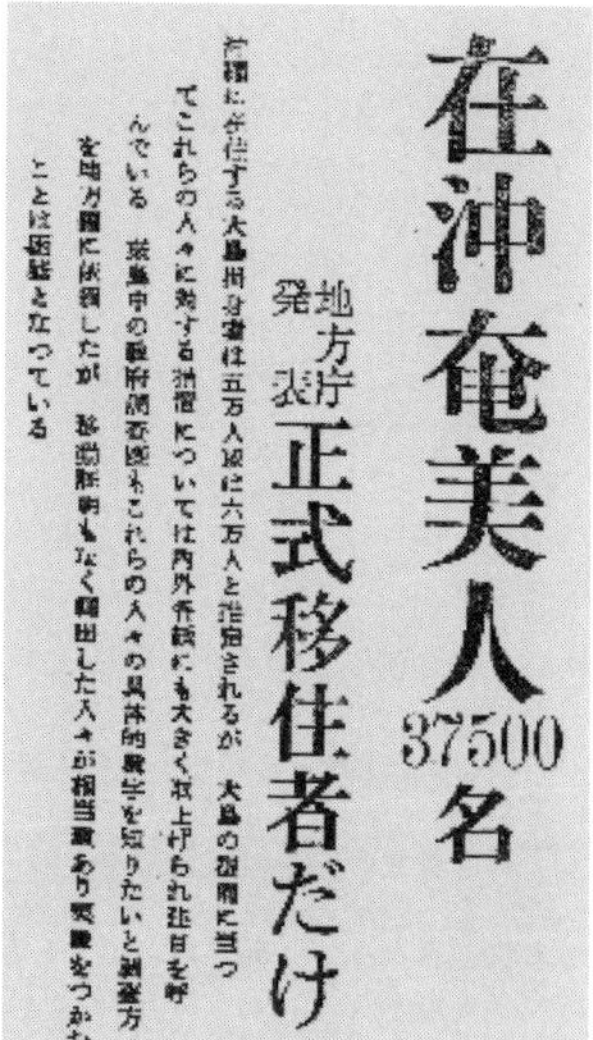

在沖奄美人37500名

地方庁発表　正式移住者だけで

沖縄に在住する大島出身者は五万人或は六万人と推定されるが　大島の復帰に当つてこれらの人々に対する措置については内外各誌にも大きく取上げられ注目を呼んでいる　来島中の政府調査団もこれらの人々の具体的数字を知りたいと調査方を地方庁に依頼したが　移動証明もなく転出した人々が相当数あり実数をつかむことは困難となつている

※出典／『南海日日新聞』1953年9月19日付抜粋。

てぃーち君「え～、1950（昭和25）年代に5万～6万人も沖縄に移住したんだ。なんでかい？」

けぃんむん博士「歴史の勉強じゃが、当時奄美群島と沖縄は米国統治下じゃな。だから、

・本土に渡航するためにはパスポートが必要。

・米軍基地の整備で働く場があった。

・そのため、職を求めて多くの奄美人が沖縄に転出した、ということじゃ。

ただ、奄美の日本復帰とともに地元や関西方面に一部の

人たちは転出したようじゃ」

たーち君「そうか！ 米軍統治下の沖縄移住も計算に入れる必要があるのか」

パッカード車「う〜ん、つぶる（頭）病《や》ましじゃ。吾《わ》きゃ／いしょなかんじゃが（忙しいのだけど）、ムン尋ねぬ答えや／きゃし(注2)なてぃよ」

※注2／奄美語「きゃし」＝古語【いかに】の「い」が脱落し「いきゃし」が転化？ どうして。どんなに。

いつもはサンデー毎日の先輩たち、数字ばかりで飽きた様子。答えは次回までお預けということで。徳之島から、おぼらだれん。

7．国内外移住者の推計③

今日も、はあときから拝《うが》みよ〜ろ。

さて、前回からの宿題、地域別（関東・関西等）の出身者数について……。

けぃんむん博士「それじゃ、前回のムン尋ねの答えじゃが、てぃーち君・たーち君が、は〜しとま（一生懸命）勉強して推計したそうじゃ」

たーち君「表1を見《に》し呉《く》りんしょれ。前回の地域別の転出割合をもとに推計した結果、転出地域の順位は……」

①鹿児島本土 ②関西圏 ③関東圏

てぃーち君「……となったけど、む〜る／つぶる（頭）病《や》

「奄美群島住民の地域別への転出推計」

表1　（単位：人）

転出時期 ＼ 転出先	第1世代 1911(M44)〜1930(S5)	第2世代 1931(S6)〜1955(S30)	第3世代 1956(S31)〜1985(S60)	第4世代 1986(S61)〜2015(H27)	合計（概数）
奄美1世〜4世総数	621,738	356,972	198,406	20,753	1,200,000
関東圏	46,606	38,652	31,745	2,449	120,000
関西圏	132,888	68,668	39,681	2,470	250,000
中部圏	31,013	17,806	7,143	768	56,000
福岡圏	41,781	13,708	5,357	1,453	62,000
鹿児島本土	108,555	51,939	101,187	11,207	270,000
沖縄県	18,652	35,697	4,762	623	60,000
その他	42,216	24,238	8,531	1,785	76,000

注：本書第3章5項の表1から推計。ただし、第1世代〜第2世代については出稼ぎ者数「奄美群島の概況」（昭和42年〜53年）の割合を除外している。

「奄美群島から県内外等へ移住・転出した推移」

表2　（単位：人）

年次 ＼ 移住先	1915年 T4	1935年 S10	1965年 S40	1985年 S60	1995年 H7	2015年 H27
鹿児島県内へ	1,597	8,832	6,484	6,382	5,490	5,258
他府県へ	2,903	66,437	7,383	5,989	3,956	6,725
外国へ	126	1,904	24	12	※	※

※出典：「鹿児島県統計年鑑」、「大島郡統計書」、「鹿児島県大島郡勢要覧」、「国勢調査」　注：①1915（大正4）年〜1935（昭和10）年のデータは本籍を奄美群島に置く移住地での総数、②1965年以降は、その年度または5年前の居住地からの転出者数、③昭和40年以降の「外国へ」は各期間合計、※印は不明。

ましゃんちょ。ぬがちば、表2を見《に》し呉《く》りんしょれ」
――ということで、てぃーち君・たーち君が頭を痛めた理由を整理すると。
・今回のテーマは、ルーツは奄美人《ちゅ》の推計。
・出生地奄美から群島外に転出した島人（生存）は推計で約120万人。
・1915（大正4）年～1951（昭和26）年までは、本籍地からの転出入統計。（寄留法(注1)）
・その後の統計は、転勤やI、U、Oターンなどを含めた転出入統計（島人のみの把握が困難）。
・転勤移動は鹿児島本土が多い（転出割合が約5割以上に増加した要因？）。
・その結果、てぃーち君・たーち君が頭を痛めた。
とのことのようじゃ。
※注1／90日以上本籍地外に住所を置く場合、市町村長に届出が必要。統計書では県内・県外別で掲載。

てぃーち君「博士！　ありがっさまりょ～た。うがしありょんちょ（そうなんです）。だから関西圏がトップっち思うがよ」

けぃんむん博士「そうじゃな、参考までに1935（昭和10）年の群島外への移住・転出総数は、満州・台湾を含めると、
・約9万人（『大島郡勢要覧』）
てぃーち君たちの推計では、
・約9万人（「国勢調査」5歳階級人口から推計）
と統計数値とほぼ同数だそうじゃ。

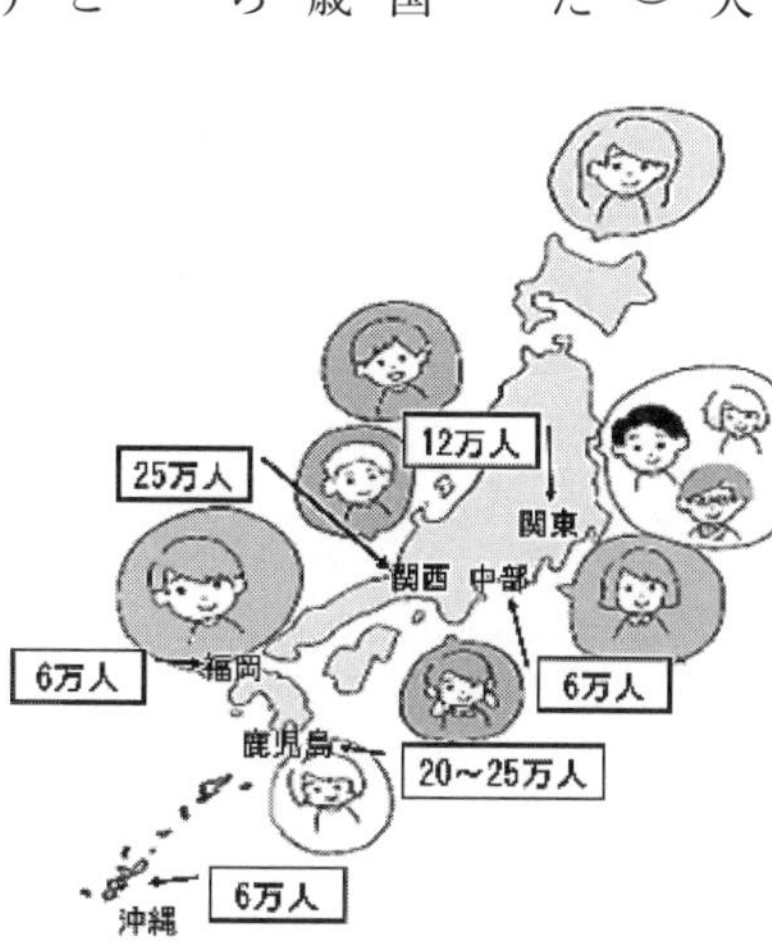

う～ん、結構頑張ったということじゃな。
関西圏には20万～30万人と言われていたようだから、そのことを裏付けたということかな。せっかくじゃ、関係資料を紹介しよう」
・「阪神地方に奄美同胞実に3万人　郷土の延長」
※『奄美』奄美大島社、1936年11・12月号。
・「出身別の労働者数で多いのは兵庫県に続き鹿児島県で、大島出身者が殊に多数を占め」
※神戸市労働統計実態調査（1929年）の報告書。
※参考／中西雄二「奄美出身者の定着過程と同郷者ネットワー

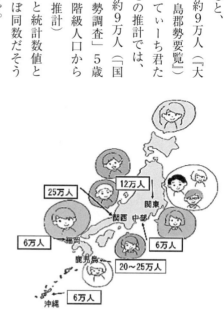

ク」『人文地理　第59巻第2号』2007年。

てぃーち君「そうか！〝ルーツは奄美〟ということを考慮すると、ちょっと順位が変わるということか」

ダットサン者「全国、いやいや世界中で奄美人が活躍しているということが、よく分かったがよ〜。

そうそう、東京奄美会が設立された頃〈明治32年〉、ふるさとを思い詠んだ有名な詩を思い出したがよ」

◇ふるさとの／訛《なまり》なつかし／停車場の／人ごみの中に／そを聴きにゆく　石川啄木

※明治以降、政府は近代化を目指して共通語の普及に力を入れたため、学校で方言の使用を禁じた地方もあった。岩手県出身の啄木が上野駅に行くと方言が聞けるのではと思って詠んだ詩。〈1910〈明治43〉年作〉

ようやく推計結果にたどり着いたが、今回は、ちょっと数字が多すぎたようだ。すみょらんた。

第4章　奄美の島々散歩——歴史・人口・文化・産業

第1節　喜界島編

1．島の歴史と概観

今日も、はあとき（注1）から拝《うが》みよ〜ろ。

前回までは統計データばかりで〝だれやん談義〟も大変だったようだ。

今回は、久しぶりに懐かしいメンバーと最近赴任した新人が島々の話題で盛り上がった。

※注1／奄美語「はあとき」＝古語で奈良時代以前「明時（あかとき）」、平安時代以降「あかつき（暁）」。太陽の昇る前のほの暗いころ。明け方。

ゆんどり君「内地行《い》じゃん島人《ちゅ》ぬ推計！　はげ〜ばーど、ばーど、たむだむ（ためんだめ）（注2）大変あたんちじゃが」

※注2／奄美語「たむだむ（ためんだめ）」＝誰も彼も。それぞれ。各自など。

新人A君「え〜〝禿《はげ》、bird？〟禿げた鳥が大変だった？　う〜ん、奄美の人は英語もしゃべるのか……」

めじろ君「そうか。A君は最近奄美に赴任したから島口を知らんわけじゃや。ちゃ、たまに英語のようですね、と言われることあるがよ。この表現は、英語のbirdじゃなくて、疲れた時や大変だった時などに使う感嘆詞的なことばじゃ。例えば……」

はげ〜ばーど

▼用例1／夫婦で畑仕事を終えた夕飯時、妻（刀自）に一言。

お父さん「かあちゃん、今日ぬ畑《はて》仕事／だれたや（疲れたね）。はげーばーどばーど」

▼用例2／じいちゃんが孫の子守りを頼まれ、やっと解放されて妻（刀自）に一言。

お父さん「はげーばーど〜、かあちゃん。子孫《くゎまが》ぬ／子守りや大変じゃが」

新人A君「え〜、島口って面白いですね。島々の歴史や文化については、少し勉強したのですけど、さすがに言葉は……」

birdとばーどで盛り上がり、本土から転入した新人の歓迎会を兼ねて島々の自慢を紹介することに。

けぃんむん博士「それじゃ、まずは喜界島から。A君、B君とメンバーにムン尋ね」

Q1／人口は　Q2／過去現在の自治体数は　Q3／日本一の農産物は　Q4／歴史上で有名な人物は。

ゆんどり君「博士！　待《ま》っち呉《く》りんしょれ。よ〜りよ〜り（ゆっくり）お願い」

——ということで、会話から答えを見つけることに……。

行政の分野

・1908（明治41）年／湾村・早町村が合併して喜界村（1万9307人）→1919（大正8）年／喜界村・早町村に分村。

・1941（昭和16）年／喜界村が喜界町（1万2519人）へ。

・1956（昭和31）年／喜界町と早町村が合併し、新「喜界町」誕生（1万6128人）。現在は6629人（令和2年国勢調査）。

新人A君「え〜合併、分村、合併を繰り返したんですか？人口も現在の2倍以上だったんですね」

歴史・地理の分野

けぃんむん博士「島の呼び名もおもしろいぞ。〔第1章第4節5項〕で紹介したんじゃが。その他にも……」

・貴重な夜光貝の生産地に由来して貴賀島

・中央から離れた辺境の地（＝異世界→怖い地域）に由来して鬼界島（鬼ヶ島）

※参考／2018年6月21日放送NHK「日本人のおなまえっ！」、ただし、諸説あるとのこと。（他にも「貴賀之島、貴海島、貴賀井島、鬼界が島、鬼海島」。『南海日日新聞』2019年11月24日付、「南海天地」から）

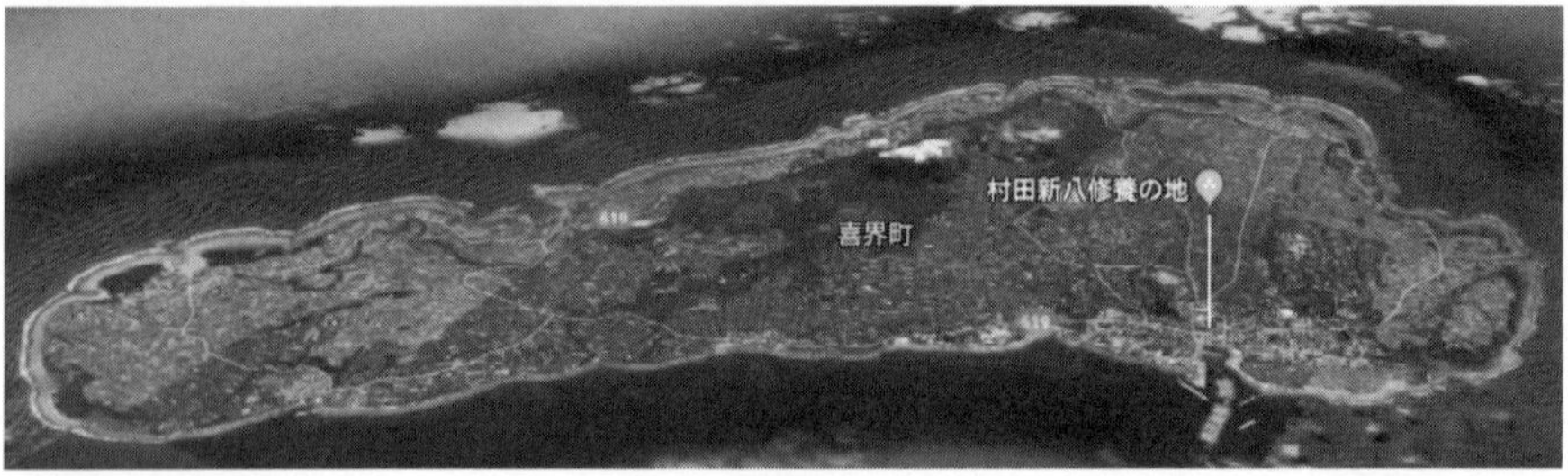

※出典：Google マップ

ゆんどり君「思いだした！　16世紀の異国人は喜界島をバンガローアイランド（屋根の低い島）っち呼んだらしいが」

新人B君「そうだ、赴任の際に先輩から〝きゃ〜の花良治みかんを黒糖焼酎に一切れ入れると最高！〟って聞きましたけど、きゃ〜の呼び名は？」

けぃんむん博士「良い指摘じゃな。喜界島は『おもろさうし(注3)』では〝ききゃ〟と表記されているのだけど、琉球王朝時代の呼び名を残しているのかも知れんな」

※注3／「おもろさうし」／1531〜1623年の琉球王朝時代の歌謡集。

めじろ君「花良治みかんは、幻のみかんと言われ喜界島限定の貴重・希少な特産品じゃが。また香りがすばらしい！　今が旬の時期じゃが、よ〜ね（夕方）ぬ／だれやんが楽しみじゃ」

喜界島は大宰府（福岡県）との繋がりや製鉄炉跡の発見などロマンが多く、研究者には興味深い島。喜界島から〝うふくんでーた〟（ありがとうございます）。

2．日本一自慢

今日も、はあときから拝《うが》みよ〜ろ。

さて、花良治みかん入り黒糖焼酎で盛り上がった喜界島編の続き。

とんぼ（えーざ(注1)）君「A君！　喜界島は毎年成長していて／ほでている／って知っている？　ごまかしじゃないから」

※注1／「とんぼ」は奈良時代〝秋津（あきづ）＝（Akizu）〟変化してA－zu（えーず→えーざ）だそうだ。

新人A君「え〜成長しながら穂（ほ）・帆（ほ）出ている？　地下ダムの水で稲作？　湾港から帆船とか？」

けぃんむん博士「ちょっと、ややこしくなったようじゃが、次のとおりということじゃ」

・喜界島は、琉球列島の中でも最も隆起速度が速く、年平均約2㎜隆起している(注2)。

・〝ほでている〟は奄美語で成長している。

※注2／日本堆積学会メルマガ2017年（758号）参考。

新人B君「稲穂・出ている＝稲穂が成長している。ちょっと似ているような……」

新人A君「そうそう、先日喜界の同僚からゴマのお菓子（ごま菓子）をもらったけど、先輩の〝ごまかし……〟はひっかけですね」

――なかなか感が鋭い新人君たち。彼らが事前に勉強してきた喜界島をあんかり語った内容は。

※奄美語「あんかり」＝みんな。まとめて。すべて。

喜界島の1番

・ごま（胡麻）生産量日本一

A君「国内消費の99％以上は外国産、国産は0・1％。そのほとんどが喜界島産。特徴は、風味が濃厚で他産地よりカルシウム、マグネシウムなどのミネラル分が豊富。その秘密はサンゴ礁の土壌に。ごまは英語でセサミ、収穫時期は〝セサミストリート〟[注3]が秋の風物詩となっているそうです」

※注3／ごまを天日干しした通り。

【ひと口メモ】1972年以降NHK教育テレビや世界各国で放送された幼児教育番組タイトル。ニューヨークの架空の通り名で「セサミ」は「アリババと40人の盗賊」の呪文、〝開けゴマ〟の意から。写真「エルモ」は子どもたちの人気キャラクター。

・田島 ナビさん長寿世界一

A君「荒木集落で生まれて、117歳（2018年4月21日）で亡くなったけど、人類史上3番目の長寿者だそうです。若い時には、ごま栽培をしていたとか」

・日本で一番短い空路

A君「先日、飛行機に乗って奄美から喜界島にオオゴマダラ蝶を見に行った時、あっという間に着陸。日本最短路線では？　でも、さとうきび畑の一本道は見応えあった！」

けぃんむん博士「新人さんたち、なかなか勉強しているな。ただ日本一最短航路は沖縄県の南大東島と北大東島（所要時間15分）、喜界～奄美

オオゴマダラ蝶

さとうきび畑の一本道

セサミストリート

間は20分で2番目ということじゃな」

・独自の一字姓数が日本一

ゆんどり君「喜界島独自の一字姓は約15種（注4）。おそらく日本一っち思うがよ。さて、新人君たち、次の苗字読めるかな?」

界・初・開・賀・値・輝・習・顧……。

※注4／『改訂名瀬市誌　歴史編』及び「NTT電話帳」参考。

――ということで、喜界島をちょっと散歩。

伝説の島（源氏と平氏）

・雁股の泉（小野津集落）

保元の乱（1156年）で流された源為朝が琉球に渡ろうとした時に、島に放った矢が刺さった場所から泉が湧いたとの伝説。

・僧俊寛の墓（湾集落）

平家上陸の地

僧 俊寛

雁股の泉

平氏（平清盛）討伐を企てた鹿ケ谷の陰謀（1177年）に失敗し、喜界島に流刑になった高僧、俊寛の伝説。墓石の下からは人骨も発見された。

・平家上陸の地（志戸桶集落）

壇ノ浦の戦い（1185年）で敗れた平資盛、平有盛、平行盛が奄美大島や加計呂麻島に渡る前に、喜界島に上陸したとの伝説。

新人君たちとの喜界島散歩はもう少し続きます。〃うふくんでーた〃（ありがとうございます）。（※写真は「喜界町」HPから）

3. 大宰府と喜界島

今日も、はあときから拝《うが》みよ～ろ。さ～て、喜界島の散歩は終盤、新人さんも島の生活で新たな発見があったようだ。

けぃんむん博士「奄美の島唄には哀《かな》しい物語が多いのじゃが、加計呂麻島～喜界島～奄美大島をつなぐ代表的な歌がこれじゃ」

歴史に翻弄された母娘
・むちゃかな節

　薩摩時代、加計呂麻島生間集落に〝うらとみ〟という、希に見る絶世の美女がいたそうだ。代官から島妻にと懇望されたが、気の毒に思った母親は小舟で島から出すことに。たどり着いたのが喜界島小野津海岸。結婚して子宝に恵まれた。その一人が親にも勝る美人〝むちゃ加那〟。娘たちに妬まれてアオサ摘みの時、海に落とされ住用の青久に漂着。集落の人たちが手厚く葬って霊を慰めたそうだ。

※参考／籾芳晴「奄美島唄ひと紀行」『南海日日新聞社』２００１年、28頁（後段で母娘の名が異なる新たな説も紹介している）。

新人Ａ君「え〜、大河ドラマ〝西郷どん〟の愛加那さんとは、ちょっと異なる境遇だ。有名な島唄だと

青久集落の碑

小野津集落の碑

生間集落の碑

聞いたけど、涙を誘うような話ですね」

大宰府（福岡）と喜界島

とんぼ（えーざ）君「さて、新人君たち！　喜界島には大宰府(注1)の出先機関があったと言われているのだけど知っていたかな」

※注1／7世紀頃九州に設置された大和朝廷の地方行政機関。

新人Ａ君「え〜7世紀、大和朝廷？　本当ですか。また、わやくして〝ごま菓子〟ているのですか？」

※奄美語「わやく」＝ひやかし。いじわる冗談。古語【わやく】（無理。むちゃ）の意味が変化？

けぃんむん博士「いやいや、とんぼ君の言うとおりなんじゃが、専門家の受け売りだけど、ちょっと紹介しよう。

　遥か昔、1200年前の頃じゃが、日本紀略(注2)という歴史書に次のような記述が残されているのだけど……」

※注2／平安時代の第1代〜68代天皇まで記した歴史書。

大宰府の出先機関？

　○大宰府言下上下二知貴駕島一。捕二進南蛮一由上。（西暦998年）

【訳】大宰府が喜界島に、（暴れ回っている）南蛮

人を追討するように命じた。（『国史大系　第5巻』1316頁）

――研究者によると、「南蛮＝奄美大島」を指すのではとのこと――

めじろ君「え〜、奄美大島は異国だったわけ。はげー吾《わ》きゃや／昔々／南蛮人あったのかい？」

・12世紀の製鉄炉跡発見（城久遺跡群）

11世紀後半〜12世紀代と想定される製鉄・鍛冶関連遺構が20基ほどまとまって確認された。南西諸島では、この前後の時期の製鉄炉は見つかっていない。

けぃんむん博士「そうそう、次の理由で大宰府の出先機関があったのではと推測されているそうじゃ」

▼遺跡の場所（島中央の高台）や大規模な建物群。▼本土・中国・朝鮮半島などとの交流を示す陶器、磁器の大量発見。

※出典／城久遺跡群　―総括報告書―喜界町教育委員会。

・奈良時代以前の言葉「ぱぴぷぺぽ」

めじろ君「そうだ！　喜界島（一部）の発音は奈良時代以前の特徴を残しているそうだ。言葉も大宰府との関連があるのでは？」

※喜界島・笠利町佐仁集落・与論島は「ぱ／ぴ／ぷ」の古い時代の発音を残しているそうだ。（第1章第1節2項）で紹介。

新人B君「喜界島は、①琉球列島の北部、②隆起性サンゴ礁など地理・地質的な特徴が、歴史や文化に大きく影響を与えたんですね。まだまだネタが／ありよんにし／しゅんけど、また勉強しよ〜ろ」

けぃんむん博士「う〜ん、トン普通語（注3）の島口じゃが、ま〜勘弁しよう。〝サンゴの石垣・特攻隊中継基地・世界最古のハマサンゴ〟など話題は尽きないが、喜界島編は次の新民謡でしばしの休憩じゃ」

※注3／標準語と奄美言を混在して話す言葉のこと。

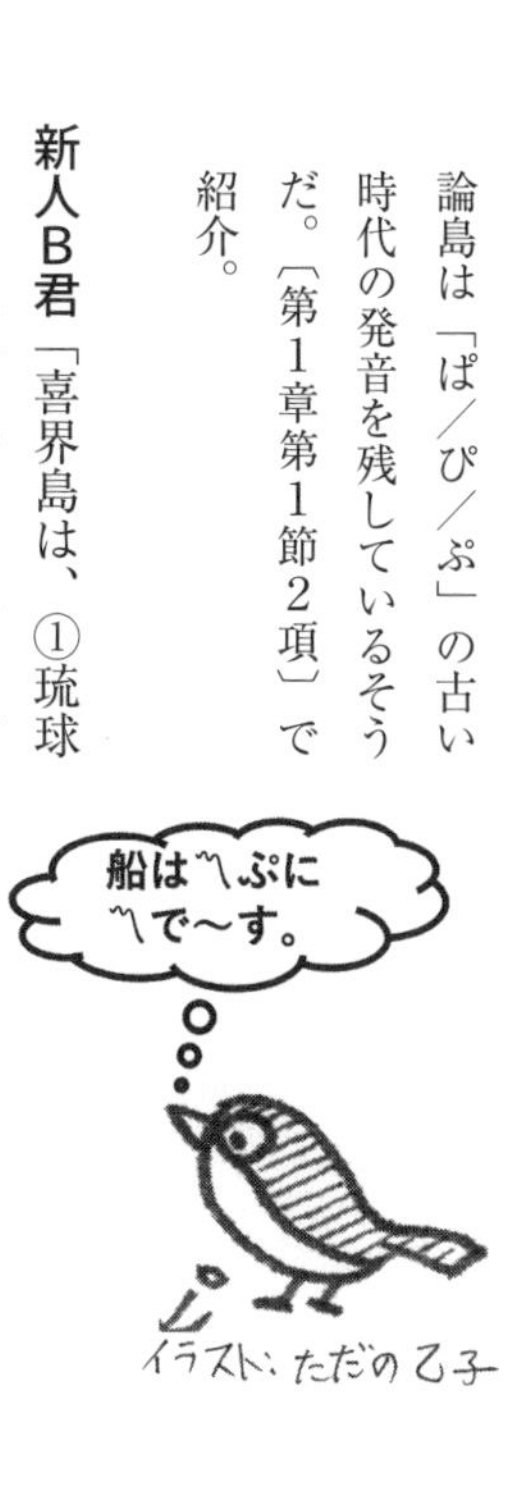

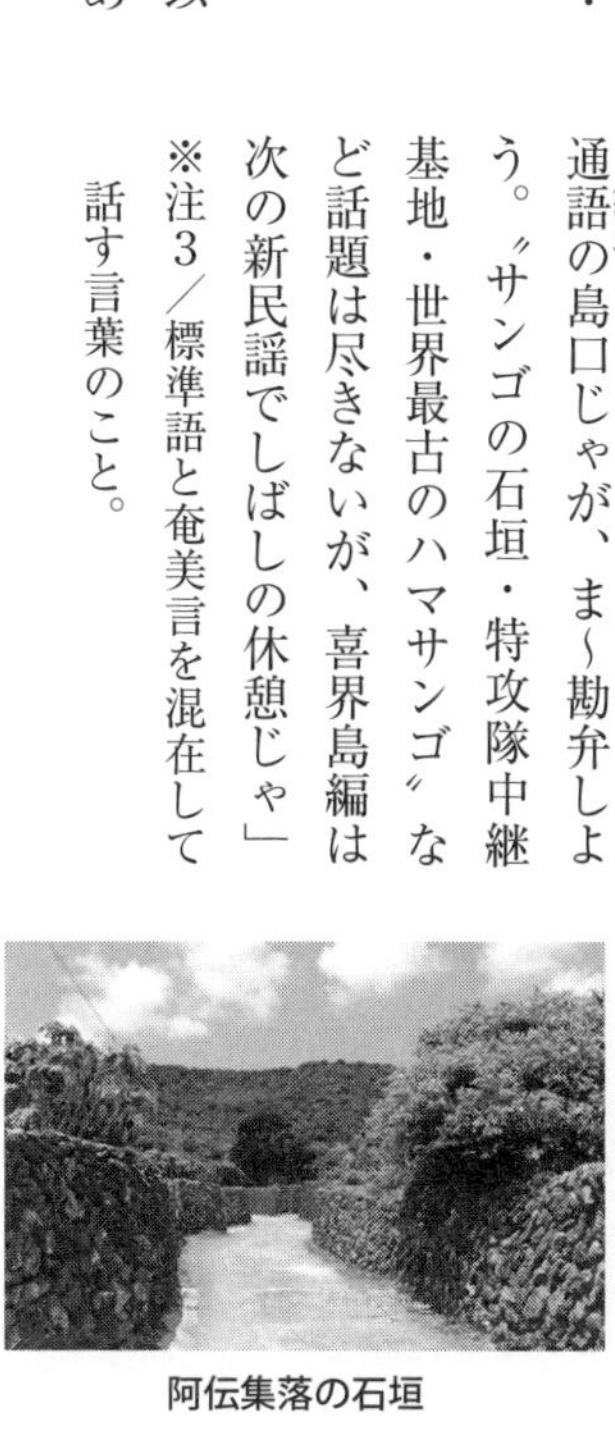
阿伝集落の石垣

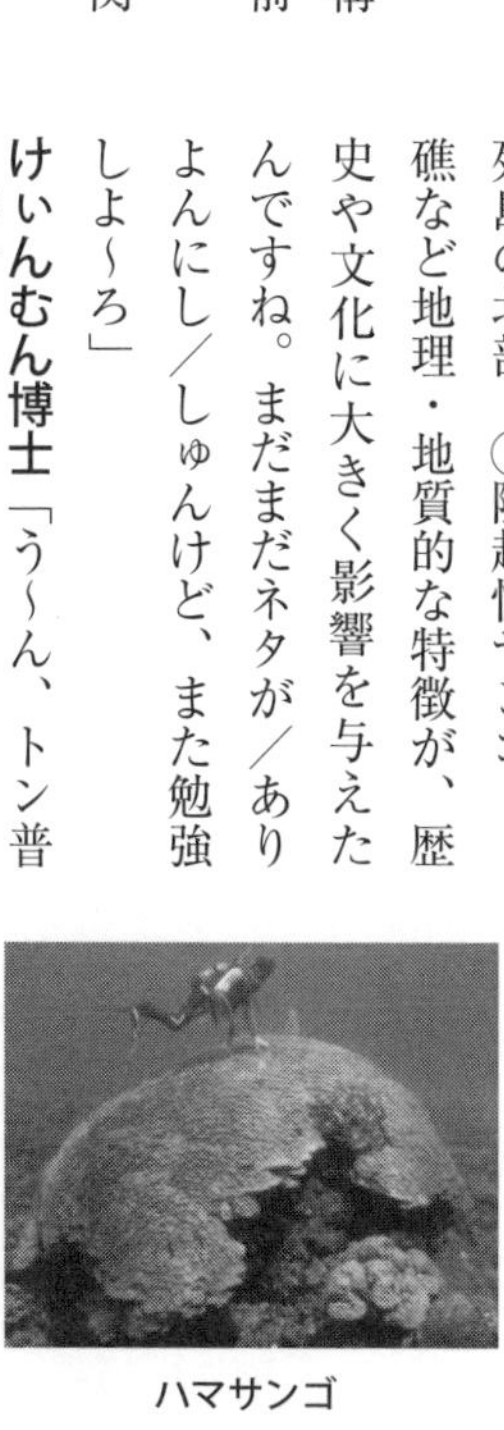
ハマサンゴ

〽本《ふん》茶峠を　東に越えりゃ
描かれたような　喜界が島が
波路遥かに　彼方に浮かぶ
夢の国かや　喜界が島は（喜びの島）

喜界島から〝うふくんでーた〟。次回は、奥座敷と言われる島の話題を。（※写真は「喜界町」HP、ハマサンゴは「県大島支庁情報誌　第48号」から）

第2節　加計呂麻島編

1．島の歴史と概観

今日も、はあときから拝《うが》みよ～ろ。

今回から産業も盛ん、ぶぎんしゃ（注1）も多かった加計呂麻島が話題に。

※注1／「ぶぎんしゃ」＝古語【分限者（ぶげんしゃ）】＝金持ち。富豪。

けぃんむん博士「さ～て、前回（第1章第3節4項）のムン尋ね（質問）分かったかな。え～簡単だった？　正解は会話の中で紹介じゃ。まずは、全国離島で初めて自治体が誕生した1908（明治41）年以降から紹介しよう」

島の概要と村の変遷

・1908年／鎮西村（注2）誕生、奄美群島で16村（十島村含む）。
・1920（大正9）年／鎮西村から実久村が分村。
・1956（昭和31）年／鎮西村、実久村、西方村、古仁屋町（東方村）が町村合併し瀬戸内町へ（鎮西3223＋実久2288）人（1955年）。
・2015年／1262人（加計呂麻島のみ）。

※注2／加計呂麻島、請島、与路島含む（図参照）、十島村は1973（昭和48）年まで大島郡。

新人A君「え～明治時代、群島で6番目に大きな自治体だったんだ。人口トップは、あ

図：1916（大正 5）年～
1936（昭和 11）年の村名

の町[注3]！　だったんですね（表1）」

※Q　さて、注3の自治体はどこでしょうか？

えーざ君「大正時代、た〜つ（ち）（2つ）ぬ自治体があたんじゃ。人口も現在の約10倍だったのは、島人《ちゅ》の吾《わ》んだか／びっくり！」

新人A君「人口規模から産業の発展も予測できますね。この時代だと黒糖生産と……」

新人B君「A君！　ちょっと私にも。小さい頃、祖父から横浜港の輸出の代表は〃ユリ〃で、南の島々の鉄砲百合が有名だったと聞いたことがあるけど、正解は百合でしょ」

新人A君「〃わ〃[注4]も一言、こんな時は、島のことわざに例えると『親の諭《ゆ》しぐぅとや肝に染めろ』とかでは？」

※注4／A君の東北方言と奄美方言と似ていることに島メンバーもびっくりしたが……まず本題から。

「奄美群島の人口規模順位」
～島嶼町村制実施時〈1908（明治41）年〉～

表1　　単位：人

順位	村名	現自治体	人口
1	○△村	○△町	21,086
2	喜界村	喜界町	19,307
6	鎮西村	瀬戸内町	12,878
12	東方村	瀬戸内町	8,564
16	十島村	十島村	3,044
群島計			185,033

※出典：「鹿児島県大島郡統計書　明治41年」（大島々庁編）
注）群島計は十島村除く。

奄美をリードした鎮西村の産業

けぃんむん博士「……う〜ん。ちょっと違う気もするが、勘弁しよう。ただ、さすが神奈川出身、正解は百合と甘蔗（黍）じゃ。それじゃ、数字（表2、3）で見てみようか」

えーざ君「百合生産は群島一！　黍《うぎ》も4番目あたんじゃ。ぶぎんしゃが多かった理由が分かったような気がするがよ」

新人B君「そうですね。確か第一回衆議院選挙の投票資格者も加計呂麻島が多かったのでは？」

けぃんむん博士「さすがじゃ。1890（明治23）年の納税額上位は表4のとおりだったそうだ」

びっきゃ君「え〜、加計呂麻島ちば／平地や／なりっくわ（少ない）ち思たんけど、ぶぎんしゃぬ／うがしがり（そんなに）／ふぅたんじゃ（いたんだ）」

新人B君「換金作物の生産が多かったということですかね。当時の投票資格者は、国税[注5]15円以上を納めた人だったそうですよ。おそらく大地主か大農家が多かったのでしょね」

※注5／地租（＝固定資産税）と所得税。

けぃんむん博士「そうじゃな。実は農地も結構あったのじゃが……。う〜ん、ゆぶぃ（夕べ）／夜さがてぃ（一晩中）／仕事したから／あぐまか[注6]（しゃ）／ぬ、続きは次回また」

「鉄砲百合の生産量順位」

表２　（単位：千個）

順位	年次／村名	1908年～1911年	2016年（H28）
1	鎮西村	482	―
4	和泊村	244	1,650
生産合計		2,102	3,288

注）1908（明治41）年～1911（明治44）年の年平均

「さとうきび生産量順位」

表３　（単位：万ｔ）

順位	年次／村名	1908年～1915年	2016年（H28）
1	喜界村	2.57	9.67
2	島尻村	2.40	7.02
3	天城村	1.93	8.52
4	鎮西村	1.81	0.86
5	亀津村	1.61	6.72
	群島合計	29.48	44.64

注）平成28年：瀬戸内町生産量
1908（明治41）～1915（大正4）年の平均

※出典：「鹿児島県大島郡統計書」（大島々庁編）

「第1回衆議院議員選挙（1890年）時の奄美群島有権者数」

表４　（納税額順位）

順位	内訳／村名	納税者数（名）	納税額（円銭厘）
1	龍郷村	12	256.219
2	鎮西村	6	199.720
3	焼内村	6	171.330
	群島計	52	1,302.900

注）国税15円以上納税者数52名
※出典：「道之島通信　No19」道之島社，1976年

※注6／奄美語「あぐま・か」＝眠くなる。古語【あぐむ】＝いやになる。疲れて飽きがくる。の意味が変化？

加計呂麻島の新たな発見にびっくりしたメンバーたち。まだまだ盛り上がり……。

2．ロケ地と文豪ゆかりの地

今日も、はあときから拝《うが》みよ～ろ。

さて、明治・大正時代（1868～1926年）、奄美の産業をリードした加計呂麻島。メンバーうなずきながら話題は発展……。

けぃんむん博士「さて、前回の人口トップ（1908年時：2万1086人）、どこか分かったかな？」

――久しぶりに、春が恋しい〝ましきょ君《注1》〟が登場。

※注1／ましきょ（や）／まちきゃ＝ウグイス。

ましきょ君「ホーホケキョ、と早くさえずりたいけど、今日は我慢。正解は天城町！です」

けぃんむん博士「適当に答えたようじゃが、正解！　それじゃ、前回の農地面積じゃが……。表1の通り、鎮西村は

群島で中位置だけど増加率のすごさが分かるじゃろが」

新人A君「限られた農地を最大限に活用（商品価値の高い移出作物の栽培）したということでしょうね」

ロケ地の島・加計呂麻

新人A君「百合で思い出したけど、加計呂麻が舞台の『男はつらいよ　寅次郎紅の花』、マドンナの名前はリリー、生産量群島一の鉄砲百合（英語でlily）の島、不思議なめぐりあわせですね」

新人B君「そうそう。諸鈍のデイゴの並木の映像が印象深かかったですよ」

ましきょ君「加計呂麻島は映画・ドラマのロケ地で有名っちょ。新人君たち知《し》ちゅんかい？」

諸鈍のデイゴ並木
※出典：「瀬戸内なんでも探偵隊」ＨＰ

「奄美群島の耕地面積順位」

表１　（単位：反）

順位	内訳／村名	1908年（明治41）①	1915年（大正4）②	増減率 ②／①
1	喜界村	2,316	2,897	1.3
2	天城村	2,811	2,479	0.9
4	龍郷村	1,036	1,949	1.9
7	鎮西村	914	1,371	1.5
	群島計	17,305	21,190	1.2

※出典：「鹿児島県大島郡統計書」（大島々庁編）

【映画】（タイトル・放映年・出演者）
「死の棘」１９９０年　松坂慶子他
「男はつらいよ」１９９５年　渥美清他
「余命」２００９年　松雪泰子他
「海辺の生と死」２０１７年　満島ひかり他
【テレビドラマ】（タイトル・放送年・局）
「ウォーターボーイズ」２００５年　フジテレビ
「島の先生」２０１３年　ＮＨＫ

新人A君「映画はほとんど見ましたよ。テレビの〝島の先生（仲間由紀恵主演）[注2]〟は、ちょっと感動しました」

※注２／さまざまな問題を抱えて島に留学し里親のもとで暮らす子どもたちの日々の成長を描く。家族・親子、そして教育にかかわる問題をミニマムな視点から捉え直す6回シリーズ、舞台は薩川小学校。（「ＮＨＫ」ＨＰから）

けぃんむん博士「そうじゃな。〝島は日本の保健室〟とまで言われたようじゃ。そうそう、島全体が『にほんの里１００選[注3]』に選ばれたんじゃが、映画やテレビのロケ地決定の背景には、こんな評価もあったんじゃろな」

※注３／２００９年朝日新聞創刊１３０周年と森林文化協会創立30周年の記念事業として「景観」「生物多様性」「人の営み」

を基準に全国から選定。委員長は山田洋次監督。

文豪ゆかりの島・加計呂麻

新人B君「そうだ。小説『死の棘』(注4)、『海辺の生と死』(注5)は、学生の頃に読みましたよ。加計呂麻島が舞台だったんですね」

※注4／著者・島尾敏雄、注5／著者・島尾ミホ

えーざ君「日本を代表する加計呂麻島ゆかりの作家じゃが。たまには、県立奄美図書館をのぞいてみたら？　島尾文学に触れることができると思うよ」

けぃんむん博士「せっかくじゃ。奄美赴任のお土産に、島ゆかりの作家を紹介しよう」

・昇曙夢（芝）／読売文学賞、日本芸術院賞他
・島尾敏雄／日本文学大賞、日本芸術院賞他
・島尾ミホ（押角）／講談社ノンフィクション賞他
・又吉直樹（勢里2世）／芥川賞

※（　）内は出身集落名です。

島尾敏雄文学記念碑（呑ノ浦）
※出典：「瀬戸内なんでも探偵隊」ＨＰ

ましきょ君「え～、あのお笑い芸人も！　そういえば、『又吉直樹、島に行く。母の故郷～奄美・加計呂麻島へ』とかの旅番組があったや。〝けぃんむん〟にも会ったとか？」

琉球列島の中で重要な地理的位置にあった加計呂麻島。
実は、あの武将たちも……。
また、拝みよ～ろ。

3．源平伝説と戦跡

今日も、朝《あさ》すか（ん）ま(注1)から拝《うが》みよ～ろ。さて、琉球列島の中で重要な地理的位置にあった加計呂麻島。実は、あの武将たちも注目していたのだが……。

※注1／古語【清（すが）】＝清くさわやかなこと。すがすがしいこと。
「アサスカマ（朝すが間）」＝朝のすがすがしい間。朝のこと。
「スカマ」だけでも朝を意味する。
※出典／金久正『奄美に生きる日本古代文化』刀江書院、1963年、400頁。

ゆんどり君「え～、〝すか（ん）・ま〟ちば／清間（すがま）＝すがすがしい・ま／のことか。時間と空間のあの『ま』

じゃ。島口（の井戸）を掘れば掘るほどすごかっと！」
※「ま」については〔第1章第3節4項〕を参照してください。
新人B君「いや〜、内地育ちの私たちも勉強になりますね。そうだ！　著者の金久氏やノーベル賞有力候補の京都大学の金久教授（注2）も、加計呂麻島諸鈍の出身だったのでは？」

イラスト：ただの乙子

※注2／「日本人のおなまえっ！〜いま知りたい旬のおなまえ〜」（NHK総合2018年1月24日放送）で紹介される。

――島口と標準語が飛び交いながら話題は盛り上がり、加計呂麻島の散歩へ。

伝説の島（源氏と平家）

・実久三次郎神社（実久）

　1156年、保元の乱で伊豆大島に流された鎮西八郎為朝。琉球へ渡る途中、加計呂麻島の実久に立ち寄り、地元の娘との間に生まれた子どもが実久三次郎。

　境内には三次郎とその母の墓がある。

・大屯《おおちょん》神社と諸鈍シバヤ（諸鈍）

　1185年、壇ノ浦の戦いで敗れた平家の平有盛、平行盛、平資盛ら3人は最初喜界島へ逃げ、有盛は名瀬浦上、行盛は龍郷町戸口、資盛は加計呂麻島の諸鈍へ。大屯神社は資盛を祭った神社。

　「諸鈍シバヤ」（国の重要無形民俗文化財）は、資盛が土地の人々と交流を深めるために教えたのが始まりとされている。

新人B君「え〜、喜界島編でも平家と源氏の伝説があったけど、子孫や芸能まで残していたんですか。ちょっとびっくり！」
けいんむん博士「そうじゃな。旧暦の9月9日に諸鈍と実久の集落（島の両端）で源平の祭りがあるそうじゃ。毎年交互に見学したらどうじゃろか」
ましきょ君「島にゆかりっちゅ（人）が多かったのも、そんな歴史的な背景があたんからじゃや。それで、薩摩時代の遺品が数多く残っているのか！」

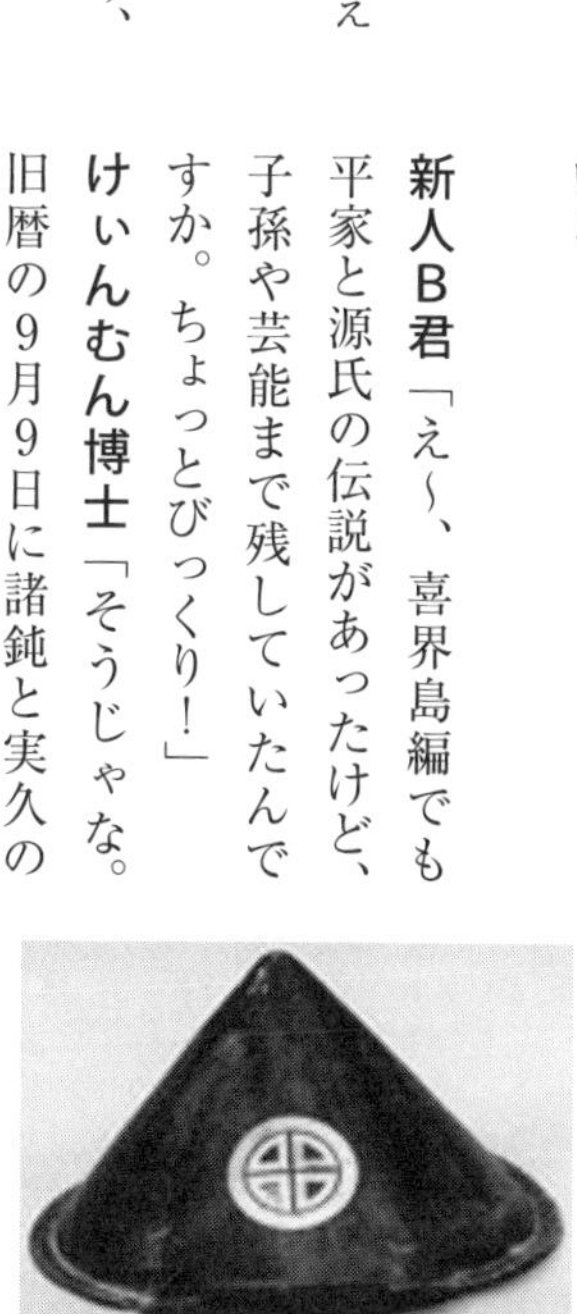
陣笠（伊子茂集落の西家所蔵）

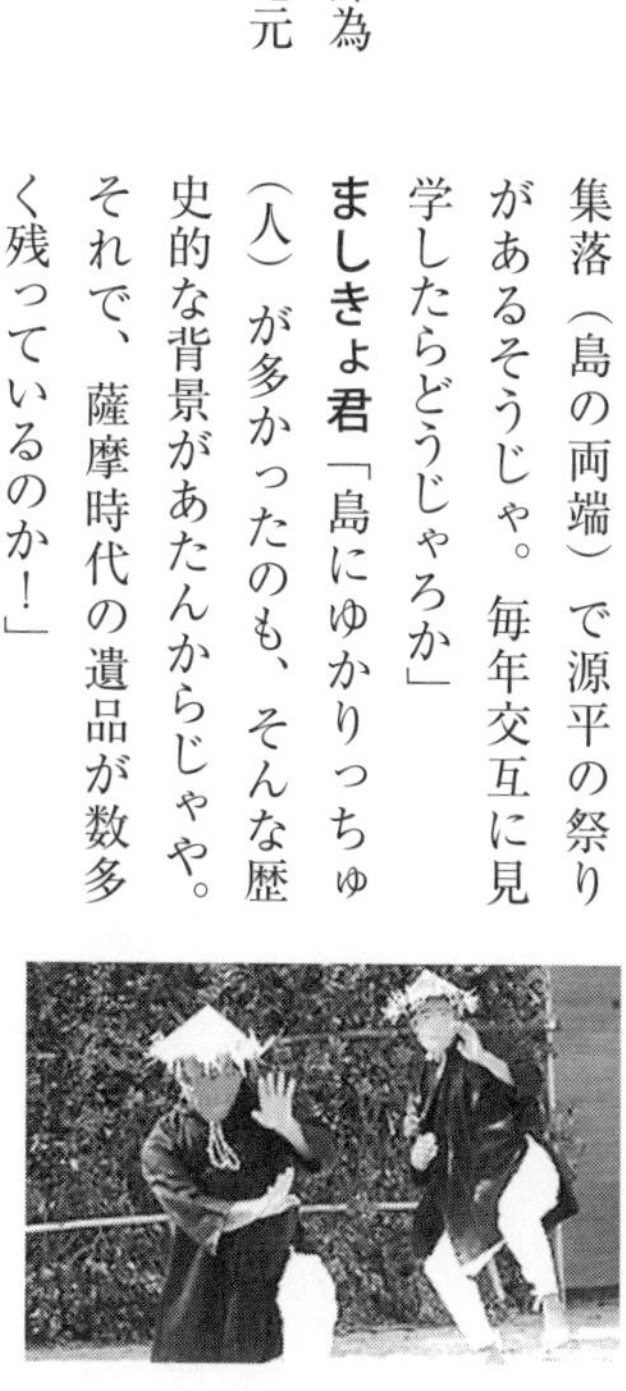
諸鈍シバヤ

※奄美語「ゆかり」＝由緒（ゆかり）ある家柄の人。

新人A君「そうか！　鎮西村・実久村の名前の由来は、源氏の伝説からですか？」

けぃんむん博士「そうじゃな。名称の由来は諸説あるようじゃ。ただ、島は地政学上、国防の重要地域(注3)だったようで、最近は生物多様性という点で地理学的に重要！　と研究者が注目しているそうじゃ」

戦跡が残る島・加計呂麻島

・東郷平八郎上陸碑（安木場）

1908（明治41）年に東郷元帥が連合艦隊を率いて大島海峡で演習した記念碑。

・特攻艇跡（三浦・呑之浦など）

太平洋戦争中、特攻艇の震洋隊が配備。隊長の島尾敏雄が自らの体験を元に数多くの小説を残す。

艦船給水ダム跡

震洋艇壕跡

東郷元帥上陸の碑

・海軍艦船給水ダム跡（三浦）

1938（昭和13）年頃に軍艦の給水施設として建設。

※注3／瀬戸内町には206戦跡遺跡（1868年～）が確認されている。そのうち145施設が加計呂麻島。（『瀬戸内町文化財調査報告書　第6集』から）

魅了する海・新種の発見続く

・鹿児島大学国際島嶼教育研究センター（島嶼研）、特任助教の藤井琢磨氏が2016年に大島海峡で撮影した「ニゲミズチンアナゴ」が新種であることが分かった（写真次頁上）。

※出典／『南海日日新聞』2018年5月10日付。

・2015年、世界で発見されたおよそ1万8000種から「世界の新種トップ10」に選ばれた「アマミホシゾラフグ」は有名（写真次頁中・下）。

・2017年、島嶼研と瀬戸内町が「いきもの新発見写真展」開催。

さて、次回の島々は……。また、拝みよ～ろ。

※概要・写真とも「瀬戸内町図書館・郷土館」、「せとうちなんでも探検隊」HPから。

第3節　請島・与路島編

1．島の歴史と概観

今日も、すか（ん）まから拝《うが》みよ〜ろ。

さて、古仁屋から町営船「せとなみ」に乗って請島・与路島へ。今回から与路出身の「ふくろべー君」が助っ人参加。

けぃんむん博士「前回紹介した加計呂麻島じゃが、『にほんの里100選』の選定基準を覚えているかな。①景観②生物多様性③人の営み——の3拍子そろった地域は全国でも珍しいそうじゃ。

ただ、今回の島々もすごいのじゃが……」

ゆんどり君「ちゃ、昭和のレトロ時代にタイムスリップしゃんち／思うば／いっちゃんかもど（よいかもよ）」

新人B君「え〜そうなんですか。〝ウケユリ〟の名前はよく聞きますね」

新人A君「なるほど、寅さんマドンナのリリー（lily）、移出作物の鉄砲百合、ユリが南3島のキーワードって面白いですね」

けぃんむん博士「そうじゃな。異国人が名付けたサンタマリア[注1]の島も加えてみてはどうかな?」

※注1／16世紀以降の「奄美」の呼び名、白い百合は聖母マリアの象徴から。

島々の概要と村の変遷

・1908（明治41）年／加計呂麻島、請島、与路島が鎮西村として誕生。

図　1916（大正5）年〜1936（昭和11）年の村名

・1920（大正9）年／鎮西村から実久村が分村。ただし、請島、与路島は鎮西村へ。

・人口の推移は表1の通り。

新人A君「請島、与路島には集落はいくつあるんですか？」

ふくろべー君[注2]「請島に2集落（請阿室と池地）、与路島は1集落（与路）ですよ」

※注2／【ふくろべー】＝「かわはぎ（魚）」の方言名。ヤチャ、カーハジャ（沖縄）、フクルビ（恵原義盛「方言さんぽⅡ」では古い呼び名と記載）。

新人B君「2島とも1000人を超える人が住んでいたんですね。小さな島なのによく自給できましたね」

ふくろべー君「請島と与路島は小さな島だけど、実は鎮西村の中では田畑が最も多かったんだ（表2）。特に、与路島の田袋[注3]は、奄美大島でも有数の広さだったそうだ」

※注3／奄美で水田が集まった地域をタブクロ（ル）と言います。

けぃんむん博士「そうそう、『おもろさうし[注4]』には、〃2島は海路の要衝〃、『大島私考[注5]』には、請島は〃食足豊饒の島なるべし〃と記されているんじゃ。古くから豊かな島々だったということじゃ」

※注4／「おもろさうし」（1531～1623年の琉球王朝時代の歌謡集）、注5／「大島私考」（本田孫九郎親孚著　1805年）。

ふくろべー君「たーなんてぃ（田んぼで）／とぅらりゅん（獲れ

「請島・与路島の人口推移」

表1　（単位：人）

年次／島名	1870年（M3）	1910年（M43）	1915年（T4）	1940年（S15）	1965年（S40）	1985年（S60）	2015年（H27）
請島	763	1,381	1,506	1,159	782	325	82
与路島	720	954	1,098	1,050	698	236	84

※出典：「瀬戸内町誌　歴史編」、瀬戸内町HP

「鎮西村の集落ごと田・畑面積」
～1915（大正4）年調査～

表2　（単位：町反）

順位	島名	集落名	田	畑	合計
1	請島	池地	7.9	53.0	60.9
2	請島	請阿室	5.8	54.2	60.0
3	与路島	与路	14.5	44.3	58.8
4	加計呂麻島	諸鈍	5.5	45.1	50.6
鎮西村合計（27集落）			97.2	598.5	695.7

※出典：「鹿児島県大島郡統計書（大正4年）」
（注）課税対象面積

る）／うなぁく（うなぎ）、びき（蛙）、クゥウル（注６）ぬこが（バンの卵）や／じぃく／まーすたど（とてもおいしかったよ）」

※注６／田んぼを見回る〝田の番人〟に見えることから「バン」の由来とも。

新人Ａ君「あ！　与路島方言だ。う～ん、ちょっと混乱しています。でも、ふくろべーさんの島はサンゴの石垣が有名ですよね」

けぃんむん博士「ひと山、いやいや海を超えるとさらに言葉が変わる。これも島々散歩の面白さじゃ。

さて、請島の嵩家《たかし》の石垣も有名じゃが、与路島は、ほとんどの家にサンゴの石垣が残っていることから『しまの宝１００景』（国土交通省選定）に選ばれるほど集落の造形美が楽しめるんじゃ」

新人Ｂ君「そうそう、石垣に立てられた〝ハブ棒〟も島の風景に溶け込んでいますね」

「与路島 のサンゴ石垣」
出典：せとうちなんでも探検隊ＨＰ

水田で見かける「バン」

新たな発見に新人君たちもちょっとびっくり。次回は、ふくろべー君自慢の場所へ……。

2．忍者と流刑地

今日も、すか（ん）まから拝《うが》みよ～ろ。

さて、サンゴの石垣が芸術的な風景を醸し出す請・与路島。散策で意外な発見も……。

新人Ａ君「人口千人以上で自給自足の島。奄美の歴史っておもしろいですね。他に話題があったら諭《ゆ》して呉《く》りんしょれ。あっ！　島ことばになった？」

ふくろべー君「そうそう。薩摩時代、奄美は流刑地だったことは知っているよね。実は、与路島もそんな言い伝えがあるんだ」

流刑地の島・与路島

島の東側に三丁《さんちょう》（落《おち》）鼻《ばな》という絶壁地がある。ある日の早朝、一人の罪人が、太陽の上がってくるのを見ながら死んでいくのは忍びない、太陽を背にして落としてくれるよう願い出た。役人は願いをかなえたが、落ちる瞬間その罪人は役人に抱きつき一緒に落ちてしまい不慮の死を遂げた。それ以後、三丁鼻での処刑は行われなくなったという。

新人B君「え〜、ちょっと悲しい話ですね」

けぃんむん博士「そうじゃな。『大島代官記』(※)には、〝1852年頃の大島の人口3万9549人、うち346人が遠島人だった〟と記されているんじゃ。ただ、土地の子弟教育や島民のために尽くした徳のある人たちもいたようじゃ。与路島のちょっとユニークな流人を紹介しよう」

※「大島代官記」／薩摩時代、奄美に赴任した代官の記録集。

◆隠密の流人・森僧八

僧八は、徳川幕府から隠密として薩摩藩の黒糖生産や出荷の状況を調べるため、虚無僧《こむそう》姿(注1)で薩摩に入国した。しかし3年目に捕らえられて拷問に付され大島に流され、生涯を与路島で終えた。

※注1／尺八を吹き寄付を請いながら諸国を行脚する僧。

新人A君「あの隠密か、忍者だったかもしれないですね。あっそうだ。西郷隆盛や名越左源太などは、島に影響を与えた流人で有名でしたね」

ふくろべー君「三丁鼻は、流人の処刑場だったと伝えられているけど、今は風光明媚な自慢の場所だがよ」

※参考／屋崎一『与路島（奄美大島）誌』2001年。

ゆんどり君「ちゃ、請島と与路島の間にある砂丘の島や最高じゃが。青年《ねせ》ぬ頃、キャンプ／しゃん／じゃが、島名や……？」

ふくろべー君「ハミャ島です。砂が山の上まで吹き上がった〝吹上浜〟が有名です。民放テレビの無人島でサバイバル生活のロケ地にもなったんですよ」

けぃんむん博士「そうそう。ハミャ島は、面積0・13平方キロ、標高77メートルのハブのいない無人島じゃ。砂浜が山の斜面を駆け上がっている風景が絶景。島の周囲にはテーブルサンゴが広がって、シュノーケリングや大物釣りの絶好のポイントトじゃよ」

ふくろべー君「定期船『せとなみ』で与路島に行く時には、このハミャ島を通過するんだけど一度見たら、とても美しく郷愁を感じさせる島ですよ。与路島のシンボル的存在です」

隠密として薩摩藩に入国した森僧八

びっきゃ君「ギリシャのエーゲ海に浮かぶ小さな島を連想したらいいかもじゃが」

ふくろべー君「島に上陸するには、瀬渡し船をお願いする必要があるんですけど、与路島の区長さんにも連絡を忘れずに！」

徳之島と請・与路島

びっきゃ君「そういえば、昔（1400年頃）、請・与路島は徳之島と一つの行政区（間切り）だったち／聞ちゃんけど、本当かい？」

けぃんむん博士「よく勉強しているな。正式な記録は残っていないけど、島唄（八月踊りの歌詞）や口碑で同じ間切りの時代があったとされているんじゃ。ちょっと紹介しよう」

▼与路島の八月踊り「山ぬ長嶺」（オゥネェコゥネェ）

〽山と与路島や　親ノロや一つ

〽舟破りゃぬ廉に　間切分かち

【意訳】徳之島の山と与路島は親ノロ一人で治められていたが舟の遭難事故があってから、間切も分けられた。（『改訂名瀬市誌1巻　歴史編』252頁）

出典：「瀬戸内なんでも探検隊」HP

ふくろべー君「そうなんです。晴天の時には、徳之島の道路で車が走っていたり、五右衛門風呂を焚く煙が見えたんですよ」

今回も新たな発見に島メンバーも、ちょっとびっくり。次回は、与路島出身のふくろべー君の島口が……。

3．暮らしがクールジャパン

今日も、すか（ん）まから拝《うが》みよ～ろ。

さて、新たな発見に、ちょっとびっくりしたメンバーたちだが、今回は「ふくろべー君」が与路島方言を紹介……。

ふくろべー君「方言紹介は後ほど。前回の八月踊り〝山ぬ長嶺〟は、今も与路小中学校の子どもたちが伝承しているんですよ。そうそう、学校の近くの一夜限り咲く幻の花、サガリバナ並木も紹介しないと……」

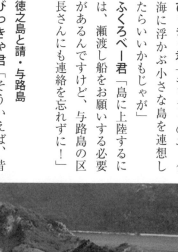

［COOL JAPAN AWARD 2017］入賞

▼表彰対象／「与路島珊瑚石壁およびサガリバナ小径とハンミヤ島」

▼外国人審査員評／与路島は、海外旅行者からみて、見事な風景と未知のものがあるようです！ また、珊瑚や珊瑚の壁（沖縄の竹富島など）や特別なサガリバナの花など、独自の自然があります。この島は多くの観光客にとって興味があると思います。

※出典／「COOL JAPAN AWARD」HP。写真／『南海日日新聞』2015年、3月7日付。

けぃんむん博士「そうじゃな。外務省や観光庁が後援、各国の外国人が審査する世界が共感する賞だそうじゃ。ふくろべー君が大喜びしていたな。

それじゃ、与路島方言の紹介じゃ」

びっきゃ君「ちゃ、吾《わ》きゃ／呼び名は何《ぬ》っち／言ゅうのかい？」

ふくろべー君「う〜ん。〝びっきゃ〟さんは、〝びき〟ですが、青森県と同じなんですよ。それじゃ、特徴的なものをいくつか」

けぃんむん博士「昔懐かしい方言も残っていると聞いたんじゃが、確か〝杖《つえ》（表・注1）や金《かな》だらい（表・注2）〟とか、新人君たちに教えてはどうじゃろ……」

びっきゃ君「ちゃじゃが。あんまが〝ビンダレ〟で洗濯していたのを思い出した！」

新人A君「杖の方言〝ゴシャム〟はサンゴの石垣に立っているハブ棒を想像します。

次頁の表は島々の違いを学べて面白いですね」

与路島の方言と島々比較

◆自然・動植物編①→表1

◆自然・動植物編②→表2

◆生活・暮らし→表3

新人B君「そうだ！ 与論

ビンダレと杖つくおば

の〝トウトゥ（トート）ガナシ〟を与路出身の先輩から聞いたような」

ふくろべー君「ほ～勉強してる！　日常生活でよく使っていたけど……。

　例えば、年配の方が夜道を歩く時や天候が悪くて船が大きく揺れる時など唱えていた姿を思い出します。私の母も神棚に手を合わせる時やネズミが屋根裏を走っている時なども唱えていましたよ」

けぃんむん博士「それじゃ、地元研究者の著書から語源について紹介しよう」

　与路島では、昔から念仏（南無阿弥陀仏）の代わりにトゥトゥガナシ（唐々加那志）を唱えて現在も続いている。神仏の礼拝する際、……神事・祝祭・旅立ち・病気・願い事・祓い事に手を合わせ、……私見を申すなら……遣唐使船が奄美を寄港地と定め……唐の国はあこがれ……。唐の国を信仰の的とした……それが信仰の国として崇敬し「唐々加那志」と……。

※出典／屋崎一『与路島（奄美大島）誌』２００１年。

※与論の「トウトゥガナシ」とは語源が異なるようです。

　与論島編で紹介することにします。

新人B君「〝トゥトゥガナシ〟か、情調豊かないい響きですね。赴任先で使えそうだ」

自然・動植物①

表１

標準語	蛙	かまきり	猫	芋（いも）
与路島	ピキ	イッシャトマイ	ミャー	ハヌゥス
奄美大島（奄美北部）	ビッキャ	イーシャトゥ・イシトバン	マヤ	トン
小宿	ビッキャ	イショタマエ	マヤ	トン
喜界島	ビッチャー	イサートゥー	マヤー・グル（ー）	パンスー
徳之島	ビッキャ	インシャトマイ	ニャウ・マユ（ー）	ハンシン
沖永良部	ガーク・アタビク	イシャトゥ	ミャー	ウム
与論島	アタビク	ヤマファガ	ミャンカ	ウン

自然・動植物②

表２

標準語	うに	尻尾	雷	火（ひ）
与路島	ガツィツ	ドゴゥ	ゴロジャン	ウマツ
奄美大島（奄美北部）	ガシィツ	ズブ	―	マッツィ・ウマチ
小宿	ガシチ	ジュブ	カンニュリ	マァチ
喜界島	―	ズー	―	ウマツ
徳之島	ガチチ	（伊）ズゥ	ナルカミ	マチィ・マァチ
沖永良部	ハチチ	マイ	（ハ）ミドゥル	ヒー・ウチュ
与論島	ハチチ	ドゥ	ハンニャイ	マチ

生活・暮らし

表３

標準語	着物	杖（つえ）（注１）	かなだらい（注２）	卵
与路島	キン	ゴシャム	ピンダレ	コガ
奄美大島（奄美北部）	キン	グシャ（ン）	ピンダレ	クガ（ー）
小宿	キン	グサン	ピンダレ	タマゴ
喜界島	キン・チヌ	グサネィ	ピンダレー	フガー・フワー
徳之島	キン	グサン	ピンダレ	ハクガ
沖永良部	チバラ・キバラ	グシャニ	ターレー	フガ
与論島	キパラ・キヌ	グシャヌ	タレイ	カイゴ・フガ

※参考：屋崎一「与路島（奄美大島）誌」（2001）、恵原義盛「奄美の方言さんぽⅡ」海風社（1987）、岡山計「小宿ユムタ」（2020）、聞き取り等

みんなが健康でありますように〝とぅとぅがなし〟。
さて、次回の島散策は……。

第４節　与論島編

１．島の歴史と概観

今日も、すか（ん）まから拝《うが》みよ～ろ。
さて、今回から与論出身のあたびく君（注1）が参加してユンヌ（注2）の話題で盛り上がった。

※注1、2／「あたびく」＝「カエル」の与論方言。「ユンヌ」＝与論島の古い呼称。

あたびく君「ふがみゃーびらん！　みーちゃさたんどー」
新人A君「いきなり与論ことばですね！〝ふがみ〟（拝み）、〝みー〟（見る）かな？〝こんにちは。会いたかったよ！〟こんな感じですか」
あたびく君「ほー、さすが島々で勉強してきましたね」
新人A君「う～ん、少し奄美に慣れてきました。とぅとぅがなしです」

――ということで、あたびく君と新人君たちの会話は……。

Q　新人君、「与論島」のイメージは？
A「沖縄に近く、小さくて平たい島」
「日本最南端の時代があった」
「酒席で一つの杯で黒糖焼酎を回し飲む『与論献奉』という独特の慣習がある」
「１９８０年頃は日本の観光リゾート地」
「大きな街はないけど、百合ケ浜などの白い砂浜ときれいな海」

けぃんむん博士「新人君たちなかなかじゃ。
それじゃ、あたびく君の島自慢の前に、いつものように島の基本情報から紹介しよう」

島の概要と町の変遷

・１９０８（明治41）年／島嶼町村制が施行され６村（注3）が統

合し与論村が誕生。

※注3／茶花村・立長村・那間村・足戸村・麦屋村・古里村・1963（昭和38）年／町制施行で与論町へ。

新人B君「島の面積と比較して耕地率は高く、人口減少率が低いということですね」

びっきゃ君「ちゃやー、奄美群島で最も標高が低い島（97m）で、さとうきび畑の景観が島中に広がって圧巻だったが」

あたびく君「そうなんです。森林がほとんどなく、樹木の群生地＝さとうきび畑の森、っていうイメージかな。与論は、なんといっても海の自然景観が印象強く旅人の心に残るようですよ」

新人B君「飛行機から眺めた眼下の海には感動でした。辺戸岬も間近に見えましたよ」

砂浜とサンゴの海

あたびく君「喜界島や沖永良部島と同様に隆起サンゴ礁で形成されているのですが、ちょっと、他の島々と異なる特徴があるんです」

表1　「与論島の人口推移（1895年～2015年）」

（単位：人）

島名＼年次	1895年（M28）	1908年（M41）	1935年（S10）	1965年（S40）	1985年（S60）	2015年（H27）
与論島	6,835	6,857	8,630	7,181	7,222	5,186
奄美群島	148,668	185,033	200,973	183,471	153,062	110,147

※出典：「鹿児島県統計書」、「大島郡統計書」

表2　「奄美群島の島々面積比較」

（単位：km²）

項目＼島名	奄美大島	徳之島	沖永良部島	加計呂麻島	喜界島	与論島	請島	与路島
総面積	712	248	94	77	58	21	13	9
耕地面積	21	68	44	—	22	11	—	—
耕地率（%）	3	28	48	—	40	54	—	—

※出典：「奄美群島の概況」（大島支庁発行）

（注）奄美大島の耕地率は加計呂麻・請・与路島含む。

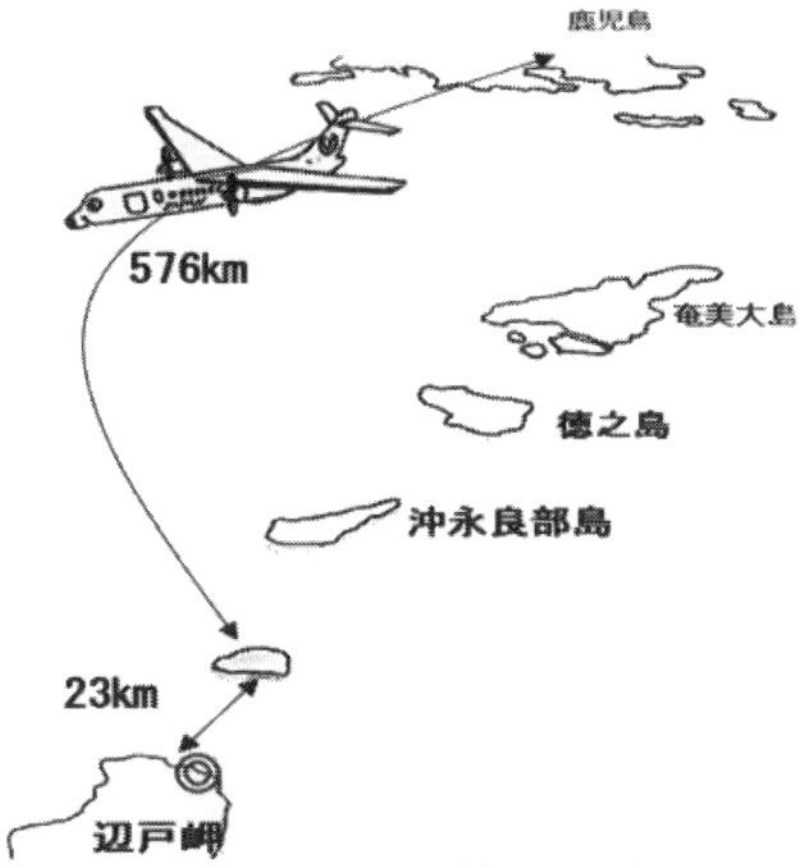

・海岸線から沖合に干出（干潮時の岩礁）するサンゴ礁（リーフ）までの距離が長いこと。
・遠浅の礁湖（ラグーン）の面積が大きい堡礁《ほしょう》(注4)を持つこと。
・周囲24㎞の島に65カ所の名前のある砂浜が点在、代表は真っ白な「百合ケ浜」。

※注4／沖サンゴ礁ともいう。グレートバリアリーフなど。

けぃんむん博士「奄美に白い砂が多いのは、実はイ（エ）ラブチ(注5)の仲間が白化したサンゴを噛み砕き排出したフンが堆積(注6)しているからじゃ。百合ケ浜は、そんな海（魚たち）の贈り物ということじゃな。
　この幻の砂浜は、国内外で数多くの〝景観or絶景○△選〟に選定される旅の名所じゃ」

※注5／奄美語「イ（エ）ラブチ」＝【ブダイ】のこと。

※注6／ブダイ科が摂食する死サンゴは1個体、年間1トン以上。咽頭歯（いんとうし）ですり潰されたサンゴは細かい砂となって海中に戻される。ブダイの仲間は、砂の供給源として重要な役割を果たしているとの研究も。

※参考／『魚の多様性』（英語版）、「沖縄美ら海水族館」HP等から。

あたびく君「そうなんです。沖合1・5㎞の洋上に浮かぶ奇跡の浜とも言われ、その景観の希少性と美しさから毎年多くの観光客がグラスボートや海水浴、砂浜で〝星の砂〟を探す姿でにぎわいますよ」

　皇族も観覧された幻の砂浜。新人君たち早速カレンダーとにらめっこ……。

※写真／ヨロン島観光協会提供。

2．観光先駆けの島

今日も、すか（ん）まから拝《うが》みよ～ろ。
陸上より海が特徴の与論島。家族で百合ケ浜に出かけることになったメンバーたち。
　さて、今回は……。

あたびく君「え～早速！　とーとぅがなし／とーとぅがな

し。感動しますよ。百合ケ浜の見られる日程は、ヨロン島観光協会のHPで確認してください」

新人A君「子どもに夏休みが楽しみだ！　って大喜びされました。今日も与論のこと教《ゆ》して呉《く》りんしょれ」

あたびく君「それじゃ、美声の披露を兼ねて与論島の特徴を歌で紹介しようか」

——あたびく君がアカペラで熱唱した歌詞は以下……。

◆島唄「サヨサ節」

〽与論《ゆんぬ》ちゅる　島や
小《い》にくさや　あしが
鍋《なび》ぬ　底中《すくなか》に
五穀《ぐく》ぬ　たまる

【訳】与論という島は小さい島だけれども、鍋の底に五穀のたまるような、良い島である。

※出典／奄美群島広域事務組合『島唄から学ぶ奄美のことば』

けぃんむん博士「島に感謝の気持ちを表現した、いい歌じゃな」

イラスト：ただの乙子

あたびく君「そうなんです。小学生の頃からよく聴いていた歌でした。美しい海、この宝も小さな島に与えられた五穀の一つ。太古から連綿と守り受け継いだ〝うるぬ島(注1)〟。

その恵みの上に、今の与論のにぎわいがあることに、〝とーとぅがなし〟です」

※注1／「うる」は与論でサンゴのこと。サンゴの島。

新人B君「う～ん、さすがふるさと思いのあたびくさんですね。歌もうまかった！」

離島観光の先駆け

けぃんむん博士「さて、前回〝日本最南端、日本のリゾート地だった〟という会話を覚えているかな？　実は、宝の海が島の暮らしを大きく変えるほどにぎわった、そんな時代があったんじゃ」

あたびく君「沖縄が日本復帰（1972年）する以前は日本の最南

観光客で賑わう当時の与論港
（ヨロン島観光協会提供）

端、そのため小さな島が全国で注目されたんです。当時を振り返ると……」

・ＮＨＫ「新日本紀行」（１９６９年）与論島編の放映で素朴な暮らしの映像が、都会の若者を惹きつけた。

・茶花地区では観光客であふれ、ぶつからずに歩くのが大変だった。

・宿泊施設や飲食店、娯楽施設が急に増えた。

・「東京都与論島」と言われた。

新人A君「え〜与論島が東京都？　そうそう、先輩からヒッピー(注2)姿の若者が多くて混雑したと聞いたことがありますよ。この頃、与論の海が国定公園の海中公園地区に指定（１９７４年）されたんですよね？」

表1　「島別入込客数」

（単位：人）

暦年／島名	1970年(S45)	1978年(S53)＊	1985年(S60)	2000年(H12)	2010年(H22)	2018年(H30)
与論島	47,713	145,599	108,650	66,341	53,794	69,064
奄美群島	500,645	775,278	680,576	769,382	666,451	885,411

※出典：「奄美群島の概況」（大島支庁発行）　＊Ｓ53は入込客がピークの年です。

表2　「与論島のサービス業と宿泊施設の推移」

区分	年次／項目	1970年(S45)①	1978年(S53)②	1985年(S60)	2001年(H13)	②／①
サービス業	事業所数	45	122	147	117	2.7
	従業員数(人)	220	555	717	777	2.5
宿泊施設	軒数	17	81	82	32	4.8
	収容人員(人)	105	8,835	10,614	4,337	84.1

※出典：「奄美群島の概況」（大島支庁発行）

※注2／ひげや長髪、ジーンズ姿で放浪する若者。

新人B君「確か、〝いざなぎ景気や日本列島改造景気〟と言われた高度経済成長期のいい時代でしたね」

けぃんむん博士「そうじゃな。表1、2から、飲み屋さんや宿泊施設の軒数が一気に伸びているのが分かるじゃろ。国内景気・地理的位置・島の大きさ・美しい海などプラスの条件が重なったということじゃな」

島の暮らしと観光

あたびく君「ただ、観光客がうっぷーさ(注3)来て、ごみ問題、物価の高騰、風紀などでマイナス面もあると、島のお年寄りが心配したのも事実ですよ」

※注3／与論方言【うっぷーさ／うぷーさい】＝多い。奄美大島では【ふーさ】、古語「ふさ」多く。たくさん。

「……我が背子がふさ手折り来るをみなへしかも」（貴君がオミナエシをいっぱい手折ってきてくれたんですね）「万葉集第17巻」

びっきゃ君「ちゃじゃやー、豊かな暮らし・経済成長・島の規模は／まーじんば／考んげらんば／いかんちゅ／くぅとぅじゃが」

さて、観光でにぎわった与論島。さらに歴史をさかのぼると、時代のうねりに翻弄されながらも懸命に生きようとした島の人たちの姿が……。

3．移住の島人《しまんちゅ》①

今日も、すか（ん）まから拝《うが》みよ～ろ。

さて、観光でにぎわった与論島。

今回は時代のうねりに翻弄されながらも懸命に生きようとした島の人たちの姿を……。

けぃんむん博士「新人君たち、与論の魅力が少し伝わったかな？　白い砂浜や濃淡鮮やかにあやなす青い海に〝南の楽園〟をイメージするじゃろが」

新人A君「茶花の通りが満員電車のようだった！　というのは、ビックリでした」

あたびく君「与論島の海の魅力は、以下の自然条件が重なったからだと言われているんです。例えば……。

▼標高（97ｍ）が低いため、河川がないこと▼そのため、遠浅の礁湖に流れ込む有機物が少ないこと▼その結果、サンゴ礁の発達に適した貧栄養(注1)の透明度の高い海洋環境が形成された。

※注1／窒素やリン化合物などが非常に少ない状態。

ただ、生活（農業含め）に必要な水問題に直面するんです。そのため、島を集団で離れる厳しい時代があったんですよ」

けぃんむん博士「そうじゃな。当時（明治時代）は、▼島の大きさや耕地面積に比べ人口が多すぎて（表1）食料不足、▼1898（明治31）年の台風で多くの民家や学校が倒壊、農作物に大きな被害、▼4年間大飢饉《ききん》と疫病のまん延が続き深刻な事態になったそうじゃ」

産炭地への集団移住

びっきゃ君「そうか。それで集団移住があったのか。そういえば1899（明治32）年ちば、東京奄美会創立の年じゃ。活躍の場を国内

表1　「群島8島の人口密度順位」

（単位：人）

順位	年次／島名	1895年（M28）	面積（㎢）	人口密度（人/㎢）
1	与論島	6,835	21	332
7	奄美大島	55,717	712	78

※出典：「鹿児島県統計書」

※姶良市の人口密度＝330人／㎢（2019年）

外に求めた島人たちだ」

あたびく君「そうですね。ただ、他の島々とちょっと移住の背景が異なるんです。ちょっと紹介します」

・当時の台風・飢饉・疫病は深刻で一家全員が病に倒れ、亡くなった子どもを薦《こも》にくるんで岩陰に葬った家族もいた。

・明治天皇から沖永良部島と与論島へ救助金3千円（現在約1400万円）が下賜《かし》された。

・窮状打開策として与論村戸長（村長）上野應介翁は、三井三池炭鉱の石炭積み従事者として生計を立てる移住計画を提案。

・1899〜1901年、長崎県口之津へ合計1226人が移住。

・福岡県の三池港の開港（1909年）で大牟田市や荒尾市へ集団で再移住。

※参考／与論町教育委員会『与論町誌』1988年、他。

図1：移住の変遷

過酷な移住生活

新人B君「NHKの特集番組（注2）を見ましたよ。友人が当時の新聞記事も探してくれました。与論の人たち大変苦労されたんですね」

※注2／「黒いダイヤは見ていた〜三池炭鉱・与論からの移住120年〜」（NHK　Eテレ2019年11月30日放送）

三井港石炭荷役専属人夫として、鹿児島県大島郡与論人を使役し、内地人とは生活風俗の異なる処より別に与論町長屋の一廓を設け1300名の一大家族は、……石炭積込み荷役に従事して極めて低級にあり、朝鮮人以上の粗食に甘んじ、労働能率は……内地人以上の成績を示し……内地人と労働賃金の差額甚だしきに不平を生じ……。

※出典／『福岡日日新聞』（現・西日本新聞）1919年9月10日付。

けぃんむん博士「そうじゃな。口之津町（現・南島原市）には与論館、大牟田市には先人を尊ぶ記念碑や共同墓地（与洲奥都城（注3））が整備されているとのことじゃ」

※注3／奥都城《おくつき》とは、奈良時代の墓。神道式の墓石に刻まれる文字。

あたびく君「そうなんです。与論町と2市の子どもたちや2世3世の方々との交流が続いているんですよ。日本の近代化を支えた黒いダイヤの石炭ですが、その裏側に移住した人たちの貢献と血と涙のにじむ苦労があったことを、今も子どもたちに伝えています」

世界遺産の功労者

新人A君「美しい自然ばかり見ていたけど、歴史を遡ると生きるために大好きな島を離れなければならない、そんな苦難の人生を歩んだ島の先人がいたんですね。そうだ！ 2015年の世界遺産〝三池炭鉱関連遺産〟の登録は、与論移住者の貢献があったということでしょうね」

新人B君「今日帰ったら、ちゃんと子どもたちに伝えますね。いい話、とーとぅがなし」

さて、過酷な時代を生きた与論の人たち。次回は「海と魚と移住」の話題を……。

「50kgの石炭を運ぶ人」

4．移住の島人《しまんちゅ》②

今日も、すか（ん）まから拝《うが》みよ〜ろ。

日本の近代産業を支えた黒いダイヤの石炭、大きく貢献した与論の人たち。今回は、意外な移住の話題……。

ましきょ君「ちょっと待っちんしょれ！ 昔ぬ新聞じ／奄美ぬ島々からも／石炭積み／行じゃんち／載ってたけど？」

さーみぃさん（注1）「すごい記憶力！ 実は沖永良部島の郷土研究者が記録を見つけたそうですよ。今回から私の季節、初参加です。うがみやーぶら（こんにちは）。

新聞記事（注2）では〝沖永良部島188人、喜界島24人、奄美大島14人、徳之島4人〟の順だったそうですよ」

※注1／【さーみぃ】＝「めじろ」の沖永良部島方言。沖高時代吹奏楽部出身の女童（めらべ）さん。

※注2／「沖永良部移住史に新資料」『南海日日新聞』2006年11月15日付。

あたびく君「よく気付きましたね。他の島人は、三池港開港からふるさとや他地域に分散したそうですよ」

けぃんむん博士「島々から異郷の地へ生活の場を求めて移

住した奄美人たちじゃが、技術の伝授が、その地の産業を支えたことがあったようじゃな。それが今回の与論（ゆんぬ）の人たちだ」

新人A君「え～技術の伝授ですか。もしかしたら大島紬？さとうきび栽培？」

与論漁業の変遷

あたびく君「キーワードは、やはり海なんですが、実は漁法が正解です。簡単に紹介しましょう」

▼大正期から昭和期、焼玉エンジンを搭載したサバニ船の登場により「糸満漁法（注3）」の漁場が沖縄から周辺の島々へと拡大。

※注3／数十人の漁師がグルクン（タカサゴ）やエ（イ）ラブチ（ブダイ）などの魚群を網に追い込み大規模に捕獲する沖縄県糸満の漁法。

▼与論の青年漁師が糸満漁労集団に雇用され漁法を習得▼帰郷後、糸満漁法修得者が与論島以北の島々へ移住し漁法を伝授▼移住先で新たな漁業形態を確立。

「焼玉エンジン搭載のサバニ船」

トビウオ漁の技術進化

新人B君「奄美の島々では追い込み漁が盛んなようですけど、伝播《でんぱ》の流れは糸満から与論、そして北上したんですね」

あたびく君「その形跡を今も色濃く残しているのが、屋久島のトビウオ漁なんです。現在は魚種別漁獲高のトップだそうですよ」

※2019年のトビウオ漁獲（約1・1億円）は、全漁獲高の約28％を占める。（『統計屋久島町』）

・1920年代、与論島麦屋集落から屋久島南部の中間・春牧集落に移住。
・地元で「ヨロンノ衆」と呼ばれ、集落には「ヨロン坂」の地名も。
・沿岸操業のトビウオ漁から糸満漁法の沖合の追い込み漁へ。
・その後「ロープ引き漁」という新たな漁法の開発。

「トビウオロープ曳き漁業」

※参考：「大島支庁情報誌」第58号

さーみぃさん「先日、屋久島に旅行したんですけど、父の晩酌のつまみにトビウオの干物を買ってきましたよ。立ち寄った観光施設でこんな情報見つけました」

春牧再発見散歩

「よろん坂」（抜粋）

県道上屋久・屋久線のおみね川橋から横峯停留所付近までの道路を「よろん坂」と呼ぶ。……

「時期トビ漁」から周年操業を可能にした「ロープ曳網漁法」を開発したのは与論島から移住した……仲間9人であるという。（屋久島町「区報春牧だより」59号、2014年4月）

あたびく君「さーみぃさん、いい情報を探してくれました

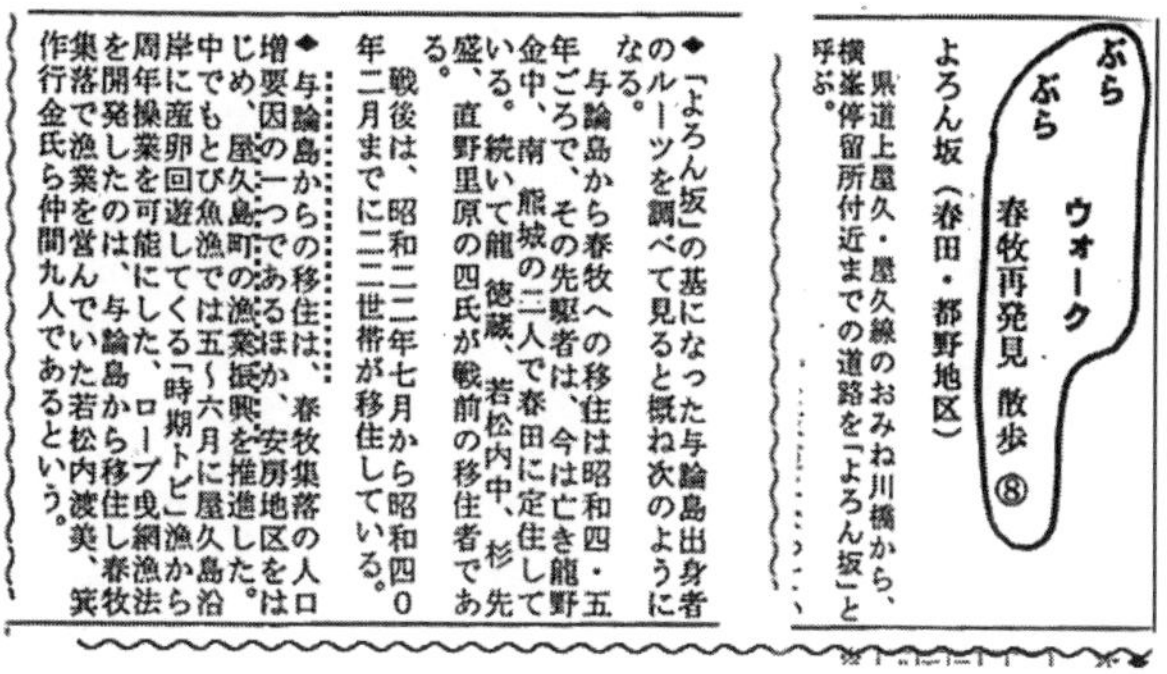

ぶらぶらウォーク　春牧再発見　散歩⑧

よろん坂（春田・都野地区）

県道上屋久・屋久線のおみね川橋から、横峯停留所付近までの道路を「よろん坂」と呼ぶ。

◆「よろん坂」の基になった与論島出身者のルーツを調べて見ると概ね次のようになる。

与論島から春牧への移住は昭和四・五年ごろで、その先駆者は、今は亡き龍野金中、南熊城の二人で春田に定住している。続いて龍徳蔵、若松内中、杉先盛、直野里原の四氏が戦前の移住者である。

戦後は、昭和二二年七月から昭和四〇年二月までに二二世帯が移住している。

◆与論島からの移住は、春牧集落の人口増要因の一つであるほか、安房地区をはじめ、屋久島町の漁業振興を推進した。中でもとび魚漁では五～六月に屋久島沿岸に産卵回遊してくる「時期トビ」漁から周年操業を可能にした、ロープ曳網漁法を開発したのは、与論島から移住し春牧集落で漁業を営んでいた若松内渡美、實作行金氏ら仲間九人であるという。

ね。与論の移住者が現在も評価されて嬉しいです。とーとぅがなし」

けぃんむん博士「歴史をひもとけば、ヨロンノ衆が伝えた漁法が、屋久島の水産業を大きく変えたということじゃな。そうそう、高速船の〝トッピー〟もトビウオの方言名なんじゃが、今や屋久島のイメージソング……いや、愛称になったな。これも与論移住者のお陰ということじゃ」

さて、各地域の産業文化に寄与した与論の人たち。次回は「祖先崇拝」の話題を……。

5. 祖先崇拝

今日も、すか（ん）まから拝《うが》みよ～ろ。

屋久島の水産業に寄与した与論の人たち。今回は、祖先崇拝の話題を……。

けぃんむん博士「生まれ島から北へと移住した与論の先人たちじゃが、現在も各地域に残る文化的風景をつくり上げたことを知ると、島々散歩が楽しくなるじゃろ」

新人A君「そうですね。奄美を終《つい》のすみかにしたくなりましたよ」

あたびく君「そうそう、与論島は祖霊信仰が色濃く残る地域としても有名なんですよ。地元紙からちょっと紹介を……」

与論の葬制文化

▼昔ながらの神道儀礼が根付く与論では一族の長老が葬祭を取り仕切る。自宅神棚に米や果物、魚などを供え、バラジ（親戚）たちと二拍手一礼で故人を弔う。（略）《２００３年に完成した火葬場……土葬が主流だった埋葬方法の転機となった》（略）

▼一方で時を経ても変わらない風景がある。入院患者がいよいよ危篤に陥ったり、心肺停止状態になった場合でも自宅に搬送し医者が死亡宣告を告げる。「住み慣れた家で死にたい」と在宅死を望む人が多いからだ。

▼葬儀では述べ一千人を超える人々が訪れる。時流の中で形を変えていくものと忘れてならないもの。節目ごとに顔を合わせるバラジたちの背中を見ながら実感したのは、与論に根付く祖霊信仰と死生観の深さだ。魂の島といわれるゆえんだろうか。

※出典／「記者の目―与論の葬制文化―」『南海日日新聞』
２０１８年9月3日付。

新人A君「え〜、人口5千人の約2割の島民が葬儀（通夜・告別式両方）に参列するんですか？　地域の結びつきが強いのですね」

あたびく君「大牟田市で建立された共同墓地（與洲奥都城）を覚えていますか？　故人を悼み温かく見送ってあげる、その精神は移住した人たちも忘れずにつないでいるんです」

ましきょ君「ちゃやー、わきゃ島も最近まで集落総出で庭にテントを張って、通夜・告別式をしていたが」

さーみぃさん「沖永良部島では、お盆の時に一族でお墓の前でご飯を食べながら、親戚同士で互いに近況報告しながら先祖を敬うんですよ」

新人B君「島ごとに風習は少しずつ異なるけど、先祖を想う気持ちは同じですね」

けぃんむん博士「与論島では、自宅で亡くならないと魂が浮かばれずにいつまでも成仏できない、といわれているそうじゃ。年間亡くなる約80名のうち8割が在宅死(注1)とのことじゃ」

※注1／「離島医療情報ネットワーク」ＨＰから。

島々の「とーとぅがなし」

新人A君「ふくろべーさんが、与路島編で祖先への祝詞《のりと》として〝とうとがなし〟と紹介されてましたよね」

あたびく君「そうそう、与路島のとぅとぅがなしとの違いでしたね。実は、意味は同じだと思いますよ。(注2) ただ語源は、〝尊加那志〟が一般的な解釈です」

※注2／与路島＝神事・祝祭・願い事・祓い事などに手を合わせる時（語源＝唐々加那志の説）。与論島＝神棚の前で先祖に唱える祝詞。転じて他者への感謝の意を伝える言葉。

与論島～人々がゆらい集う「砂の島」

あたびく君「さて、与論の島めぐりいかがでしたか？ 生まれた島で歴史を紡いだ先人。過酷な移住地で歴史をつないだ先人。

久しぶりに帰郷して、島の人たちが一生懸命時代を生き抜いた姿を紹介できて良かったですよ。みっしーく、とーとぅがなし(※)」

※謝意の最上級で「本当に本当にありがとうございます」の意。

ましきょ君「わきゃだか、稀稀《まれまれ》与論を散策して、昔ば思じゃしゃ。温故知新あたが。ありがっさまりょーた」

びっきゃ君「ちゃじゃが、島めぐりの醍醐味じゃや。夕べの与論島慕情〝熱い情けの与論島〟とか、

〽百合ケ浜辺で拾った恋は
　アダン葉陰で咲いて散る……

は最高だったが」

新人A君「恋も出会いと別れか。学生時代を思い出すなぁ！

あたびくさんの夕べの与論献捧での言葉も印象深かったですね」

〝大小の波や時々に織りなす潮流によって幾多の星の砂々が集まり形成された自然の造形美・百合ケ浜。

そして、時代という潮流の中で懸命に生き抜き一人ひとりの小さな歴史の積み重ねで、いにしえから未来につなぎつくり上げられる与論（ゆんぬ）。今を生きる自分もまたその中のひとりであることに改めて感謝（とーとぅがなし）しています〟

島々散策が、ますます楽しみになったと喜ぶメンバーたち。さて、次回は……？

イラスト：けぃんむん君 & ただの乙子

第5節　沖永良部島編

1．島の歴史と概観

今日も、すか（ん）まから拝《うが》みよ～ろ。

〝へ熱い情けの与論島〟で盛り上がったメンバー。今回から花の島、沖永良部島へ。

さーみぃさん「久しぶりの里帰りで～す。今回は、地元の雪篷《せっぽう》さん（注1）が参加してくれました」

※注1／薩摩時代、沖永良部島に流された書家川口雪篷由来のさーみぃさんのあぐ（友達）。

雪篷君「うがみやーぶら（こんにちは）。先祖は西郷隆盛さんのだれやみ（晩酌）仲間だったそうです。わちゃ（※）もよく黒糖焼酎で楽しみますよ」

※知名町では「わきゃ」。以下『和泊町誌』参考。

新人A君「あっ！　思い出した。〝西郷《せご》どん〟で島の子どもたちに読み書きを教えていた遠島流人の学者さんだ」

ましきょ君「2年前（2018年）の大河ドラマか。愛加那役の二階堂ふみと西郷どん役の鈴木亮平の演技に涙流したな～。確か〝西郷の人間的な魅力は奄美の島で磨かれた〟だったな……」

けぃんむん博士「みんな、散策する前から弾んでいるな。それじゃ、いつものように沖永良部島の基本情報から紹介しよう」

島の概要と町・村の変遷

――全国離島で初めて自治体が誕生した1908年以降から――

・1908（明治41）年／和泊村、知名村誕生、奄美群島で16村（十島村含む）。

・1941（昭和16）年／和泊村が町制施行。奄美群島で5町16村。

・1946（昭和21）年／知名村が町制施行。奄美群島で1市5町15村。

新人A君「昭和初期は、現在の2倍（2万5千人）の人口規模だったんですね」

「沖永良部島の人口推移(1772年～2015年)」

（単位：人）

表1

島名＼年次	1772年（明和9年）	1908年（M41）	1935年（S10）	1965年（S40）	1985年（S60）	2015年（H27）
沖永良部島	11,407	25,722	25,595	22,049	16,818	12,996
奄美群島	74,910	185,033	200,973	183,471	153,062	110,147

※出典：「和泊町誌　歴史編」、「知名町誌」、「鹿児島県統計書」、「大島郡統計書」、「鹿児島県史」

さーみぃさん「私のアジ（祖母）の頃は、ハロジ（親類）が大勢集まってにぎやかだったと聞きましたよ」

雪篷君「そうですね。昔から農業が盛んで、特に輸出作物の鉄砲百合は欧米で注目されていた、とアチャ（父）やアマ（母）が話してくれました」

さーみぃさん「ユリの話題は次回以降にしましょう。まずは島の地形を少し……。

エラブは、喜界島や与論島同様に隆起珊瑚礁の島なんです。ただ、特徴は――。

▼カルスト地形の比較的高い大山（240m）や越山（180m）がある島。▼日本有数の鍾乳洞や湧水箇所が多い島。▼海岸は浸食した珍しいフーチャ（海食洞）など断崖が多い島」

新人A君「海岸の岩は、神秘的・幻想的というか、なんか芸術的な形ですよね」

冒険の島／沖永良部島

ウジジ浜（知名町）

ましきょ君「そうそう。小学生の頃のテレビ番組〝ひょっこりひょうたん島〟(注2)となりっくゎ（少し）似ているね。高い山が大山で、中央の岩礁が笠石海岸、灯台が国頭岬ってとこかな」

※注2／1964（昭和39）年～69年、NHK総合テレビの人形劇番組。月曜～金曜17時45分～18時放送。

びっきゃ君「お～懐かしい！　ひょうたん島大統領ドン・ガバチョ、片目の海賊トラヒゲ、保安官のマシンガン・ダンディ、力持ちのダンプなどなど。主人公の子どもたちが活躍するユートピア（理想郷）の冒険(※)物語だったや～」

ましきょ君「ちゃっちゃ、天才少年の博士君が月ロケットを発明したり、島の危機を救ったりで、わくわくして見たね」

※「冒険」は次回以降のキーワード。

沖永良部島と似ている
「ひょっこりひょうたん島」

「ひょうたん島の住民たち」
※参考：人形劇ひとみ座HP

けぃんむん博士「ワシと同じ博士君と子どもたちの大人を超える発想がおもしろかったな。今の童たちにぜひ見せたい番組じゃ。

そうじゃ、知恵と工夫の島と言えば沖永良部島。そこで質問じゃ」

Q　江戸時代、水不足を克服するために工夫した策とは？

（答えは次回）

ひょっこりひょうたん島とイメージを重ねるメンバーたち、次回の「冒険」は……。今日もみへでぃろ。

2. 水と農業①

今日も、すか（ん）まから拝《うが》みよ〜ろ。

沖永良部島を、冒険の島ひょっこりひょうたん島とイメージを重ねたメンバーたち。さて、今回は……。

けぃんむん博士「実は、江戸時代から知恵と工夫で水対策に取り組んでいたんじゃが、それじゃ、まずは前回の回答から」

Q　江戸時代、水不足を克服するために工夫した策とは？

古地図から島を眺める

雪篷君「キーワードは、さーみぃさんが紹介した〝山と湧水〟なんです。

実は、江戸時代（1702年）の古地図（図1）[注1]に〝池（ため池）〟が記録されているんです」

※注1／1980（昭和55）年5月4日付南海日日新聞に奄美大島の一部「大島国地図」が掲載されている。記事は、閲覧禁止（公文書館方針）であった図1の入手経緯なども紹介している。（『知名町誌』250頁に同記事掲載）

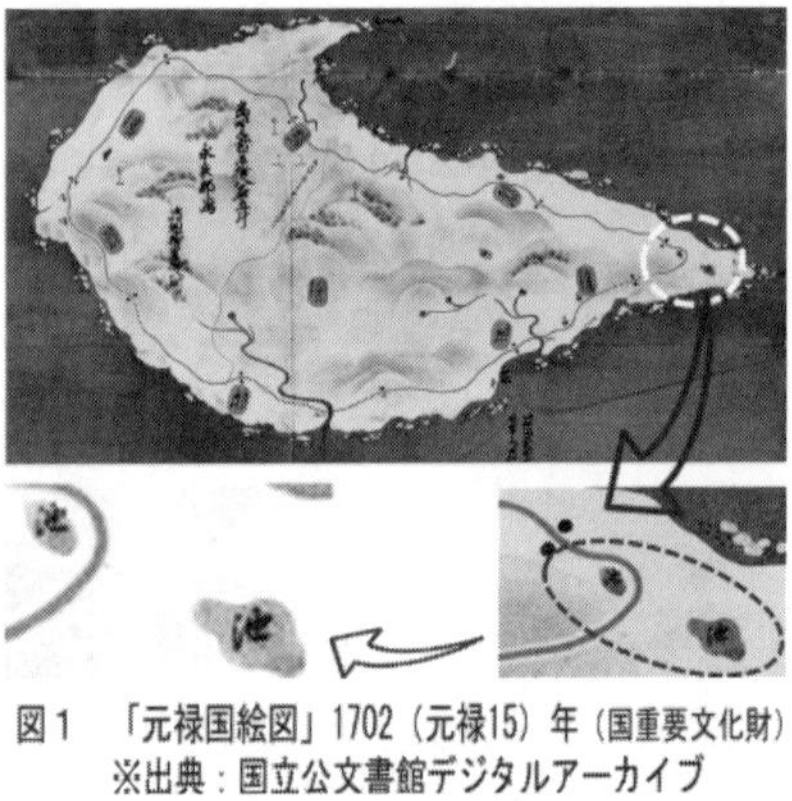

図1　「元禄国絵図」1702（元禄15）年（国重要文化財）
※出典：国立公文書館デジタルアーカイブ

さーみぃさん「島人の知恵でしょうか。農業の島、原点ここにありですね。『和泊町誌』には、ため池整備について……」

近世前半は、薩摩藩が……水田開発を行ったときである。……水資源に乏しい和泊町では、溜池の新設による水田開発が行われたと思われる。『沖永良部島郷土史資料』によると、嘉永3（1850）年に新設された玉城村当原溜池とその後に造られた六溜池しか記録にないことから、ほとんどの溜池は近世中期以前に造られたものと思われる。

※74頁抜粋、「近世」＝日本史では安土桃山時代・江戸時代。

雪篷君「古地図を群島で比較すると、沖永良部島の〝ため池〟開発が進んでいたことが分かると思いますよ」

◆古地図の「池（ため池）」箇所数

▼加計呂麻・与路・喜界＝0、▼奄美大島・請・徳之島＝1〜2、▼与論＝5、▼沖永良部＝14。

※「元禄国絵図」上で確認できる箇所数で正確ではない。

新人A君「え〜、町誌の記載年（1850年）より古い時代の記録なんですね？」

けぃんむん博士「そうじゃな。古地図の一般公開が、町誌編纂後だったのかもしれんな。ため池はその後も整備されたようじゃ」

沖永良部島では水資源の確保が難しく、農業用水は湧水・ため池・天水等に依存してきました。……水資源の確保のため、江戸時代からため池開削が行われ、明治初期には59カ所、現在では100カ所以上のため池がつくられています。（「農林水産省九州農政局」HPから）

新人A君「すごいですね！　100カ所以上のため池があるんですか。……ということは、島の面積が約93㎢だから……1㎢に1カ所以上ため池があるということですか？」

さーみぃさん「私の実家も庭に農業用ため池があるんですよ。うやほ（祖先）の代から百合栽培に利用していたそうです」

不利条件を生かす知恵

雪篷君「島の中央部にある〝松の前池〟は、農林水産省の『ため池百選』に選定され観光スポットにもなっていますよ。是非一度訪ねてみてください！」

けぃんむん博士「2010年、人工的に造成された池で、①古来農業を支える重要な役割、②歴史・文化・伝統的価値、③景観が優れている、④生物多様性への寄与、⑤地域との関わり深いことなどを条件に、全国約20万箇所から選定されたそうじゃ」

さーみぃさん「渡り島の休息地で、野鳥観察会や昆虫観察

「松の前池（和泊町谷山集落）」
写真：九州農政局ＨＰから

写真：「国頭岬周辺の池（上左側に２面）」

会のスポットとしても有名なんですよ。現在もサトウキビ、じゃがいも、ユリなどのかんがい用水として利用されています。古地図（図1）に記録された池の過去・現在ですけど（1カ所は耳付池?）……」

新人A君「なるほど、国頭岬周辺に2面ありますね。300年前の形跡を残している? ということですか。う～ん。歴史を感じますね」

新人B君「カルスト地形を生かした湧水と雨水の活用、島人の知恵と工夫ですね。そうか！ ひょっこりひょうたん島、博士君たちの理想郷づくりに似てますね」

次回は、沖永良部農業の歴史を……。今日もみへでぃろ。

3．水と農業②

キョロロロロ～(注1)のさえずりが響く島の暁《はあとき》(注2)。久しぶりに〃えーざ〃君も参加して昔の農業を話題に……。

※注1／リュウキュウアカショウビンの鳴き声。
※注2／古語【暁（あかとき）、明時（あかとき）】。転じて「はあとき」＝「あけぼの」より早い時刻。

けぃんむん博士「さて、機械がない時代に多くのため池を鍬《くわ》一つで造成したエラブの人たち。その苦労が今の農業発展につながった、ということかも知れんな」

えーざ君「ちゃやー、〃沖永良部ぬ人《ちゅー》や勤勉だから刀自（嫁さん）やエラブん人《ちゅー》えらぶぃよ〃と、親《うや》ぬ／言しゅたやー」

新人B君「う～ん。また先輩のダジャレですか。エラブと選ぶを掛けことばにしていますね」

さーみぃさん「えー、そーなんですか。ちょっとうれしいというか、照れますね。島の友人に報告しておきます。私も対象かなぁ？」

けぃんむん博士「横道にそれそうじゃが、それじゃ、ため池が果たした役割を古地図の時代（１７０２年）にさかのぼって見てみよう」

群島農業をリードする島

雪篷君「そうですね。まずは、現在の群島における農業生産状況を紹介しましょう」

新人Ｂ君「産出額は群島の３割以上を占めるんですか。すごいですね」

雪篷君「主要農産物は、花・ジャガイモ・畜産です。

でも、古地図の頃の農業事情が気になりますよね。少し手掛かりになりそうな資料を基に整理をすると……」

中世（※）までの人は、まず米を作り、耕作不便な所に粟、麦その他の農作物を作って生活していた。彼らの生活の中にはまだ、サトウキビ、さつまいもはなく、米を食し……。近世になると、耕地や農作物に大変動が起こった……。

※「中世」＝日本史では鎌倉・室町時代　１１８５〜１５７３年、「近世」＝安土桃山・江戸時代〜１８６７年。

※出典／『和泊町誌　民俗編』72頁、『改訂名瀬市誌　歴史編』68頁。

表１　H29年度農業産出額順位

（単位：百万円）

順位	市町村	農業産出額
1	和泊町	6,301
2	伊仙町	4,663
3	天城町	4,635
4	知名町	3,970
	奄美群島	31,948

※出典：「奄美群島の概況」

表２　1668年（江戸初期）の田畠（畑）規模の内訳

（単位：石）

島名＼地目	田	割合	畠	割合	桑	耕地計
沖永良部島	2,132	51%	2,011	48%	14	4,158
奄美群島	24,610	75%	7,548	23%	663	32,826

※出典：「琉球国郷帳　続々群書類従　第9巻地理部」（松田清編『古代・中世奄美史料』JCA出版）

表３　1909（明治42）年の田畑規模の内訳

（単位：町）

島名＼地目	田	割合	畑	割合	その他	耕地計
沖永良部島	651	17%	2,858	76%	261	3,782
奄美群島	3,977	20%	13,713	70%	1,842	19,584

表４　1909年の群島生産額上位の作目に占める割合

島名＼作目名	大豆《だいず》（石）	粟《あわ》（石）	里芋《さといも》（石）	葱《ねぎ》（石）	茄《なす》（石）	養蚕戸数（戸）	春養蚕《はるようさん》（円）	牛《うし》（頭数）
沖永良部島	52%	51%	47%	29%	35%	55%	35%	27%

※出典：「鹿児島県大島郡統計書　明治42年」（県立奄美分館）

（注）：表４は沖永良部島の群島で占める割合を示した。（百合10%）

逆境をバネにする島

さーみぃさん「どうですか、町誌と表2～4の記録は。昔のエラブ農業を、当時のうやほ（先祖）を偲《しの》びながら雪篷君と推理してみました」

▼琉球王朝時代は、平地に米、傾斜地等に粟・麦等を栽培

▼薩摩藩へ移行した後（表2）は、稲作と畑作物のバランスのよい農業（群島では水田が多い点に注目）

▼徳之島から代官所が分離されて沖永良部島に設置（1690年）

▼その後（1800年代）、黒糖政策が強化され水田からサトウキビ作へ。

▼「島の農民はキビ作の押し付けに相当抵抗。サンゴ礁の地形を考慮、税率は大島の約6割。自己の勤労による耕地拡張と生産性向上が期待でき……土地改良が推進され……（抜粋）」（『改訂名瀬市誌　歴史編』139頁）

▼明治以降は、百合など付加価値の高い園芸作物へ。（表3、4）

新人A君「なるほど、昔は生きるための食料確保、明治時代から野菜・花・畜産など複合的な付加価値の高い園芸作物へと移行ということか……」

さーみぃさん「島の地形と貴重な水を生かした農業経営は、おそらく琉球王朝時代の名残のような気がします」

雪篷君「農業産出額も100億円以上なんですが、農業従事者の割合も人口比3割以上（全国4％）とすごく高いですよ。ひょうたん島の理想郷に一歩一歩です」

けぃんむん博士「そうそう、現在は技術の進歩で地上の池じゃなく、地下に池（地下ダム）を造って水を確保しているそうじゃ」

琉球王朝～薩摩藩時代の奄美農業をちょっとかじりつつ……、今日もみへでぃろ。

4．水と農業③

地下ダムの整備で、さらなる農業の発展を期待する地元の2人、今回は……。

雪篷君「さて、カルスト地形といえば地下水ですけど、地下ダムの他に何を連想しますか?」

新人A君「う～ん、鍾乳洞かな。知名町の昇竜洞は有名ですよね。学術的に地球の歴史を研究する貴重な地形で、最近はケイビング（洞窟探検）でも注目！　って聞いたことが……」

湧水・暗川《くらごー》と鍾乳洞の島

雪篷君「そうなんです。ここエラブでも話題となって、大手旅行会社の〝2016年夏、人気急上昇の離島ランキング〟で第1位にランクインしたほどです」

さーみぃさん「真っ白な鍾乳管や〝つらら石〟を、つなぎ服とヘルメット装着で観るのはスリル満点ですよ。ぜひ一度、めんしょーり！(注1)」

※注1／沖永良部島方言で「来てください」の意。

えーざ君「ちゃ、わきゃ／まが（孫）／も〝じゅー(注2)！　地底世界を冒険してきたよ〟と喜んでいたね」

※注2／沖永良部島では「じゃーじゃ（祖父）」。

さーみぃさん「さて、悠久の時を経て造られた鍾乳洞ですけど、浸透する一滴の雨は命の水でもあったのですよ。それが湧水や地下を流れる〝川〟なんです」

雪篷君「エラブでは暗川《くらごー》と呼んでます。井戸水は塩水、また掘る技術や経費など課題も多く、飲み水確保に大変難儀したそうです。『和泊町誌』には……」

先祖は、まず飲料水のある場所を探し求めて集落をつくったと思われる。大部分の集落では絶壁のけもの道を20～30ｍも下りて、暗川の水を汲み上げて……夜中過ぎちょうち

「知名町の遊び方　洞窟編」
写真：知名町HP

「暗川からの水運び」（町誌参考）

んやカンテラ頼りに……。苦労は言語に絶するものがあった。（『和泊町誌　民俗編』420頁抜粋）

えーざ君「ちゃ、エラブのどぅし（友人）んきゃぬ、昔や水道がなく水汲みは大変だった、ち言ってたが」

さーみぃさん「島で130カ所ほどあるらしいのですけど、特に知名町の湧水＝ジッキョヌホー[注3]、住吉暗川[注4]は観光名所としても有名ですよ。昔は情報交換の場の役割もあったそうです」

※注3／「瀬利覚の川（泉）」の意。2008年国認定「平成の名水百選」。注4／県指定天然記念物。

ユリの歴史とむらづくりの島

さーみぃさん「さて、エラブといえば花ですけど、いつ頃から栽培が始まったと思いますか？　第2章14～16項で詳しく紹介されていましたね。おさらいしましょうか」

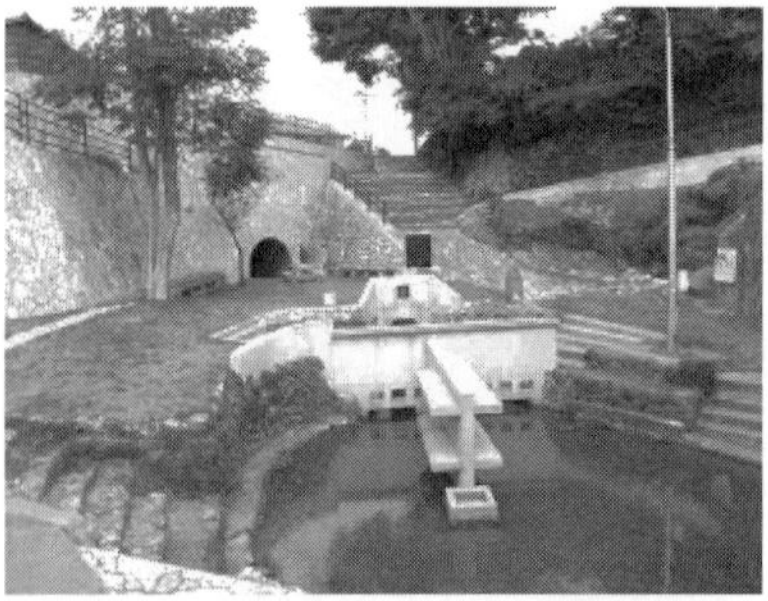

「ジッキョヌホー」（知名町）
写真：鹿児島県PR・観光戦略部観光課HP

◆世界で注目された日本のユリ

①1800年代、シーボルトなど外国滞在学者が白い花の美しさを海外に紹介

②1873（明治6）年、ウィーン万国博覧会に出品。

◆奄美産鉄砲百合の歴史

①1897（明治30）年頃、ドイツ人園芸家ウンガーが奄美大島から蘇鉄に替わりユリ輸出。

②1902（明治35）年[※]、アイザック・バンディングと沖永良部島の市来氏が取引開始。※『知名町誌』では1904年。

③1914（大正3）年を境に生産トップは奄美大島から沖永良部島へ。（表1の注）

新人A君「なるほど、ユリの栽培歴史は100年以上もさかのぼるんだ。西欧の人たちが取引を始めたのも面白いですね」

表1　「鉄砲百合の郡内生産割合」
（明治41年～大正14年）　※（注）

年次／島名	1908年～1911年	1912年～1925年	1914年(T3)
奄美大島	56%	15%	30%
加計呂麻島	23%	4%	14%
沖永良部島	15%	76%	48%
奄美群島計	100%	100%	100%

※出典：「鹿児島県統計」、「大島郡統計」

さーみぃさん「2人の外国人は、奄美諸島で自生する鉄砲百合に注目したそうですよ」

雪篷君「確か16世紀頃、奄美近海を航海した異国の人たちは、島々で咲く鉄砲百合を見てサンタマリアの島だ！（注5）　と言ったとかですよね」

※注5／白いユリは聖母マリアを象徴する花で、純潔のシンボルとの由来から。

けぃんむん博士「ユリの活躍など全国で注目されている沖永良部じゃが、国選定『豊かなむらづくり天皇杯』を離島の自治体が連続受賞（和泊町国頭・知名町正名の各集落）したのは、すごいことのようじゃ。これも祖先の苦労のお陰ということじゃな」

エピソードを交えながら誇らしく語る2人。さて、次回は……、今日もみへでぃろ。

5．伝統文化と観光

一滴の雨水の大切さと島人の苦労を知ったメンバーたち。さて、今回は……。

さーみぃさん「与論のあたびくさんの祖先崇拝の話も勉強になりましたけど、ここエラブも似たような風習があるんですよ」

雪篷君「そうですね。与論と沖永良部は、その昔（三山時代）（注1）沖縄北部の北山王（今帰仁《なきじん》城）の支配下にあったそうです。その時代の生活慣習が今も残っているのかも知れません」

※注1／琉球王国誕生前（1322〜1429年）の時代。沖縄本島の北山・中山・南山に豪族が築城。

けぃんむん博士「確か沖縄本土でも受け継がれている、お盆や正月に親族がお墓に集まり先祖をしのぶ伝統行事が残っていたのじゃったな」

えーざ君「え〜正月も!?　ちょっとたまがり。（注2）　最近、大みそかは紅白歌合戦、正月は三献した後、寝正月で刀自《とぅじ》に怒られてばかりじゃがよ」

※注2／**【たまがり】**＝古語「魂（たま）消（ぎ）る」の転化？　驚く。沖永良部では「たまがゆん」。

墓正月

さーみぃさん「一般の元旦の正月じゃなく、1月16日の年間行事の一つなんですけど、字（あざ）（注3）ごとに少し異なるので要注意です。母の実家では、夜月明かりの下で親族が食事をしながら歓談するんですが……」

※注3／沖永良部では○○集落ではなく○○字と呼ぶ。

雪篷君「私の実家（知名町田皆）では、昼間なんです」

祖先と共に一重一瓶

1月16日は墓正月。先祖と共に新年の到来を祝う沖永良部島の伝統行事。田皆字（集落）は午前8時半ごろから折り詰めを手にした人々が共同墓地に集まりだした。先祖に供え物をささげ、線香を上げた後、一族で車座になって酒席を囲んだ。午後からは昨年中に不幸があった家を訪問……。（抜粋）（『南海日日新聞』２０１３年1月17日付〈右下の写真含む〉）

さーみぃさん「田皆小中学校では、授業の一環として先生と子どもたちが体験参加をしていますよ」

墓正月

屋者琉球式墳墓（知名町）

世之主の墓（和泊町）

新人A君「え～奄美は伝統を残す郷土教育に力を入れているんだ。歴史をつなぐ積み重ねの作業か。がんばれエラブの子どもたち！」

雪篷君「それじゃ、古墳の話題から先祖崇拝を少し……」

――ということで、雪篷君の古墳の紹介を整理すると……。

・古代から中世時代、奄美の島々は祖霊を祭る洗骨文化が基本。

・遺骨を安置する自然洞穴墓・掘り込み墓を「トゥール墓」という。（※喜界島／ムヤ、与論島／ジン）

・南島雑話には〃戸保呂（トホロ）之図〃中に、「本琉球に同じ。今に古風残る……」の記録。

・代表的な沖永良部島の古墳は、①世之主の墓②屋者琉球式墳墓③ニャートゥ墓――など6カ所。

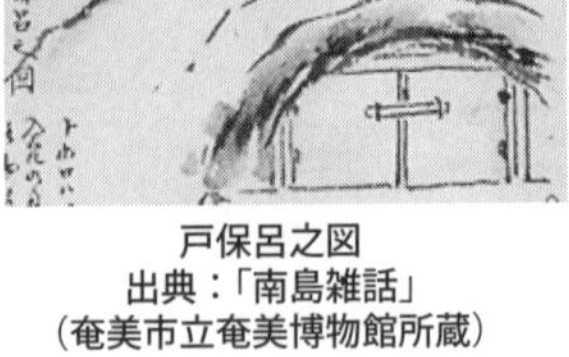

戸保呂之図
出典：「南島雑話」
（奄美市立奄美博物館所蔵）

田皆岬

日本一のガジュマル

※参考／「古墳テーマに企画展」『南海日日新聞』２０１９年10月12日付、知名町教委発行『古墳めぐり』。

けぃんむん博士「古墳の学術的な調査で高い築造技術や使用時期も研究されるなど、ロマン多い地域遺産だそうじゃ」

さーみぃさん「最近は、古墳めぐりも人気ですよ。それじゃ、せっかくです。沖永良部島の観光めぐりをしてみましょうか」

空港到着後、

①フーチャ（潮吹き洞窟）で20～70ｍ吹き上がる潮を眺め、

②高さ51ｍの断崖絶壁・田皆岬から水平線を眺め、やっぱり地球は丸かったとうなずき、

③鍾乳洞で地底の世界に感動、ウジジ浜で休憩後、

④笠石海浜公園で花の香りに心身とも癒されて、

⑤日本一のガジュマルで知恵と知識の枝葉を大きく広げ、

⑥満足して宿で奄美黒糖焼酎を片手に雪篷君とだれやめ。

——翌日、花畑を散策して午後のフェリーで出航。

新人Ａ君「さーみぃさん、味のあるガイドですね。結構、旅慣れしてます。早速、友人にラインで紹介しておきましょう」

散策を終えてだれやめが始まったが、さて、船出航まで……。今日もみへでぃろ。

※写真／知名町教委、「（一社）おきのえらぶ島観光協会」ＨＰ。

6．伝統文化と農業

花の香りに癒やされ朝早くから目覚めたメンバー。船の出航まで、さらに島散策……。

けぃんむん博士「さて、夕べはぐっすり睡眠をとったようじゃが……」

新人Ａ君「びっきゃ先輩は、大きないびきをかいていましたよ。♬筑波山麓合唱団（注1）を思い出しました」

※注1／1970年、カエルの合唱を歌詞にした「にほんのうた」シリーズの一曲。

びっきゃ君「あ～すまんすまん！　花の癒やし効果じゃが。花には、疲労回復・若返りなどなどの効果があんちじゃが」

さーみぃさん「そうなんです。エラブの人は、あーとぅち（早朝）から畑作業で汗流していますけど、みんな年齢より若く見えますよ。私もどうですか？」

雪篷君「農業もですけど、伝統を受け継ぐ活動も盛んです

よ。少し紹介しましょう。

▼約300年前琉球から伝承された『獅子舞』

▼薩摩藩の役人をもてなす踊りとして発展した『ヤッコ踊り』

▼明国と琉球の歌と踊りを取り入れた『上平川の大蛇踊り』

などが有名ですね（ヤッコ踊り、大蛇踊りとも県指定無形民俗文化財）。

　他にも、南西諸島で昔から着用された芭蕉《ばしょう》布は伝統工芸品として受け継がれています」

けぃんむん博士「そうじゃな。琉球文化を色濃く残す北限の島ということじゃな。

　芭蕉布の原料イトバショウの山（芭蕉山）は、田畑より貴重な財産だったようじゃ」

・大島本島ではみめうるわし（注2）からざる女性の代名詞に使われている。（『和泊町誌　民俗編』268頁）

・不美人も芭蕉山付きなら嫁に貰うということで不美人をバシャヤマというようになったほどである。（『改訂名瀬市誌　3巻民俗編』58頁）

※注2／【見目麗しさ】＝顔かたちが美しい。

新人B君「思い出した。赴任する時、同僚に〝奄美の女性に芭蕉の方言名は？〟と聞かないように注意されたのは、このことか」

さーみぃさん「島の人は、控えめだから謙遜しての表現だと思いますよ」

新人A君「いいとこ突いています。奄美の女性はきゅ（よ）らむん（美人）が多いと思いますよ。赴任してつくづく実感しています」

えーざ君「はなはな〜。A君に座布団一枚」

新人B君「先輩！　花の島と奄美の飲み会でのエール〝はなはな〟を掛けことばにしましたね。ダジャレ好きがよく分かります」

けぃんむん博士「芭蕉布織の技術は、『与論島の芭蕉布製造技術』と

して国の重要無形民俗文化財に指定されたそうじゃ（2020年3月16日[注3]）」

※注3／「与論十五夜踊り」「諸鈍シバヤ」「秋名のアラセツ行事」に次いで4件目。

びっきゃ君「農業と文化が息づく島か……。文化の原点は、やっぱり農業じゃやー」

けぃんむん博士「さて、散策でいろんなことを学んだのじゃな。和泊町誌には、

〝イラディ　イラバラヌ　イラブ島〟

（沖永良部島はまれに見る理想郷である、という意）

【直訳】「選んでも、選べぬ　沖永良部島」

※『和泊町誌　民俗編』418頁。

という、語呂合わせのことばがあるそうじゃ。

最大の課題である水を知恵と工夫で農業と生活に生かす、まさにひょっこりひょうたん島の理想郷づくりと似ているな」

雪篷君「そうですね。島の仲間と農業談義で話題になるのが……▼農業は英語でアグリカルチャー、アグリはギリシア語の土地・畑に由来する言葉。▼カルチャーとは心を耕すこと。そこから教養・文化を意味することばになったので……」

さーみぃさん「はい、私の出番です。▼エラブは、くわだけで池を掘り、土地を耕しながら作物を作る、▼単に農業じゃなく心を耕しながら文化を高めている。▼そんな農業に誇りを持とう！　って盛り上がって、毎回夜更かししてるんでしょ？」

新人A君「え～、でも本当にかっこいいですね。農業は〝土＋文化〟か、なるほど納得。夕べの新民謡の歌詞もよかったなぁ……。

〽南の風が　お花畑に　たわむれている　ラララ白百合パラダイス沖エラブ……」

と会話が弾むうちに出航の時間が。

出航前、久しぶりに真面目な会話で散策を終

南風たなびく花畑

えたメンバー。さて、次回の島は……。今日もみへでぃろ。

第6節　徳之島編

1．島の歴史と概観①

さて、隆起サンゴと照葉樹林の景観が織りなす自然豊かな徳之島の散策。

今回から島出身3人が初参加して……。

ゆんどら君(注1)「すとぅむぃてぃ／うがめーら（おはようございます）。今回から島出身のくねん(注2)さんとしぶい(注3)君の3人で案内しましょう」

※注1／【ゆんどら】＝「スズメ」の徳之島町方言。天城町／ゆんどい、伊仙町／ゆんどりゃ。亀津中時代野球で活躍した30歳代青年。

くねんちゃんと散歩する子宝号

※注2／【くねん】＝みかん類の「九年母」。伊仙中時代バレー部で活躍した30歳代女童（めらべ）さん。

※注3／【しぶい】＝「冬瓜（とうがん）」の徳之島方言。天城中吹奏楽部で県最優秀受賞の30歳代の渋い青年。

新人A君「そうだ！　奄美に赴任する際、先輩に徳之島の闘牛大会はぜひ見たほうがいいよ、と言われましたね」

くねんさん「子どもの頃ワクワクして見てましたね。闘牛の子宝号と海岸散歩をしたこともありますよ」

けぃんむん博士「にぎやかな島散策になりそうじゃな。それじゃ、いつものように徳之島の基本情報から紹介しよう」

島の概要と町・村の変遷

――全国離島で初めて自治体が誕生した1908年以降から――

・1908（明治41）年／亀津村、島尻村、天城村誕生、奄美群島

徳之島の人口推移（1895年～2015年）

表1　（単位：人）

年次／島名	1772年（明和9年）	1908年（M41）	1935年（S10）	1965年（S40）	1985年（S60）	2015年（H27）
徳之島		49,617	44,578	45,662	33,632	23,497
奄美群島	74,910	185,033	200,973	183,471	153,062	110,147

※出典：「鹿児島県統計書」、「大島郡統計書」、「鹿児島県史」

16村（十島村含む）。
・1917（大正6）年／天城村から東天城村が分村（群島19村）。
・1921（大正10）年／島尻村を伊仙村に改称。
・1941（昭和16）年／亀津村が町制施行（群島5町16村）。
・1958（昭和33）年／亀津町と東天城村が合併し、徳之島町誕生（群島1市5町8村）。
・1961（昭和36）年／天城村が町制施行（群島1市7町6村）。
・1962（昭和37）年／伊仙村が町制施行（群島1市8町5村）。

新人B君「他の島々同様に、1900年〜65年（昭和40年）まで現在の2倍（4万5千人）の人口規模だったんですね」

しぶい君「そうなんです。わっきゃ（私たち）／うやほうがなし（先祖）の頃は、家族が多くてにぎやかだったらしいですよ。今でも出生率は日本一って知ってましたか？」

くねんさん「しぶい君、日本一の話題は次回自慢するということで、まずは島の特徴を少し紹介しましょうか」

・北部は海水侵食で形成された洞窟・海食洞、南部は田皆岬（沖永良部）と似た断崖絶壁のユニークな海岸線を持つ島。
・意外と知られていない鍾乳洞が多い島。
・奄美群島で最大の耕地面積を有する島。
・照葉樹林が多く固有の動植物種が多い島。

新人B君「え〜、これまで散策した島々の特徴を足し合わせた感じだ。面白い！」

島の呼び名の変遷

ゆんどら君「チコちゃんいわく〝ぼ〜っと生きてませんね〟。それじゃ、ちょっと歴史をさかのぼって島の呼び名から……」

文武天皇3年（699年）秋7月、多褹（種子島）・夜久（屋久島）・菴美（奄美大島）・度感（徳之島）などの人々が、朝

「犬の門蓋《いんのじょうふた》（天城町）」を散歩するゆんどら君

「犬田布《いぬたぶ》岬（伊仙町）」を紹介するくねんさん

廷から遣わされた官人に従ってやってきて、土地の産物を献上した。（宇治谷孟『続日本記（上）』講談社、24頁）

しぶい君「古い書物を調べると、いろんな呼び名があったそうですよ。時代を追ってみると……、

・『度九島』＝海東諸国紀（1471年）朝鮮の外交使節団が日本国・琉球国の地理・風俗など記した書。

・『とく・どく』＝「おもろさうし」（～1623年）沖縄・奄美群島に伝わる古代歌謡の集成書。

・『徳之嶋』＝「元禄国絵図」（1702年）徳川幕府が各大名に命じて作成させた国単位の絵図。

……と変遷して現在の名称なんですよ」

新人A君「え～島の呼び名は変化しているんだ。面白いですね」

新人B君「そうだ！　喜界島の呼び名も〝貴賀島・貴賀之島・貴海島・貴賀井島・鬼界が島・鬼海（界）島〟とか、多かったですね」

けいんむん博士「そうじゃな。島々の呼称は諸説あるようじゃが、古代の人たちがどんな思いで命名したのか興味深いところじゃ」

自然景観が群島各島々の特色を持っていることにちょっとびっくりした新人たち、さて次回は……。今日もおぼらだれん。

※写真は「徳之島観光協会」HP。

2．島の歴史と概観②

さて、隆起サンゴと照葉樹林の景観が織りなす自然豊かな徳之島の散策。

くねんさん「すとぅむぃてぃ[注1]／うがめーら（おはようございます）。島の呼び名、どうでしたか?」

※注1／古語【つとめて】＝「早朝」の転化?「冬はつとめて。雪の降りたるは」（訳）冬は早朝（が良い）。雪が降（り積も）っているのは。（「枕草子」）

しぶい君「そうそう、前回紹介を忘れていましたけど、かな表記では、度九島（1471年）じゃなく、とくのしま（1306年）と呼ばれていたんですよ」

くねんさん「そうですね。1300年頃（鎌倉時代）、薩摩国代官の記録書には[注2]、〝きかいしま・大しま・ゑらぶのしま・とくのしま〟の島名が記載されていたのでしたね」

※注2／1306年（鎌倉時代）、薩摩国河辺郡郡司（地方官）・千竈《ちかま》時家氏が記録した文書。

新人A君「そ〜か、漢字とひらがなの違いか。島の形状や地理的な特徴、中央（本土）との関係などを漢字で表記したのでしょうか?」

けぃんむん博士「そうじゃな。島の呼称や地名は、意味がある場合や〝音〟に漢字を当てた場合などがあるようじゃ。別の機会に紹介するとしよう」

ゆんどら君「それじゃ、A君！〝すとぅむぃてぃ〟のことば、徳之島以南（沖縄含む）でも使われているのだけど知ってたかな？　今回から徳之島から奄美と琉球の関係を眺めてみようか」

くねんさん「朝のあいさつことば、そうでしたね。沖永良部島が琉球文化の北限としたら徳之島は本土（ヤマト）と琉球が交ざった中間的な位置にあるんでしょうね。

　ある意味、南北文化を研究する貴重な地域かもしれませんよ」

　——ということで、徳之島出身3人が語った奄美・沖縄の歴史は……。

琉球国と奄美の島々

ゆんどら君「まずは、琉球・奄美の歴史を時代を遡って……。そうそう、徳之島は子宝の島、子ども向けに説明している〝まんが日本昔ばなし〟風に紹介しましょう」

昔々（1300年代）、琉球の島に3人（北山・中山・南山）の王様がいました。

王様たちは大きな船で海を渡り、ヤマトの国、そしてアジアの国々（中国・明、朝鮮など）と交易を行い繁栄していました。

琉球には、馬や牛・硫黄（火薬の原料）・夜光貝などが豊富で、交易の貴重な取引商品となっていました。

大昔、船を動かすためには風と潮の流れを読み、そして嵐を避け、水と食べ物を補給する湊が必要でした。そこで、王様の一人（北山の王）は、考えました。そうだ！　島伝いに航海する海の道をつくろう。

そのため、北山の王様は徳之島以南の島々を治め、最北徳之島に部下（大按司）を配置しました。(注3)

できあがったのが、奄美の島々からヤマト（日本）や朝鮮につながる海上の道で

した。

しかし、三つの王国で争いが起こりました。

その結果、中山の王様（琉球国王祖先・尚王）が琉球を統一したのです。

尚王は海上の道をもっと安全に航海するため領土を拡大しようと大島と喜界島を攻めましたが、喜界島はなかなか降伏しません。それは、交通要衝じゃないからとか、北山王家が島主で抵抗したからだとも言われています。

奄美諸島が琉球国に統治されたのは1466年（室町時代）でした。

海上の道のお陰で、琉球はヤマトの国や朝鮮、さらには東南アジアとの多角中継貿易で豊かになったそうです。琉球王国の繁栄は、徳之島を足掛かりに北への交易航路を確立したことが大きかったとのことです。

※参考／『改訂名瀬市誌　歴史編』第3章、他町誌、高良倉吉『琉球王国』岩波書店、1993年。

新人A君「あまり徳之島が登場しないような気がしますけど」

くねんさん「そう思うでしょ。実はポイントは、注3の〝徳之島に大按司を配置した〟ことなんです。いろんな書物から3人で奄美と琉球の関係を推理したのですけど……」

しぶい君[注4]「そうそう、〝おもろさうし〟や室町幕府の勘合貿易などから発展させたんでしたね」

※注4／次回紹介（推理②）。

▼推理①「おもろさうし」から

かゑふたの親《おや》のろ　真徳浦《まとくうら》に　通《かよ》て

按司《あぢ》添《おそい》いに　金　積《つ》で　みおやせ

又根《ね》の島《しま》の親《おや》のろ（930）

（訳）与論島の神女、真徳浦（徳之島の港）に通い、領主（按司様）に財宝を積んで捧げなさい。

※出典／『おもろさうし　日本思想体系』岩波書店、320頁。

琉球王国の交易に重要な役割を果たした奄美の島々……。今日もおぼらだれん。

3．神秘の島①

さて、隆起サンゴと照葉樹林の景観が織りなす自然豊かな徳之島の散策。

しぶい君「今回は、勘合貿易(注1)から奄美と琉球の関係を推理してみます。ちょっと高校の日本史をおさらいすると……」

※注1／室町幕府と中国の明との間で勘合符（証明書）を用いて行われた貿易。

▼推理②「琉球と勘合貿易」から

・3代将軍足利義満が中国の明との交易をスタート（1404年）。※琉球国は1372年。

・明は、貿易船と倭寇（海賊）の船を区別する札（勘合符）を発行。

・また、渡航の回数を国ごとに制限。日本は10年に一度、琉球は1年に一度（年によって二度）。

・明の時代、室町幕府（日本）の交易回数は琉球国より制限（1549年まで幕府19回、琉球171回）

・琉球国は明や東南アジアからの交易品を幕府に供給（販売）（高級絹織物や香料・染料などは貴族の必需品だった）。

※参考／高良倉吉『琉球王国』岩波書店。

新人B君「琉球国は、①明に優遇された②他国から調達した品物を幕府や朝鮮に売ってもうけた③その航路が奄美の海上の道だった――ということですか？」

新人A君「それと、④交易回数が制限された幕府は、琉球国から必要な品物を調達しなければならなかった、ということですね」

けぃんむん博士「そうじゃな。〝琉球の貿易国としての繁栄は、本土朝鮮と南方を結ぶ通路『道之島』(注2)にあたる奄美列島の港湾の利用なしには考えられない〟とか、朝鮮の古い文献(注3)には、徳之島と大島の港を利用したと記録されているようじゃ」

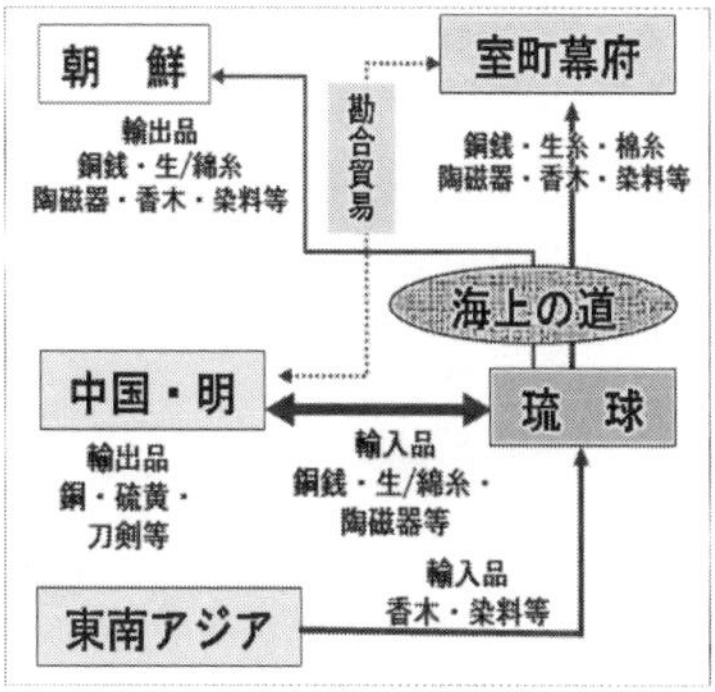

図1：「勘合貿易と琉球国交易」

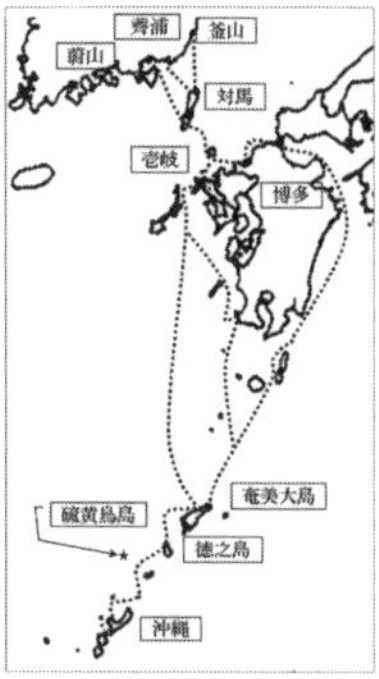

図2：「海東諸国記」の航路再現イメージ（けぃんむん君作成）

※注2／『改訂名瀬市誌　歴史編』255頁、注3／「海東諸

国記」1471年。

ゆんどら君「そうなんです。貿易航路として奄美の島々が重要な役割を果たしていた、その寄港地の一つが徳之島だった。すごいでしょ」

くねんさん「〝港〟は、徳之島のキーワードかも知れませんね。港＝船なんですけど、徳之島には、ちょっとミステリアスな遺跡があるんですよ」

ミステリアスな線刻画

しぶい君「わっきゃ集落近くの大きな岩に、いつの時代・誰が・何のために描いたか不明な不思議な舟の絵が発見されたんです」

ゆんどら君「島では、数カ所で発見されているんですけど、描かれた年代は、①奄美島人の大宰府管内襲撃（900年代）②倭寇の

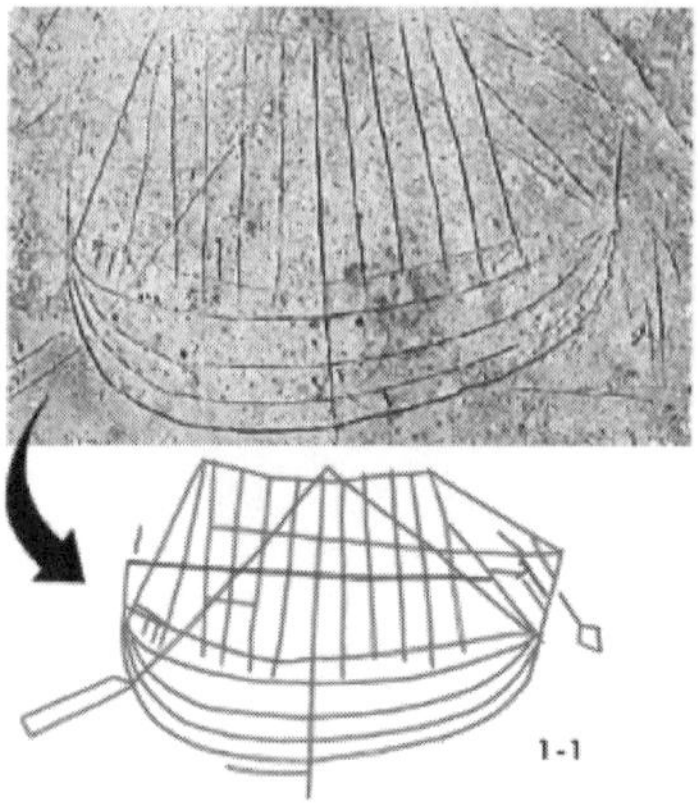

戸森の線刻画
出典：「戸森の線刻画調査報告書」
（天城町教育委員会）

活動（1400年代）③薩摩侵攻（1609年）――など諸説あるようですよ」

くねんさん「〝謎は謎で魅力的〟って研究者が報告してましたね」

ましきょ君「ちゃ、島んちゅぬ／わきゃだか／宇宙人が描しゃんかも？　ちワイワイガヤガヤしゃんちょ」

びっきゃ君「わきゃ／どぅしんきゃや／エジプトピラミッド・クフ王の舟とぅ似しゅり、島や四大文明の緯度とほぼ同じ、大昔不思議な関係があたんやあらんな、ちし自慢しゅーたや」

けいんむん博士「なるほど、クフ王の舟か？　ちょっと飛躍し過ぎじゃが、まさに謎、ミステリアスでロマンあふれ

古代エジプト時代の船想像図
出典：「日本財団　図書館ＨＰ」

「琉球王から辞令を受けるノロ」
イメージ

る島だ。確か古文書も多く残っているのでは？」

ゆんどら君「そうなんです。話は戻りますけど、琉球国との関係を示すノロの辞令書が町の資料館に保存されているんですよ」

志よ里の御ミ事　とくのにしめまき里の
て丶のろハ　一人もとののろのくわ
まなへたるに　たまわり候
志よ里より　まなへたる方へまいる
萬暦二十八年正月廿四日

【訳】
首里の辞令書
徳之島の西目間切の手々ノロは、一人もとのノロの子「まなへたる（人名）」をノロに任命する。首里からまなへたる方へ
1600年（旧暦）1月24日

けぃんむん博士「琉球国の辞令書は、役職を国王から任命される時に交付されるのじゃが、確認されているのは202点、奄美では26点（現在30点に）、うちノロ辞令書は7点、最も古いのは1529年だそうじゃ（注4）」

※注4／高良倉吉『琉球王国』岩波書店、傍線は『宇検村誌』他。

ミステリアスでロマンあふれる島にワクワクしながら……。今日もおぼらだれん。

4．神秘の島②

さて、ロマンはさらに広がり……。

くねんさん「〝線刻画〟どうでした。エジプト・クフ王の展開は意外でしたけど、実は他にもミステリアスな場所があるんですよ」

しぶい君「そうでした。今回もわっきゃ町（天城）の水中鍾乳洞だった！」

天城町浅間に日本最大級の海底鍾乳洞があることが、水中探検家の調査で明らかになった。縄文時代に製作された可能性の高い土器を海底で発見。鹿児島大学は「約7千年前の縄文時代

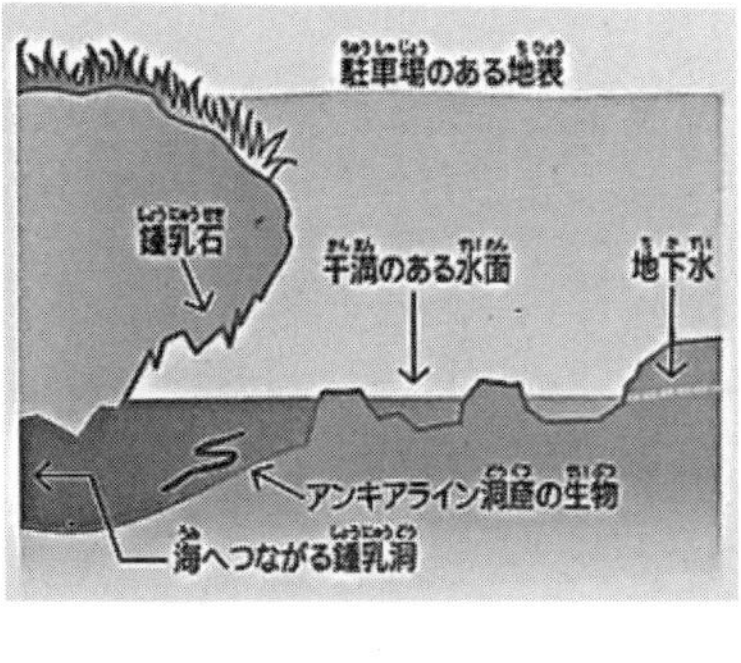

にあった気温上昇に伴う海面上昇で、海に沈んだと考えられる」との見解を示した。

※文／『南海日日新聞』2019年5月8日付。図／ウンブキ案内看板から。

ゆんどら君「テレビの特集番組や文化庁芸術祭参加作品で全国放送されたんですよ。今回も子ども向け〝日本昔ばなし〟風に紹介しましょう」

謎の水中鍾乳洞（ウンブキ）

◆ずーっと大昔、恐竜の時代、琉球列島はユーラシア大陸とつながっていました。

◆ある時、地底深くに住む大きなモグラさんがくしゃみをしたため地震が起きました。すると、地上の陸地に切れ目ができ、大陸と離ればなれになって小さな島々ができました。

それが琉球列島です。

◆大昔の徳之島には、たくさんの洞窟（鍾乳洞）がありました。島の人たちは洞窟の家に住み、魚を捕り、木の実を食べて暮らしていました。

◆でも、太陽さんが、風邪で熱を出したため地球の各地で氷が解けて海水がどんどん増え、徳之島でも陸地の一部が海になり、洞窟の家も入口だけ残し海に沈みました。島の人たちは、ここをウンブキ（海吹き）と呼んでいました。

◆世界で有名なメキシコ地底湖では、マヤ文明（約4千年前）の陶器がたくさん発見されていました。

◆ここウンブキでも土器や珍しいエビ・魚が発見されて、神秘の水中鍾乳洞と呼ばれています。

くねんさん「洞窟の全長は約1kmらしいのですけど、まだ全容は分からないそうです。

実は、地上でも大昔の土器が発見されて話題になったんですよ」

ゆんどら君「そうそう、大昔の土器ということで、線刻画の船で出荷したのでは？　南島を治める偉い王様がいたのでは？　とかで盛り上がったな」

琉球列島最古の陶器窯跡

大陸から分離する琉球列島

――この物語は、奄美・琉球の人たちが狩猟の生活から農耕の生活に移行する頃の話です――

◆昔々（約千年前）、徳之島の亀焼（伊仙町）という場所に、窯で焼き物を作る人たちが、大勢移住してきたそうです。

◆その頃、南西諸島を往来し東アジアで日宋交易(注1)に関わる商人たちがいました。

彼らは、中国陶磁器製品の普及で朝鮮（当時の高麗）の陶工たちが職を失っていること、南西の島々は、まだ地元生産の土器を生活品として使用していることを知っていました。

そこで彼らは考えました。そうだ！　徳之島の良質な土と豊富な薪木や水を利用して陶器を作って交易品にしよう、商売になるはずだと。

◆そして、朝鮮の陶工たちを徳之島に移住させて、独自の技術と生産基地を完成させたのです。製品は、穀物貯蔵用の壺や飲料水用の甕《かめ》、食器の碗《わん》などとして琉球列島で大変重宝されました。

「地下式穴窯」で
壺焼く島人

◆徳之島で製造された陶器は、九州南部から琉球列島に流通し、約３００年間（11世紀後半〜14世紀前半）、陶器生産の拠点として注目されました。その後、琉球国北山王の配下になったことで中国の陶磁器がたくさん手に入るようになり、島の陶器生産は役目を終えて忘れ去られてしまいました。

◆約40年前、「亀焼」の地名を調べてきた伊仙町の職員等が壺の破片を見つけ、今は琉球列島最古の陶器窯《かま》(注2)跡・カムィヤキとして国指定史跡になっています。

※参考／高梨修「列島南縁における古代・中世の境界領域」『學士會会報　№９３１』（２０１８年、Ⅳ）。

※注１／10〜13世紀頃、日本と中国の宋朝の間で行われた貿易。
注２／推定１００基（地下式穴窯）。

新人A君「え〜面白いですね。ただ、①高麗との交流②出荷した場所（港）③商人の出身地――など、ちょっと謎ですね」

ゆんどら君「でもロマンがあるでしょ。これからの調査が楽しみです。町の報告書では、〝琉球列島では、14世紀前後に城塞《じょうさい》であるグスクが出現……当該期の文献資料は希少であることから、本史跡は当時の社会や文化を知る上で貴重〟と記載されているんですよ」

新人B君「線刻画の船／陶器の生産技術＝島人の能力／交

易＝海上の道／琉球国／文化・経済、う～ん時代をさかのぼると縦横に連鎖していますよね。なんか神秘性を感じます」

徳之島から琉球国を眺め、新たな発見にびっくりするメンバー。今日もおぼらだれん。

5．伝統の闘牛①

今回から伝統の闘牛物語……。

くねんさん「島の歴史はどうでしたか。徳之島から琉球列島を眺めると、島々の見方が少し変わったでしょう。今回は、そんな風土から生まれた伝統について紹介します」

ゆんどら君「くねんさんが好きな闘牛子宝号の話題だね。ワイド節が聞こえそうだ」

くねんさん「それじゃ、美声を披露しつつ闘牛の歴史を日本昔ばなし風に……」

〽ワイド　ワイド　ワイド
我《わ》きゃ牛ワイド　全島一ワイド
三京《みきょ》の山風　如何《いきゃ》荒さあても
愛《かな》しゃる牛ぐゎに　草刈らじ　うかりゅめ
〽ウーレ　ウレウレ　手舞《ま》んけ　足毎《すねま》んけ
指笛《はと》吹け　塩《ましゅ》まけ　ウーレ　ウレウレ
我きゃ牛ワイド　全島一ワイド

※作詞／中村民郎　作曲／坪山豊

江戸時代の奄美の娯楽

◆昔、薩摩藩時代の頃、島の農業はサトウキビ（黍作）と稲作が中心でした。ただ、労働は牛と馬と人力のみのため過酷な農作業でした。

◆特に、黍の収穫は、藩役人の指導が厳しく重労働で、ヘトヘトの毎日でした。当時、島人の楽しみは三線《さんしん》と唄と手踊りだったそうです。

◆そこで、村の人たちは、いつも力仕事で手助けしてくれて

馬競図《うまくらべ》

※図＝奄美市立奄美博物館所蔵「南島雑話」より

闘牛図《うしとらせ》

例年八月十五日、九月九日に有り。島中第一の見物、倭の相撲・芝居の如く、四里、五里の男女集り、見物の男女群集す。

いる牛や馬と一緒に楽しむ遊びはないだろうか？　と考えました。

そうだ！　①馬は足が早いから走りくらべ②牛は巨体で力があるから角《つの》で押し出す相撲にしよう③場所は海岸の浜辺、④時期はご先祖さまの供養も兼ねてお盆の頃がいい。そして、村中のみんなで楽しもう！　ということになりました。

◆徳之島は牛をたくさん飼育していたので、主に牛相撲（闘牛）が、他の島では馬競争が娯楽の行事になりました。徳之島では、闘牛会のことを〝慰み（なく〈ぐ〉さみ）〟と言います。由来は、家族や先祖、そして大切な牛を慈しむ感謝の気持ちからかもしれません。

◆でも、機械化が進み農耕牛馬を飼わなくなり、いつしか徳之島のみの伝統行事（闘牛）として残されています。

しぶい君「くねんさんと少し切り口が違いますけど、実は徳之島には300年ほど昔の闘牛会を伝える〝前原《めーばる》口説《くどき》(注1)〟という島唄があるんですよ」

※注1／同じ旋律を繰り返して、長い物語をうたう曲。

島按司の牛に勝った前原牛

◆徳之島伊仙に住む前原坊は、片足は不自由であるが働き者。牛をわが子同様に寝食をともにするくらい大事にしていた。

◆ある日、島の按司（島主）から強豪麦穂峰《むんぎやま》牛との対戦が決まったとのお達し。

◆8月15日の炎天下、亀津は前浜の取組で前原坊のやせ牛が登場した。勝負は前半は劣勢だったが、ついに按司応援の麦穂峰牛に勝ち、観客を驚かせた。

◆村人は大喜び、手踊り足踊りで祝ったそうだ。

※参考／『伊仙町誌』「全国闘牛サミット協議会」HP。

新人A君「なるほど！　くねんさんの紹介は、〝南島雑話(注2)〟。しぶい君は、地元に伝わる実話からですね。ワイド節の情景と重なっておもしろいですね」

※注2／1850～55年、薩摩藩・名越左源太が名瀬間切小宿村に遠島された5年間に記録された自然や暮らしの日誌。

けぃんむん博士「そうじゃな。昔から奄美の島々では馬《うま》競《くらべ》や闘牛《うしとらせ》（「南島雑話」の表記(注3)）の娯楽があったようじゃ。

ただ、古い統計（表）を見ると、くねんさんの子ども向け昔話（徳之島は主に闘牛）もうなずけて、群島版としてはおもしろい展開じゃ」

新人B君「え～、100年以上前、徳之島の牛の頭数は群島の5割弱、耕地面積は群島一か……。農業が盛んだったんですね」

※注3／『伊仙町誌』では「牛トロシ＝なく（ぐ）さみ」。『改訂名瀬市誌　民俗編』では「ゥマシュブ」・「ウシトロシ」。

表　「明治の耕地面積と畜産概要　1909（M42）年」
～牛の頭数順比較～

順位	島名	耕地面積（ha）	牛（頭）	馬（頭）
1	徳之島	5,538	5,296	827
2	沖永良部島	3,782	3,526	665
3	奄美大島	4,279	1,977	2,124
	奄美群島	19,584	12,569	7,438

※出典：「鹿児島県大島郡統計書（明治42年）」（大島々庁編）

交流広がる闘牛の輪

しぶい君「それじゃ、世界と日本の闘牛物語。まずは問題、世界と国内で闘牛の大会を開催している国や自治体を当ててください」

Q1　闘牛大会を開催している国の数は？
ア．3以上　イ．6以上　ウ．9以上
Q2　国内で開催している市町村数は？
ア．6以上　イ．9以上　ウ．12以上

しぶい君の指笛《はと》、ゆんどら君の手足踊り、くねんさんの歌でにぎやかな晩酌……。今日もおぼらだれん。

6．伝統の闘牛②

しぶい君「さて、前回のムン尋ね（質問）の答え、分かりましたか？　正解は……。

Q1　闘牛大会を開催している国の数は？
正解　イの6カ国以上（①日本 ②スペイン ③ポルトガル ④スイス ⑤インドネシア・ジャワ島 ⑥韓国他）
Q2 国内で開催している自治体数は？
正解　イの9市町村以上（①岩手県久慈市 ②③新潟県長岡市・小千谷市 ④愛媛県宇和島市 ⑤島根県隠岐の島町 ⑥沖縄県うるま市 ⑦⑧⑨徳之島3町他）

※参考／「全国闘牛サミット協議会」HP。
ただし、ボスニア・ヘルツェゴビナ（2019年、伊仙町と闘牛文化交流調印式）や沖縄県石垣市などの国・市町村でも開催。

　過去に廃止になった国もあるらしく、昔はもっと多かったそうですよ」

国内の闘牛歴史

くねんさん「それじゃ、日本の闘牛の起源を伝承や古い書物から紹介しましょうか」

・1178年／後白河法皇が角合せを観覧の伝承。
・12世紀後半の「鳥獣人物戯画」（図1）に闘牛の絵画。
・1221年／隠岐島の闘牛は承久の乱で配流された後鳥羽法皇を慰めるために始められたとの伝承。
・1820年／長岡市山古志地域虫亀で行われていた闘牛の図。（図2）

図1「鳥獣人物戯画乙巻」一部
※出典：京都・高山寺所蔵

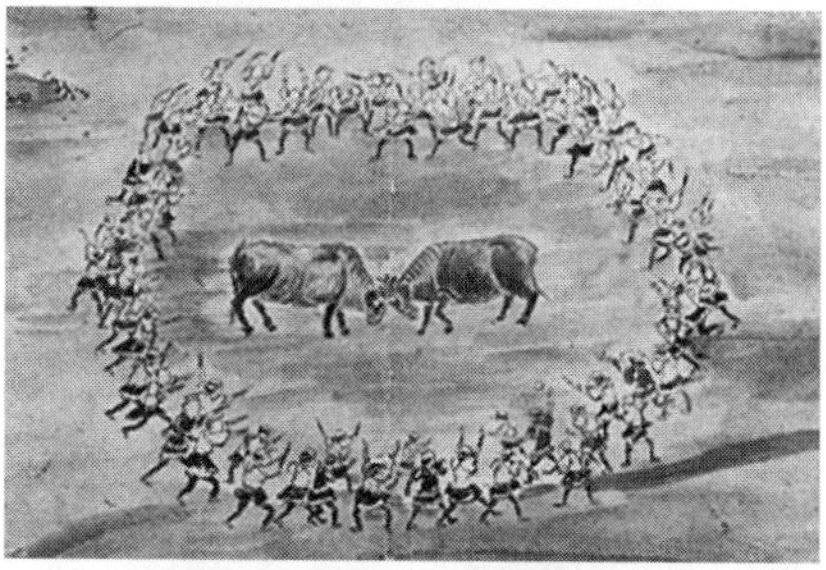

図2「越後古志郡二十村闘牛之図」一部
※出典：「長岡市立中央図書館」

えーざ君「え～12世紀頃の絵が！　わきゃ／いなさりんや／浜なんじ／ゥマンシブ（馬競争）が楽しみあたがよ」

※「シブ」は勝負（ショウブ）の転化？

新人B君「〝え～と絵〟の駄じゃれですか？　えーざさん相変わらずですね。

そうそう、『鳥獣人物戯画』は国宝の絵巻物で、確か馬が駆けている絵もあったような……。もしかしたら、教養の高い名越左源太が絵巻物を見ていた可能性はありませんか？」

闘牛のスタイル

ゆんどら君「なるほど、面白い。調べる価値がありそうだな。

それじゃ、全国の闘牛スタイルを少し紹介しましょう。勝敗をつけないのは東北地方（引き分け）、西日本は逆。角研ぎも同様のようです。

一方、隠岐の島だけ鼻綱があるのは、〝後鳥羽上皇に危険があったら大変！〟との工夫の名残らしいですよ」

新人A君「隠岐の島は、後鳥羽上皇を慰《なぐさ》めるための娯楽だったとか、徳之島の〝闘牛会＝なぐさみ〟と重なりますね。闘牛伝播《でんぱ》を紐《ひも》解くヒントになるような気がします」

牛と家族の絆

くねんさん「子どもと牛の交流話を少し。スペインの闘牛は有名ですけど、牛と人間の闘いが大きな違いですね。

　島では、農耕牛への感謝の気持ちが、今も残っているんです。そのため、牛は家族同様で子どもたちが愛情込めて世話しています。

　地元高校（闘牛文化研究会）の後輩が手塩に育てた牛が、3度もチャンピオンになったこともあるんですよ」

しぶい君「そうそう、くねんさんの子宝号は14連勝無敗の全島一横綱で、父牛も元日本一、沖縄全島一(注1)の親子2代の名横綱でしたね」

表　「各地区の闘牛スタイル」

	県	市町村	勝敗	角研ぎ	鼻綱
1	岩手県	久慈市	つけない	なし	なし
2	新潟県	長岡市 小千谷市	つけない	なし	なし
3	島根県	隠岐の島町	つける	あり	あり
4	愛媛県	宇和島市	つける	あり	なし
5	沖縄県	うるま市 石垣市等	つける	あり	なし
6	鹿児島県	徳之島三町	つける	あり	なし

※徳之島闘牛協会関係者聞き取り作成

「涙する子宝号とくねんさん」

※注1／実在の牛・基山大宝をモデルにしています。

くねんさん「高校卒業で島から離れるとき辛かったですよ。泣いちゃいました。将来のだんなさんは子宝号みたいな大きく優しい牛……いえいえ男性が理想ですね」

ゆんどら君「闘牛歴史上の名牛は、〝実熊牛〟でしょうね。昭和24年から13年間の成績が45勝1敗1分、体重は小柄で敗走する牛は追わない紳士的な姿が〝神様の牛〟と賞賛されたそうですよ」

新人B君「小柄の牛、紳士的な姿か……。江戸時代の島主に勝ったやせ牛・前原牛に似ていますね。動物も愛情を注ぐと、おもいやりで返すということでしょうか。牛から人生訓を学ぶようですね」

　久しぶりにけぃんむん博士不在の散策。くねんさんの思い出話で涙を誘い……。今日もおぼらだれん。

7．日本一の島

　さて、今回は「日本一の島」の話題を……。

合計特殊出生率日本一

くねんさん「いきなり問題です。私の町（伊仙）は、ある統計で十数年間連続で日本一になっています。さて、なんでしょうか？　ヒントは私の愛牛名かな」

新人Ｂ君「子宝号だから合計特殊出生率（注1）ですね。確か、徳之島３町とも全国上位とか、よく話題になりますよ」

※注１／一人の女性が出産可能とされる15歳から49歳までに産む子どもの数の平均。

けぃんむん博士「そうじゃな。３町とも全国10位以内にランクインしているんじゃが、１００位以内には島々の自治体ほとんどが名を連ねているぞ。２期連続トップの伊仙町は、全国のモデル地域として話題になったところじゃな」

長寿日本一・世界一

くねんさん「ちょっと簡単でしたね。それじゃ、第２問。ギネスブックに登録された世界一は？　ヒントは、〝……をとると子どもに還る〟かな」

新人Ａ君「しわをとると若返るから、しわが多いのは高齢者＝長寿世界一ですね」

しぶい君「ちょっと漫才っぽいけど（年をとると……だったのに）、正解！　２名の伊仙町の翁《おきな》と嫗《おうな》がギネスに登録されたんです」

・泉重千代翁（１２０歳）１９８６年没。

・本郷かまと嫗（１１６歳）２００３年没。

※ただし、両翁嫗とも生年月日に異論がでて現在は認定を取り消されている。

びっきゃ君「ちゃじゃが、わきゃシマ（集落）ぬ／じゅー

表　「合計特殊出生率ランキング推移」

年度／順位	1993年～1997年	1998年～2002年	2003年～2007年	2008年～2012年
1位	和泊町（2.58）	沖縄県多良間村	伊仙町（2.42）	伊仙町（2.81）
2位	喜界町	天城町	天城町	
3位	天城町		徳之島町	
4位	伊仙町	伊仙町	和泊町	
5位	知名町			
6位		和泊町		徳之島町
7位		徳之島町		
8位	徳之島町			
9位				
10位				天城町
全国	1.44	1.36	1.31	1.38

11位	与論町
17位	瀬戸内町
23位	知名町
24位	喜界町
24位	和泊町
86位	奄美市
86位	龍郷町
129位	大和村
242位	宇検村

※出典：「人口動態保健所・市区町村別統計　人口動態統計特殊報告」（厚生労働省 HP）から作成
（注）約 3,400 市区町村から合併後、約 1,900 と推移、うち上位 10 位。

あんまたが／重千代さん拝《うが》みが／徳之島一泊旅行ちし／喜《ゆ》るくぅどぅたやー」

えーざ君「わきゃ家《や》ーぬ／アルバムぬ1枚や／重千代さんと集落ぬ／をじぃ・をぉば（おじ・おば）と／まーじん撮った写真じゃが、懐かかや〜」

くねんさん「奄美の島々から翁に会いに来ていたと、祖父母からよく聞いていましたね。現在は、子宝調査の視察が多いんですよ。時代のめぐりあわせを感じます」

闘牛由来のスポーツ日本一

ゆんどら君「それじゃ、第3問。スポーツで日本一の人は？ヒントは闘牛の由来かな」

新人A君「角で押し出す相撲[注2]……ですか？　相撲の日本一といえば、横綱。奄美は力士が多いという話は聞きますけど……」

※注2／令和2年7月場所現在14名、最高位は十両筆頭の明生（瀬戸内）7月場所優勝、4枚目大奄美（龍郷）が健闘中。

ゆんどら君「鋭い！　正解は相撲で、わっきゃ集落（井之川）の出身で第46代横綱（1959年〜1962年）の朝潮太郎大先輩。

実は米軍統治下の時代、密航で本土に渡り高砂部屋に入門、5回優勝したそうですよ」

くねんさん「〝稽古の相手に怪我をさせないよう手加減をする優しい巨人〟（「徳之島町」HP）の紹介と前回の神の牛と言われた〝実熊牛〟と相通じるところが……。（早くそんな男性現われないかなぁ〜と独り言）」

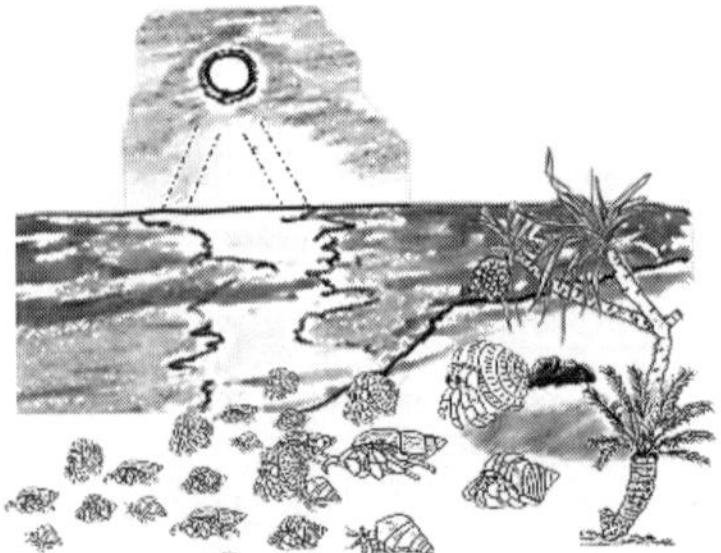

自然界の日本一

くねんさん「次に第4問です。自然の世界で日本一は？ヒントは、国の天然記念物・子宝出生かな」

新人B君「自然、子宝？　人じゃなくて動物か。世界自然遺産候補の島だからハブの卵数、アマミノクロウサギの赤ちゃん数とか……」

くねんさん「ちょうど今が観察の時期、今日は飲まずに神秘のドラマを体験してみてください。正解が分かりますよ」

——ということで、翌日の会話へ。

新人B君「オカヤドカリ[注3]の産卵でしたか！　すごい数でしたね。ちょっと驚きでした。確かに自然界の出生率日本一ですね」

※注3／1970（昭和45）年、国の天然記念物指定。

新人A君「金見崎の〝長い蘇鉄トンネルを抜けると神秘の世界であった。夜の浜辺が生命であふれてた〟でしたね」

くねんさん「川端康成の『雪国』の一節を真似ましたね。だけど、地元出身の私も生命誕生の瞬間に感動しましたよ」

人と生物が紡ぐドラマに感動しながら……。今日もおぼらだれん。

8．民話の島々

すとぅむぃてぃ、うがめーら（おはようございます）。さて、徳之島散策も終盤を迎え……。

くねんさん「徳之島の散策どうでしたか？　水中鍾乳洞から7000年の時を刻む中で、琉球弧の地理や自然条件を生かしながら、島の生活風景を築いた祖先。歴史の長さを感じます」

ゆんどら君「わっきゃ／うやほうがなし（先祖）の知恵の集結でしょうか。

だけど、くねんさんの美声も印象深い。アンコールで島のあの歌を！」

――ということで、昔懐かしい歌手・田端義夫が歌った「徳之島小唄」を披露――

〽めぐる珊瑚《さんご》礁
　どんと打ち
超えて
磯にくだける
波しぶき
　東支那海　太平洋
　　前と後ろの徳之島
　　　ハレ徳之島

※1940年頃ヒットした新民謡（天城町から眺めた風景を歌にしたとのこと）。

ゆんどら君「さすが、島大好きなくねんさんですね。いい声していますね。

さ〜て、名残惜しいですけどフェリーの時間が……。

他に『夏目踊り』(注1)や島々伝統の『浜下り』など、まだまだ紹介したいところでしたが、次回の楽しみということで。

それじゃ、私を題材にした民話の絵本をお土産に、船中で楽しんでください」

※注1／2001（平成13）年、県指定無形民俗文化財に指定（旧暦7月に徳之島井之川で開催）。

けぃんむん博士「なるほど、子どもたちを寝かせつける時の〝日本昔ばなし〟じゃな。

この民話は、奄美の島々や全国各地でも語られているようじゃ。方言表記を標準語にして紹介しよう」

島々の昔ばなし

◆雀孝行【徳之島編】（話の前半）

むかし、むかし。雀《ゆんどぅら》（注2）と啄木鳥《きつつき》（注3）は姉妹だったそうな。二人は奉公に出て機織りをしていたと。

ある日、「シマの親が病気だから早く帰って来い」と知らせがきたと。

妹の雀は知らせを聞くと、糸くりの途中大急ぎで白いカセ（注4）を首に巻いたまま普段着で帰ったと。

だけど、姉の啄木鳥は、「どうせ親は家に呼び戻そうと考えてのこと」だと、織り上げて縫ったきれいな着物で、ゆっくり帰ったと。結局、啄木鳥は臨終に間に合わなかったんだと。

親が亡くなった後に二人は鳥になったそうな。

そして神様が、雀に「お前は親孝行したから、高倉に巣を作って近くの田んぼや庭先の米を食べて暮らしなさい」

啄木鳥には、「きれいな格好ばかりして親孝行しなかったから、山の木をつついて虫を取り、一つは天の神様に、一つは地の神様にあげ、最後の一つを食べて暮らしなさい」と、言ったそうな。

それで、雀はどろんこの茶色い姿だけどおいしい米を食べ、啄木鳥はきれいな模様の姿だが餌をとるのに苦労するようになったんだとさ。

※出典／本田碩孝編『徳之島民話辞典・上』郷土研究協会、山下欣一他『瀬戸内町の昔話』同朋舎出版（1983年）を編集。

※注2／徳之島の方言。注3／「キィーチ（ツ）キャ」（徳之島・奄美大島）。奄美大島ではオーストンオオアカゲラ（国指定天然記念物）が生息。注4／ぐるぐると束になった状態の糸

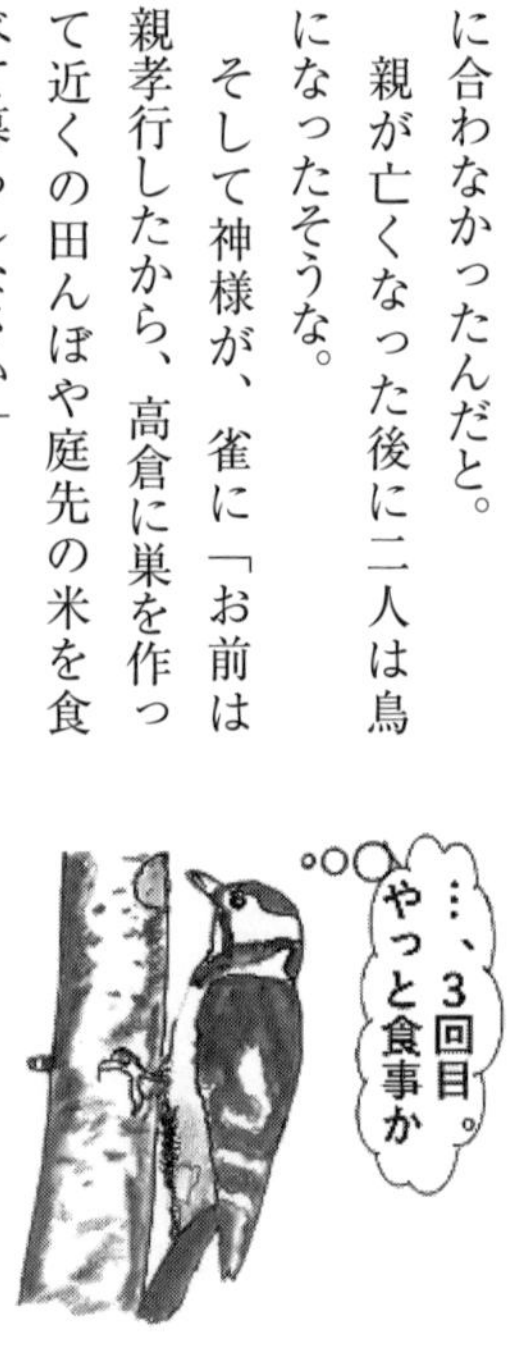

を綛《かせ》という。

◆蛙と啄木鳥と雀【大和村編】（話の後半）

蛙（注5）は親の言うことは聞かず、あまのじゃくで反対のことばかりするもんだから、病床の遺言で逆のお願いをして、お墓は（山に埋葬希望だったが）川そばに埋葬してと言ったのだと。

さすがに、このときばかりは、親の言うとおりにしたと。すると雨が降れば親が流れて行きはしないかと心配で泣くのだそうだ。

神様は「お前は、親にだだばかりこねて文句を言うから、天気は良くならないのだ。雨が降ると地面が流されないか泣きなさい」と言いつけたと。

今でも雨が降ると心配して鳴くんだそうな。

※出典／山下欣一他『大和村の昔話』同朋舎出版（1983年）を編集。

※注5／【蛙】＝大和村の一部地域で「がーく」（沖永良部の一部地域でも）、一般に「びっきゃ」。

新人A君「親孝行しなさい、という教えか。今晩早速、子どもたちに聞かせてあげよう。一緒に寝てしまいそうだけど……」

子どもへのお土産と島々の魅力を満載したフェリーは、一路奄美大島へ。今日もおぼらだれん。

第7節　奄美大島編

1．島の歴史と概観

さて、徳之島から帰った新人君たち。しばしの休憩でエンジン全開。久しぶりのクラシックメンバーがガソリン満タンにして……。

「奄美群島の行政制度の変遷」

表１

年　次	変　　　革
1869年	代官所→在番所と名称変更。（名瀬方戸長）
1871年	廃藩置県（奄美は藩政継続）
1875年 （明治8年）	在藩所を廃止。名瀬方戸長→大支庁、４島に支庁設置。明治11年5島・５支庁へ。
1879年 （明治12年）	郡制施行、奄美諸島は「**大隅国大島郡**」へ。 大島郡役所（名瀬金久）と島々に出張所を設置。
1886年 （明治18年）	金久支庁設置。（郡役所廃止）**熊毛郡、駆謨**(ごむ)**郡**（屋久島）及び**川辺郡十島**（Ａ＋Ｂ）注１を管轄。
1887年	金久支庁を大島島庁に改称。
1890年 （明治22年）	町村制施行（ただし離島は対象外、大島島庁を継続）。熊毛郡、駆謨郡は島庁管轄から分離。
1898年 （明治30年）	郡界変更及び郡の分合廃置で、**川辺郡十島**は大島郡に合併。
1909年 （明治41年）	島嶼町村制施行。23方戸長役場は16村に編成。 **奄美大島**：笠利村、龍郷村、名瀬村、住用村、大和村、焼内村、東方村、鎮西村（８村） **喜界島**（1村）・**徳之島**（３村）・**沖永良部島**（２村）・**与論島**（１村）・十島（１村）

※参考：「奄美群島の概況」、「改訂名瀬市誌　1巻歴史編」

（注１）　Ａ＝（黒島・硫黄島・竹島）、Ｂ＝トカラ列島（中之島・諏訪之瀬島・口之島・平島・宝島・小宝島・悪石島）

新人A君「島々巡りのお陰で、奄美の奥深さを堪能させてもらっています。岩手の実家でも自慢してきましたよ」

新人B君「同感。実は、刀自《とうじ》の……、アッ、島ことばになった！　家内の祖父母は、旧奄美空港開設の頃（１９６４年）、新婚旅行が奄美大島だったそうですよ」

けぃんむん博士「島々散策の成果ということじゃな。それじゃ、燃料補給した先輩メンバーにゆっくり案内してもらおうか」

パッカード車「今回は博士に代わってわきゃが、奄美大島の基本情報を紹介しよう」

シボレー車「ちゃっ、稀稀《まれまれ》じゃが／明治当初から／ぎちぎち／語てぃにょ」

（久しぶりだから、明治当初からしっかり語ってみよう）

新人A君「え〜、トカラの島々が大島郡だったのですか？知らなかったー（表１参照）」

クラウン車「十島の一部は、米軍統治下の時代、奄美と同様に外国だったからね」

北緯30度以南の島々

・１９４６（昭和21）年／北緯30度以南の南西諸島は米軍統治下に。

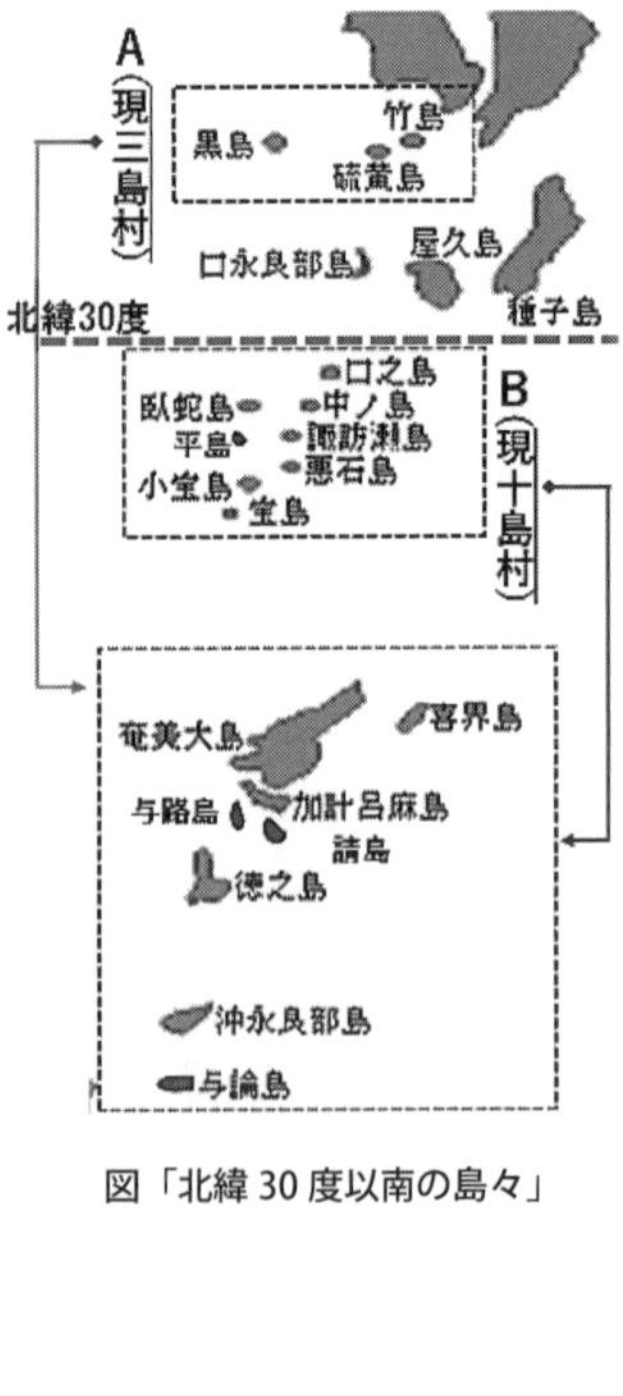

図「北緯 30 度以南の島々」

・1952（昭和27）年2月／奄美より1年10カ月先に本土復帰。三島村（A）と十島村（B）へ。
・1973（昭和48）年／大島郡から鹿児島郡十島村へ。

新人B君「なるほど、戦争が行政範囲と生活圏域を変えたということですか」

けぃんむん博士「そうじゃな。人・物の流れに影響を与えただろうし、島々の振興の視点から分析するよい事例かも知れんな。新人君たちの宿題ということかな」

ニッサン車「トカラ列島の海域は、海流が速く〝七島灘〟と言われ航路の難所だったようだが」

パッカード車「そうそう、島唄の歌詞(注2)や動植物の南限と北限の境界線(注3)とか、話題の場所じゃが」

※注2／「〽七島ぬ灘なんてぃ　千石積ぬ水船なたんち」豊年節の一節。注3／渡瀬線（七島灘線ともいう）

「奄美大島の人口推移（1895年～2015年）」

表2　(単位：人)

島名等＼年	1895年 明治28年	1908年 明治41年	1935年 昭和10年	1965年 昭和40年	1985年 昭和60年	2015年 平成27年
奄美大島	55,717	70,624	89,882	87,568	82,229	59,828
奄美群島	148,668	185,033	200,973	183,471	153,062	110,147
十嶋村	2,148	3,044	3,667	1,848	787	756
三島村	―	―	―	874	552	407

※出典：「鹿児島県統計書」「奄美群島の概況」
注1）奄美大島の値は加計呂麻島・請島・与路島除く。

クラウン車「琉球の〝上り口説《ぬぶいくどぅち》〟という歌の一節(注4)にもあるっちじゃが、トカラの島々の地理的な役割・影響は小さくなかった、ということかい？　ちょっと人口の推移も参考になるかもじゃが」

※注4／「伊平屋渡立波おしそへて　道の島々見渡せば　七島渡中やなだ安く」『奄美大島民謡大観』

新人A君「奄美大島は増加～減少、そして明治時代の人口規模に……、トカラ列島は減少傾向、群島の推移とちょっと似ていますね」

けぃんむん博士「今回は、奄美大島が琉球列島の島々や本土、そして異国の国々からどんな影響を受け歴史を紡いできたか、そんなことを頭の隅っこに置きながら散策すると楽しいかも知れんな」

南北1200kmに連なる南の島々、そして異国の人からサンタ・マリアの島と呼ばれた奄美大島。さて、次回は……。

2．島とは

メジロのさえずりで目覚める島の暁《はあとき》。

今回は、高校時代の日本地図を広げた先輩たちが新人君たちに熱弁を……。

パッカード車「いつものように島の呼び名から。待ったいよ〜、昔習《な》らたやー」

シボレー車「ちゃ、高校の先生が、〝大昔の島は、海を見る島で海見《あまみ》嶋(注1)と呼ばれていたから覚えておけよ〟と熱く語っていたがよ」

※注1／「日本書紀」（奈良時代の720年に完成した歴史書）に海見〜阿麻彌〜菴美〜奄美と記載されている。

新人A君「え〜、確か琉球の歴史書(注2)に琉球開闢《かいびゃく》の女性神が〝阿摩美姑《あまみこ》〟であまみの表現がありましたね」

※注2／「中山世譜」（1701年完成）。

新人B君「そうそう、島の神社巡りで、阿摩美姑神社と近くの小高い山（笠利町）に阿摩美姑最初天降地の碑がありましたよ」

けぃんむん博士「そうじゃな。島々散策で登場するおもろさうし(注3)では大みやと記載されているようじゃが、学者も興味が尽きないテーマだそうじゃ」

※注3／首里王府が1531〜1623年に採録した沖縄・奄美の島々に伝わる古謡集。

奄美は地理的にも歴史的にも、本土の日本語と姉妹関係にある琉球語の発展の出発点なのであるが、そもそも「あまみ」の語源は何なのか。なぜ沖縄で創造神が「あまみきよ　しねりきよ」であるのか。まだそこには、明かされていない琉球列島の先史の中で奄美の特別な地位が隠されていて、興味が尽きるところがない。（上村幸雄「日本史、世界史の中の奄美」『奄美復帰50年　ヤマトとナハのはざまで』至文堂、2004年）

日本地図の奄美大島

クラウン車「それじゃ、新人君たちにムン尋ね！　日本は島国だけど面積上位3位の島名は？」

新人A君「普通に答えると、①沖縄本島②佐渡島③奄美大島。だけど先輩のひっかけ質問だから、①本州②北海道③九州④四国……かな」

パッカード車「どっちも正解だけど、設問不足かもやー。離島の中で、ということじゃが」
クラウン車「う～ん。奄美赴任の一般常識ち思たんけど……。正解は左の表の通り」
新人B君「あっ、択捉《えとろふ》島・国後《くなしり》島もありましたね。だけど、沖縄本島や淡路島とかも大きそうだけど……」
けぃんむん博士「ちょっとややこしいのじゃが、実は本州等と橋が架かったら、〝離島〟とは言わないそうじゃ。島数の把握は困難とのことじゃが、国公表の離島振興の資料で説明しようか」
新人A君「なるほど、本州も島嶼《とうしょ》だけど離島じゃない。う～ん島って？　こんがらがってきました！」

日本の「島」と世界の「島」

けぃんむん博士「周囲が水に囲まれた陸地が『島』だそうじゃが、少し整理をすると」
《世界では》
・「島」とは／自然に形成された陸地で水に囲まれ、満潮時においても水面上にあるものをいう。（国際連合条約第121条「島の制度」）
・「島」は「大陸」との比較の概念。オーストラリア大陸より小さな陸地を「島」と呼ぶのが一般的。
《日本では》
・「大陸と島」の関係は「大きな島と小さな島」。
・「大きな島」／北海道・本州・四国・九州の4大島＋沖縄島＝5島（「本土」という）
・「小さな島」／それ以外の小さな島々を「島」＝（「離島」という）
※参考／「島とは何か」（公財）日本離島センターHP参考。
新人A君「そうか！　離島振興の島（前頁上図）

「全国離島の面積・人口の順位」

表　（単位：㎢・人）

順位	島名	都道府県	面積（奄美比較）		人口等（H27国調）
①	択捉島	北海道	3,167	4.4	領土問題
②	国後島	北海道	1,489	2.1	領土問題
3	佐渡島	新潟県	854	1.2	57,255
4	奄美大島	鹿児島県	712	1.0	61,256
5	対馬島	長崎県	696	1.0	31,457

※参考：「離島振興対策実施地域一覧」（国土交通省）他

図　【日本の島嶼構成】

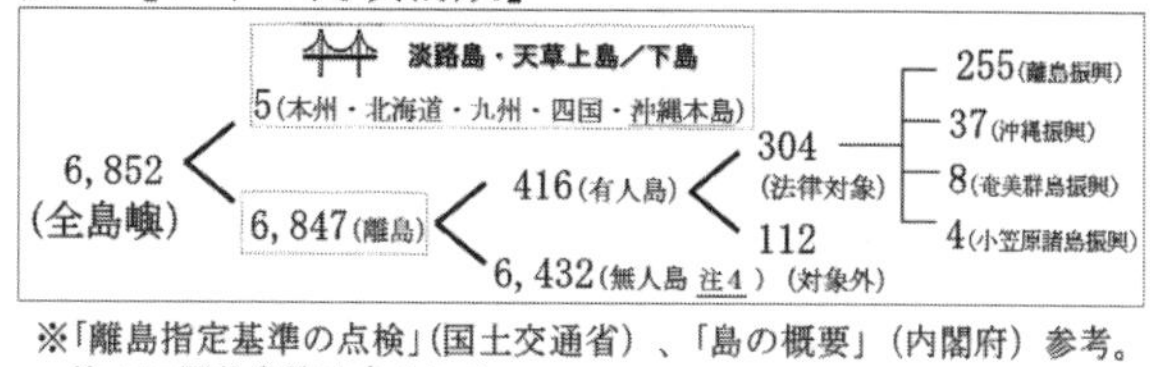

※「離島指定基準の点検」（国土交通省）、「島の概要」（内閣府）参考。
注4に国後島等は含まれる。

だと、①佐渡島②奄美大島③対馬島ということか。なるほど納得。新しい発見でした。だけど、約7千もの島があるのにびっくり」

ニッサン車「じゃ、第2問。離島は空路が大事な交通手段。奄美大島より空港整備が早かった島名は？　本土と航空時間最短・最長の島は？」

日本地図から島のあれこれに発展。いつもと違う展開に戸惑いながら……。（イラスト／ただの乙子&けぃんむん君）

3．ひと昔前の島①

中秋の名月、満天の星空の下で奄美黒糖焼酎を楽しみながら……。

けぃんむん博士「さて、前回の先輩の質問わかったかな？」

新人A君「あまくま、調べましたよ（アッ、また奄美語になった！）。表でまとめましたので見てください（下表）」

Q1／奄美大島より空港整備が早かった島、Q2／最寄りの本土と航空時間最短・最長の島は？

新人A君「奄美大島の順位は想定内でしたけど、ちょっとびっくりしたのは喜界島や徳之島の空港が国や県の支援なしで最も早く開港ということでした」

ニッサン車「そうそう、空港開きの日は大混雑だったね。この切り抜き新聞のここここ、このカマチ（頭）、吾《わ》きゃじゃが！」

【空も陸も祝賀一色】
延べ20機離着陸
1万人、整理に汗ダク

この日鹿児島から招待者を乗せた1番機、東亜国内航空240型機は午前9時すぎ奄美空港に着いた。ついで報道機関を乗せたヘロン機や政府関係者が乗った全日空フレンドシップ機が相次いで着陸。エプロンが狭いので徳之島空港で待機する飛行機も。

ターミナルビルの屋上や付近の畑は鈴なりの見物客で人の洪水。名瀬署は40人を派遣。名瀬市にはタクシーが残らない珍現象……。（『南海日日新聞』1964年6月2日付〈写真含む〉）

「離島空港（空港整備法基準）の開設概況」

表　(単位：m)

順位	県名	島　名	共用年月	滑走路長	設置者
1	東京都	八丈島	1962(S37)年5月	1,200	県
2	鹿児島県	種子島	1962(S37)年7月	1,100	県
3	北海道	利尻島	1962(S37)年8月	600	県
	4屋久島、5福江島(長崎)			‥	‥
6	鹿児島県	**奄美大島**	1964(S39)年6月	1,240	県
＊	鹿児島県	**喜界島**	1959(S34)年8月	1,080	町
＊	鹿児島県	**徳之島**	1962(S37)年2月	1,080	民間

※出典：「鹿児島県HP」、「国土交通省HP」（離島34空港のうち）

新人B君「えー1万人、すごい！　徳之島空港で待機も興味深いですね。
　それじゃ、2問目は、東京・大島空港〜調布空港の25分、最長は沖縄・北大東島空港〜那覇空港の75分でしたよ」
新人A君「与論空港〜鹿児島空港（80分）が最長かと思ったのですが、沖縄（最寄り）が本土5島だった！　を思い出し……。〝チコちゃんに叱られる〟ところでした」
※本州・北海道・九州・四国・沖縄本島を「本土」。（「国土交通省HP」）
パッカード車「60年代は、戦後復興ちし、全国の陸路や航路・空路の整備が進んだ時代じゃが。離島もその影響かもどー」
シボレー車「ちゃやー、太平洋ベルト地帯、[注1]金の卵、高度経済成長とかのことばが流行したが。その頃B君の祖父母が奄美に来たということじゃや」

※注1／京浜・中京・阪神・北九州工業地帯。戦後の経済成長は「東洋の奇跡」と言われた。
――ということで、B君の祖父母が語ったちょっと昔の島の風景。
（20代で結婚、新婚旅行は南の島に憧れて一週間奄美大島へ。現在元気な80歳）

祖父母の会話①（昔の景勝地）
祖父「（新婚旅行の写真を懐かしく見ながら）あの頃のばあちゃんは、吉永さゆりに似てかわいかったな〜」
祖母「おじいさんも友達から橋幸夫と似ているって……。ほら！　あやまるとかいう岬で、指輪落として、ごめんて謝ったでしょ」
祖父「名瀬港の小さな島（山羊島）で見たサンゴと熱帯魚に感動したなぁ。子ヤギが岩を駆け登ってびっくりしたね」
祖母「市内から南（瀬戸内町）の街まで峠[注2]をいくつも越えましたね。そうそう、休憩の村（住用村新村[注3]）で食べたミカンのおいしかったこと」
祖父「ほれ！　たくさん丸い石が転がっていた浜辺（ホノホシ海岸）で撮った、この写真、髪もふさふさだがね。今どこに消えたんかねー」
祖母「これこれ（小指を見せながら）、おじいさんがあの時買った真珠（注4）と記念にもらったマベ貝の殻。おじいちゃん、孫の奄美勤務ご褒美に嫁にプレゼントしようかね」

（つづく）

※注2／朝戸峠、和瀬峠、三太郎峠、網野子峠、地頭峠。注3／名瀬～古仁屋／宇検バスの中継所。注4／瀬戸内町の真珠養殖生産は100年以上の歴史がある。現在マベパールとして有名。

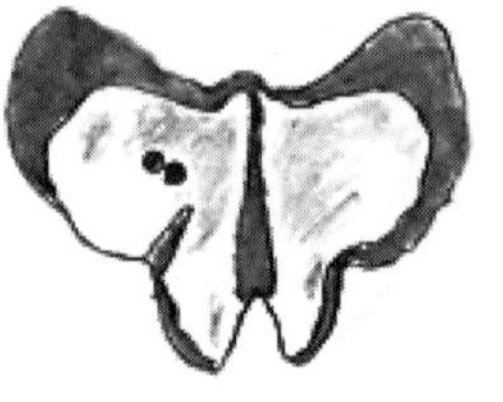

「マベ貝」の殻

パッカード車「はげー、新婚旅行でボンネットバス乗って島一周ちば、大変だったが。だけど、なつかかやーあの頃思い出すが」

昭和時代の離島の新婚旅行。当時を懐かしく回顧するクラシックメンバーたちだが、話題はさらに盛り上がり……、次回へ……。

4．ひと昔前の島②

ハゼの紅葉で島の山が装い始めたちょっと秋景色の朝（すかんま）。

昭和の島の観光めぐりで盛り上がり……。

パッカード車「そうそう、山羊島はしばらくして橋が架かってホテルもできたそうじゃが。今日は、じゅう（父）が保存していた新聞の切り抜きを持ってきたが……」

いこいの場所に
山羊島観光ホテル完成
有村治峯社長の話

（前略）私は、島の自然、島の料理は世界一と思っているので観光客にも島内産を味わってもらう。今後は「ふじ」「波之上丸」「あまみ丸」で大観光団を誘致して島に金が落ちるようにしたい。（『南海日日新聞』1968年7月6日付から抜粋）

新人A君「昔懐かしい新聞切り抜きをよく保存していましたね。島の過去現在を比較するのに参考になります」

新人B君「自然、料理は世界一か。さすが奄美の重鎮、半世紀たってもさびないことばですね」

シボレー車「そうそう、明治時代の地図には〝焼島〟（注1）だったらしいが。わきゃだか最近分かったが」

※注1／1873（明治6）年の政府測量図の記載名。

けぃんむん博士「それじゃ、新人君も島のことを結構勉強したようじゃから質問。

昔はトンネルも少なく道路も凸凹で大変だったのじゃが、名瀬―古仁屋間の所要時間を推理してほしい」

新人B君「祖父母からは、4～5時間とか聞きました。結構バスに揺られたけど、紺碧《こんぺき》の海と照葉樹林を見ながらで楽しかったみたいですよ」

パッカード者「正解！　ただ、新婚旅行で来島する数年前は8時間（注2）もかかったちじゃが。今じゃ、トンネル整備で名瀬から約1時間、便利になったね」

※注2／1960年、和瀬トンネル・バイパス開通で8時間から4時間。入佐一俊『奄美土木史年表』1992年、94頁。

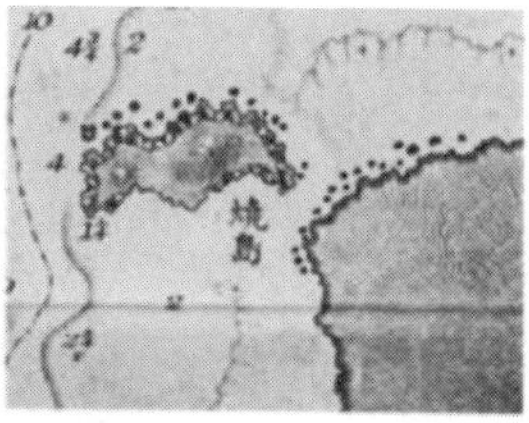

出典：左写真／1964年頃の山羊島（「市勢要覧なぜ」）
右図／「大島名瀬港図」の山羊島＝「焼島」
（国立公文書館デジタルアーカイブ）

新人A君「先日、家族でホノホシ海岸までドライブしたんですけど、子どもが道中の山を見ながら〝アッ、ブロッコリーだらけだ！〟ってはしゃいでいましたね」

祖父母の会話②（瀬戸内町の名所）

祖父「古仁屋の街から湾内一周（大島海峡）したね。入り江が深く変化があって素晴らしかった」

祖母「ほら、いくつも洞窟（特攻艇格納壕跡）があったでしょ。説明する船長さん、戦時を思い出してつらそうでしたね」

祖父「この石積みで囲んだ入り江の写真！　確か、干満の差で魚を獲る〝垣漁〟（注3）とか、珍しかったなぁ」

祖母「夕食の食卓に、追い込みで獲ってきたっていうお魚が出ましたね。おじいちゃん、お代わりありますか？　って。今はマグロの養殖（注4）が注目されているらしいですよ」

祖父「この写真、紙面をつけておもしろい踊り（油井の豊年踊り(注5)）！　おばあさんの今の顔と似て……。（後でしっかり祖父は謝っていました）ちょうど10月（旧暦の8月15日）で旅館の女将さんが紹介してくれたんだよね。タイミングが良かった」

祖母「あれあれ、おじいさんの顔も一緒でしょ。翌日、島を時計回りで次の村に行きましたね。峠の途中で悲恋物語の碑（カンツメの碑）があったんでしたね。

　運転手さんが解説しながら島唄を歌って退屈しなかったー、本当懐かしい」

祖父「〝一昔前は、木造船の海上交通だったけど、バスが開通して便利になったんですよ〟と運転手さん言ってね。」

祖母「ほら、女将さんが船にしますか、バスで行きますか？　って、おじいちゃん、ちょっと波が荒れて船酔いするからって……」

「せとうちなんでも探検隊」HP

祖父「そうだった。お陰で南の島の建築様式が見えて設計の仕事に役立ったな」

（つづく）

※注3／加計呂麻島木慈集落（上左写真）。注4／国内養殖マグロ産地、本州の1・5倍の速さで成長することで有名。注5／1983年県指定無形民俗文化財（上中・右写真）。

――ここで、音楽好きな女性新人（瀬戸内町出身）のさねんさんが参加。最近の風景と比較しながら老若男女で大いに盛り上がり、ボンネットバス旅は、次回へ……。

5. ひと昔前の島③

昭和の島の観光めぐりで盛り上がり……。

さねんさん「前回、海上交通が話題になったでしょう。戦前、隣村や名瀬への往来は船利用で、私のあんま(宇検出身)も船に乗ったそうです。Bさんの祖父母は、バスと船の併用だったのかも知れませんね。少し昔を振り返ると……」

・1912（大正元）年、瀬戸内町の艀《はしけ》船や小廻《こまわり》船は群島

約2千船のうち1千船を超える。まさに生活の足であった。（『瀬戸内町誌』から）

・1948（昭和23）年、古仁屋までは、片道80㎞の距離があり、延々8時間もかけて行き来していたのです。それに比べ、名瀬から古仁屋まで慶徳丸という（定員50人ほど）木造船では、2時間半しかかからないという状態で、この陸路の難儀さは長い間続きました。

※指宿良彦『大人青年』32頁。

新人B君「さねんさん詳しい！　祖父に確認したら、確かに途中は船だったそうです。

海上交通は速いけど天候に左右されて大変、陸路は長時間……、祖父母が来島した時代は、交通基盤の整備が進んでいた頃ということですね」

パッカード車「米軍統治下時代（1945～53年）は、本土と比べて戦後復興が遅れて暮らしも大変だったたっち、あんまとじゅうの口癖だったが。奄振法っち制度(注1)ができて少しずつ本土並みになって喜んでいたがー」

※注1／奄美群島復興特別措置法が1954（昭和29）年に制定され道路・港など生活基盤の整備が進んだ。

祖父母の会話③（宇検村～大和村の名所）

祖父「集落から登った一番高い山（湯湾岳694m）、きつかったね。だけど頂上から眺めた喜界島、東シナ海の青さ、緑と紅葉したハゼの山並みは絶景だったなぁ！」

祖母「（おばあちゃんが油絵を持ってきて孫に見せながら）ほら、これおじいちゃんが描いたんですよ」

祖父「これを見ると、奄美を思い出す～」

祖母「休憩で寄った黒いうさぎ(注2)を飼育している学校の子どもたち、あいさつの声と目が輝いていましたね。この4本柱の高床倉庫の写真！　運転手さんが、釘を一本も使わずに建てたって自慢してましたよ」

祖父「高倉（群倉《ぼれくら》(注3)）だったね。帰ってきてから、〃建物の形は奄美地方独特で建築学的、民俗学的にも貴重な文化財で珍しい〃と仲間の先生（祖父は大学教授）に教えてもらったところだった」

※『鹿児島大学総合研究博物館news letter No.6』から。

祖母「急峻《きゅうしゅん》な山、流れる川、前面に広がる海、地勢を生かした本土と違う家並みや集落空間だと、教え子に力説してましたね。

そうそう、バスの中で飛び交う会話は、英語のようでちょっとびっくりしましたよ」

祖父「ばあちゃんが〝はげーとわん〟を聞いて、隣の人の頭を見たり、人差し指で1つ／one?とかジェスチャーしながら笑っていたのがおかしかった」

（つづく）

※注2／アマミノクロウサギ、1921（大正10）年、動物部門第1号国の天然記念物、1963（昭和38）年、特別天然記念物。

※注3／県指定有形文化財。高倉写真／『大和村誌』943頁。

新人B君「祖父の油絵は、先輩に紹介しようと思って写真に撮ってきました。また登ってみたいって言ってましたね」

さねんさん「登山中、珍しい動植物を見たと思いますよ。

写真14-1② 大和浜の群倉（昭和32年）

希少種が分布する世界自然遺産推薦の重要な地域なんですよ」

新人B君「確か、正月に飾るセンリョウと似た木の実(注4)が珍しかったらしく、祖母は小鳥(注5)の鳴き声が演奏会みたいで面白かったって……」

※注4／リュウキュウミヤマシキミ（左）、分布＝奄美大島以南。注5／アカヒゲ（中）、分布＝奄美大島・徳之島など。ルリカケス（右）、分布＝奄美大島・加計呂麻島・請島。（写真／「第5回ふるさとリーダー奄美塾」奄美市立奄美博物館）

さねんさん「最近は、子どもたちの自然観察会も定期的に実施されていますよ。祖父母が見学した学校は、国の特別許可を受けて飼育したそうです。でも、新婚旅行で見学できてラッキーでしたね」

※大和小中学校で1963年11月飼育開始（『大和村誌』）。

シボレー車「ちゃっち、わきゃまだ見《に》しゃんくぅとぅねんがよー。最近のね

せ・めらぶぇ（青年・娘）や、よく勉強しゅーり」

新人A君「えー、先輩晩酌ばかりじゃなく、たまには自然に触れたほうがいいですよ。私は赴任早々、刀自《とうじ》・子どもと観察してきましたよ。アッ、家内と子ども……です」

――昔と今、時の移り変わりの中で先人が残した風景に感謝をしつつ、バスは市街地へ。

6．ひと昔前の島④

フヨウ（芙蓉）の花が道すがらに咲き、秋を彩る島の朝《すかんま》。

祖父母の旅も終盤、別れを惜しみつつYSプロペラ機は大空へ……。

けぃんむん博士「みんなが盛り上がっているところで、ちょっと質問じゃ。B君の祖父母が来島した頃、島内にバスは何台あった？」

シボレー車「わきゃ得意分野じゃが。ヒントは、群島の自動車総数約2200台（注1）で推理をしてみてごらん」

※注1／出典『奄美群島の概況（1964年版）』

さねんさん「復帰10年後、空港もできて道路も整備されつつ……、50台ほどかな（いつもの想定内の質問でした）」

シボレー車「さすが正解！ 奄美大島47台、喜界島7台、徳之島15台、沖永良部島9台、与論島3台だったが」

祖父母の会話④（名瀬～龍郷町の名所）

祖父「名瀬街に戻ったらアーケードの完成でにぎわっていたね。奄美に行くきっかけの『島育ち』（注2）の歌も流れて観光客も結構多かったな」

祖母「記念に買った、この大島紬、50年以上になるんですね」

祖父「ご夫婦おそろいでお似合いですよ、と言われちゃね。2人で鎌倉の街を散歩したけど、すれ違う人が振り向いた

※「南海日日新聞」1964（昭和39）年7月21日付

ね」
祖母「ほら、『西郷どん』の愛加那役の女優さんが着てたでしょ。孫がおばあちゃんの紬と似ている！ って」
祖父「お土産が多く、空港まではは奮発してタクシーにしたんだった。せっかくだから西郷さんの謫居跡を見学したね。勝海舟銘の記念碑にはちょっとびっくりした」
祖母「江戸無血開城の絆を奄美で見たと言って、おじいちゃん感慨深そうだった」
祖父「西郷さんが上陸した地の松も良かったけど、直線道路の松並木（浦の橋立）は素晴らしかったぁ。今はもっと大木に成長しているだろうね」
祖母「空港の近くで眺めたサンゴの海原と遠く浮かぶ喜界島、すてきでしたね。
　運転手さんが、あの大きな岩（立神）（注3）は島の暮らしを守る神様みたいな存在なんですよ、と言って歌ったあの島唄（行きゅんにゃ加那節）」
祖父「そうだった。〃立神の沖で泣いている鳥〃とかで、

【浦の橋立】「市勢要覧なぜ（64年版）」

比喩技法をうまく取り入れた、別れを惜しむ内容だったね。
　運転手さん、別れ際に歌ってくれたね。ちょっと寂しそうな顔して、こっちもホロっとしたね」
祖母「おじいちゃん、孫のお陰で半世紀前にタイムスリップしたようでしたね。元気なうちに、その後の奄美大島を見てきましょうよ。若返るかもですよ」
祖父「飛び立った飛行機の眼下にサンゴの海とサトウキビ畑が広がって……。今も目に焼き付いているよ」（鹿児島経由で帰路に）

※注2／奄美出身の有川邦彦作詞・三界稔作曲、田端義夫のヒット曲。注3／立神写真は祖父母撮影。

けぃんむん博士「B君の祖父母が来島した頃（旧奄美空港開港）は、戦後復興から時代が移り変わる、いわば移行期じゃな。しかも離島が注目される時代でもあったのじゃが、当時の新聞記事から紹介すると……」

〝南島ブーム〟ふえる観光客
「島育ち」のヒットがきっかけで生まれた南島ブーム。名瀬市では7月と8月の2カ月間だけで島を訪問した観光客は4600人と推定。観光係には毎月200人平均の相談者が訪れている。観光客の中で目立つのは学術調査や研究グループで、北大、京大の動植物調査、日米昆虫調査、民俗学調査、東大留学中のオーストラリア人、クライナーさんら外国人も……。
（『南海日日新聞』1963年9月7日付）

さねんさん「旧空港開港から比べると来島者は約10倍も増えているんですよ。グラフから島々全体の伸びが分かるでしょ」

新人B君「半世紀前の奄美を見た祖父母、そして赴任して現在を見ている孫の吾《わ》ん（いや……私）、

「奄美群島と奄美大島への入込客推移」

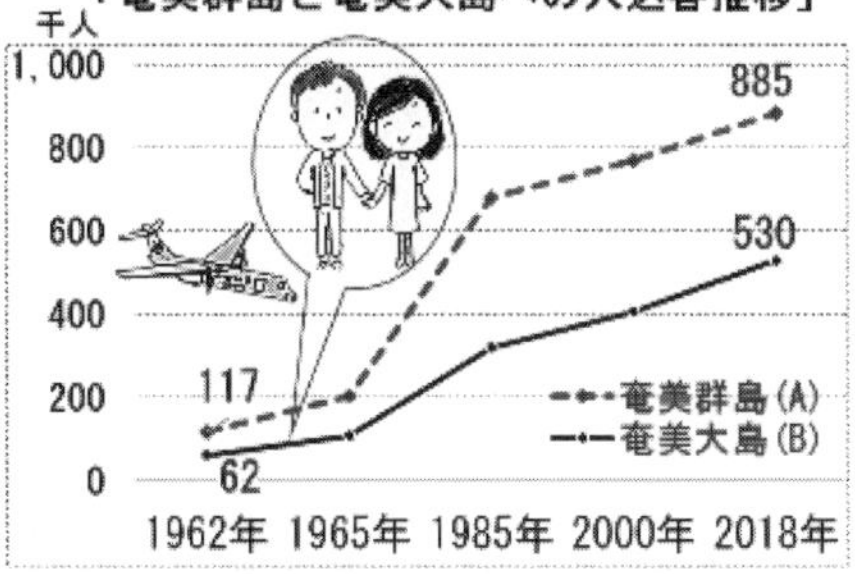

※出典：「奄美群島の概況」から作成、
1962～65年は推計値。

歴史の巡り合わせでしょうか、不思議な縁を感じます」

次回は、半世紀昔の観光地と今を比較しようと若手女性メンバーのお茶会談議が……。

7. 新たな観光地①

昔を振り返り盛り上がるクラシックメンバー。今の時代ならと女子会の若手が加わって会話はヒートアップ……。

けぃんむん博士「今日は、久しぶりにさーみぃさんがギネス挑戦の参加報告で出勤したようじゃな」

さーみぃさん「そうなんです。小中高校生と大人で『1時間に植えた花の球根の最多数』に挑戦したんですよ。見事ユリの球根（1万5690球）で世界記録(※)に認定されました」

※前記録（2019年）はイギリス1万2864球。

【さーみぃ】＝「めじろ」の沖永良部島方言。

シボレー車「そうか。観光名所を新たに加えようということか。さすが、知恵と創造じゃが」

――ということで、若手女性が今昔の観光コースを比較することに。

観光地の変遷（自然と施設系）

さねんさん「それじゃ、昔の島の観光コースをまず紹介しましょうか。

◆復帰直後（1960年代）の観光地

①［山羊島・おがみ山・群倉・開饒神社・湯湾岳・焼内湾・油井小島・大島海峡・内海・住用川発電所・西郷南洲翁遺跡・平行盛公遺跡・アヤマル岬・宇宿貝塚］(注1)

②［浦の橋立・群倉・山羊島・アヤマル岬・赤尾木の地峡］(注2)

※注1／『奄美群島の概況（1965年版）』（大島支庁）

※注2／「『観光―常夏の島奄美』の名勝地」『市勢要覧なぜ』（1964年版）

初めて、『群島の概況』（65年）に『観光』の項目が掲載されたそうですよ。

群島1市町村につき、2カ所を紹介しているんですけど、①が奄美大島編で、②は『市勢要覧なぜ』（64年）の掲載、担当者の広域的な視点にちょっと感激でした」

さーみぃさん「この時期の群島観光地を調べたら、源氏と平家関連が28カ所のうち4カ所(注3)あったでしょう。ちょっとびっくりだったよね」

※注3／平行盛公遺跡（龍郷町）、平家盛《へいけもり》（喜界町）、雁股《かりまた》の泉（喜界町）、後蘭孫八居住の地（和泊町）

さねんさん「せっかくだから、次回のお茶会のテーマは〝源平伝説と奄美〟にしよう」

◆現在（2010年代）の観光地

さーみぃさん「先日エラブの友人が遊びに来た時には、

①奄美パークで田中一村の絵を鑑賞、

②ハートロック（龍郷町）を見て恋愛論を語り、

③マングローブパーク（住用町）でカヌーを体験、

④水中観光船（瀬戸内町）で宝石のようなサンゴと熱帯魚を見て、

⑤峰田山公園（宇検村）で手製弁当を食べ、

⑥野生生物保護センター（大和村）で生物多様性のレクチャーを受けて、

⑦フク木並木のトンネル（大和村）散策、

⑧宮古崎で東シナ海を望みながら未来のだんなさんを想像……そして、

⑨奄美海洋展示館でカメさんと微小貝の造形美に見とれて、

⑩タラソで（エラブの施設が先に開設と自慢しながら）心

身ともに癒やされてホテル着のコースで楽しみましたよ」

フク木並木（大和村 HP）

ハートロック（龍郷町 HP）

宮古崎から東シナ海を望む
（イラスト：さねんさん）

峰田山公園

さねんさん「そうそう、さーみぃさん飲み過ぎて朝の金作原原生林の散歩をキャンセル、私が代打で案内するはめに……」

さーみぃさん「あの晩のワインと奄美黒糖焼酎がおいしかったので……」

新人A君「なるほど、昭和30年代の観光地と比べるとジャンルが広がったような気がしますね」

さねんさん「最近は、ホエールウオッチングやダイビング、歴史探訪の教会巡りや白糖工場跡地巡りも人気があるんですよ。

ここでA君たちに質問です。奄美大島に①教会数は②布教開始時期は？

それと、③白糖工場数④どうして必要だった？ちょっとむずかしいかな」

さーみぃさん「さねんさん！ハードル上げましたね。だけど、世界史と関係しておもしろい展開があるんでしたよね」

ニッサン車「はげー、最近ぬ

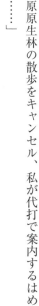

娘《めらべ》や／物《ムン》知りじゃが、吾きゃ／若《わ》ーさん頃や／島ぬ歴史ち／勉強しゃん／事《くぅとぅ》／ねんたが（なかったよ）」

女子会メンバーの熱心さに脱帽しながらお茶会談義は盛り上がり……。

8．新たな観光地②

女子会のメンバーが物《ムン》知りを披露して先輩も脱帽……。

けぃんむん博士「わしの出番がなくちょっと寂しいのじゃが、若手メンバーの成長を楽しみにと、いうことじゃな」

さねんさん「博士はしばらくガジュマルの上から眺めててくださ～い。それでは、前回の質問と正解は……」

観光地の変遷（歴史系）

Q1　奄美大島の教会数、Q2　布教開始時期は？

【奄美の教会を巡る旅】

・1891（明治24）年12月31日、フェリエー神父は名瀬に到着した。

・滞在中に一人のプロテスタントの牧師が名瀬に下船したが、人々の気持ちがカトリシズムに好意的であるのを見て、沖縄に向かって旅を続けた。

・現在、奄美大島にあるカトリック教会は31カ所である。

※参考／『奄美歴史浪漫探訪「幕末・明治」』（一社）あまみ大島観光物産連盟／A・ハルブ神父『奄美・沖縄カトリック宣教史』南方新社、2020年、44頁。

さーみぃさん「奄美行きは、鹿児島で名瀬出身の大工さん（臼井熊八）にお願いされたのがきっかけだそうですよ。アッ！　そうだ。名瀬市街地にある教会には、あの有名なケネディ大統領の葬儀ミサで使用された祭壇があるそうですよ。当時の新聞記事を見つけました」

ケネディ大統領の遺体安置
歴史的な祭壇名瀬へ
マテオ大聖堂が寄贈

ケネディ前大統領の遺体を安置、葬儀の大荘厳ミサが行われた祭壇が寄贈されることになり、祭壇はダグボート・ココタ号が2日午前7時に名瀬に入港する。
古仁屋教会のルカ神父がアメリカに帰り、ワシントン教区の大司教座を訪れた。名瀬教会建設の予定を話し、祭壇を分けてくれるよう頼んだところ快く引き受けてくれた。(『南海日日新聞』1964年2月1日付抜粋)

Q3　江戸後期奄美大島に建設された白糖工場数、Q4　どうして必要だった?

【白糖工場を巡る旅】

・江戸末期(1865~67年)、黒糖の値段が下がると薩摩藩は白糖製造を計画、外国人の技師2人(注1)を招いて、瀬留(龍郷)、金久(名瀬)、須古(宇検)、久慈(瀬戸内)の4カ所に白糖製造工場を建設。
・台風の被害や燃料の薪《まき》不足等が原因で約5年で閉鎖。跡地には使用された耐火煉瓦《れんが》や建築用の煉瓦の破片が残っている。
・この計画は、薩摩藩が長崎グラバー商会を通じて極秘裏に進めた計画で、中国との貿易で利益をあげる「大島スキーム(計画)」と呼ばれる密貿易構想の一環。

※参考/「奄美市」HP「郷土史」(写真含む)、(一社)あまみ大島観光物産連盟『奄美歴史浪漫探訪』
※注1/一人は、日本近代建築に貢献した建築技師のトーマス・J・ウォートルス。

煉瓦の破片

ゆんどり君「え~、修学旅行で行ったあのグラバー邸は、奄美とゆかりがあったわけ? じゃ、庭園で見たソテツは薩摩藩が奄美から贈ったわけじゃや〜」
さーみぃさん「先輩! 勉強不足ですよ。機械の納品では、英国軍艦の来島記録もあるって知ってましたか?」
さねんさん「4カ所の地域は、まだ当時の面影が残っているので是非散策してみてください。最近、古仁屋高校

「修学旅行のスケッチ」

生が工場（1867年）の復元模型を製作して話題（注2）になりましたよ」

※注2／明治維新150周年「維新未来博」高校生テーマ研究部門で最優秀賞受賞。

けぃんむん博士「ちょっと、わしにもひと言。①ウォートルスさんは島娘〝ましゅ〟さんと恋をした、（注3）②彼は東京・銀座の煉瓦街を建設、③当時の建築材（凝灰岩切石）は名瀬小学校の校庭石段（復帰の象徴）や集落民家の塀などに活用された……そうじゃ」

※注3／2人の別れを詠んだシマ唄。

〽沖走《おきはし》りゅり　オートロス（ウォートルス）船《せん》や　燻《きぃぶし》まきゃまきゃ
沖走りゅり　袖《すでぃ》しぶり　塩浜《しゅはま》〝ましゅ〟や　うり見ち袖しぶり

新人B君「さーみぃさん、また博士に横取りされましたね。そうそう、子どもが田検小の友達から歴史秘話・須古

※久慈白糖工場の復元模型
古仁屋高校生制作

工場（注4）のことを教えてもらったと得意げに話をしていましたね」

※注4／「田検小学校学校だより第23号」（2015年）

昔と今の観光、足元に島々の魅力は数多《あまた》あると、女子会の熱弁は続き……。

須古（宇検）の石垣
出典：「かごしまの旅」HP

9. 新たな観光地③

暦は師走の頃、若手メンバーのムン語りで盛り上がり……。

けぃんむん博士「前回の白糖工場じゃが、蒸気機関で運転、しかも煙突は最も高い久慈工場で36m、働いている従事者は宇検村須古工場で68人もいたそうじゃ」

※出典／『改訂名瀬市誌1巻　歴史編』387頁。

新人A君「え～、江戸後期の島に近代的な工場があったということですか。村は活気があったのでしょうね」

さねんさん「現実は、サトウキビの運搬や燃料の薪の確保、昼夜操業など運営はかなり厳しかったようですよ」

※参考／鹿児島県立糖業講習所「慶応年間　大島郡に於ける白糖の製造」１９３５年。

観光地の変遷（歴史と考古学系）

さーみぃさん「また博士に出番横取りされましたけど、他にも考古学系で博物館等の施設を巡り、島と世界のつながりを学習するコースもお勧めですね。例えば……」

①「奄美博物館」の見どころ

・小湊フワガネク遺跡（国指定史跡）

奄美大島東海岸砂丘で発見された6～7世紀ごろの貝製品を作っていた遺跡。ヤコウガイの貝匙《さじ》等、本土との交易を示唆する学術価値が高い出土品を紹介。

※上：ヤコウガイの貝匙
下：江戸時代の島の相撲風景「南島雑話」
（奄美市立奄美博物館所蔵）

・「南島雑話」の世界

幕末の奄美大島の植物等の自然、衣食住、冠婚葬祭、行事、信仰等について記録した挿絵と実際の民具を紹介。

②「瀬戸内町郷土館」の見どころ

・紙面の芸能（国指定重要無形民俗文化財等）

諸鈍シバヤと油井の豊年踊りについて、人形とパネルで紹介。

③「宇検村元気が出る館」の見どころ

倉木崎海底で見つかった12世紀後半から13世紀前半の中国陶磁器の紹介。中世交易船の沈没、座礁、積荷破棄に由来する日本でも希少な遺跡。

中国陶磁器の破片（宇検村元気が出る館 所蔵）

◆全国でも珍しい土俵の島・奄美

新人A君「そうでした。忙しい時や天気が悪い時、学習したい人に向いてますよね。先日、奄美博物館を子どもと見学して、あっ　江戸時代のお相撲さんだ！　と言ってはしゃいでいましたよ」

新人B君「女子会のメンバーに、ちょっと質問。奄美大島

表１　奄美大島各市町村の土俵数

市町村	奄美市	大和村	宇検村	瀬戸内町	龍郷町
土俵数	52	11	15	60	30

表2　奄美群島各島々の土俵数

島名	奄美大島	喜界島	徳之島	沖永良部島	与論島
土俵数	168	14	7	20	5

※出典：「奄美群島広域事務組合（2020年度調べ）」
ただし、集落・学校・自治体等管理土俵数である。

平瀬マンカイ（龍郷町 HP）

節田マンカイ
（南海日日新聞 2020.1.26 付）

に土俵はいくつ？」

①50　②100　③150　④200　⑤250

さーみぃさん「女子が相撲に関心ないから、知らいなと思ったでしょ。小学校時代は集落敬老相撲で男の子を負かして優勝したこともあるんですよ」

さねんさん「私も！　あの頃、女子が強かったもんね。正解は、③～④の間でしょ。奄美大島の集落巡りで数えたことがあるんですよ。参考まで、今回の島々散策で調べた概要を紹介しますね。やっぱり、奄美大島が多かったですよ」

さねんさん「観光の続きで、B君の祖父母が見学した伝統行事[注1]の他にも秋名（龍郷町）のアラセツ行事[注2]、節田マンカイ（笠利町）[注3]や各集落の八月踊り[注4]は、エラブ出身には見応えあって面白いですよ。琉球文化が色濃い与論や沖永良部との違いを感じます」

※注１／油井の豊年踊り（県無形民俗文化財）、注２／「ショチョガマ、平瀬マンカイ」国指定重要無形民俗文化財、注３／県無形民俗文化財、注４／佐仁集落（笠利町）の八月踊りは県無形民俗文化財。

新人A君「新しく追加した自然分野、観光目的に整備された施設系のスポット、そしてユニークな島の歴史や文化が見どころとして増えたということですね」

新人B君「祖父は、日本近代建築史に大きな業績を残したウォートルス氏のことを聞いて驚き、祖母も最近の観光パンフを見て懐かしくて、奄美行きを決めたそうです」

　風光明媚《めいび》の名勝地、島の暮らしや慣習から生まれた観光地、島々の魅力はこれからも磨かれる、そんな余韻を残し散策は続き……。

10．復帰の日①

庭先のツワブキ（石蕗）の花が島の冬景色を彩る島の朝《すかんま》。北風《にしかぜ》舞う音と正月の足音を聞きながらメンバーもそわそわ……。

けぃんむん博士「師走といえば、みんなが楽しみなクリスマスじゃな。さて、12月は奄美にとって歴史的な出来事があったのじゃが、分かるかな？」

さーみぃさん「本土から赴任の皆さんはちょっと難しいかな。ヒントを出しましょうか」

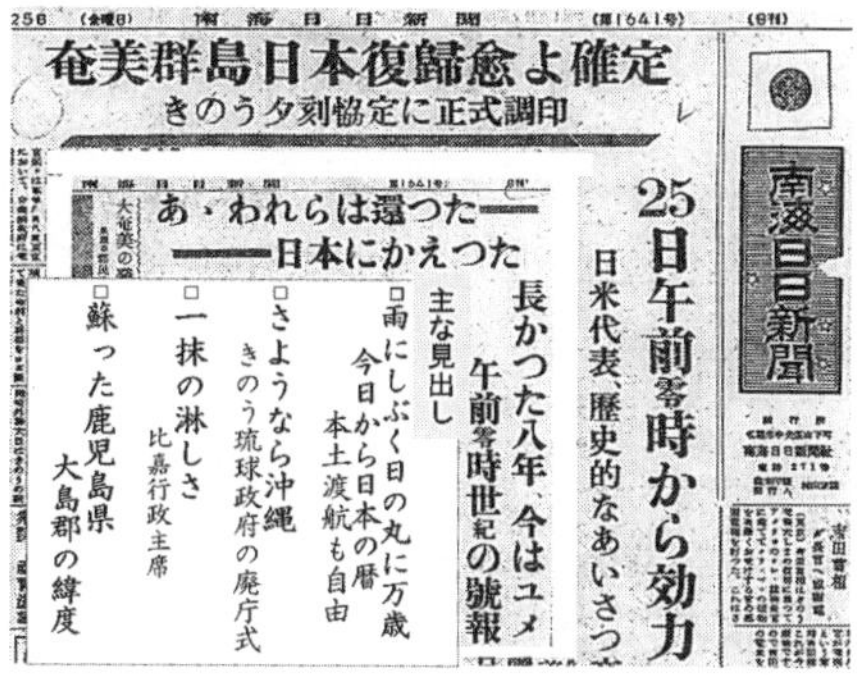
南海日日新聞
奄美群島日本復帰愈よ確定
きのう夕刻協定に正式調印
25日午前零時から効力
日米代表、歴史的なあいさつ
あゝわれらは還つた――日本にかえつた
長かつた八年 今はユメ
午前零時世紀の號報
主な見出し
□雨にしぶく日の丸に万歳 今日から日本の暦 本土渡航も自由
□さようなら沖縄 きのう琉球政府の廃庁式
□一抹の淋しさ 比嘉行政主席
□蘇った鹿児島県大島郡の緯度

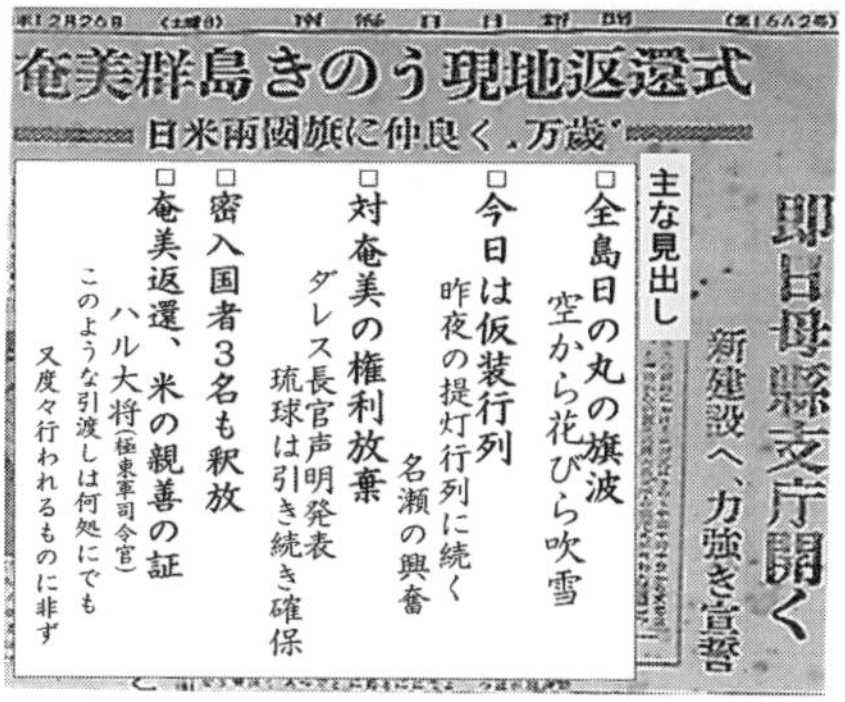
南海日日新聞
奄美群島きのう現地返還式
日米両國旗に仲良く"万歳"
即日母縣支庁開く
新建設へ、力強き宣誓
主な見出し
□全島日の丸の旗波 空から花びら吹雪
□今日は仮装行列 昨夜の提灯行列に続く 名瀬の興奮
□対奄美の権利放棄 ダレス長官声明発表 琉球は引き続き確保
□密入国者3名も釈放
□奄美返還、米の親善の証 ハル大将（極東軍司令官） このような引渡しは何処にでも又度々行われるものに非ず

※出典：「南海日日新聞」1953（昭和28）年12月25日（右）26日（左）編集加工

新人A君「ちょっと、……moment（please）。12月25日、奄美が日本に復帰したことでしょ。子どもが『断食悲願の詩』や日本復帰祝賀の歌『朝はあけたり』を最近口ずさんでいますよ」

新人B君「私も子どもから当時の新聞記事を現代版に編集した資料を見せてもらいましたよ」

けぃんむん博士「そうじゃな。先人が幾多の苦難を積み重ねた結果ということじゃが、米国は〝日本へのクリスマスプレゼント〟と発表したそうじゃ。確か、25日から3日間はお祭り騒ぎでお祝いしたなぁ」

復帰直前の経済現状

さねんさん「私のじゅー（祖父）は、米軍統治下のお金（軍票＝B円＝120円）と日本円を交換したと言ってましたね」

ゆんどり君「沖縄と奄美だけの通貨（使えるお金）だったんだよね。そうだ！　日本円の『円』は1周が360度、だから1ドル360円になったたっち知ちゅていな？」

さーみぃさん「先輩！　また時代遅れのジョークを……。確か、その後首相になった田中角栄さんの冗談だったそうですよ」

ゆんどり君「え〜、本当⁉　はげーわきゃんどぅしんきゃや、あんかり／うがし思っとぅっかぁ。ゆらてぃ飲むば／穂《ほ》（帆）がねん／からやー」

【標準語】（感嘆のはげ〜）私の仲間（友人）は、みんなそう思っているよ。集まって飲むと考えがないからね）

けぃんむん博士「それじゃ、当時の奄美群島の経済規模を交換額から見てみようか」

新人A君「なるほど、復帰前に郡民が保有していたお金（B円）は、日本円で約6億弱ということですか？　う〜ん、規模感がつかめない……」

けぃんむん博士「そうじゃな、表2を見ると当時の島々の経済状況が少し理解できるかも知れんな。

▼復帰直前の群島の行政予算規模は、

表１　復帰時の郡民交換額
（1953年12月25日〜30日）

通貨 ＼ 金融機関	B円（120円＝1ドル）百万円	日本円（＝360円）百万円
合計	194	582

※出典：「改訂名瀬市誌1巻歴史編」830Ｐ

表２「県及び群島の一人当たりの予算額と所得額（名目）」

年度 ＼ 項目		予算額（百万円）	一人当たり額（円）	県との比較	生産所得（百万円）	一人当たり所得	県との比較
1952年（Ｓ27年）	奄美群島	135	655	0.22	注1 3,834	18,639	0.48
	鹿児島県	3,873	2,956	1	注2 78,017	39,205	1
1960年（Ｓ35年）	奄美群島	1,705	8,675	0.81	10,301	52,427	0.75
	鹿児島県	21,109	10,753	1	138,013	70,147	1

※出典：「奄美群島の概況」（55年、60年版）、「鹿児島県統計年鑑」（65年版）
注１〜２は1953（昭和28）年の統計値。

県民一人当たりの2割強ほどの低予算。

▼郡民の生産所得は、

県民一人当たりの5割弱の低所得。

復帰の数年後には、県民一人当たりの約8割弱まで回復したんじゃ」

新人B君「なるほど、生活の実態は厳しかったということか。祖国復帰への喜びと疲弊した生活からの脱出、そして明日への希望が新聞に表現されている、ということですね」

〝さようなら沖縄〟琉球弧の複雑な心境を伝える記事。若手メンバーも少ししんみりと耳を傾け、散策は終盤に……。

11．復帰の日②

さねんさん「博士！　米軍統治下の島の行政機構ってどうなっていたのですか。祖父も政府の職員とかで、父がちょっと自慢をしていたんですけど……」

けぃんむん博士「ちょうどいいタイミングじゃな。先週、復帰記念日だったようじゃが、少し紹介するとしようか。実は、奄美・琉球は一国並みの時代があったんじゃ」

米軍統治下の行政機構の変遷

新人B君「え〜、琉球王国とか、ハワイのような〝奄美州〟とかですか」

けぃんむん博士「〝州〟か、面白い発想じゃな。ちょっと、米軍統治下の8年間を時系列にまとめて見てみようか」

新人A君「なるほど、奄美も沖縄も行政体制が複雑に変遷しているんですね。だけど〝奄美群島政府〟って、独立国のようですね」

けぃんむん博士「そうじゃな。当時の行政長名は知事（前半は支庁長）で、裁判所もあったんじゃ。まさに三権分立の国家並みということじゃな。ただ、ほとんどの権限は軍のトップが握っていて不自由だったようじゃ」

表　「米軍統治下の奄美・沖縄統治機構の変遷」

年　月	米国統治名	奄美の機構名	沖縄の機構名
1946年　2月	2.2宣言　占領行政スタート		
(昭和21)　3月	米国海軍軍政府	大島支庁	①沖縄群島：沖縄諮詢会→民政府→群島政府
7月	米国陸軍軍政府		
10月		臨時北部南西諸島政庁	②宮古群島：支庁→民政府→群島政府 ③八重山群島：支庁→民政府→群島政府
1950年　11月		奄美群島政府	
(昭和25)　12月	米国民政府		
1951年　4月		琉球臨時中央政府	
1952年　4月		琉球政府	
(昭和27)　9月		琉球政府奄美地方庁	
1953年　12月 (昭和28)　25日	日本政府	大島支庁	

※参考：『奄美群島の概況』、村山家國『奄美復帰史』南海日日新聞社（1971）、『名瀬市誌１巻　歴史編』

さねんさん「そうそう、祖父が大事にしていた当時の写真を見て、〝あっ！　外国の人が写っている！〟と言ってはしゃいだことがありました」

新人A君「古い写真を残していましたね。（虫眼鏡で見て）写真中央に座っている数名の外国人が偉いお役人かもしれませんね」

真実を追究せよ　デビス長官メッセージ

皆さんのなしてこられた業績と民政府当局に示されたすばらしい、そして友愛に満ちた協力に感謝の意を表したい。戦後復興の重大な任務を果たされた

※写真：「1952年３月奄美群島政府解庁式時の記念撮影」（現大島支庁）、前から２列目中央はデビス長官・中江前知事・大津知事代理。

との自信と立派にやられた満足感をもって群島政府の解消を……。（『南海日日新聞』１９５２〈昭和27〉年３月28日付抜粋）

米政府との交流／奄美文化の開花

さねんさん「米政府役人さんとたばこ火付け競争している運動会（名瀬小）や米軍チームとの親善野球の写真集を見たことがありますよ。結構、和やかな雰囲気がでてましたね」

シボレー車「ちゃっち、あん頃や米国の人がジープ乗てぃ名瀬街ば走りゅたが、かっこいっちゃたやー」

ゆんどり君「吾きゃ／をぅじ（おじ）たや／チューインガムもらったとか言っていたがよ」

けぃんむん博士「そうじゃな。本土との交流もできず、情報も不足して、いわば孤立した時代だったのじゃが、一方で逆境に負けず文化の面で大きな財産・宝を残したのも事実じゃな。ちょっと列記[注1]すると……」

・奄美青年団、大島中学校などが機関紙・文芸誌発行（『奄美青年』『あかつち』他）
・劇団の誕生（約20団体）
・貸本屋の出現（10店舗以上）

ゆんどり君「島人の精神的豊かさを生み出す原点っち思うがよ。赴任中の軍政官[注2]（米国人）が島娘と恋をしたのも分かる気がするね。他にも歌で島々を元気にする新民謡も流行したっちじゃが」

※注１・２／『名瀬市誌２巻』37頁、51頁、「同１巻　歴史編」686頁。

さーみぃさん「そうそう、先輩がお酒飲むと、『島かげ』『農村小唄』『本茶峠』『名瀬セレナーデ』[注3]を真っ先に歌って後輩にマイク譲ってくれないもんね」

※注３／１９４６（昭和21）年～53（昭和

28）年に作られた代表曲。

ゆんどり君「（先人の思いを伝えようと思ったのになぁ……）

復帰直後の正月は、三献を済ませて手作りのたこ揚げ、こま回しで喜んだなー、懐かしいがよ」

新人A君&B君「島々散歩で奄美の魅力を改めて知ることができました。次の転勤先は、本土じゃなく……島にしようと刀自《とぅじ》（あっ、家内）と相談しているところですよ」

苦しい中にも感性を磨き前へ前へと歩みを進めた島人。世代のバトンは質を高めて新たな時代へと。

第8節　ちょっと道草　源平伝説

1．島々の源氏編①

〝元日ぬ朝《しかま》　床向て見れば　裏白《うらじろ》とゆじる　祝美《いわいきょ》らさ〟（島の正月唄から）

さて、島々に足跡を残した？　と伝わる源氏と平家の話題を少し掘り下げてみよう。

新人B君「琉球列島で平家や源氏の伝説が残っているって、面白いけど記録があるんですか？」

けぃんむん博士「そうじゃな。口碑《こうひ》（注1）じゃが、古い書物にちゃんと記載されているようじゃ。真実はさておき、なりっくわ（少し）紹介しよう」

※注1／古くから変わらず伝わっていること。

ゆんどり君「博士、ちょっと待っちしょ～れ！　なんで源氏は〝源氏〟で平氏は〝平家〟かい？」

けぃんむん博士「よく気づいたな！　実は、〝平家〟という呼び方は、平氏のうち政権を握った平清盛の一族を指す言葉だそうじゃ」

新人B君「そうか。源平の戦いで敗れて都を追われたことを平家落人と言いますね。なるほど納得です」

けぃんむん博士「それじゃ、まずは源氏と平家の攻防から紹介しよう」

源氏と平家の攻防

・1156年、天皇家と摂関家の家督争い「保元の乱」（平安時代）で源氏は衰退。
・平家（平清盛）の全盛期。
・平家政権に天皇・公家側が反発。

・天皇側が源氏を味方に争いが始まる。
＊鹿ケ谷の陰謀…俊寛→喜界島へ流罪。
・１１８５年、「壇ノ浦の戦い(注2)」で平家は滅亡、武将は戦死もしくは海に入水（自害）。
・勝利した源氏の頼朝（兄）・義経（弟）が対立、義経は奥州平泉で自刃。
・１１９２年、「鎌倉幕府」成立。
※注２／現在の山口県下関市で行われた源平最後の戦い。

ここまでは、「平家物語(注3)」のあらすじ。
ただし、全国各地に平家が逃れたとの口碑、古文書が残っているとのこと。
※注３／平家の栄華と没落を描いた物語、作者未詳。

けぃんむん博士「源氏・平家・皇族が皇位継承をめぐっての争いなんじゃが、昔の日本史教科書を手元に新人君や先輩たちがまとめたのが下の図じゃ」
新人B君「登場人物の中心は、後白河天皇でしたね。
退位した後も権力を握ろうとしたことが、混乱を招いたみたいですね」
新人A君「そうそう、平家と源氏は武士として加担したけど、結果として親子・兄弟・親族が対立したんだよね」

源平攻防の構図
さねんさん「先に敗戦した源氏が、そし

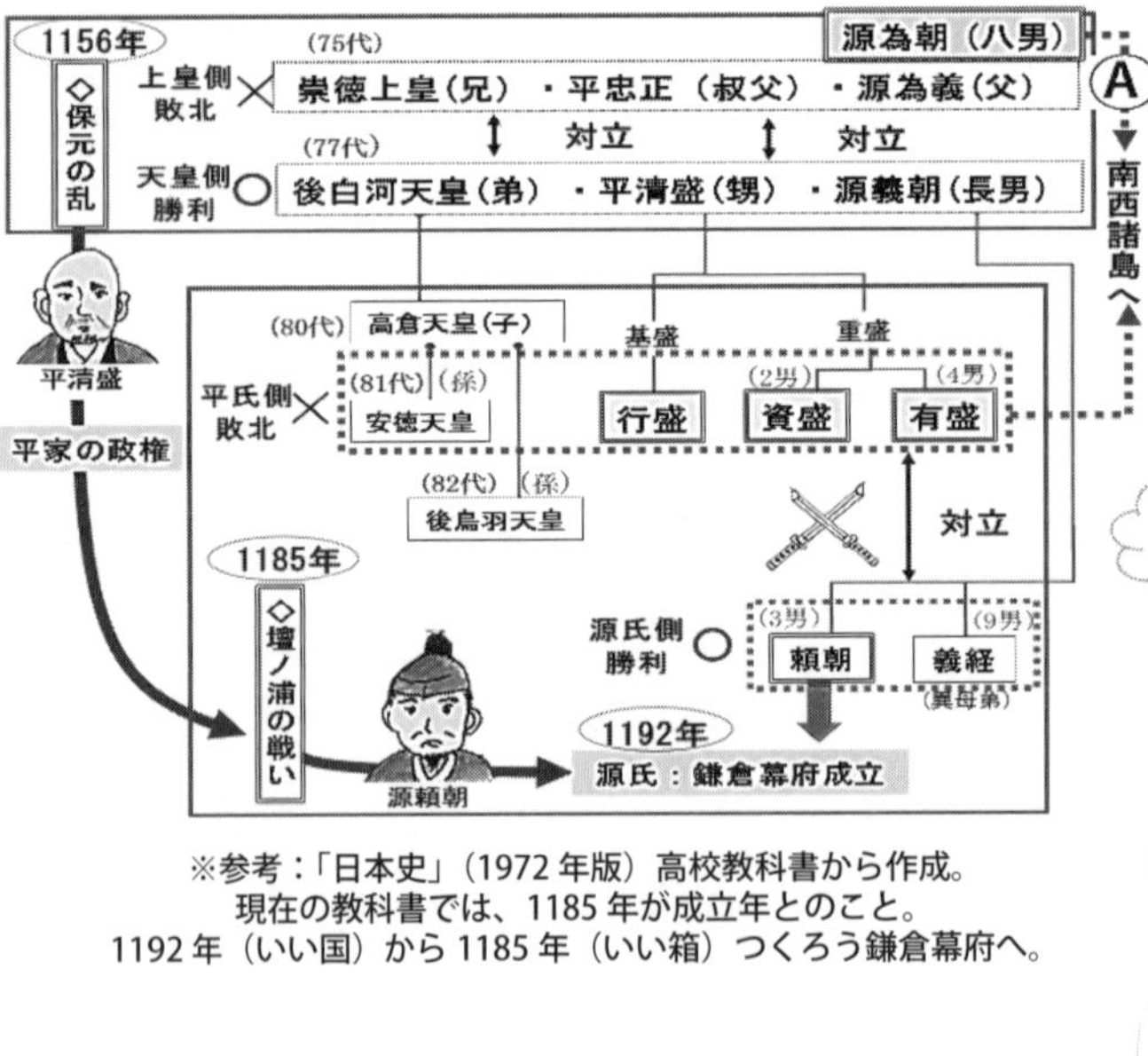

※参考：「日本史」（1972年版）高校教科書から作成。
現在の教科書では、1185年が成立年とのこと。
1192年（いい国）から1185年（いい箱）つくろう鎌倉幕府へ。

て30年後には壇ノ浦で敗れた平家が琉球の島々を目指したんですね。偶然でしょうけど、なんか不思議な気がします」

ましきょ君「高校入試の子孫《くわまが》のためじゃが、わきゃが作成した図をもとに教《ゆ》してぃにょ。まずは、源氏（図のA）を見《に》し呉《く》りんしょれ。

源為朝の生涯

【特徴】 身長7尺（2m10㎝）、弓の名人

・1152年（13歳）／父に勘当され京都から九州へ、鎮西八郎と名乗る。九州各地に勢力を広げる。

・1155年（16歳）／京都へ上洛。

・1156年（17歳）／保元の乱で敗北。伊豆大島に流刑。

・1165年（26歳〜）／鬼ケ島〜琉球〜伊豆へ。（注4）

・1170年（32歳）／伊豆領主に成敗され自害（1177年説も）。自害せず、大島から琉球に渡って琉球王朝の祖となったとの伝説もある。

※出典／『ブリタニカ国際大百科辞典』等参照。

※注4／昇曙夢『大奄美史』奄美社、90〜93頁から。

【琉球までの足跡】（『改訂名瀬市誌1巻』228頁）

〈喜界島〉小野津→〈奄美大島〉名瀬・大和浜・宇検・西古見→〈加計呂麻島〉芝・実久→〈徳之島〉天城町天城嶽・伊仙町犬田布嶽→〈沖永良部島〉和泊町畦布〜琉球〜伊豆大島。

新人B君「え〜、ほとんどの島々に足跡残しているんですか。改めて島々散策ですね。どんな伝説かワクワクします」

次回は、島々散策のおさらいを兼ねて少し詳細に……。

また、拝みよ〜ろ。

2. 島々の源氏編②

元日ぬ朝《しかま》　明方向《む》て見れば　上がれ高山に鶴ぬ舞ゆり

（島の正月唄から）

さて、ほとんどの島々に足跡を残した源為朝（鎮西八郎）、その波乱の人生を辿《たど》ると……。

けぃんむん博士「為朝伝説は、古い文献にも数多く記録されているんじゃが、これまでの島々散策のおさらいと紹介できなかったエピソードを列記すると……」

①雁股《かりまた》の泉（第4章第1節2項）

（源為朝が琉球に渡ろうとした時）、最初に着いたのが喜界島小野津と言われている。住民の有無を確かめようと雁

又の矢を放った。上陸して矢を抜きとると清水が湧出した。機織りの美しい娘と夫婦の契りを結び、八幡大菩薩を祀る神社を建立した。

②実久三次郎神社（第4章第2節3項）

やがて、為朝は西の方に大きな島影を見て、そこ（大島）に渡り、名瀬・大和浜・宇検・西古見・芝・実久に足跡を残した。宇検村の鎮姓は為朝の子孫だといい、実久の酋長実久三次郎は為朝の子だと伝えている。

③犬田布岳の岩石と祠《ほこら》

その後、西古見から船出して徳之島に渡った。犬田布岳の頂上に2個の岩石があり、為朝が腰をおろして、琉球航路を見定めた石であると伝えられている。また、為朝が滞島中島民の難破船を救ったことを恩に感じて建てた祠もある。

※写真／「天城町文化遺産データベース」引用。

④和泊町畦布の遺跡（城前）

さらに、沖永良部島畦布集落に居を構え、島の娘をめとって一子が生まれた。

⑤為朝琉球征服

「雁股の矢」
先端が二またに分かれ、鳥や獣の足を射る矢

一路琉球に向かい、途中暴風に遭って運天港に漂着。全島を征服し大里按司の妹を妻にして、一子琉球建国の始祖舜天王が生まれた。

※①～⑤の出典／『改訂名瀬市誌1巻　歴史編』２２８頁、昇曙夢『大奄美史』奄美社（１９４９年）89～93頁。

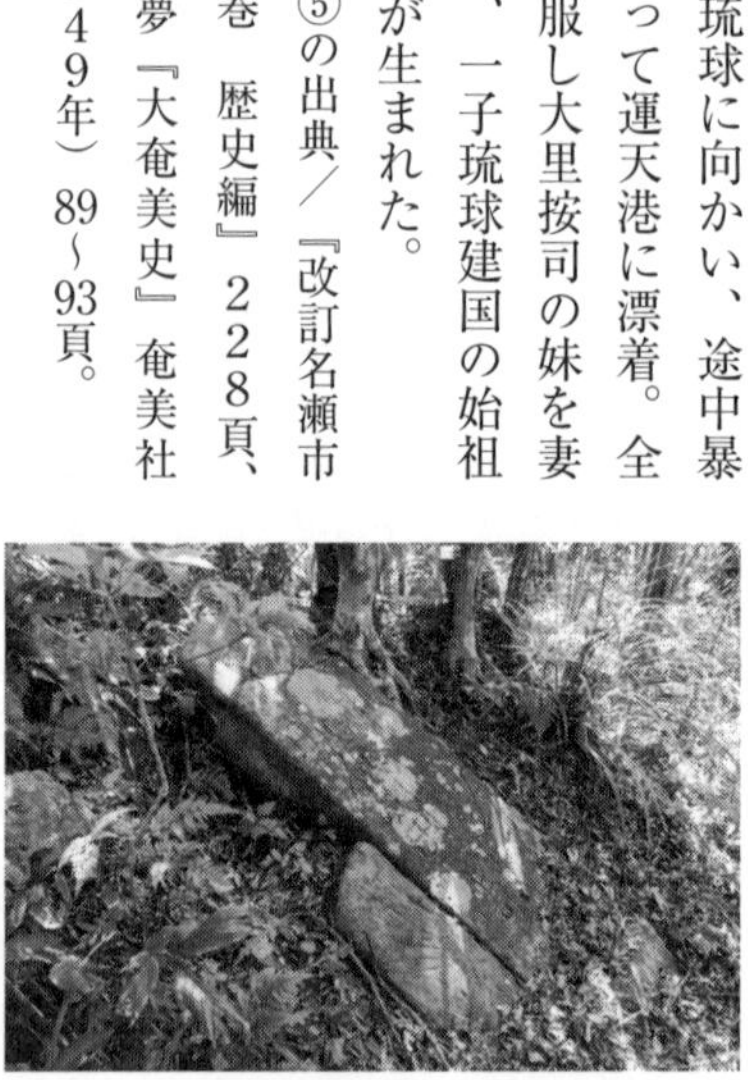

犬田布岳の岩石（線刻画）

新人A君「古い書物の記録って、どこまで遡《さかのぼ》るのですか？ちょっと気になります」

けぃんむん博士「そうじゃな。実はかなり古くから語られているんじゃ。主な文献を年代順に紹介しよう」

▼『保元物語』（作者・成立年未詳[注1]）

為朝鬼ガ島渡リ並ニ最期ノ事

永萬元年3月、月を篝《かがり》に漕ぎ行けば、曙に既に島影見え……島の名を問ひ給えば、鬼が島と申す。（略）

【訳】１１６５年3月、月明かりを頼りに漕ぎ行くと、明け方になって島の姿が見え……島の名前を聞くと鬼が島だと言います。

※注1／鎌倉時代前期の軍記物語。成立は室町時代の1446年以降との説も。
挿絵／塚本哲三『保元平治物語』有朋堂書店、1918年、124頁。

▼『中山世鑑《ちゅうざんせいかん》』（1650年(注2)）

為朝公、為鎮西 将軍之日、……琉球也、國人従之、……通一女、生一男子（略）

【訳】為朝が琉球に来て、琉球の国人は為朝に従った。そして、一女に通じ、男の子をもうけた。

※注2／羽地朝秀著、琉球王国最初の正史。

▼『南島志』（1719年(注3)）

為朝は28歳で南島に至り、……。「東鑑《あずま》(注4)」に文治4年（1188年）の夏5月貴賀井島（喜界島）が降伏した。その事件は、ちょうど舜天が王となったはじめに相当、「東鑑」の記載はこれだけであって……。（略）

※注3／新井白石著（江戸時代の政治家）。
※注4／鎌倉時代に成立した歴史書、『吾妻鏡』とも。

▼『南島雑話』（1855年(注5)）

……為朝琉球に下り給ひし時にも、……3年あまり名瀬間切に居給ひ、また佳喜呂麻東（加計呂麻島東）の地に居給ひし……。（略）

※注5／名越左源太著（幕末の薩摩藩士）。

ましきょ君「え〜、600年前から伝わっていたんじゃやー。たまがり（驚き）(注6)！」

※注6／奄美語【たまがり】＝古語「魂（たま）消（ぎ）る」の転化？＝肝をつぶす。驚く。

新人A君「琉球王が為朝の子孫って、びっくりですね」

けぃんむん博士「そうじゃな。現在も専門家の研究テーマのようじゃ。研究者間でも肯定派・否定派に分かれているようだぞ」

ゆんどり君「チュンチュン（ちゃっちゃ）、歴史のミステリーじゃが！」

けぃんむん博士「30代で琉球列島に……、いや日本史に名

[挿絵文]：為朝鬼島へわたり　勇力を□□なれば　嶋の者ども大ひに恐れて　みなみな　従ひける（『保元物語』）

を残した人物ということじゃ。ロマンある生き方かもな」

九州各地に伝説を残した源氏だか、その後平家も来島した奄美……。また、拝みよ～ろ。

※冒頭歌詞／元日の朝、日の出の方角に向かってみれば、日が上る高山に鶴が舞っている。（小川学夫『歌謡《うた》の民俗』65頁）

3．島々の平家編

白髪年寄りや　床ぬ前にゐしてぃ　生《な》し子歌うとてぃ孫踊る（島の正月唄から）

さて、源平の攻防は続き、ついに平家が追われて奄美の島々に足跡を残すことに……。

けぃんむん博士「さて、〝源平攻防の構図〟を覚えているかな？　ちょっとおさらいじゃ。今回は平家一族（図1のB）と琉球列島との関わりについて紹介しよう」

奄美の島々を見て驚く為朝

新人B君「思い出した！　日本史の先生が、期末試験に必ず出題するから〝盛者必衰《しょうじゃひっすい》〟ということばを覚えるようにと」

新人A君「そうそう、〝祇園精舎《ぎおんしょうじゃ》の鐘の声……〟で始まる『平家物語』の一節ですね。意味も分からずに暗記していましたよ」

ゆんどり君「その続きが、〝諸行無常《しょぎょうむじょう》の響きあり。沙羅《さら》双樹《そうじゅ》の花の色、盛者必衰の理《ことわり》をあらはす〟か。なつかかやー」

けぃんむん博士「先輩メンバーは、NHKの大河ドラマ『平清盛』を見ているから詳しいのう。それじゃ、壇ノ浦で敗れて都を追われた平家一族の足跡を追ってみようか」

文献から見る平家の足跡

壇ノ浦の戦いが絶望に瀕するや、天皇を南九州の安全地帯に供奉することに。資盛を征夷大将軍として、煙の見ゆる▼硫黄島に御供することに……。源氏方の兵船らしい白旗目印の船が海上に出没……。建仁2（1202）年、（顔を知られた武将）資盛等は▼やな国（奄美大島）に（後略）

※注／『旧記三所大権現鎮座本記』（硫黄島　長浜家所蔵）を引用。

建仁2年、硫黄島から奄美大島を目指して南下した資盛は手兵2百人と共に、まず▼喜界島に上陸、居城を構えて七城と称した。今は平家の森と呼ばれている。3年ほど滞在して……20年前屋島において別れた有盛・行盛に逢った。

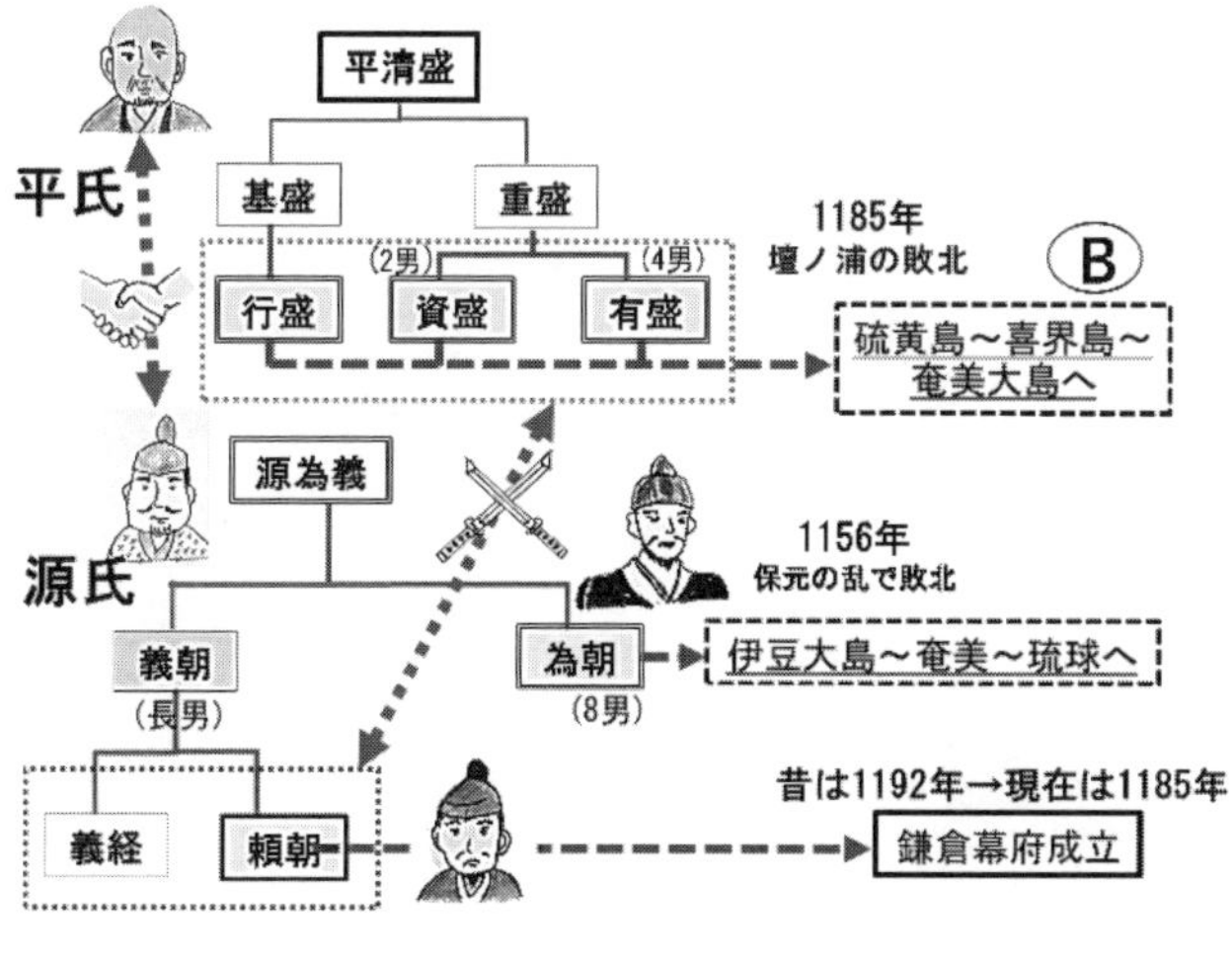

※図１「源平攻防の構図―鎌倉幕府成立まで―」

大島の攻略を計画し全島を平定した。島内を三分して、▼資盛は諸鈍に居城し全軍を総管、▼有盛は名瀬間切・笠利間切を領して戸口に、▼行盛は古見間切・住用間切を領して浦上に城を構え東南を警戒した。（後略）

※注／『平家没落由来書』を引用。

※出典／昇曙夢『大奄美史』96〜98頁。

けぃんむん博士「源氏の追手に備えた遠見番所を島の岬に配置したそうじゃが、どこか分かるかな?」

ましきょ君「ちゃ、いなさりん（子どもの頃）、あんまとじゅーが、笠利町屋仁の蒲生崎と龍郷町安木屋場の今井崎は、のろしを上げる場所だったよっち、言しゅたが」

けぃんむん博士「そうじゃな、岬名は遠見番の名前が由来になっているそうじゃ」

新人A君「でも、平家伝説は全国各地にありますね。確か、香川県

図２：「平家三武将の居城と遠見番所」

の友人から〝平有盛が隠れ住んでいた有木村という平家落人村がある(注1)〟って聞いたことがありますよ」

※注1／『讃岐生駒記』1931年、100頁（有木村、谷間にして隠里なり、昔元暦の戦終りて小松少将有盛隠れ居たる……）

さーみぃさん「そうそう、沖永良部島にも平家伝説があるんですよ」

けぃんむん博士「そうじゃな。郷土研究者の著書から紹介しよう。

有盛の子孫に後蘭孫八なる者あり、沖永良部に下って世之主(注2)に仕え、子孫繁栄して……後蘭の地形に着目し築城し本拠を構えたという。

※注2／沖永良部島の島主

※参考／文英吉『奄美大島物語　増補版』南方新社、2008年、88頁。

「後蘭孫八の居城跡（和泊後蘭集落）」

ただし、『和泊町誌』『知名町誌』とも、時代が一致しない、平家落人説は疑問との見解を示しているそうじゃ」

さーみぃさん「そうなんです。ただ、孫八さんは優れた建築家だったそうで、城跡はパワースポットとして有名なんですよ。ぜひ、訪ねてみてください！」

次回は、島人の暮らしに影響を与えた源平伝説を紹介しよう。また、拝みよ〜ろ。

※冒頭歌詞／白髪年寄りを床の前にして、子どもたちが寿《ことほ》ぎ歌い、孫たちが祝い踊ることだ。（田畑英勝『奄美の民俗』70頁）

4．文化的な影響

〝しらが年方《かた》や　床ぬ前《め》に祝はて　わぬや下さがて拝《うが》でおしょろ〟（島の正月唄から）

ちょっと道草が長くなった源平伝説、実は文化的な影響も受けていたのだが……。

※冒頭歌詞／年寄りの方は生き神様であり村の宝である。床の前祝って、私は下の方から拝んであげます。（文潮光『奄美大島民謡大観　復刻版』1983年、35頁）

ましきょ君「ちゃじゃが、〝道草しないで家にまっすぐ帰ってよ！〟と刀自（妻）に、いつも／はっしとぅま(注1)／言われているのだけど……。また怒られそうだ」

※注1／奄美語「はっしとぅま／はしとぅ」＝厳しく。

新人A君「だけど、いい勉強になっていますよ。今なら日本史のテストは自信がありますね」

けぃんむん博士「もう少し道草してみようか。さて、源平の来島？　が島の人たちにどんな影響を与えたのか気になるところじゃが……」

特産品ミキの伝承

○造酒《みき》製法の事（「南島雑話(注2)」から）

▼西、東、屋木内《やきうち》あたりで造られる造酒は、なぜ、噛《か》み砕いたものを入れて造るのかと問うと、▼往古の平家の方々は……噛み砕くのを見せてくださり……名瀬の浦上村だけは今でも噛造酒を伝えるという。浦上村の後ろの山は、▼平有盛の古跡と言い伝えられ、今でも噛造酒を行っている。

※注2／1850年から5年間の、薩摩藩士名越左源太の奄美大島遠島記録誌。

新人B君「え～、島の〝ミキ〟は平家の一族が教えたのですか。800年の歴史ある飲み物なんですね。やっぱり、タイムトンネルであの時代を探検したいですね」

さねんさん「私もびっくり！　ばあちゃんがつくっていた島のミキが平家の武将から教えてもらったって……。伝説の話でも当時を思い浮かべながら飲むと味がもっと濃くなりますね」

「アンマと孫」

アンマ「美貴ちゃん、ミキつくったよ～」

孫「アンマ～、美貴もたくさんミキ飲んでほでるからね(注3)」

※注3／奄美語【ほでる／ふぅでる】＝成長する。

けぃんむん博士「さ～て、八月踊りの歌詞にも源平伝説が伝承されているんじゃが、ちょっと紹介しよう」

平家と島唄

◆「でっしょう」

へでっしょう初めたろ　誰《だ》がよ初めたろ

真名瀬浦上ぬ　鍋加奈初め

【意訳】手習い学問の始まりは誰がはじめたろう。名瀬浦上の鍋加奈（有盛の島

妻）がはじめた。
〽うしあじん　たてて　米うたしゃしが
　浦上鍋加奈　そしら初め
【意訳】臼やキネなどを使って米を精米する技術は浦上の鍋加奈が教えはじめた。
※参考／文英吉『奄美大島物語　増補版』南方新社、91～93頁・籾芳晴『奄美島唄紀行』南海日日新聞社、149～151頁。

けぃんむん博士「この歌詞は、平家が学問や稲作・精米技術を教えてくれた、という内容だそうじゃ」

ましきょ君「え～、わきゃシマぬ八月踊りぬ歌じゃが、平家をたたえる歌詞か……」

さーみぃさん「一番の歌詞は、沖永良部手々知名集落の遊び踊り〝手習（てぃしゅ）い始め〟(注4)に似ています。面白いですね！」

※注4／「〽手習《てぃしゅ》い始めたし　誰《た》が始めがねや　大和美《やまとちゅ》ら兄弟《うとじゃ》ぬ　始めたちゃむ」（『和泊町誌　民俗編』920頁）

けぃんむん博士「集落々々《シマジマ》で歌詞が微妙に違うようじゃ。島々で比較すると、歌や踊りの伝播の流れが分かるかもしれんぞ。さて、源氏の唄もあるんじゃが……」

源氏と島唄

◆「加計呂麻島の子守歌」
〽ヤマトグスク（大和城）の御曹司や、左し石んきゃ、へーあげゅん。
　平按司（へいあじ）や、石んきゃ右し、へーあげゅん。
　童（わらべ）んきゃ、グスクの御曹司のいもゅんど。

【意訳】（青年たちを鍛える力石を）大和から来た御曹司は左であげるが、島の平按司（島の力持ち名前）は右手であげる。子どもたちよ、大和城の御曹司（為朝）がいらっしゃるよ。

※出典／『改訂名瀬市誌　1巻　歴史編』227頁、「南島雑話」にも紹介されている。

◇「源為朝と平家上陸の地」
◇「時代は1165年頃～1200年代」

新人A君「奄美の歴史って本

当に面白いですね。源氏や平家の伝説、しかも学問、稲作技術、そしてミキ！　も伝えていたんですね」

けぃんむん博士「そうなんじゃ。真偽は別として、文化面で影響を与えたということじゃな。それじゃ、道草の総まとめが図じゃな」

さて、ちょっと道草で遠回りしたが、次の島めぐりは……。また、拝みよ～ろ。

第5章　集落地名の由来と今むかし——地名は歴史の語り部

第1節　集落地名の由来

1．集落地名の由来と今むかし①

〝旅や濵やどり草枕心　寝ても忘ららぬ吾家《わや》ぬおそば(注1)〟

（島の旅歌）

※注1／旅の心は、木の根草の葉を枕に野宿するようなもの。寝ても忘れることのできないのは、温かい親兄弟や友達のいる我が古里の家のおそばである。（文潮光『奄美大島民謡大観　復刻版』1983年、94頁）

島の香りをお土産に旅立つ人、新たに来島する人、春は涙と笑いの季節……。

けぃんむん博士「〝旅は濵やどりで草枕心(注2)〟か、なかなか良い響きじゃな。転勤や旅立ちの季節、島を人生の雨やどりの場所だと思って忘れず頑張れということじゃな。さて、今回から島々、集落名のあれやこれやについてじゃ」

※注2／【やどり】＝宿り、「宿る」軒下や木の下などで雨が止むのを待つこと。【草枕】＝旅での野宿で、草を結んで作った枕。転じて、旅寝そのものや旅をもいう。（『学研全訳古語辞典』）

ましきょ君「チュッチュ（ちゃちゃ）、昔ぬ今《なま》頃や、さたやどり（砂糖小屋）で食べる〝かげん〟が楽しみだったやー」

※奄美語【かげん】＝きび汁を煮詰めたあめ状の状態。

ゆんどり君「ちゃ、いっさご（ぐ）れしゅーたや(注3)。浜・雨・砂糖やどりか。なつかかん／ゆむたなたや(注4)～（懐かしい言葉になったな～）」

※注3／奄美語【いさご（ぐ）れ】＝食いしん坊。類語「よ～ごれ」＝酔っ払い。「せ～ごれ」＝飲んだくれの人。「な～ごれ」＝徒食（働かないで遊び暮らす人）？「ぐれ＝食らい」の訛り。注4／奄美語【ゆむ（い）た】＝読み歌？（ユミは「読み」「教え」「誦み」などの意を持つが、タはウタの略としか考えようがありません。〈傍線部／恵原義盛『奄美の方言さんぽⅠ・Ⅱ』から〉）

新人A君「ゆむた＝読み歌が訛ったということですか。詩的な響きですね。島ことばの

「砂糖《さた》やどりで雨宿り」

不思議な魅力を感じます」

けぃんむん博士「さ～て、あまくまで雨宿りしながら集落（シマジマ）の景色を眺めるのも島を知る絶好の機会じゃが、ここでムン尋ね。奄美の集落名で同一漢字が多い地名は？」

同一漢字が多い地名

新人B君「若手には、ハードルが高い……と思うでしょ。『奄美群島の概況』で調べましたよ。大字名(注5)ですけど、ちょっと列記します」

①「勝」が付く集落（13）

安勝・仲勝・名瀬勝・西仲勝・伊津部勝・役勝・摺勝（奄美）／思勝（大和）／生勝（宇検）／勝浦・勝能（瀬戸内）／大勝・中勝（龍郷）

②「瀬」が付く集落（13）

根瀬部・知名瀬・名瀬勝・和瀬・喜瀬（奄美）／小名瀬・瀬武・瀬相（瀬戸内）／瀬留（龍郷）／徳和瀬（徳之島）／瀬滝（天城）／瀬名（和泊）／瀬利覚（知名）

※注5／1889（明治22）年の市町村制の施行時に従前の村名・町名を残したもの。大字と区別して、江戸期からの村（藩政村）の下にあった区画単位を小字という。（ ）内は市町村名。

ゆんどり君「そうそう、ぎなさん頃(注6)、夏休みの郷土学習で北大島の集落歩きで調べたことを思い出したが。確か『勝』の付く小字が約40ほどあったな」

ましきょ君「ちゃ、なつかかやー。わきゃだか／いなさりん(注6)シマあっきし（歩きをして）調べたね。『瀬』の付く小字が約30ほどあったかも……」

※注6／奄美語「ぎなさ」「いなさ」＝小さい。

地勢に由来する地名

けぃんむん博士「さ～て、『勝』の呼び方は〝がち・かち〟じゃな。それじゃ、ムン尋ねのた～ち（二つ）目。勝の語源・由来は？」

新人A君「う～ん。運動会や米づくりの集落対抗で毎年勝つからとか？　ギブアップです」

ましきょ君「新人君たちには難しいかもやー。集落の地形・位置で共通項を探すというのはどうかい？」

ゆんどり君「ちゃ、Googleの航空写真で見ると山の谷合、川がキーワードじゃが」

けぃんむん博士「さすがオールドメンバーじゃ。ちょっと地名研究者の説を紹介するとしよう」

（略）両側の山地が迫っている谷、横断面がV字型の谷にはサコ（迫）、サクの地形名がついている。こうした谷にはカチ名が見られる。恐らく語意は川（河）内であり、その河内が音韻変化してカッチ、コウチ、カチの語になったものと思う。奄美ではカチは勝に、……（沖縄）幸地は川内の当字であることは『琉球国由来記』で知ることができる。（略）（仲松弥秀「地名は自然・人文の歴史を語る」『南島の地名　第１集』南島地名研究センター、１９８３年、９〜12頁）

新人B君「なるほど、確かに集落の後ろには山があって、近くに川が流れていますね。地勢に由来する地名ということですね。それじゃ、『瀬』は？」

けぃんむん博士「う〜ん。ちょっと困ったぞ。あまくま調べたが分からずじまいじゃった。次回までの宿題じゃな」

「勝」が付く地域のイメージ

地名には地理や暮らしのさまざまな情報が含まれる、そんな新たな知識との出合いを求めて……。

2. 集落地名の由来と今むかし②

〝砂糖や成ゆる　釜がんて　ぶちぶち　七色変わりゃど
砂糖や成りゅる〟（島の暮らし歌）

【訳】砂糖ができるよ。炊き釜でグツグツ炊いて、七色変わって、やっと砂糖ができるよ。

※沖永良部島「三合節」（小川学夫『奄美シマウタへの招待』春苑堂出版、１９９９年、98頁）

山々の新緑も登下校の1年生もまぶしく、新砂糖《みーさた》も美味しさ増す季節……。

けぃんむん博士「冒頭はエラブの島唄じゃが、奄美大島には下句の歌詞（くるだんど節）、
砂糖や成らんど　うぎん汁しじらんば（煎じる）　七色変わらんば　砂糖や成らんど
——というのがあるんだそうじゃ。
さて、地名には様々な情報が詰まっているんじゃったな。前回の宿題『瀬』の由来じゃが……」

暮らしと地勢に由来する地名

（略）名瀬市の管内に「知名瀬」と表記された部落がある。今は、「チナゼ」と呼ばれるが、この部落の方名「キナジョ」によれば……すなわち「キナ」は火田（焼畑）の義、「ジョ」は門または入口の義であるから「焼畑の入口」を意味する。龍郷湾の西海岸に「瀬留」と表記された部落がある。（五万分の一地図「瀬花留部《せきるべ》」と記載されている）。方名は「スィルビ」である。これを音韻法則で復元すると「瀬のシマ（部落）」すなわち「海岸にある部落」と……。（柏常秋「南島の地域研究序説」『奄美郷土研究会会報第4号』1962年、7頁。傍点「方名」＝地方・地域での呼び名）

（略）瀬留は以前、セケルベ（瀬花留部）、スルブなど称していたが、郵便物の誤送、また誤記などの不便のため、大正8年、瀬留と改称、認可される。（『龍郷町誌』283頁）

ましきよ君「そうだ！ 小さい頃あんま（母）に、〝早く起きてジョウグチ（門口）をきれいに掃きなさいよ〟と良く言われたがよ」

新人A君「そうか、必ずしも昔からの呼び名と漢字表記とが一致しないということですね。どうして違う結果になったのか気になります」

ゆんどり君「島のムン知りうっちゅ（注1）（年寄り）から聞いたことがあるがよ。江戸時代までさかのぼるらしいっちじゃが」

※注1／奄美語【うっちゅ】＝年寄り。「（目）上（うー）の人（ちゅ）」が訛って？

地名の記録変遷

・奄美諸島の地名が公簿に記録されるようになったのは、薩摩藩に帰属した1609年の土地丈量（注2）実施の検地帳が最初ではとのこと。
・記録地名は「漢字地名」と「仮名地名」に。（ほとんどが漢字地名）
・漢字地名は公簿記録に適しているが、音・訓をもとにした当て字が多い。（地名の意味の考察が困難）
・仮名書き地名は声音を伝え残しているため、漢字と仮名地名の両特性を持っている。
・喜界島は他島よりもカタカナ書が多く、花良治《けらじ》集落はすべて仮名書きである。
※参考／柏常秋「南島の地域研究序説」『奄美郷土研究会会報第4号』1962年。
※注2／用地境界を示す平面図。

新人A君「なるほど、それで現在の漢字地名が主流になって、その地域の特性などの情報が把握できなくなったということですか。漢字地名にルビを振って両方記載しておくと良かったかも知れませんね」

新人B君「そうか、漢字の〝瀬〟にも古くから伝えている意味と当て字で変換された地域名もあるということですね。
　推測ですけど、薩摩藩の役人が島のことばが理解できず当て字の地名にしたとも考えられますね」

けぃんむん博士「そうじゃな、きがまら[注3]くなって適当にしたのかもな。ただ、記録として残した意義は大きいかも知れんぞ。音声（ことば）だけでは時間経過の中で変化すると言われているからな」

※注3／奄美語【きがまらい】＝面倒くさい。

えーざ君「ちゃ、源平伝説で為朝が沖縄上陸した港[注4]・今帰仁村運天港は、古い呼び名の雲慶名（くもけな）[注5]から変化したっちらしいが」

※注4／第4章第8節4項。注5／沖縄の民俗学者・伊波普猷の説（くもきな→雲慶名→雲見→運天）。ただし、最近の研究「今帰仁の歴史」（今帰仁村教育委員会）では、雲見→運見→うむてん→運天と変化しているとの見解。

ましきょ君「そうだ！　沖縄のどぅし（友人）から漫才のような小ばなしを聞いたがよ」

――沖縄サミット（2000年）での検問時の本土おまわりさんと地元住民の会話――

おまわりさん「どこからですか?」
運転手「オンナからです」
おまわりさん「……?? 隣の君と後ろの君は?」
助手席「ウンテンからです」
後部席「ナカマからです」

――沖縄県警のおまわりさんが事情を説明し（恩納・運

天・仲間という沖縄の地域から来たこと）、大笑いしたそうです。

島口（方言）と地名、400年前の台帳作成の情景もぼんやり見えて……。また拝《うが》みよーろ。

第2節　喜界島編

1．琉球王国時代の地名

〝送ろ〻濵じょがれ送ろ　となか乗りだせば潮風たのも〟

（島の旅歌）

【訳】「じょ」は門、門口をじょぐちと云う。送ってあげよう、浜の門、すなわち波打ち際まで送ってあげよう。渡中乗り出せば潮風頼みます。（文潮光『奄美大島民謡大観　復刻版』56頁）

小雨けぶる新緑の山々、新1年生も新園児も輝く春の季節……。

けぃんむん博士「さて、地名には昔の生活史も知ることができる一方で、小ばなしのネタ的な面白さがミックスされて興味深いが。今回から島々の地名……」

さねんさん「博士！　ちょっと待ってください。女子会で調べたら『名』が付く集落が18カ所もありましたよ。男子は晩酌しながらのテゲテゲ（注1）の発表だったようですよ」

※注1／いい加減、適当。（鹿児島本土・奄美、沖縄では「テーゲー」）地域によって、「多く・たくさん」の意味も。倉井則雄『奄美方言語散策』1998年、235頁。

知名瀬・真名津・名瀬勝（奄美）／津名久・名音（大和）／名柄（宇検）／阿木名・小名瀬・武名（瀬戸内）／秋名（龍郷）／西阿木名・与名間（天城）／糸木名（伊仙）／知名・正名（知名）／瀬名・手々知名・上手々知名（和泊）

※（　）内は市町村名。

新人A君「ん〜ばれたか。B君が〝てぃーちやたーち〟（一つや二つ）は分からないはず、10年寝かした黒糖焼酎があると言われて……」

新人B君「そうだけど、勝や瀬の由来が分かって、ちょっと得したような気がするけど、じゃー〝名〟の由来は？」

さねんさん「そこまでは……。先輩、助けてー！」

ましきょ君「そうじゃや〜。勝や瀬と違って〝名〟の一字では意味を持たなくて、前後の単語との組み合わせが鍵かも、次回紹介じゃやー」

ゆんどり君「男女仲良くじゃが。わきゃが、江戸時代の呼称や方言名、今の呼び名とを比較してみたから、なーりっくゎ教(諭《ゆ》)してぃにょ。解明の糸口が見つかるかもじゃが」

江戸時代の地名との比較

・下段の図表参照

喜界5間切→6間切

さねんさん「え〜、早町は東間切の名称だったのですか。岬名(志《し》津る崎→志《し》津る村)が現在の上嘉鉄《かみかてつ》になったのですね」

けぃんむん博士「〝間切〟は、現在の市町村で、〝村〟は集落ということじゃ。琉球王から辞令を受けて役人が配置された、その体制は薩摩藩時代も引き継がれたとのことだそうじゃ」

ましきょ君「絵図(1702年)では、5間切だけど、既にこの時期はいしやく村が昇格して6間切(1692年)(注2)だったっちじゃが、テゲテゲ仕事で派遣役人は、家老にムル(とても)怒られたち思うがよ」

※注2/『喜界町誌』『大和村誌』

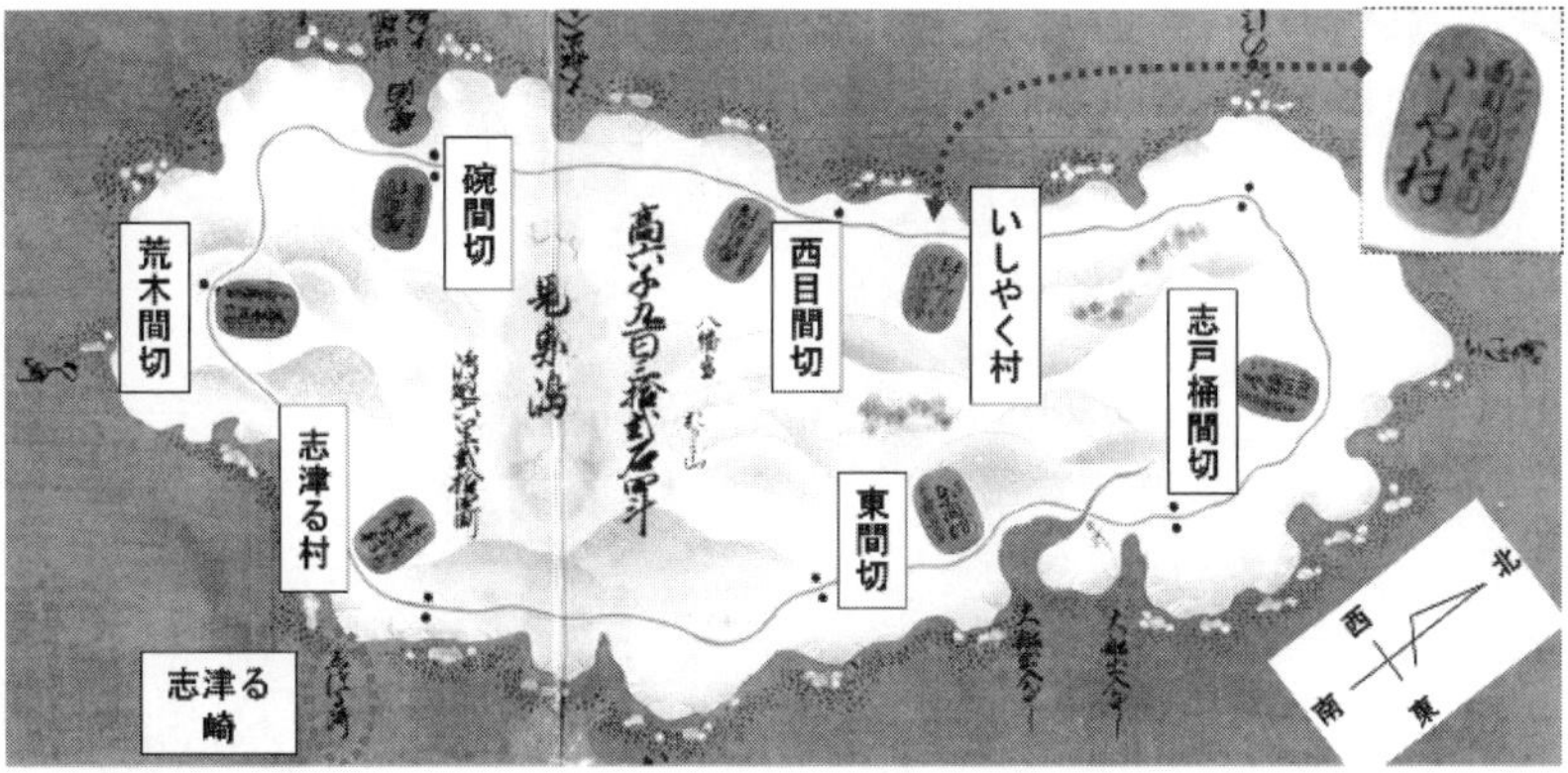

「集落名の今むかし」

江戸時代	①志戸桶《シトオケ》	②東《ヒガ》	③荒木《アラキ》		④碗《ワン》	⑤西目《ニシメ》	
				志津る村			いしやく村
現在	志戸桶《シトオケ》	早町《ソウマチ》	荒木《アラキ》	上嘉鉄(しっつる崎)	湾《ワン》	西目《ニシメ》	伊砂《イサゴ》
方言名	シー	フィニャ	アラチ	ハティツ	ワン	ニシミ	イシャグ

※出典:絵図及び表の上段間切名及び村名「元禄國絵図(1702年)」(国立公文書館所蔵)、
現代語訳:山下和、下段方言名:喜界島方言バス停及び聞き取り。

けぃんむん博士「さて、絵図を見て間切（市町村）名が地理上の東西の方位を参考にしているのに気づいたかな。他の島々でも登場するぞ。

▼東間切／喜界町、瀬戸内町、徳之島町

▼西・西目間切／喜界町、瀬戸内町、徳之島町

琉球国の役人が名付けたのか不明じゃが、ただ、沖縄本島や沖永良部島以南の島々には、東西の間切名（元禄国絵図／東風平《こちひら》、西原《にしばら》の2間切）が少ないのも不思議じゃ」

新人B君「え〜面白いですね。だけど、東西の名称はあっても南北（奄美）がないのが気になります。以前教えてもらった自然方位とか民俗方位(注3)が関係しているんですか?」

※注3／その地域の人たちが生活で指す方向。琉球の島々では、〈北〉＝ニシ、〈南〉＝ハイ・フェー、〈東〉＝アガリ、〈西〉＝イリという。

※沖縄には「北谷《きたたん》間切」、「南風原《はえはら》間切」がある。

けぃんむん博士「よく覚えていたな。琉球では、〃太陽が昇る（上《あ》がる＝東《アガリ》）・沈む（入《い》る＝西《イリ》）とか日常の暮らしに基づいた呼称になっていたんじゃったな。

今回は、どうじゃろうな。首里王府との位置関係や島の地勢などでひもとく必要があるかも知れんな」

ましきょ君「そうそう、平家上陸の志戸桶海水浴場は、琉球王国時代の中継港として有名で、確かウチニャードゥマイ（沖縄泊(注4)）の名前で呼ばれていたみたいじゃが」

※注4／「奄美群島の残したいもの伝えたいもの」奄美群島広域事務組合発行、2019年

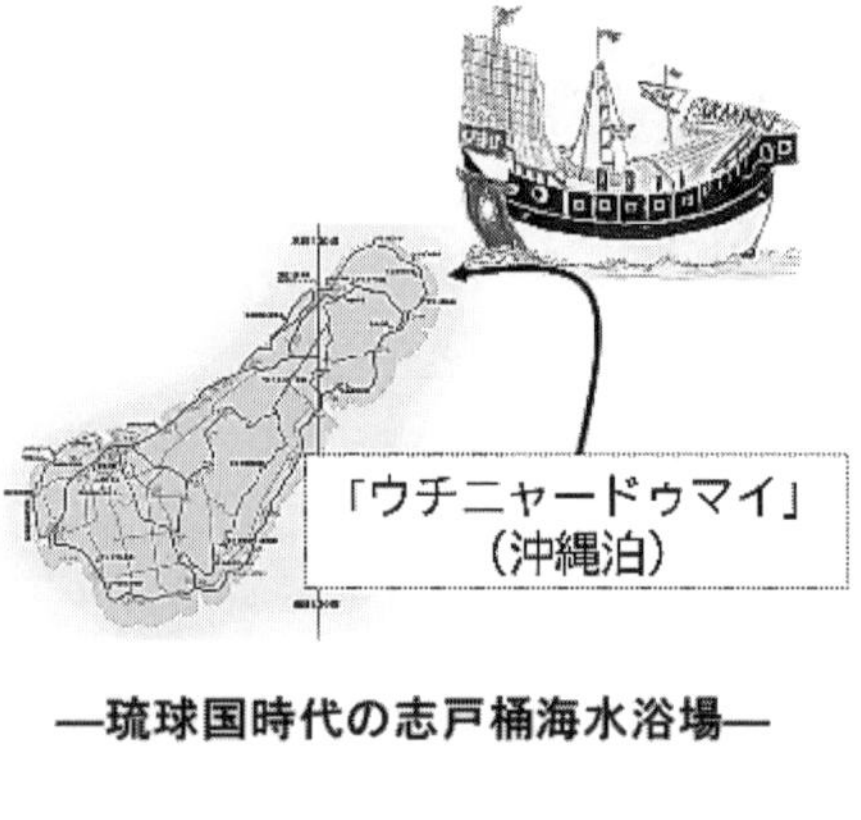

—琉球国時代の志戸桶海水浴場—

研究者でも諸説ある地名の由来。タイムトンネルがあればと、太古に思いを馳せながら……。

また拝《うが》みよーろ。

2. 海洋と地名

舟や舵《かじ》　人《ちゅ》の家《や》や刀自《とじ》（島のことわざ）

【訳】船に大切なのは舵、人の家では妻。（小川学夫『奄美シマウタへの招待』161頁）

妻が風邪で寝込み、何もできないことに気づいたA君が見つけた島のことわざ……。

ゆんどり君「わきゃ／くぅとぅ／じゃが。だから、刀自《とうじ》を尊敬して、昔ぬうっちゅ（年寄）は、

〽あんまとじゅ（母と父）　気ぬどく考んしょんな　あんまとじゅ〟とか、

〝うなり（姉妹）といひり（兄弟）〟とか、女性名称を先に呼んでいたんじゃや」

新人A君「やっぱり先輩は奥さん孝行ですよねー、と忖度《そんたく》して……。前回のウチニャードゥマイ（沖縄泊）で、興味深い文献を見つけましたよ。ちょっと紹介します」

地名が語る歴史と地形（沖縄泊）

（略）ウチナードゥマイ(注1)とは、琉球王府時代にウチナーブニ（沖縄船）の、上り下りの澪跡（航行できる水路跡）を遺す歴史的地名である。

往時は殷賑（賑やか）をきわめたであろう泊りも、満潮時にしかボートも浮かばずウチナードゥマイの今昔は、喜界島が現在でも隆起を続けていることを、私たちに教えている。（略）（久手堅憲夫「ききゃ（喜界島）」南島地名研究センター編著『地名を歩く　増補改訂』ボーダーインク、2006年、58頁）

※注1／呼び名は地元と著書と若干異なっています。

新人B君「毎年2㎜隆起しているとは聞いたけど……。15世紀中頃に琉球国に統一されたから、計算すると〝0・2㎝／年×550年……〟。

え〜！　波打ち際は1ｍ以上の水深があったということですか？」

けぃんむん博士「そうなんじゃ。同様な内容の著書もあったぞ」

（略）喜界島の東端に、筒状の湾入がある。（ここは）「沖縄泊」といわれている。土地の人も「大昔、沖縄船が本土往来の際に寄港したトマリであったとの言い伝えがある」と。500年間に海岸の隆起が約2メートルあったと推測せざるを得ない。関連し思い起こすのは、久米島の「大和泊」である。これは要するに地名によって内蔵している歴史を知ると同時に地形

変化についても黙示している（略）（仲松弥秀「歴史を内蔵した地名」『南島の地名 第3集』南島地名研究センター、1988年、8頁）

「志戸桶海水浴場」（ウチニャードゥマイ）
※出典：Windows マップ

◆「早町」の由来

けぃんむん博士「実は、右記の出典著書には、こんな記載もあったぞ」

沖縄泊の外に湾、荒木、早町（潮待ちからの名称という）（注2）などのトマリがあるが、現在いずれも浅くなっている。

※注2／『日本地名大辞典鹿児島』380頁にも記載されている。

ゆんどり君「なるほど、方言で〝潮＝ウシュ〟が標準語〝ソオ〟となって、漢字を当てて早町か……」

さねんさん「面白い！ それじゃ島唄にある〝塩道《しゅみち》長浜節〟の塩道集落は、潮が流れる道の意味があるのでは？」

けぃんむん博士「そうじゃな、周辺の地名を列記すると、

▼塩道（シミチ） ▼早町（ソーマチ）（注3）〈潮待（ウシュマチ）〉
▼白水（シャミズ） ▼志戸桶（シー）

※（ ）内は方言名。

※注3／前項の表「集落名の今むかし」中の方言名「早町（フィニャ）」は、集落の一部を指す呼び名。集落は「ソーマチ」とのことです。（喜界町教育委員会調べ）

方言〝シ〟が接頭語となっているじゃろ。潮・海の地形と海洋気象が解明のヒントかもしれんな。喜界の仲間に調査をお願いしたらどうじゃろか」

※前述の『地名を歩く』では、沖縄方言「シ」＝「瀬」と解説している。

ましきょ君「チュッチュ（ちゃちゃ）、わきゃ／かさん（笠利）／では、潮が引くのを待つことを、〝シュがヒキュンばマチュン〟海で泳いだ後、潮流すことを、〝ウシュ流す〟ち言うがよ」

新人A君「地理学や海洋学の勉強になりそうです。そうそう、喜界の由来も同じ著書で見つけましたよ」

◆「喜界」の由来

（略）喜界の人たちは、島を「段の島」と呼んでいる。『おもろさうし』の「ききや」を地形語で解いてみると、「キ」は土台とか基礎を言う地形語で、「ヤ」は岩を指す地相語である。そこで「キキヤ」は「岩の土台土台」となり、「サンゴ礁の段の島」の義（意）を秘めた古代語であった。（久手堅憲夫『ききゃ（喜界島）』南島地名研究センター編著『地名を歩く　増補改訂』58頁）

さーみさん「そうか。古代の人たちが生活の場や狩猟・漁場を共通の呼び名にしようと考えたのかも知れませんね。ムラ社会を形成した人たちの会話が聞こえるような気がします」

けぃんむん博士「そうじゃな。いつの時点から会話が始まったのか、ここは専門家の領域じゃが、集団生活するうえで、人の名前や地名は情報の伝達方法として重要なアイテムだったということじゃな」

「ウシュマチ」と言うんだよ。
「地名を教えるお父さん」

隆起する科学的な根拠を地名からひも解く、そんな地名の面白さに驚きながら……。また拝《うが》みよーろ。

第3節　奄美大島編

1．奄美大島北部編①

全国地名で少し知識を磨いたメンバーたち。さて、島々地名の散策で役立つのか楽しみだが……。

ゆんどり君「やっと古参メンバーの出番じゃ。今回も「元禄国絵図」（1702年）から奄美大島の間切名を教《ゆ》（諭）してぃにょ」

新人A君「え～、昔の名残のある市町村は、笠利と住用と名瀬（奈瀬）だけか。龍郷や瀬戸内町、大和村は最近の呼び名なんだ」

新人B君「A君！　表1の⑦は、奄美市の体育祭で8地区の……、あの古見方地区では？　表1の③焼内も確か〃焼

表1　「大島７間切と現行行政区域名」

	①	②	③	④	⑤	⑥	⑦
間切名（1702年）	笠利間切	奈瀬間切	焼内間切	西間切	東間切	住用間切	古見間切
現行政区域	笠利 龍郷	名瀬	大和 宇検	宇検 瀬戸内	瀬戸内	住用	名瀬 龍郷

※参考：『博物館が語る奄美の自然・歴史・文化』
奄美市立奄美博物館編（2021、南方新社）

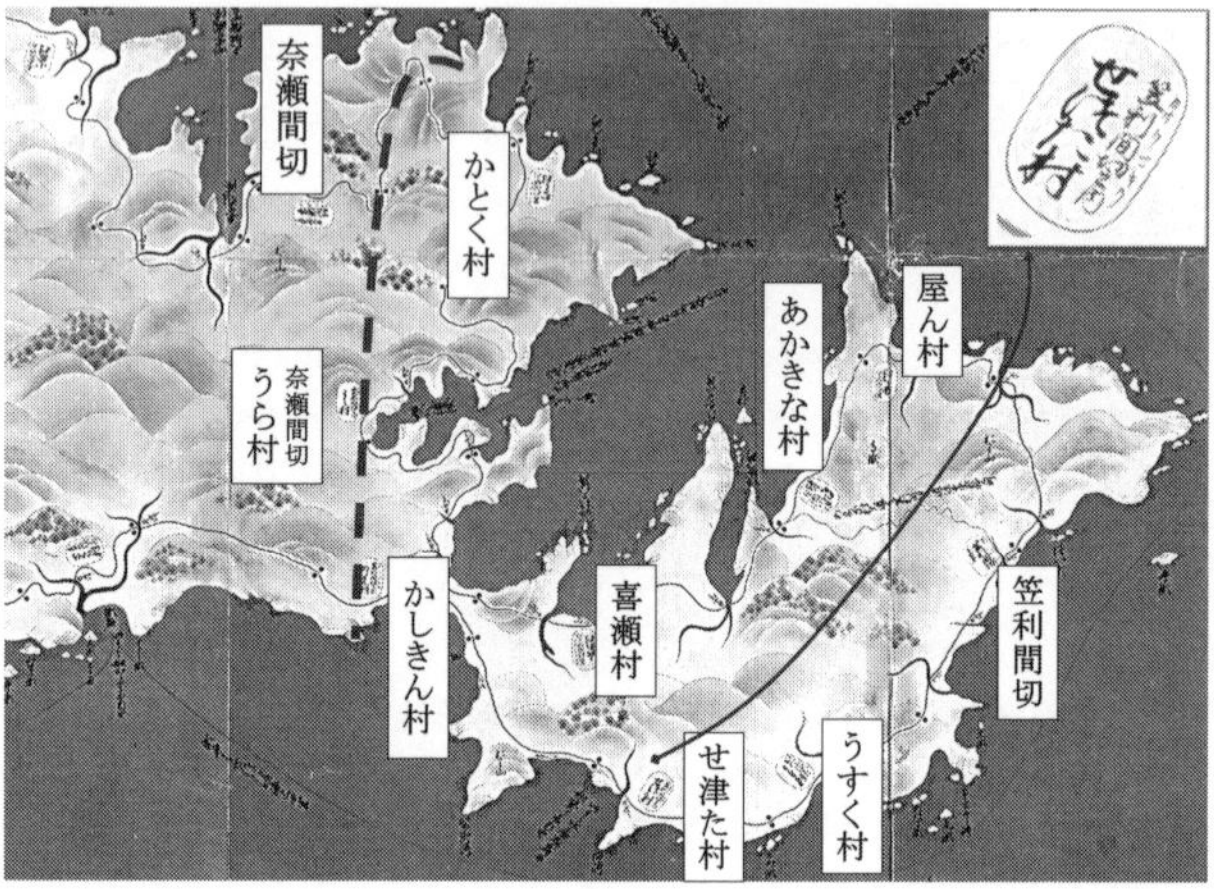

表2　**「集落名の今むかし」**

江戸時代	笠利間切	うすく村	せ津た村	喜瀬村	あかきな村	屋ん村	加しけん村	かとく村
現在	笠利	宇宿	節田	喜瀬	赤木名	屋仁	龍郷町加世間	龍郷町嘉渡
方名	カサン	ウスク	シッタ・スィッタ	キシ	ハキナ・ハッキナ	ヤン	カシキン	カド

※出典：絵図及び表の上段間切名及び村名「元禄國絵図（1702年）」（国立公文書館所蔵）、現代語訳：山下和、下段方名：『博物館が語る奄美の自然・歴史・文化』

内湾〃の地名だと思うけど」

さーみさん「そうだった。A君が職域リレーでバトンを落とした後の追い抜く姿、職場のみんな驚いていたっけ。そうそう、上方・下方・古見方を〃三方村《みかたそん》〃、合併があって名瀬市→奄美市の変遷だけど、当時の古見間切を引き継いだ事例だよね」

けぃんむん博士「三方村の役場は名瀬町にあったのじゃが、今でも他市町村に役場が設置されているのは、十島村・三島村（鹿児島市内）・竹富町（石垣市内）などがあるそうじゃ」

ましきょ君「７間切の概観は、それぐらいで……。今回は笠利間切の集落を国絵図と比較してみようか」

さねんさん「それじゃ、赤木名《ハキナ》の地名を金久の名字が多い瀬戸内出身の私から……」

さーみさん「あっ、そうか。赤木名には中・外金久の集落名があるんだった。確か金久は〃海岸の砂地とか三角州の低湿地(注1)〃で兼久とも表記するんだったね」

※注1／鏡味完二他『地名の語源』角川書店、1977年。

さねんさん「そう、金久と里は対の地域が多いし、前回の知名瀬（キナジョ）も関係するんですよ。キナは焼畑……、

・南島には、キナ・ケナ・キナワの地名が多い。（赤木名、阿木名、知名瀬《きなじょ》、秋名、西阿木名など）・キナ・キナワ等は野山を焼く火田式農耕の場所の地形名で「草木の生えた場所」。
・赤木名の〝赤〟は、色彩でなく「田畑・野良」の意味。（※東条操『全国方言辞典』から）
・太古は、粟《あわ》が主要作物で「ハキナ（赤木名）」は生産の中心地。
・カネクの内陸部にはサト（里）がある。カネクが新興地でサトは古い。

※参考／柏常秋「南島の地名」『奄美郷土研究会報　第9号』・『笠利町誌』・松永美吉『民俗地名語彙辞典』筑摩書房、2021年。

……ということで、赤木名は太古の時代、草木を焼き、粟を作り農耕で生活していた地域に由来すると推測しました」

新人B君「なるほど、農産物が豊富に収穫できる地域に人が集まり、お城（赤木名城）(注2)が築かれた、

ということかも知れませんね」

※注2／国指定の史跡、11世紀後半に築城と推定。

ましきょ君「じゃ、先輩からじゃ。全国地名と方言に由来する集落名で参考になりそうな節田集落について。
〝せ津た〟の〝津〟は全国編で湊・港、琉球方言で〝せ＝シ・スィ〟は瀬or潮、〝た〟は、う〜ん……」

ゆんどり君「わきゃどぅしぬ、節田は笠利一番の田袋《たぶくろ》(注3)があるシマじゃがっち、自慢しゅたんから、田の意味では？」

※注3／奄美では水田が集まった地名のこと。

新人A君「ということは、サンゴの入り江（瀬）がある港と田んぼが集落名の由来となりますね」

けぃんむん博士「元禄国絵図には、〝せ津た村から鬼界碗泊まで海上七里〟と、港・湊を示す表記があるようだから推理としては、面白いかもな」

さーみさん「先輩の方言力とのコラボで、島々地名の共通項が少し見えてきましたね」

　地名から読み解く先人の暮らしがぼんやりと浮かび上がり……、また拝《うが》みよーろ。

2．奄美大島北部編②

地名から先人の暮らし振りが、少し見えてきたような思いにワクワクしながら、笠利間切をさらに散策……。

新人A君「1700年代の古地図から、先人の暮らしが見えて面白かったですね」

さねんさん「やっぱり、方言からたどるのが一番ということね。そうだ、笠利間切の〝カサン〟、あの唄者はヒギャ唄とかカサン唄とか、年配の会話によく登場するけど、どんな由来か興味がありますね」

けぃんむん博士「そうじゃな、〝笠利人《かさんちゅ》ぬあった思じ〟(注1)ということばをよく聞くじゃろ。今回は、〝かさん〟の由来から紹介するとしよう」

※注1／急に思い出したようにアイディアなどを出すこと。

笠利の地名

笠利の地名は、朝鮮の正史「李朝瑞宗実録」(注2)(1450年)に加沙里島。おもろさうしには、「ききゃの浮島……。浮島から辺留笠利《ひるかさん》かち。」(おもろには) ほとんど島名がでるが……、このことは辺留笠利が琉球で重要視されていることを暗示している。(略) 喜志統親方の系譜の始祖を「黄金王冠様」(奄美大王) と称し大島全島を支配し、辺留城御殿に居住していた。この「おうきんおうがさま」が詰まって「ふうがさん」、長い間の習慣で「ひるふうがさん」「ふうがさん」「かさん」「かさり」という地名へ……。(『笠利町誌』1973年)

※注2／琉球最古の歌謡集。

さねんさん「え～、王様の名が由来！ 600年もさかのぼるんですね。ちょっとびっくり」

さーみさん「そうそう、琉球時代の島府(行政の中心) は笠利町大笠利(注3)にあったようだから、偉い人の名前に由来する地名という展開も理解できるわね」

※注3／『名瀬市誌1巻 歴史編』344頁。

赤尾木《あかおぎ》(方言名／ホウゲ) の地名

さーみさん「そうだ、種子島の友人から奄美にも〝赤尾木〟の地名があるらしいけど由来は？ と聞かれて困ったわ……」

けぃんむん博士「う～ん、種子島には17代島主が住んでいた赤尾木城があるそうじゃが、由来はアコウの大木に由来するとのことじゃ。

ただ、龍郷町の赤尾木は方言名〝ホウゲ〟で、その昔、東シナ海から太平洋両海へ渡航するのに舟を担いでいた舟越・舟越地（フナゲェ・フナゲェジ）（注4）に由来するそうで、赤尾木は記録作成時の誤聴転写では、とのことじゃ」

※注4／瀬戸内町のホノホシ海岸、宇検村のフノシ海岸も舟越に由来するとのこと。『龍郷町誌　民俗編』1988年、490頁。

さねんさん「う〜ん。私の推理に近い！　私はアコウの方言〝ホーギ〟（注5）から、検地でアコウの木を見た（400年前大木が自生？）お役人さんの、こんな会話で決まったと思いますよ」

◆当時の役人の会話を再現①

役人「このアコウの木は立派じゃな」
島人「島でホーギといいます」
役人「ほー、集落名のホウゲと同じか」
部下A「種子島の赤尾木城はアコウの木からですよ。地形も赤尾木港と似ています。ここは、赤尾木と記録しては？」
役人「よし！　そうじゃ」

※注5／他にアホギ、オーギ、ウスキ等多数。大野隼夫『奄美の四季と植物考』道の島社、1982年。

ゆんどり君「役人の勘違いでも、なるほどじゃが。そうか、笠利岬周りは大変で運河計画があったち聞いたけど、ホウゲ＝舟越だったんじゃや。ちゃっ、昔（1963年屋入トンネル開通前）は、舟が便利で笠利が近かったちじゃが」

かとく村と笠利間切

新人A君「そうか。元禄国絵図で嘉渡《かど》集落（現龍郷町）が笠利間切（注6）だったのは、交通手段が舟だったからということですね」

※注6／琉球王国（15世紀頃）〜薩摩時代の行政区画。

けぃんむん博士「気づかないと思ったが、絵図をしっかり見ていたことじゃな。今回は、琉球・薩摩の役人の立場で考えてはどうじゃろうか」

◆当時の役人の会話を再現②

役人「笠利間切は、どこの村まで含めるかのう。特に『うら村』と『かとく村』じゃ」

※出典：「南島雑話」（奄美市立奄美博物館所蔵）

部下A「峠越えと舟漕ぎの時間で決めたらどうでしょうか」
部下B「それがよろしいかと」
役人「分かった。Aは海上で、Bは陸路で比較してみてくれ」
（数日後）
部下AB「『かとく村』から『あかきな村』へは舟が、『うら村』は陸路の奈瀬間切が短時間で往復できました」
役人「よし、『かとく村』は笠利間切、『うら村』は奈瀬間切としよう」
部下AB「結構大変だったなぁ。制度の見直し提言するか……」（その後、名（奈）瀬間切を龍郷方・名瀬方に分割、「かとく村」は龍郷方に編入）

間切と村の構成区分は、時期によって変化しているようでまだ分からないことが……、また拝《うが》みよーろ。

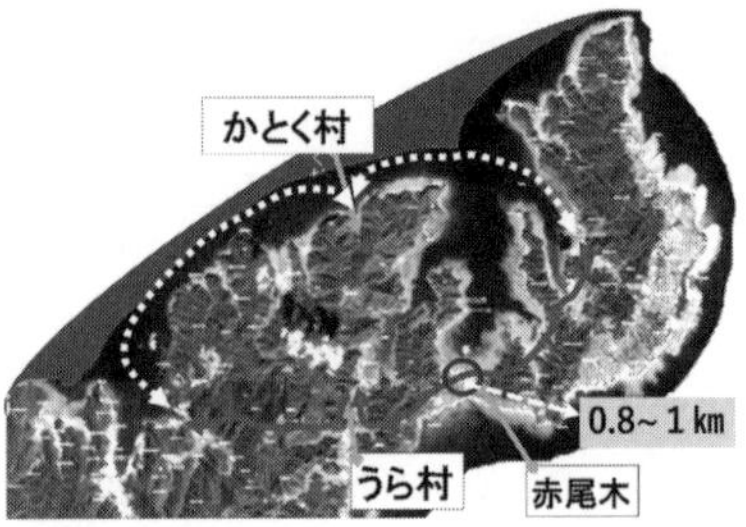

「会話からイメージした間切編成？」

3．奄美大島西部編①

陸路と海路の往復時間で間切の区分を決めた？ そんな想像豊かな会話が弾み、さらに島の東シナ海側を散策するメンバー……。

けぃんむん博士「少しまじめな展開で、ちょっと退屈そうな古参メンバーのためにコーヒーブレイクじゃ。
お母さんが夕食を作っている時、子どもから〝お母さん、このオクラとイクラ、何語か知っている？〟と質問されました。さて、答えは……」
さーみさん「知ってまーす。オクラは英語でokra《オクラ》、イクラはロシア語でikra《イクラ》でしょ」
さねんさん「そうそう、以前、〝かぼちゃ〟はカンボジア、〝じゃがいも〟がジャガダラ（ジャカルタの古称）で、地名に由来するって教えてもらったもんね」
ゆんどり君「さすが、若手や記憶力がいっちゃやー。わきゃゆぶぃ(注1)ぬくぅとさえ忘れてぃ……」
※注1／古語【夕（ゆふ）べ】＝夕方。日暮れ時。宵。
けぃんむん博士「それじゃ、今回は奈瀬と焼内間切（大和村・宇検村）の地名の今むかしじゃ。まずは、国絵図から

見てみよう」

「元禄国絵図」に記載された村名

・左の絵図参照

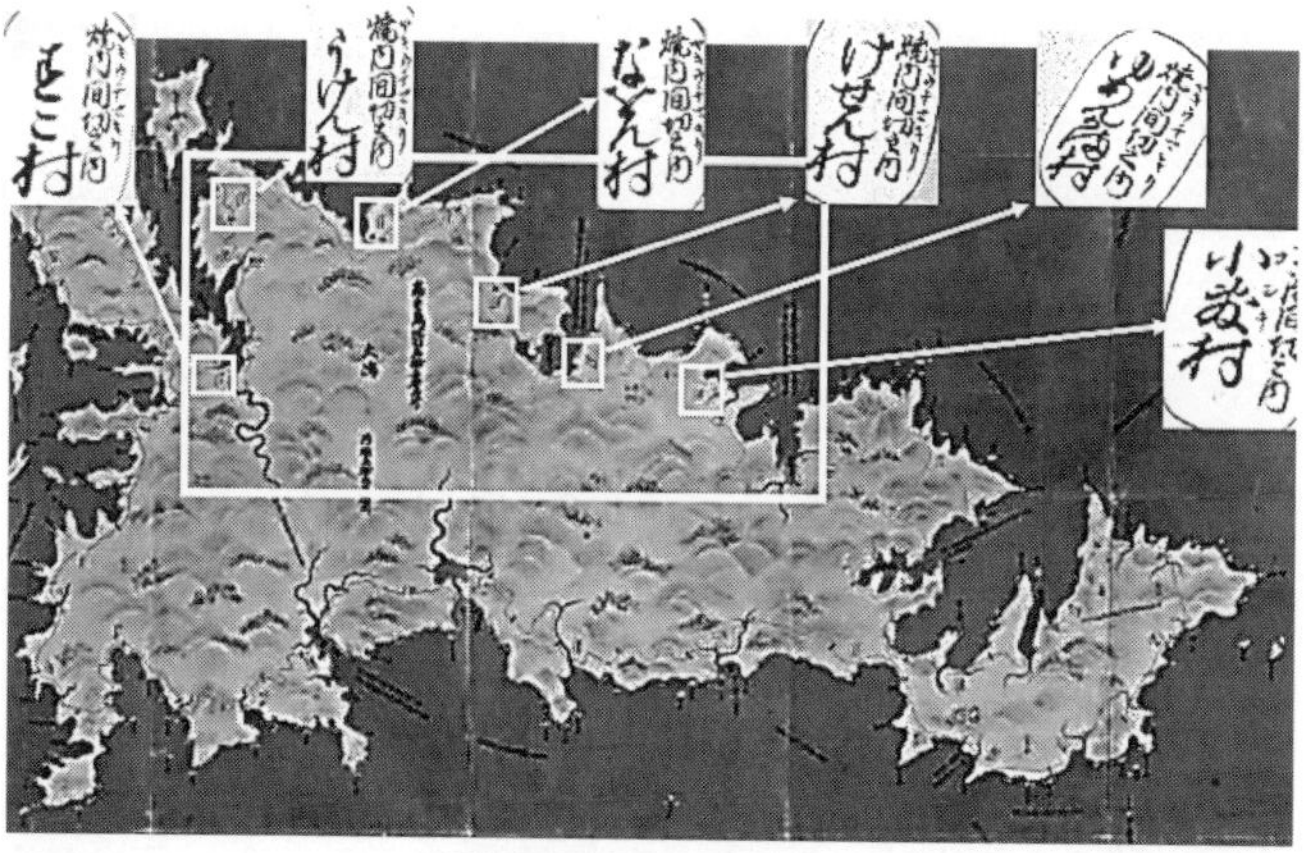

表　「集落名の今むかし」

江戸時代	奈瀬間切			焼内間切					
		うら村	小敷《コシキ》村		ゆあんか満村	けせん村	なをん村	うけん村	すこ村
現在	名瀬	浦	小宿	焼内	湯湾釜	毛陣（現大棚集落近く）	名音	宇検	須古
方名		ウラ	コシク コウシイク	「屋喜内」表記も	ユアンガマ	チェジン	ノン ノオン	ウキィン ウキエン	スク スコ

※出典：絵図及び表の上段間切名及び村名「元禄國絵図（1702年）」（国立公文書館所蔵）、現代語訳：山下和、下段方名：『博物館が語る奄美の自然・歴史・文化』（南方新社）及び『改訂名瀬市誌民俗編』347p

小宿集落の地名

ましきょ君「わきゃ、おばぬ集落《シマ》（小宿）からじゃや。名瀬市誌ば読《ゆ》だんけど、面白かったがよ」

　小宿（方言名くしゅく）という集落名は、そこに城（ぐすく）という小字があることからも分かるとおり、海に向かって右手の山に跡がある城（ぐすく）に由来するものであろう。小宿には、「かねく」という呼称の小字がいくつもある……（にも関わらず）小宿村になったのは、すぐ近く（名瀬間切名瀬方）に、すでに「金久村」があったからであろう。（『改訂名瀬市誌1巻歴史編』182頁）

新人A君「え〜、それじゃ『元禄国絵図』の小敷《こしき》村と小宿村の違いは?」

さねんさん「A君！　ほら、全国地名由来の時に調べた……確か、▼〝シキ〟は城《き》で、敷《シキ》と読む地名は〝スキ〟の変化で村落の意味、▼大和国（日本国）の別称は、敷島《しきしま》（磯城島《しきしま》）だろう（注2）、って解説していたけど、参考になるんじゃない?」

※注2／松永美吉『民俗地名語彙辞典』筑摩書房、2021年。

ましきょ君「なるほど、地勢やムラ（国）に由来する〝小敷〟の漢字を、その後は音声に漢字を当てた〝小宿〟に変化したんじゃやー」

ゆんどり君「思い出した！　笠利の宇宿もグスク（城）に由来するだったが」

　宇宿は琉球時代から島津服属の初期まで政治的権力の一所在地で……、その居館または所在地が「グスク」と呼ばれ、いつの時代か「うしゅく」の地名に変わったと思われる。（『笠利町誌』１９７３年、１５７頁）

地名表記の法則

けぃんむん博士「そうじゃな。大昔、土地台帳を作成する時、地名の付け方は、

①音読や訓読を漢字に当てたもの

②地名の意味に漢字を当てたもの

などに分類されるそうじゃ。グスクから国絵図の小敷村→小宿村、うすく村→宇宿村へと集落地名が変遷したという、面白い事例かも知れんな。参考までじゃが、琉球から薩摩時代の地名をたどると、

・琉球時代（～１６０９年まで）⇓主にひらがな表記の地名、

・薩摩時代（１６０９年～）⇓漢字とひらがな併記の地名となるそうじゃ」

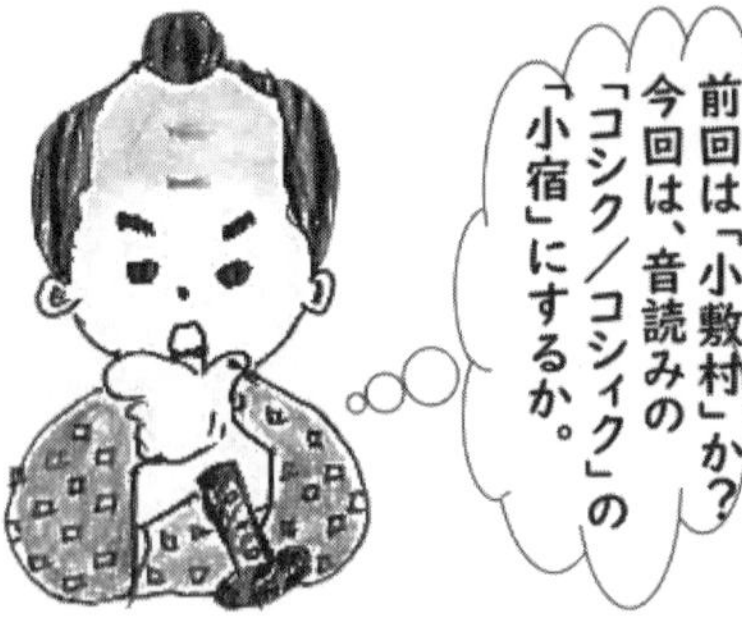
前回は「小敷村」か？
今回は、音読みの
「コシク／コシィク」の
「小宿」にするか。

さーみさん「面白い！　役人さん、土地の特徴を聞き、他の地域と比較しながら、どの漢字を当てようか、頭を悩ませたのかも知れませんね」

　地名の由来は、集落の歴史を知る機会と張り切るメンバーだが、大変さに気付き……。次回はけせん村からうけん村を散策。

4．奄美大島西部編②

「夏　山滴《やましたた》る」

照葉樹林の濃い緑葉がみずみずしく映える季節。さて、地名の意味も濃く……。

けぃんむん博士「今回は先輩たちが、諸説ある名音集落地

名を紹介するそうじゃ」

名音（ノン・ノオン）の地名

ましきょ君「じゃー、わきゃ叔父《をじぃ》の集落《シマ》（名音）じゃが、あまくま文献をとぅむ(注1)たんけど見つからず、全国版の地名辞典から〝ノ＋（オ）ン〟と分けて考えたがよ。

※注1／古語【とむ】＝「尋む・求む」＝尋ね求める。さがす。
（『旺文社　古語辞典』）

・「ノ」＝山麓の傾斜地。普通裾野。野という語は山、野、川、村落を含めた自然地域を指す。名が野に変わって菊野、川野、山野などに、名と野は同義である。
・「ン」＝沖縄の地名の語尾に「ン」で終わるものが目立つが、本土ではあまり例がない。
※参考／松永美吉『民俗地名語彙辞典』（筑摩書房）。方言は『博物館が語る奄美の自然・歴史・文化』（南方新社）及び『改訂名瀬市誌　民俗編』（1973年、347頁）より。

――ということで、当時の役人さんは、
▼山麓の水豊富な川がある裾野の集落だ！　川の水音も心地良いから〝名音〟と記録した、と推理したがよ」

ゆんどり君「今度やワン番じゃ。大和村の友人《どぅし》から聞ちゃんじゃが、水の豊富な地形と、漁村で海との関わりがあることから、
▼水の語韻変化／ミナ→ミャ→ニャ→ナ＋海（一部の地域〈？〉での方言）／ウン＝水・海→名音ではないか、っちじゃが」

※参考／牧野哲郎「奄美の地名について」『大島新聞』1985年7月3日付、24面。

写真1：現在の「名音集落」の概観

写真2：現在の「毛陣及び大棚集落」の概観

さーみさん「先輩2人の推理、ちょっと面白い！　ゆんどり先輩の説は暮らしの情景が見えて、なるほどだし……。でも、海＝ウンは聞きなれない方言でしたよ」

さねんさん「ましきょ先輩の推理で気づいたけど、標準語『私・あなた』の古語『吾（わ）・汝（な）』は方言の〝ワン・ナン〟。同様に語尾に〝ン〟をくっつけ、韻を整えてノ（オ）ンという地名にしたかも知れませんね」

ましきょ君「ちゃ、音読みすると、ナ（名）＋オン（音）で名音じゃやー。それにしても、島には語尾が〝ン〟で終わる地名が多いやー」

けせん村・毛陣（チェジン）村の地名

新人B君「けせん村もそうですね。毛陣村は、なぜか異国の響きがします」

ゆんどり君「名音と同じように、大和村の友人《どぅし》から教《ゆ》してもらったのだけど、意外な展開だったがよ」

・1771（明和8）年、石垣島近海でM7・4の地震が発生。大津波で犠牲者約1万2000人（宮古・八重山諸島）という大災害でした。（「宮古島地方気象台」HP）

・この津波は、けせん村にも押し寄せ住居などが大きな被害を受けました。住まいの確保や劣悪な衛生環境を避けるため、村人は新たな生活の場を耕作地（稲作と黍《きび》作）として利用していた大棚地区へ移動して現在に至ったとのことです。

新人A君（岩手出身）「え〜、東日本大震災級の津波が南西諸島であったのですか？　ふるさと岩手と同じ現象（住居移転）が250年前の奄美で起きていたことに、ちょっと驚きです」

新人B君（横浜出身）「他の村は、移転がなかったというのが気になりますけど……」

さねんさん「大和村の地形から、どの村も隣接地にまとまった平地がなかったからでしょうね」

ゆんどり君「さて、地名の由来だけど、方言名チェジン→けせん村（1702年国絵図）→毛陣（陳）村（1771年大棚へ移動）→1805年（廃村）の変遷で調べたけど、推測ができずに降参！」

さーみさん「ひらがなと漢字の表記も違うし、方言名との関連性もあるようで、ないようで……う〜ん博士に聞いてみようか？」

地名は歴史を語る、と楽しみつつも難解地名で頭を抱えるメンバー……。さて、次回は。

5．奄美大島西部編③

諸説ある集落地名、太古の人たちに思いを巡らせながら……。

けぃんむん博士「集落地名の由来をたどるには、地形や歴史を含めた様々な情報が必要ということじゃな。ただ、不思議な発見があって面白いじゃろ」

さーみさん「去年の島々散策も結構面白かったけど、今回は奥が深くて汗だくで〜す！」

――さて、さーみさんが前回お願いしていた毛陣村の由来は、さすがの博士も説明ができずに宿題となったそうです。

ましきょ君「次は、わきゃおばの集落（宇検）じゃやー。うけん村の由来も赤木名《ハキナ》や知名瀬《キナジョ》のキナ（注1）からの派生語っちじゃが」

けぃんむん博士「そうじゃな。多くの文献に登場するのじゃが、南島の地名のほとんどが、この展開で説明できるそうじゃ」

※注1／【キナ】＝奄美、沖縄で焼畑耕作を行った土地をキナ、キナワ、ケナ、チナといった。（『民俗地名語彙辞典』）、図／『改訂名瀬市誌1巻歴史編』1968年、199頁を参考。

さーみさん（エラブ出身）「え〜、知名の方言名は〝ジンニャ〟だったのですか。地元出身だけど知らなかった！　しかも焼畑耕作に由来？　エラブ散策までに祖父母に聞いておこうかな」

けぃんむん博士「ただ、沖縄の久手堅（くでぃきん）などは〝石灰岩の台地の野〟という説など、諸説あるそうじゃ。地名の由来は一筋縄では行かないということじゃな」

ましきょ君「そうそう、薩摩藩時代の行政区画（注2）では、焼内（屋喜内）間切26村のうち、志戸勘、戸円、毛陣、宇検、田検

図：「〈ケナ〉の語韻変化の過程」

ケナ ┬ ⑴キナ →キノ→ キヤ→ ニヤ
　　 ├ ⑵チナ →チャ
　　 └ ⑶ケナ →ケン→テン

【キナ】＝秋名・阿木名・赤木名《はきな》・知名瀬《きなじょ》（奄）、西阿木名・糸木名・阿布木名（徳）

【ニャ】＝古仁屋《くにや》・万屋《まにゃ》（奄）、知名《じんにゃ》（沖）

【ケン】＝宇検・芦検・田検（奄）・久志検（沖）・久手堅（沖縄）

【テン】＝花天（奄）

「……など語尾に〝ン〟の付く村が10村だったちじゃが」

※注2／本田孫九郎『大島私考』1805年。

さねんさん「なぜか、3字音が多いような……、ひらがな表記のけせん村やうけん村もそうだしね。名音はノンだから2字音の集落で比較したら面白いんじゃ？」

ゆんどり君「やっぱり、若手は感性がいいね。わきゃ笠利の佐仁（サン）・屋仁（ヤン）が参考になるかもじゃが」

佐仁（サン）と屋仁（ヤン）の地名

「サン」(注3)という語は目あてという意味を表す言葉で、徳之島の山などの地名は、この言葉からきていると思われる。沖合に船を漕ぎ出し、寄港する方角を知るため島の高い目ぼしいものを目あてに方向をさぐる。その目あ

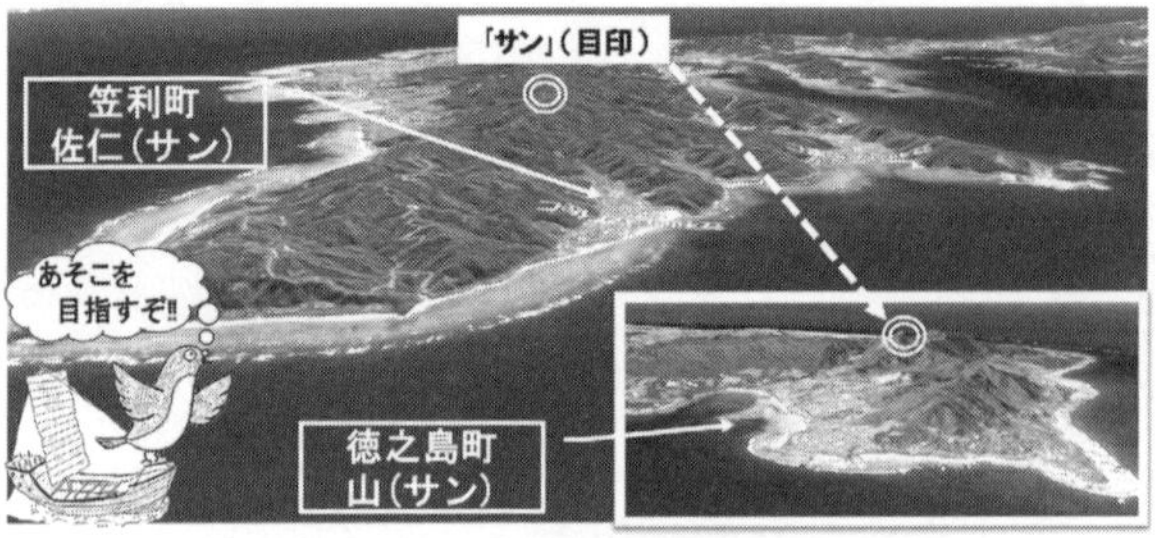

※写真：目印「サン」由来の地域を海から眺める

てが「サン」である。その島の最北端が「サン」であり、そこから「サン―佐仁」の地名が生まれてきたと思われる。（『笠利町誌』1973年、156頁）

※注3／沖縄において占有標（草を結んでおくという素朴な目印などのこと）をサンという。（『ブリタニカ国際大百科事典』）

さねんさん「う〜ん、名音（ノ・ン）のように1文字に意味があると思ったけど、2文字で意味を持つということですね。面白い展開になるかと期待したのですけど……」

けぃんむん博士「いやいや、屋仁の由来は意外な展開じゃぞ。それはじゃな、仕事帰りにダレヤン（晩酌）する屋仁川（ヤンゴ）に関係があるからじゃ」

◆ヤンゴの由来

（昔）島々の村落には、必ず清めの場（聖水）が登場する。神川《カンギョ》、屋仁川《ヤンゴ》、清川《キュッキョ》などといわれる小川、泉である。……うなり神たちが共同体の祭りの前に「みそぎ」を行い物忌《ものい》み（身体を清めること）の生活を7日間送った。屋ン川の「屋」は、みそぎの川のそばに立っていた聖屋。聖水の下流全体の名はヤンゴ（屋ン川）

と呼ばれている。笠利町の屋仁、住用の役勝《ヤンガチ》もその由来であろう。（『笠利町誌』154頁、『改訂名瀬市誌1巻歴史編』175頁）

新人B君「え～、ヤンゴは聖なる場所に由来するのですか。これからは、姿勢を正してお店に敬意を払って飲むことにしよう」

　地名の由来から、さらに品のある飲み方をと気を引き締めるB君でした。暑い日が続きます、熱中症に気つきんしょれよ～。

6．奄美の古代集落構造

「閑《しずか》さや　岩にしみ入る　蝉《せみ》の声」（松尾芭蕉）

　さて、生き物たちの歌声が響く夏の朝。ちょっと寝坊の若手メンバーの会話から……。

◆オクラとイクラ

新人A君「子どもたちに、前回のオクラとイクラの話題で、〝名前の渡来時期は？〟と聞かれて困ったけど……」

新人B君「うちの子どもは、〝お父さんそのオクラいくらだったの？〟と変なダジャレを覚えて……」

さねんさん「うわの空で聞くからだよね。男子はこれだから……。〝一を聞いて十を知る〟のことわざを実践しなくちゃね。

　イクラは大正時代、オクラは明治初期に伝わったと言われているそうよ」

◆蚊帳の中で寝るお魚さん？

けいんむん博士「夏はガジャン（蚊）(注1)に刺されないよう蚊帳《かや》を吊って寝るね。え～蚊帳を知らない？（イラスト見てようやく納得の若手）

　それじゃ、蚊帳のような膜を張って寝る魚の名前は？

さーみさん（エラブ出身）「ちょっと易しすぎますよ～。〝寄生虫から身を守るためにエラから出した粘液で体を包む〟ブダイさんで～す」

新人A君「確か、島

口でエラブチ(注2)でしたよね？　エラブ出身のさーみさんが答えると、ちょっと面白いから座布団一枚かな」

※注1／奄美の一部地域の方言、注2／ブダイ科の方言名「イラブチ」とも。

奄美の古代集落構造

けぃんむん博士「さて、神聖な場所に由来するヤンゴじゃが、今では鹿児島県下で有名な社交の場、実は島々の集落形成に欠かせない場所の一つだったそうじゃ。〝え～、どうして？〟と思うじゃろ。集落散策には大事なことのようじゃから、少し長いが紹介するとしよう」

奄美の古代集落の構造には、四つの基本的な道具だて(注)があった。

・第一は、ウガン（拝ん山）、オボツ山などの呼称をもつ「聖なる林」である。

・第二は、カンギョ（神ん川）、ヤンゴ（屋ん川）など「清めの泉」である。

・第三は、集落の中を貫く「神ん道」である。その上端は聖林に発し他の端は海浜に出て海の彼方のネリヤ（根の国）に通じる。

・第四は、「祭りの庭」である。これは、海神のための浜ウドン（御殿）のあるウドン浜やミャーという広場、トネヤ・アシャゲとかいう聖屋がある。

※出典／『改訂名瀬市誌1巻　歴史編』122頁から抜粋。

※注／集落を形成するために欠かせない構成要素のこと。

・（また）ネリヤから神が渡ってくる小さな島（立神）が見え、森とイノー（潮だまり）までが人の住む世界、そこから先は神の領域。この山と海との間で人々は田畑を耕し自然の恵み

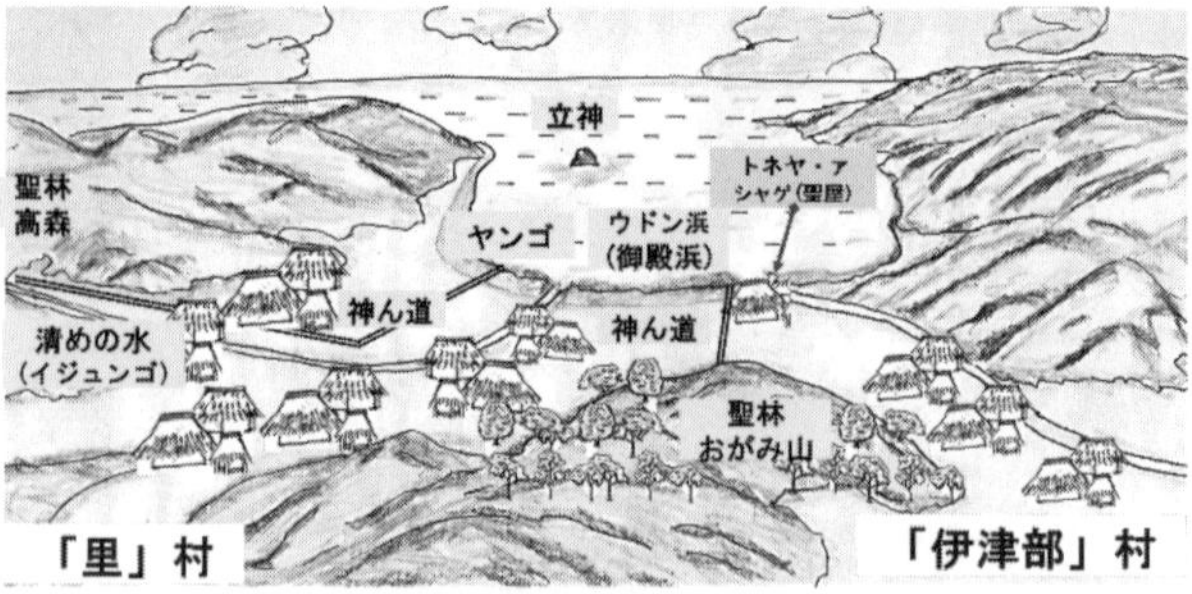

※図：「奄美の古代集落構造（名瀬を事例に）」
ー「里」と「伊津部」の場合ー

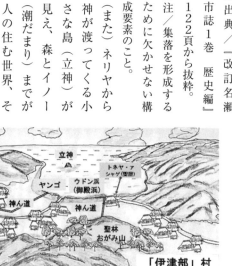

を受け、神々に守られて暮らしてきた。

※出典／「奄美パーク」ＨＰ抜粋。

新人Ａ君「山や海、川（泉）を信仰の対象にして自然の恵みを生活の糧とした。なんか奄美の人たちの精神観のすごさを感じますね」

さねんさん「集落内の小字名は、地形や信仰に由来する地名からきていたんですね。納得です」

ましきょ君「わきゃ、いなさりん（子どもの頃）は、〝神道ふさぐなよー〟とか〝イジュンゴ(注3)の水、ソウジンゴ(注4)の水はきれいにしなさい〟とか、言われたな」

※注3／泉川・湧水川、注4／清水川・寒水川（『名瀬市誌』など）

新人Ａ君「そういえば、先輩の田んぼで見かけたシリケンイモリ(注5)、確かソウージンブラとか言っていたけど、名前の由来はここからでは？」

※注5／「準絶滅危惧種」奄美諸島（奄美大島・加計呂麻島・請島・与路島）・沖縄諸島に分布。（環境省レッドリスト）

ゆんどり君「Ａ君の子どもたち、〝面白い形だ！〟と言ってはしゃいでいたね。きれいな水場（ソウジンゴ）で見かけるからそうかもしれんな。しかし、昔の人は、自然に対して畏敬の気持ちが強かったことじゃ。わきゃだか見習わんばいかん」

さーみさん「先輩が真剣になった！　確かに、世界自然遺産は先人が残した宝ですね」

人と自然との共生。地名はその歴史を語っているような……。熱中症に気つきんしょれよ〜。

7．奄美大島南部編①

「あったら七月《しちがち》や　御冬《みふゆ》なす辛気《しぬき》　加那《かな》が歳吾歳《としわとし》　寄《ゆ》らす辛気《しんき》」（徳之島「折目踊り」の歌）

【訳】もったいない7月が来て、冬になるのが辛い。恋人の歳、私の歳が寄っていくのも辛い。（小川学夫『奄美シマウタへの招待』69頁）

さーみさん「若さを夏、老いていく様を冬に例えるなんて詩人ですね。そう思ってくれる恋人がほしいなぁ〜」

ゆんどり君「〝待てば、ふーいゅ（大きい魚）(注1)〟という島のことわざがあるから、大丈夫じゃが」

※注1／「待っていたら大きな魚が釣れる」から「あせらずに待っていたらきっといいことがある」、故事「待てば海路の日和あり」と同じ。

けぃんむん博士「そうそう忘れるとこじゃった。前々回の佐仁のサンじゃが、白砂地の方言〝サン〟に由来するとの説もあるそうじゃ。中心地の村《シマ・ムラ》から遠く離れた白砂地ということで頭に〝ア〟を付けた地名になるとのことだ」

・名瀬朝仁［ア＋サン］（名瀬小宿村の字名佐仁に対して）

・伊仙町阿三［ア＋サン］（徳之島山に対して）

※出典／田畑英勝「南島地名考」（『奄美郷土研究会会報』第14・16号、1973・75年）。

さーみさん「え～、どの説も説得力があって面白い！白い砂地や山頂の目印がポイントですね。夏休みの島々ドライブでちゃんと確認することにしま～す」

けぃんむん博士「それじゃー、今回は、瀬戸内町出身のさねんさんが西間切の村を案内してくれるそうじゃ」

さねんさん「それでは、こし村・へた村・西古見村・小名瀬村・芝村・すこも村・たけな村からですね。於《お》さい村・於《お》しかく村・うけ村・よろ村は次回にします」

新人A君「結構、面白い地名ばかりですね。〝ン〟で終わる地名もないし、1文字から3文字でバラエティーだしね」

新人B君「だけど、名瀬とか古見は他の間切でもありましたね。なんか、共通の意味がありそうですね」

さねんさん「さーみさんと地図を見ながら考えたのは、薩摩藩の役人さんが、

▼地形が名瀬湾と似ていて、入り江が小さく方言発音も似ていたので小名瀬、

▼同様に、地形と交易港として共通する地域で、島の西側に位置するから、or当時の行政名・西間切西方の〝西〟

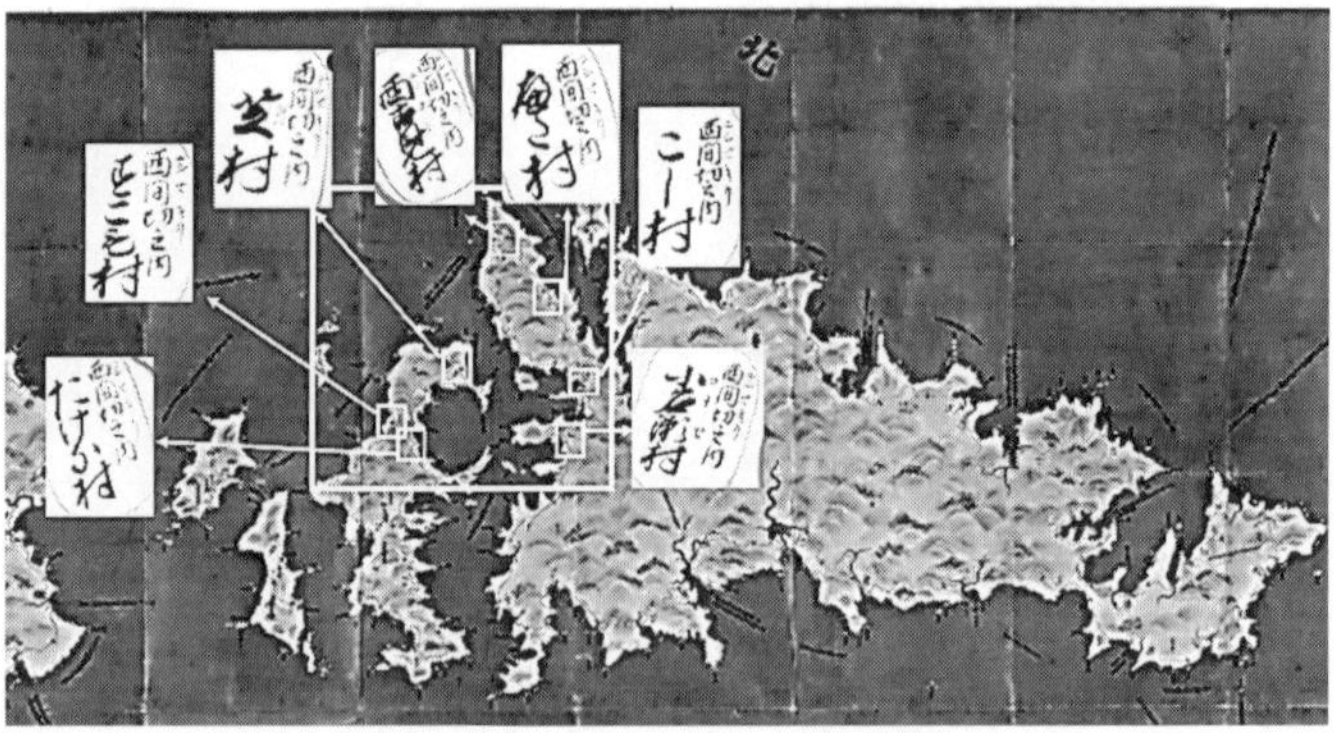

表　「西間切（その1）」集落名の今むかし

	奄美大島				加計呂麻島		
江戸時代	小名瀬村	こし村	へた村	西古見《ニシコミ》村	芝村	すこも村	たけな村
現在	小名瀬	古志	平田	西古見	芝	須子茂	武名
方名	クゥナゼ コナゼガマ	クシ コウシ	ヘダ	ニシクミ ニシクウミ	シバ	スコム スコモ	テェヘナ テエナ

※出典：江戸時代の村名「元禄國絵図（1702年）」（国立公文書館所蔵）、現代語訳：山下和、下段方名：『博物館が語る奄美の自然・歴史・文化』（南方新社）及び『改訂名瀬市誌民俗編』347p

を接頭語にして西古見、と記録したと推理しました」

ゆんどり君「たむだむ（各自）／きばてぃ（頑張って）／勉強して感心だけど、地名の由来に触れんかったやー」

さーみさん「う～ん、ばれましたね。あっちこっちで聞き取りしたのですが、

▼名瀬（なぜ）は、漁村の魚瀬《なぜ》、行政の中心地中地《なあじ》などなど諸説あるし、

▼古見（くみ）は、稲作伝播の米《くうむ》由来とか古見間切の首長名（古見我利爺）とか、でも西古見との関連が弱いかなって……」

※参考／『名瀬市誌　歴史編』・柳田国男『海上の道』岩波書店、1978年、148頁・『奄美の豪族伝説―與湾大親』（財）宇検村振興財団、56頁。

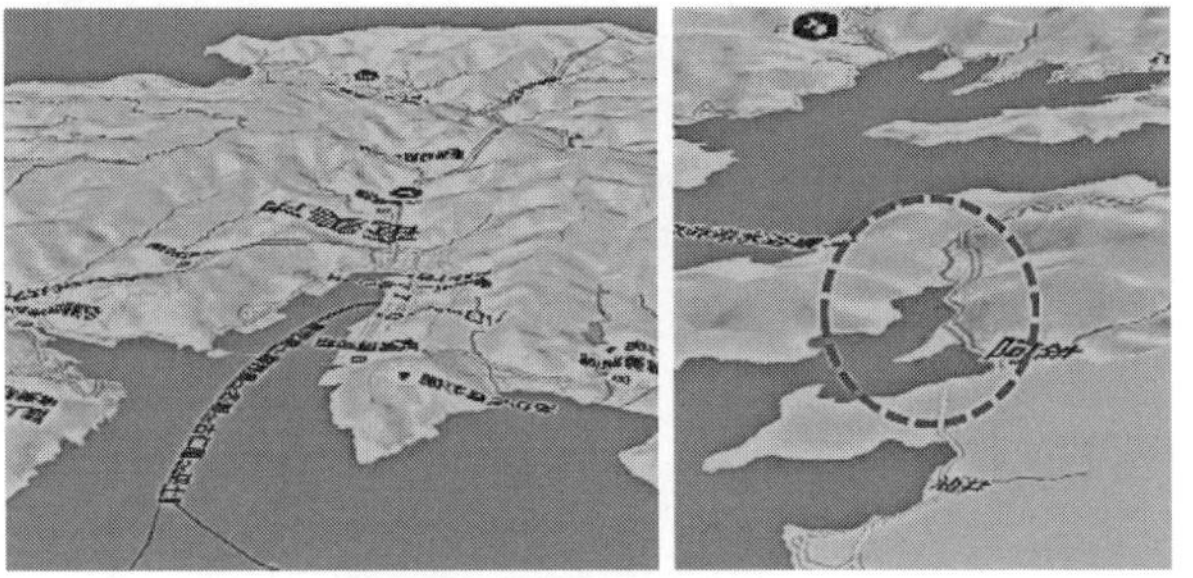

左：名瀬湾、右：小名瀬湾
（似ている地形？）

さねんさん「そうそう、1870（明治3）年こし村（古志／344人）より久慈集落（551人）の人口が多いのに国絵図では村じゃないしね。中心地久慈集落の後ろ（方言／クシ）に位置するから古志《くし》になったと思ったけど……」

さーみさん「久慈には、江戸後期白糖製造工場もあったしね。調査した役人さんテゲテゲだったんじゃないと2人でうなずきながら、諦めてワイン飲みました」

けぃんむん博士「そうじゃな。面白い推理だけど定説とするにはハードルが高いということかな」

さーみさん「だけど、『元禄国絵図』では西表島《いりおもて》（世界自然遺産登録地）（注2）にも古見間切があったし、稲作伝播が沖縄より早かったとの新たな発見もあったし勉強になりましたよ」

※注2／『鹿児島大学国際島嶼研ブックレット15』

8．奄美大島南部編②

地名がつなぐ琉球弧の島々、世界自然遺産登録地との不思議な縁にびっくりしながら、次の散策へ。

「七夕や先祖迎えるお盆かな」（けぃんむん君）。

	西間切				東間切		
	加計呂麻島		請島	与路島	加計呂麻島		
江戸時代	於しかく村	於さい村	うけ村	よろ村	加めの川村	志よとん村	かちょく村
現在	押角	於斉	請	与路	亀野子 注1	諸鈍	勝能
方言名	ウシキャク	ウスエオセ	ウキィウケ	ユル	廃村	シュドゥンショドン	カチョホカチャネ

※出典：江戸時代の村名「元禄國絵図（1702年）」（国立公文書館所蔵）、現代語訳：山下和、下段方名：『博物館が語る奄美の自然・歴史・文化』（南方新社）及び『改訂名瀬市誌民俗編』347p

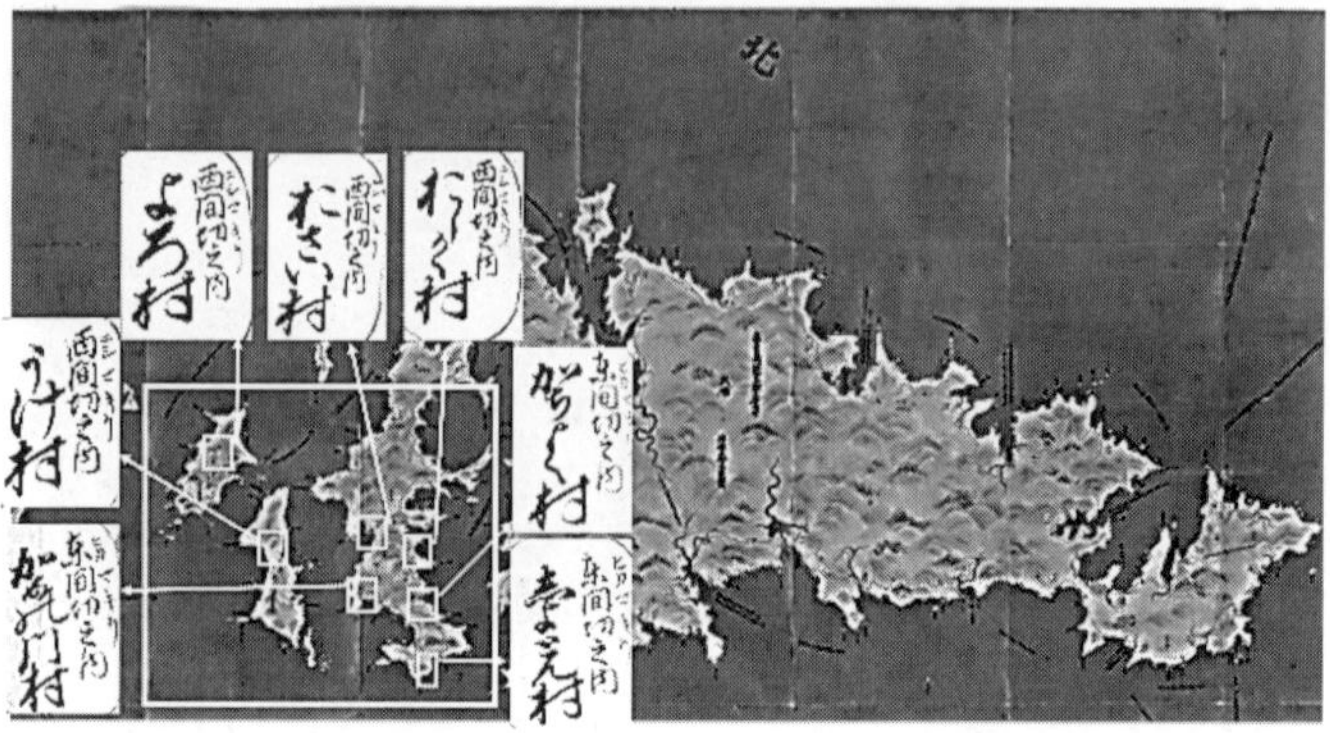

七夕と一体の島々のお盆を済ませたメンバー……。

新人A君「そうか、太陽暦に移行した明治以降、奄美・沖縄の多くの地域は昔の旧暦7月15日を継承、本土は新暦の7月15日や月遅れの8月15日のお盆でしたね」

新人B君「なるほど、お盆って新・旧・月遅れの3通りあるんだ。奄美に赴任して全国歳時の今むかしを体験していますよ」

※注1（表中）／現在の「秋徳集落」に小字名「亀之子」がある。

さーみさん「さて、加計呂麻島に村が多い（8村）のにちょっとびっくりだよね」

新人A君「明治時代、鉄砲百合の生産や高額納税者（国税）の上位は、加計呂麻・請・与路島（鎮西村・実久村）だったことを裏付けているのでは？」

新人B君「当時の人口は3島で約1万5千人だったそうだし、理解できますね」

さねんさん「そうそう、請島・与路島の由来は、方言でウキィ島、ユル島だけど、『日本書紀』からも読み取れるそうよ」

請島・与路島の地名由来

（略）加計呂麻島の南方海上に、請《うけ》・与路《よろ》が並んでいる。いずれも5母音で構成されている。これを3母音に改めて与路《よる》・請《うき》とすれば、「浮き島」「寄る島」の義であることが汲み取れる。往時は、こういう未発の孤島を「浮き島」「寄る島」と称したようで、日本書紀の「国稚《くにわか》く、土稚《つちわかか》りし時、譬《たと》えば猶浮かべる膏《あぶら》の漂蕩《ただよ》へる」(注2)という古代思想は、それを裏付けるものであろう。（略）（柏常秋「南島の地名研究序説」『奄美郷土研究会会報　第4号』1962年）

※注2／【訳】昔、国がまだ若く、大地も若かった時には、たとえていえば、水に浮かんだ脂のように漂っていた。

ゆんどり君「え〜、『日本書紀』に由来する地名か〜。2島は海路の要衝で遣唐使の寄港地だったそうだし、島名の由来は古代の考えが反映されていたんじゃやー、さすが島人《しまんちゅ》！」

さねんさん「先輩！　沖縄の古い地図(注3)を見てください。現在の那覇港周辺に〝浮島〟と記載されているのを見つけました、びっくりです」

※注3／『日本近世生活絵引　奄美・沖縄編』神奈川大学日本常民文化研究所、非文字資料研究センター、144頁。

図：1700年頃の那覇

ましきょ君「え〜、モノレールの下は海だったのか。学生時代、近くでよく飲んだが。

そうそう、琉球の『おもろさうし』には喜界の浮島との表記もあるらしいがよ」

さーみさん「全国で調べたら、▼山口県周防大島町の浮島《うかしま》▼千葉県鋸南町の浮島《うきしま》▼和歌山県新宮市の浮島《うきしま》などがありましたよ」

さねんさん「他の村名由来も調べたけど、ハードルが高くて手に負えませんでした。今回は夏バテも重なって……」

けぃんむん博士「そうじゃな。地名は学者の間でも諸説あるようじゃが、その中からちょっと紹介しよう」

於《お》しかく村と志《し》よとん村の由来

・於しかく村（押角《ウシキャ(ク)》）／ウは大きい意、シは強めの助辞、キャはキナの転化語で「大きな畑」に由来。

・志よとん村（諸鈍《シュドゥン》）／平家伝説に由来するといわれるが不明。

※ただし、諸鈍の鈍（ドゥン）を分解して渡（ド）＋海（ウン）にすると、渡は大海の意から潮大海となり昔々交易があったことに由来するとの説も。「奄美の地名について」『大島新聞』1985年7月3日付。

※参考／永吉毅「瀬戸内町の地名について」1966年（鹿児島県立奄美図書館所蔵）。

さーみさん「博士のヒントから、地図を広げて諸鈍《シュドゥン》と似ている地名、管鈍《クダドゥン》（瀬戸内町）・屋鈍《ヤドゥン》（宇検村）・嘉鈍《ハドゥン》（喜界町）を拾い上げ、琉球方言で〝沖・遠い海上をトウーとかドゥナカという〟（注4）ことも調べて推理したのですが、他の集落と地形に大差ないようで……」

※注4／松永美吉『民俗地名語彙事典』

新人A君「往来が不便な太古の時代は、住む集落が基準だし、結構いい線ついてると思うけど。諸鈍《シュドゥン》の〝シュ〟は喜界島編の潮（方言ウシュ・シュ）で学んだし、〝海を渡る場所〟の発想は結構面白いんじゃないかな」

新人B君「喜界の嘉鈍は、島が隆起する以前の地形にヒントがありそうだしね。外洋に向けて挑戦する冒険者を連想しますね」

夏の暑さと地名の難解さに息切れ気味の若手たち。水分補給をしながら、散策は続き……。

9．奄美大島東部編

さーみさん、「沈む夕日に　早夏の終わり」とぽつり。同調したさねんさん、「女はバラ　美しく花開いたら　それは散る時（※）」とため息。

2人を見つめる博士が励ましの言葉を……。

※英国詩人シェイクスピアの喜劇「十二夜」のセリフより。

けぃんむん博士「余計なお世話かも知れんが、島には〝美人《きょらむん》の一花《ちゅはな》〟ということわざがあってなぁ、〝美人の最盛期は短い、だからこそ心が大切〟との人生訓じゃ。どうじゃ、少し安心したじゃろ」

新人A君「さすが博士！　しっかりフォローしています。昔の島人はシェイクスピア顔負けの詩人ですね」

けぃんむん博士「さて、〝地名には歴史が内蔵されている〟との研究者の言葉もあるようじゃが、地名は、まさに歴史の語り部。

みんなが感動したオリンピックにも歴史があるが、ここでムン尋ね」

Q1　第1回近代オリンピックの開催年、Q2　競技数、Q3　参加国数は？

さねんさん「さっきの博士のアドバイスで元気がでたけど、選手の活躍に涙ボロボロでした。さーみさんの友達の友達が金メダルとったしね」

新人A君「子どもにも同じ質問されて、しっかり調べましたよ。答えは、①1896年ギリシャのアテネで、②陸上・水泳・体操・レスリング・フェンシング・射撃・自転車・テニスの8競技43種目、③14カ国280人が参加したそうですよ」

さーみさん「第1回は男子だけで2回目から女性参加だったんだよね。

奄美に嫁いだ友人、金メダルが決まった瞬間万歳して〝この選手、お母さんの友達だよ〟って子どもたちに自慢したそうよ」

けぃんむん博士「ほ〜、島にも金メダル選手と縁がある仲間がいるんじゃな。それじゃー、みんなも島のことを学んで世界へ広めてもらうよう気ばらんといかんな」

——ということで、今回は太平洋側の間切を散策。

さねんさん「オリンピック観戦で少し手抜きだけど……意外と共通する地名が多いよね」

・野球　・柔道　・ソフトボール
「さーみさん喜びの金メダル競技は？」

表　「東間切(その2)と住用・古見間切」集落名の今むかし

	東間切			住用間切	古見間切
江戸時代	く祢津村	あきな村	かとく村	かねく村	とくち村
現在	久根津	阿木名	嘉徳	金久（注1）	戸口
方言名	クネティ クネェジ	アクゥニヤ アギニャ	カドホ カドク	廃村	トゥグチ

※出典：江戸時代の村名「元禄國絵図（1702年）」（国立公文書館所蔵）、現代語訳：山下和、下段方名：『博物館が語る奄美の自然・歴史・文化』（南方新社）及び『改訂名瀬市誌民俗編』347p

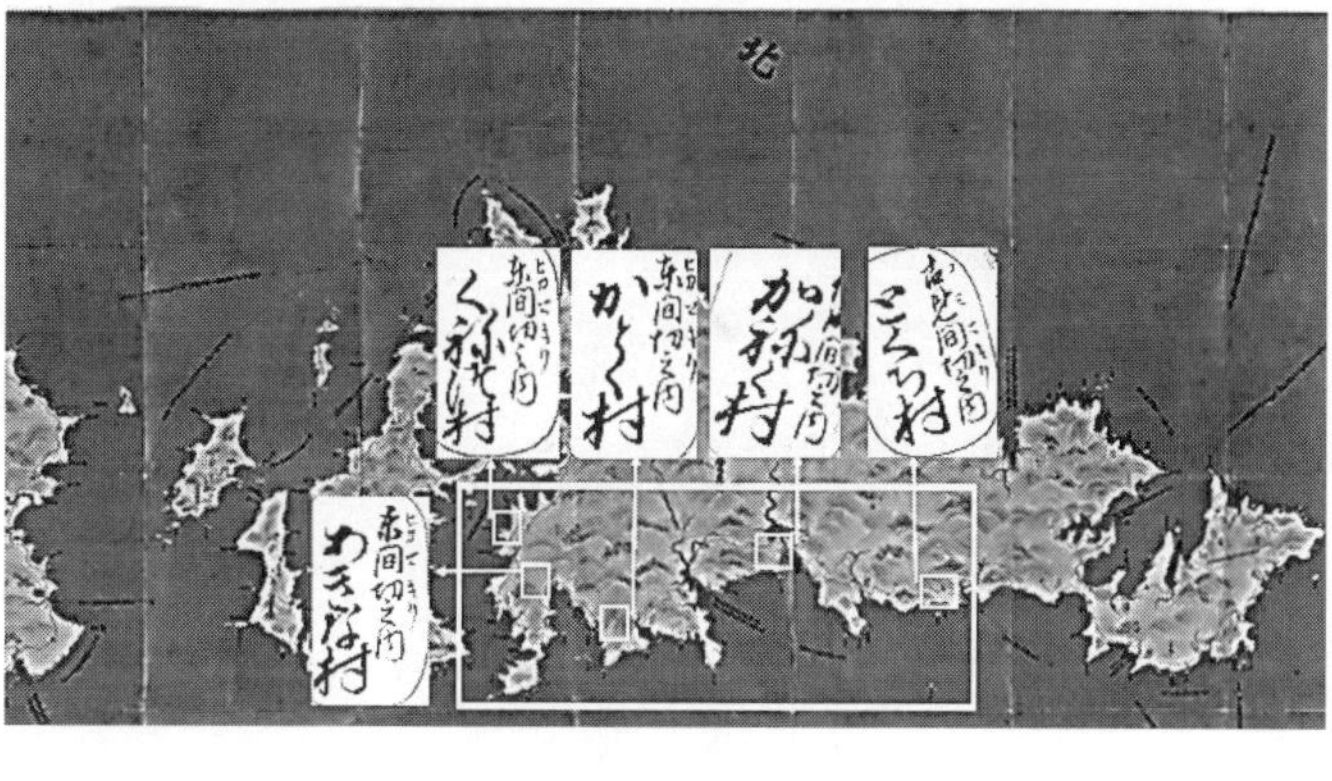

※注1（表中）／現在の住用町和瀬集落に小字名「金久」がある。

さーみさん「そうそう、これまでの事例を参考にすると推理できそうな気がするね」

さねんさん「あきな村（阿木名《アギニャ》）は、赤木名《ハーキナ》や知名瀬《キナジョ》のキナ系と同じ焼畑耕作地の由来だし、かねく村（金久）は琉球に共通する砂地の地名だしね」

ましきょ君「ちゃっ、昔は砂地の畑を耕す時は〝金久地や唐鍬《とーげ》（くわ）ぬ軽さぬ楽じゃ〟っち、あんまがよく言っていたが」

さーみさん「群島の各集落の小字名には、ほぼ〝金久・兼久〟の地名があったしね」

「かとく村」と「く祢津村」の由来

・渡連《ドゥリン》／ドは清音ト、渡（ト・トウ）は大海の意味で「七《しち》島渡中《とうとぅなか》(注2)」「沖渡」の用例がある。

・かとく村（嘉徳《カドホ(ウ)》）／カは語韻を整え意味を強める接頭語。ドゥは渡連と同じく大海の意味で「太平洋に面している」ことに由来する。東シナ海に面する龍郷町の「嘉渡」も同じである。

・く祢津村（久根津《クニティ》／クは「小」の意で津はティの発音から港や船の着く所の津でなくティ＝「嶽」のことで、「小さな丘」ということになる。

※出典／永吉毅「瀬戸内町の地名について」（瀬戸内町）1966年。

※注2／沖縄民謡「上り口説」に（〜道の島々見渡せば　七島渡中も灘安く）の歌詞がある。

新人B君「笠利町にはアマンデー（天孫嶽）という小高い山があるし、地名辞典にも〝ティ＝峰・高い山〟と記載されていましたね」

新人A君「それじゃー、戸口（トゥグチ）は大海に出ていく入口に由来？　かな」

さねんさん「地形と位置から、その推理は面白いよね。だけど、あっ、なるほどっていう説もあったので紹介するね」

奄美では河（川）口をニャトといい、大川口をフンニャト（大湊）、小湊をクンニャトといっている。笠利町赤木名の前田川の河口をニャトジリ（湊尻）という。龍郷町の戸口もニャトグチ（湊口）のニャがなくなったのであろう。（「奄美の地名について」『大島新聞』1985年7月24日付）

夏の暑さと地名の難解さに息切れ気味の若手たち。水分補給をしながら、徳之島散策へ……。

第4節　徳之島編

1．方位と地名①

「手のひらをかへせばすすむ踊かな」（俳人・阿《あ》波《わ》野《の》青《せい》畝《ほ》）

いつもなら八月踊りで賑わう島の季節。オールドメンバーが指笛《ゆびぶえ》恋しく散策続け……。

さねんさん「集落（シマ）のをじぃ・をぉばが手のひら返しながら踊る姿が目に浮かびますね。さて、今日は徳之島の各間切で～す」

さーみさん「久しぶりに徳之島町出身のゆんどら君が紹介するそうよ」

ゆんどら君（注1）「キュガメーラ。久しぶりです。さっき〝ションマイカ（注2）〟でハト（指笛）吹いて喉からからですけど……」

※注1／「スズメ」の徳之島町方言。

※注2／大正時代、大阪の紡績工場で働いていた男女が覚えてきた歌と踊りを上面縄の若者に教えたのが始まりとされている。『奄美群島の残したいもの伝えたいもの～12集落の宝もの～』（奄美群島広域事務組合より）

新人A君「徳之島の出張で見た踊りだ！　確か、富山県の越中おはら節がルーツで、若者が歌うから通称〝新米歌〟とかでしたね」

新人B君「奄美の踊りと越中おはらを見た研究者が〝まさに動と静だ、南北の風土をよく表現していて感慨深い〟と評価していたんですよね」

ゆんどら君「なるほど。エネルギッシュな六調やワイド節と趣の違う踊りですね。

さて、今日は徳之島の間切名と村です。絵図では6村だけど、間切と同じ名称（間切同村）を含め3間切9村の……」

さねんさん「（踊り疲れのゆんどら君を見て）深呼吸の間、間切名のおさらいをしましょうか。奄美の『元禄国絵図』を見てください」

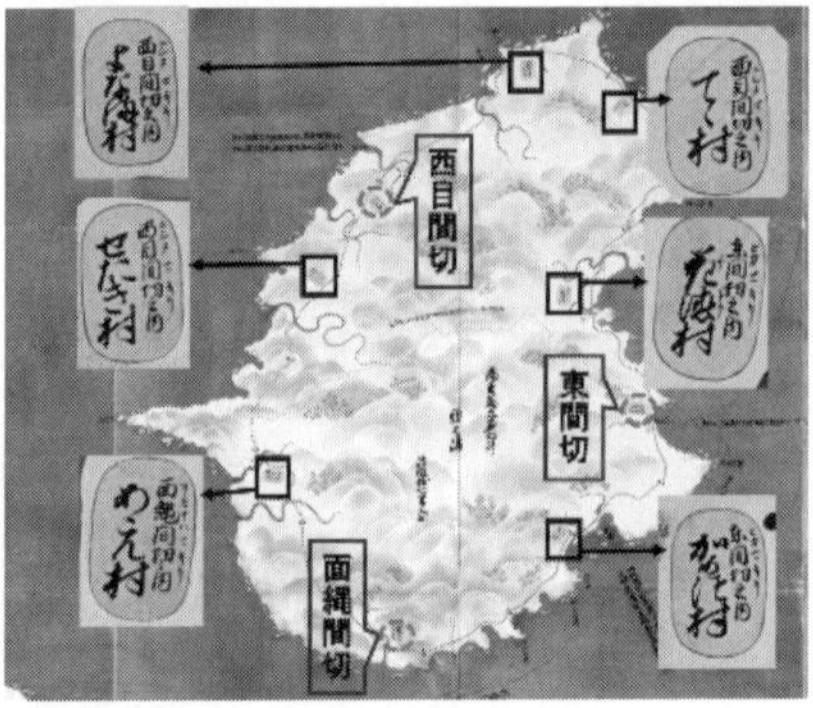

新人A君「琉球王朝時代の行政区画でしたね。沖縄の島々には東西間切が少なく不思議じゃ〜、って博士が首ひねっていましたね」

西目間切の由来

さねんさん「だけどよく調べてみると、東風平《こちひら》、西原《にしばら》、南風原《はえはら》、北谷《きたたん》（絵図記載名）の東西南北を接頭語にした間切名を見つけましたよ」

さーみさん「今回面白い発見もあったんですよ。先日、女子会で久米島（沖縄離島）の集落めぐりの旅をしたのですけど、島のガイドさんから、『西銘《にしめ》集落の呼び名は、昔の記録名〝西目〟で方言ではニシミ……、琉球では北をニシ、ここ（写真参考）から北の海や空がよく見えることから〝北見《ニシミ》〟が由来と言われているんですよ』との説明でした」

※参考／南島地名研究センター編著『地名を歩く　増補改訂』ボーダーインク、2006年。

ましきょ君「ほ〜、しっかり勉強しているね。確か〝南の島々集落めぐり〟のツアーじゃやー。ちゃっ、わきゃ青年《ねせ》時代〝泡盛飲む島々めぐりで沖縄を知ろう〟っちあたんば思い出したが」

新人A君「自然方位とか民俗方位とかの地名由来ですね。なるほど、北の大海原を眺めるには東側からは山ばかり見えるけど、西側は

「徳之島3間切」集落名の今むかし

表

江戸時代	東間切		面縄間切	西目間切		
	花徳《ケドク》村	かめ津村	あこん村	せたき村	よなま村	てて村
現在	花徳	亀津	阿権	瀬武	与名間	手々
方言名	ケド・クドク キィド・ケドク	カミィジ カムィツ	アグン	シダキ	ユナマ	ティティ

※出典：間切名・村名「元禄國絵図（1702年）」（国立公文書館所蔵）、現代語訳：山下和、方言名：新屋敷 幸繁「奄美大島の方言と土俗」（1936年）、徳富重成「雑記集成（2）」（1993年）

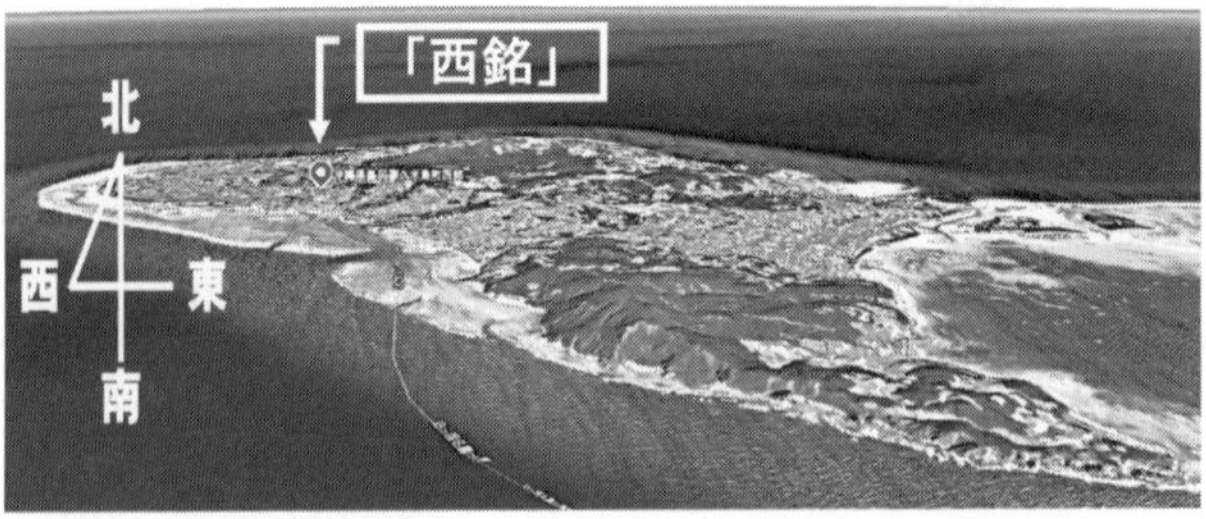

どの地域も見晴らし最高ですね。そこから北見《ニシミ》の西目か……。面白い！　ただ奄美の場合は自然方位（東西南北）が由来のような気もしますけど……」

新人B君「奄美にも西目の地名を継承する名残があるのかな？」

さーみさん「う〜ん、集落の字名を調べないと……。だけど西表島が国絵図では入表島と記録されていたのにびっくり！　あんまが東は〝太陽が上（あ）がる〟からアガレ、西は太陽が沈む・入るからイリだって教えてくれたけど、ぴったしカンカンでした」

新人A君「さすが、さーみさんのばあちゃん！　最近になって入から西に変更になったのですね。たまにテレビのアナウンサーが〝にしの表島のマングローブは……、失礼しました。いり表島の……〟と訂正するのを見ますね」

――ここで、最近運動不足でと言い訳しながらようやく参加の、

ゆんどら君「それじゃ、ここで質問です。かめ津村（亀津）の地名は、何に由来するでしょうか？」

①動植物　②食器　③地形　④方位　⑤人名

日が短く夜が長くなる長月《ながつき》（9月）、太鼓と指笛響く季節に想いをはせながら、次回へ。

2. 方位と地名②

暦の上では、近頃あまり見かけなくなった重陽《ちょうよう》（9月9日）の節句。連綿と続くアラセツ・シバサシ・ドンガの先祖供養と八月踊りの島の歳時記。

新人A君「奄美に赴任した年、B君家族と秋名・幾里集落の『ショチョガマ』『平瀬マンカイ』のアラセツ行事を見学したね」

新人B君「そうそう、いつもは朝寝坊の子どもたちがはしゃいで喜んでいたっけ。横浜の祖父母に〝昔の5節句(注1)を連想させるね〟と言われたけど……」

※注1／1月7日の人日・3月3日の上巳・5月5日の端午・7月7日の七夕・9月9日の重陽の各節句。本土では新暦、奄美では旧暦や新暦で実施されているようです。

――ゆんどら君の指笛を褒めたところで、

ゆんどら君「いや〜それほどでもないけど……、あっそうだ！　前回のせたき村を瀬武と紹介しちゃいました。瀬滝（天城町）でした。ついつい彼女の集落《シマ》・瀬武（加計呂麻島）を思い出して、しめ〜らん（ごめんなさい）」

　前回の質問、かめ津村（亀津）の由来は、①動植物②食器③地形④方位⑤人名のうちどれかでしたね。正解はこちら。

かめ津村の由来

　亀津の古い呼称は「カミィジ」である。古くの海辺地形（白砂の浜）から「カミィヌユルジ（亀の寄る地）」・「カミィヌタマグ　ナシュンジ（亀が産卵する地）」すなわち「カミィジ（亀地）」と呼ばれていた、記録地名に変わり「亀津」になったと考えられる。（徳富重成『奄美郷土研究会会報　第28号』）

新人A君「正解は、①亀の産卵地に由来か。国指定史跡〟カムィヤキ〟の甕（かめ）が転じてカム（亀）と出荷の港（＝津）の組み合わせが由来で、②の食器かな〜と推理したのですけど」

面縄（ウンノー）間切の由来

ゆんどら君「面白い推理だけど、積出港は近くに位置する面縄海岸の可能性が高いらしいですよ。

　面縄間切は方言名〝ウンノー〟なんですけど、海（ウン）と礁地（イノー）に由来するのでは、とのことです」

さねんさん「そっか、面縄海岸はイノーが発達して海の幸が豊富だったから、海にちなんだ地名にしたのかもしれませんね。漢字名だと昔の人たちの生活の情景を知るのが難しいかな」

くさび君（注2）「ちゃーじゃが、リーフのコモリ（小池）で、わきゃどぅしんきゃ（仲間たち）がよく遊んでいたが。しばらく笠利《かさん》ぬ海《イショ》じ

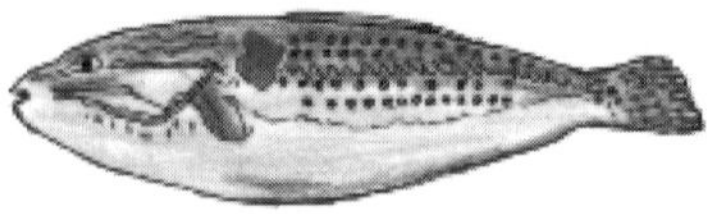

孫《マーガ》に泳ぎ教《ゆ》してイショナカぬ（現代訳／笠利の海で孫に泳ぎ教えて忙しくて）……」

※注2／ベラ科の魚。

ゆんどら君「昔、くさび先輩に魚釣り教えてもらったなー、魚の習性を知っていたしね。

あっ、横道それそうだ。元の記録名は面南和間切（1700年）、その後、面縄間切（1765年）と変遷しているらしいですよ」

けぃんむん博士「みんなよく研究しているな。地名の変遷じゃが、明治時代に〝同じ地名では何かと不便だ〟とのことで改名した例があるそうじゃ」

新人B君「え～、そんな時代背景があるんですね。なるほど、徳之島の徳、方位位置で西・下を接頭語にしたということか」

よなま村（ユナマ）の由来

ゆんどら君「よなま村（与名間方言／ユナマ）も海に関連する地名と言われているんです。いくつか紹介します」

表「群島内で同名のため改名した徳之島地名例」

旧地名	秋徳	和瀬	阿木名	久志
現在の地名	亀徳（徳之島町）	徳和瀬（徳之島町）	西阿木名（天城町）	下久志（徳之島町）
同名の市町村	瀬戸内町 秋徳	住用村 和瀬	瀬戸内町 阿木名	宇検村 久志

※出典：徳富重成「雑記集成（2）」（1993年）25p

・ヨナ、ユナは沖縄で砂、砂地のことで海岸地帯に多い。ヨ（ユ）は寄る（集まる）、ナは庭（広場）の意。石や土、すなわち砂が寄ってきた広場で沖積地の地名のこと。マは所在空間を表す語。

・ユナ（共通語／ヨナ）とは、砂を指す基層地名で国頭村（沖縄島北部）与那はまさに砂の寄りつく所で、与那原も美しい砂浜の果てしなく続く砂原の義であった。しかし、与那城は、丘陵上にあることから、揺り上げ地をいうユラからユナへの変遷地名であろう。

※出典／松永美吉『民俗地名語彙事典』南島地名研究センター編著『地名を歩く　増補改訂』ボーダーインク、175頁。

新人A君（岩手出身）「参考になるか分からないけど、友人の大学論文に〝与名間層は砂岩が主で徳之島の他の層に比べて著しく新鮮〟（注3）との報告があったから、太古は砂が押し寄せて堆積していたんじゃないかな」

※注3／中川久夫『東北大学理学部地質学古生物教室研究報告』

（1967）を参考。

「海」は地名の宝、「山」には世界自然遺産の宝がまんでぃーの島々……、また拝《うが》みよーろ。

3．島唄と地名

江戸時代、子どもの遊びで親しまれた双六（すごろく）。人気は自宅で旅する「道中双六」、サイコロ出た目でゴールを目指す。地名を覚えながら旅行気分の家庭の娯楽……。

新人A君「え〜、双六と地名ですか。懐かしい！　最近はテレビゲームばかりで、見かけないですね」

けぃんむん博士「実は、大人と子どもが一緒に架空の旅を楽しんだそうじゃ」

新人B君「昔、横浜の祖父母が双六絵図を広げて〝東海道五十三次(注1)の宿場の名称分かるね？〟って尋ねられたなぁ」

※注1／江戸時代に整備された五街道の一つ。日本橋を出発して京都の三条大橋がゴール。1番目が品川宿で滋賀県の大津宿が53番目。

けぃんむん博士「それじゃ、ここでムン尋ね。52番目の宿場名は？」

さねんさん「草津宿（滋賀県草津市）で〜す。学生時代は関西だったので有名でしたよ。津は『海の港』の意味だけど、陸の交通要衝で草の生えた川岸の湊が由来だと言われているらしいですよ」

新人A君「さねんさんすごい！　確かに琵琶湖の近くだし、陸と湖の港ですね。そうか。亀津はカメが集まる所、草津は人が交流する場所ということか」

新人B君「だけど各島、海にちなんだ地名が多いですね。徳之島は照葉樹林も豊富だし山に関係する地名はないのですか？」

さーみぃさん「恐らく手々集落じゃない？　エラブの手々知名集落名は〝岳（ティ）〟とか丘陵〟に由来する地名と祖母から聞いたことあるしね」

てて村（ティティ）の由来

ゆんどら君「ぴったしカンカンです。てて村（手々）の由来は……」

てて（手々）村は、天城岳連峰の北終点の山麓に位置する。四つの嶺が東西に連なって、東から「ソギビエ・タチビヤ・タカチヂ・セーダビエ」と呼んでいる。（ビエ・ビヤは坂の意、チヂは頂の意）岳は「ティ・テェ」と呼び……イノディィ（井之川岳）にも通用する。四つの岳に囲まれた地形から「ティ」または「ティティ」（岳々）の俗称で呼び、記録地名「手々」と名付けたのであろう。
（徳富重成『雑記集成（2）』1993年、8頁）

さーみぃさん「やっぱりね。だけど、ひらがなや漢字地名から集落（シマ）の成り立ちを推理するのは、注意が必要かな」

ましきょ君「ほ～、徳之島でもチヂは山の頂上なんだ。島の方言でつむじもマチヂで、子どもの頃〝ターマチヂはデケムンちどー〟と言っていたね（訳／子どもの頃、二つつむじの人は頭がいいよ）」

くさび君「ゆんどら君のハト（指笛）で思い出したけど、わきゃカサン（笠利）の八月踊りで〝曲《ま》がりょたかちぢ〟という島唄があるやー」

ましきょ君「チュッチュ（そうだ）、わきゃ島では、坂はビラじゃやー。島唄・長雲節の一節《チュウフシ》に地名も出てくるが」

◆曲がりょたかちぢ

〽曲がりょたかちぢに　提灯《ちょうちん》ぐゎばともして　うれがあかりし　忍んでいもれ

【訳】曲がりくねった高い頂きに提灯をともしていますから、その明かり目当てに忍んでください。

◆長雲節

〽長雲の長さ　しのきさゆじびら　加那におめなせば車とばる

【訳】長い険しい長雲坂（龍郷町）やさゆじ坂（嘉渡～秋名集落）越えの苦しいこと。しかし自分を待っている恋人のことを思い出せば難儀な坂も平坦な車道のようだ。

※出典／文潮光『奄美大島民謡大観　復刻版』（1983）を

参考。

ゆんどら君「徳之島にも〝曲がろ高頂節〟がありますよ。ばあちゃんが、じいちゃんとのなれ初め話で、あの時はね……とか言いながら歌ってくれます」

さねんさん「二つの歌詞から、七夕の日に天の川を渡って最も輝く織姫星に会いに行く彦星を想像しました」

新人B君「う〜ん。ちょっと飛躍しすぎだけど、ロマンチックですね。さねんさんも詩人だ！」

さねんさん「実は、今年の短冊《たんざく》にすてきな出会いをお願いしちゃいました」

けぃんむん博士「さねんさんの思いがかなうようにじゃな。さて、坂＝ビラじゃが、全国各地で山の斜面・中腹や急斜面のことをヒラ・ビラと言うそうじゃ。皆の地域で〝○○ビラ（ヒラ）〟の地名を探してみたらどうじゃ」

島々の地名散策から七夕まで発展。若手メンバーまで詩人に近づこうと……。

4．地名と治世

「三京《みきょ》と石切溜《いしきる》なん　何《ぬ》の情けあたんが　よごねがさ筵《むしろ》敷《し》ちゃる情け」

【訳】三京と石切溜（徳之島の地名）の間に何の情けがあったのだろう。それは、よごね(注1)がさ(注2)を敷いて一緒になった情けさ。（徳之島「三京節」）

※注1／「よごね」は野草の名前、注2／「かさ」は広い葉っぱ。

※小川学夫『奄美シマウタへの招待』147頁。

新人A君「すごいな、広い葉っぱを敷物にたとえて愛情を表現するなんて、詩人だな〜」

新人B君「島人の奥ゆかしさですね。シェイクスピアもびっくりしていると思います」

――自分のことのように照れるゆんどら君。

ゆんどら君「いや〜、三京ダムほど愛深くは……、あっそうだ！　さーみさん、大丈夫だよ。ばあちゃんが、〝恋愛は心から願えばかなう〟と教えてくれたから。

それじゃ、他の村名の由来だけど、花徳《けどく》村は加計呂麻島花富《けどみ》、奄美大島の花天《けてん》などがあるが語源不明だそうだし、勉強不足で勘弁。
ただ、前回の亀徳の前身の地名『秋徳』の由来をちょっと……」

秋徳（亀徳）の由来

秋徳は別称方言名でアキツ・アキチュ（秋津）と呼ばれ、古めかしさを漂わせる地名である。古事記の秋津島を連想、アキチュは開津・開戸で渡九島・渡感島（徳之島の古称）の門戸を解放した津（港）で、渡感（トク）を開いた由来から秋徳湊と名付けたのであろうか。（徳富重成『雑記集成（2）』1993年、8頁）

さねんさん「秋津（トンボの古い言い方）は日本国の古代の呼称で、〝神武天皇が国土を一望してトンボのようだと言ったことに由来する〟と日本史で学びましたね」

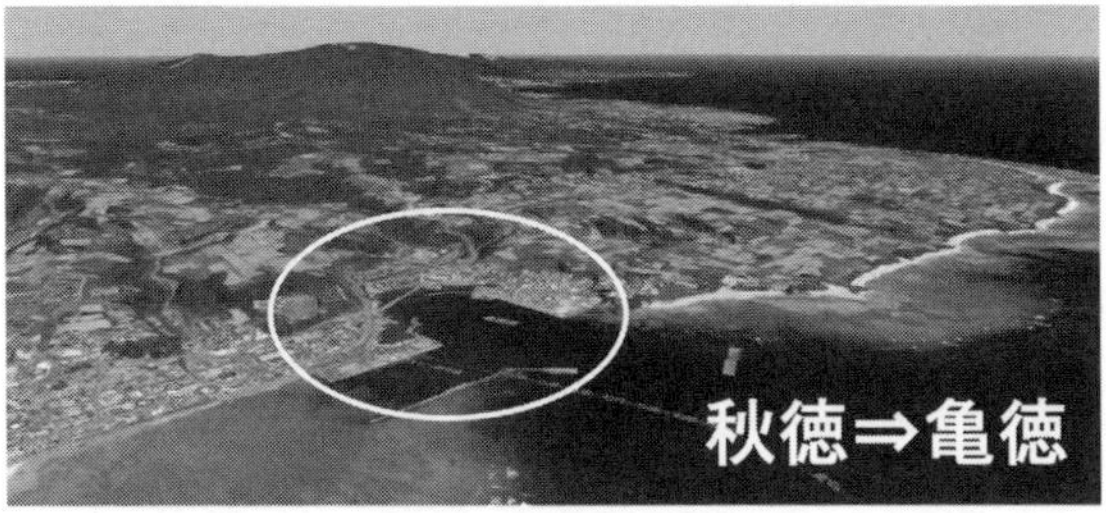

さーみぃさん「え〜、古事記の古代思想にさかのぼるんですね。確か、請・与路島の名称も古代の考えが反映されていたんですよね。なんかすごい！」
新人A君「明治20（1887）年に同地名と混同を避けるため改名したんでしたね。漢字名記録が、いつ頃かちょっと気になりますね」
ゆんどら君「薩摩藩が1609年、徳之島に上陸した記録に〝軍船七捨五艘皆五枚帆ニ而徳之島秋徳濵江入ニ……〟(注3)とあるそうですよ」

※注3／『徳之島前録帳』。薩摩藩時代の公的日誌。

島尻村（現在・伊仙町）の由来

ましきょ君「そうそう、伊仙町はその昔、島尻村だったと聞いたけど、沖縄では結構聞く地名だったね。学生時代、〝島の南や尾の先に位置するから国頭に対して島尻だよ〟と教えてもらったな」
ゆんどら君「う〜ん、困ったな。諸説あるらしいけど……、博士　お願い！」
けぃんむん博士「そうじゃな。沖縄でも学者間で議論されているね。いくつかの説を紹介しよう」

◆祖先が北方に由来する説

琉球の島々には北に国頭（上）、南に島尻なる地名の島々が分布している。これは単なる偶然性でなく、地名を付けた太古の遠祖たちが北方を「上」と見た思想の現われで、その思想から自己の島の北部に「頭（上）」、南部に「尻」地名をつけたのではなかろうか。（南島地名研究センター編著『地名を歩く　増補改訂』）

◆島の統治に由来する説

屋良座森城（1546年那覇港に築城）の倭寇碑に、いにしえの南山王国の六間切の名が記されている。その中に「しもしまじり」というのがあるが、これが南山王国発祥地の呼び名である。地名の意味は「南方の島治（し）り」で、のちには南山全体を指す地名になった。しかし、三山統一後には語源が忘れられ、「島尾」「島尻」の字が宛てられ、いつしか国頭・中頭に対応させるようになった。

※島尻とは位置を示す言葉でなく「島知（しまじり）」＝「島を統治している政治的中心」を指す言葉とのこと。

※出典／伊波普猷『沖縄考』（1942）165頁を参考。

新人B君「そうか！　元の意味が忘れられたということか。その後、地形と方位がうまく一致する漢字と重なって琉球の島々に広まったということかもしれませんね」

さーみぃさん「沖永良部島にも島尻の地名があったそうです。ちょっとイメージが悪いからって、1950年頃に縁起のいい住み良い所で〝住吉〟に改名したと聞きましたよ」

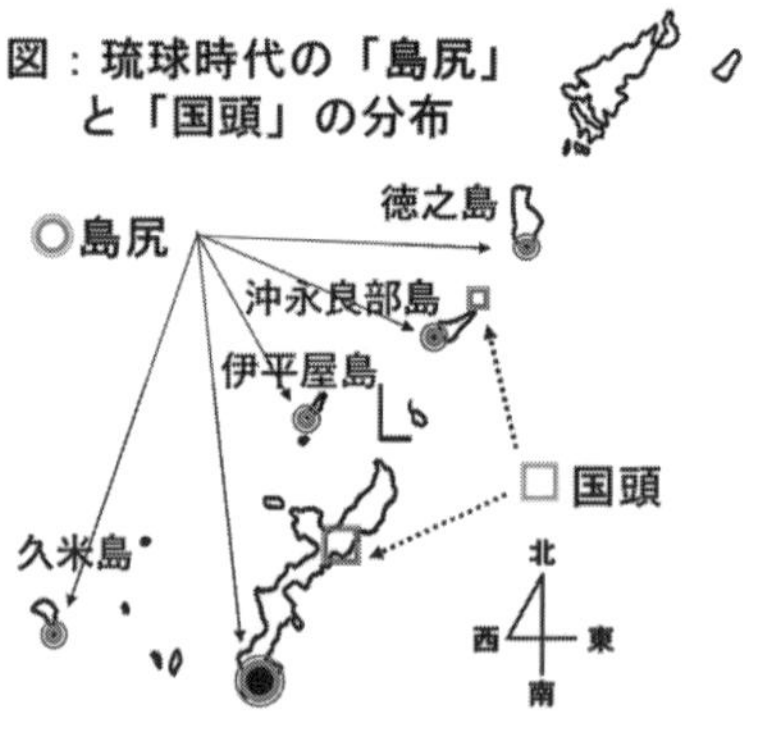

図：琉球時代の「島尻」と「国頭」の分布

古代・琉球時代にさかのぼる島々の地名。次回、どんな地名の出合いが……。おぼらだれん。

第5節　沖永良部島編

1. 妻の呼び名と方位地名

〽浴衣のきみは尾花《すすき》の簪《かんざし》……風呂あがりの髪　いい香り
上弦の月だったっけ　久しぶりだね　月みるなんて

……。

※1971年大ヒットした鹿児島県出身のシンガーソングライター吉田拓郎「旅の宿」の一節。「尾花」はススキ（薄・芒）の別名。

——70年代の歌を聞きつけたオールドメンバーが参加して……。

ニッサン者「なつかしいね～。フォークソングの全盛期、よくギターを弾いて歌ったなぁ」

シボレー者「上弦の月か(注1)……。あの頃、秋の夜長は縁側でススキのかんざし姿の新妻と月愛《つきめ》で一杯だったやー」

※注1／満月に向かう半月のこと。

クラウン者「今はわきゃ刀自《とぅじ》も白髪が増えて、ススキの色と一緒になったけどなぁ……」

新人A君「え～50年前の歌ですか。ちょっと色っぽい歌詞だけど、ほのぼのとした情景が想像されますね」

新人B君「先輩！ ギター弾けるのですか。趣味は晩酌だけかと……、ちょっと見直しました。そうだ！ 先輩がよく使い分ける刀自と妻の違いについて教えてください。うちの嫁さんに聞かれて困っているんですよ」

さーみぃさん「そうそう、私も将来の旦那さんに、なんて呼ばれたらいいのか気になっていました」

ニッサン者「えー、わきゃ／うがしゃんくぅとぅ（そんなこと）分らんがよー。博士に聞ちにょ」

けぃんむん博士「ほ～、感心じゃな。琉球では、妻＝刀自で奈良平安時代にさかのぼる言葉じゃったが、時代ごとに整理すると……」

刀自「万葉集」（675年）に記載。「家事をつかさどる女性。主婦。女性を尊敬または親愛の気持をこめて呼ぶ称。（『旺文社古語辞典 第10版』）」

妻「古事記」（712年）に記載。

女房 平安時代、身分の高い貴族が妻以外の世話人（女性）の住む部屋を女房《にょぼう》と呼んだ。世話する女性に使う言葉。

嫁 鎌倉時代、息子に嫁《とつ》いできた良い娘「良い女（よいめ）」が語源。夫の親が使う言葉。

奥さん 室町時代、身分が高い屋敷の主はパートナーの女性を屋敷の奥に住まわせた。周囲は奥方と呼ぶように。使用人が敬意を込めて使う言葉。

家内　明治時代、男の人は家の外で働き、女性は専業主婦として家を守るという形から。

かみさん　目上の人を表す上様（かみさま）という言葉が変化。

※参考／「妻」以下はＮＨＫ「チコちゃんに叱られる」
　２０２０年10月16日放送から。

新人Ｂ君「それぞれに意味があったのですね。パートナーの正しい呼び名は妻で、相手をもっと大事に敬愛の気持ちで表現する呼び名が刀自といこうことですね。決定、さーみぃさん！」

　ちょっとうれし顔の先輩たち。女子会のメンバーは、刀自になった気分で……。

けぃんむん博士「ちょっと道草したが、今回から沖永良部島の集落地名だったな。さーみぃさんが楽しみにしていたようじゃ」

さーみぃさん「それじゃー、いつものように『元禄國絵図』から。村名は3間切5村ですけど間切同村を含めて8村となります。徳之島散策で紹介があった西目の村名もありましたよ」

表　**「沖永良部島3間切」集落名の今むかし**

江戸時代	大城《オホグスク》間切		木比留《キビル》間切	徳時《トクドキ》間切	
	下平川《シモヒラカワ》	和村《ワムラ》	あぜふ村	ぢな村	西目村《ニシメムラ》
現在	下平川	和	畦布	知名	仁志
方言名	ユシキャ	ワー	アジフ	ヂンニャ	ニシ

※出典：間切名・村名「元禄國絵図（1702年）」（国立公文書館所蔵）
現代語訳：山下和、方言名：永吉毅「沖之永良部島地名考」（1976年）

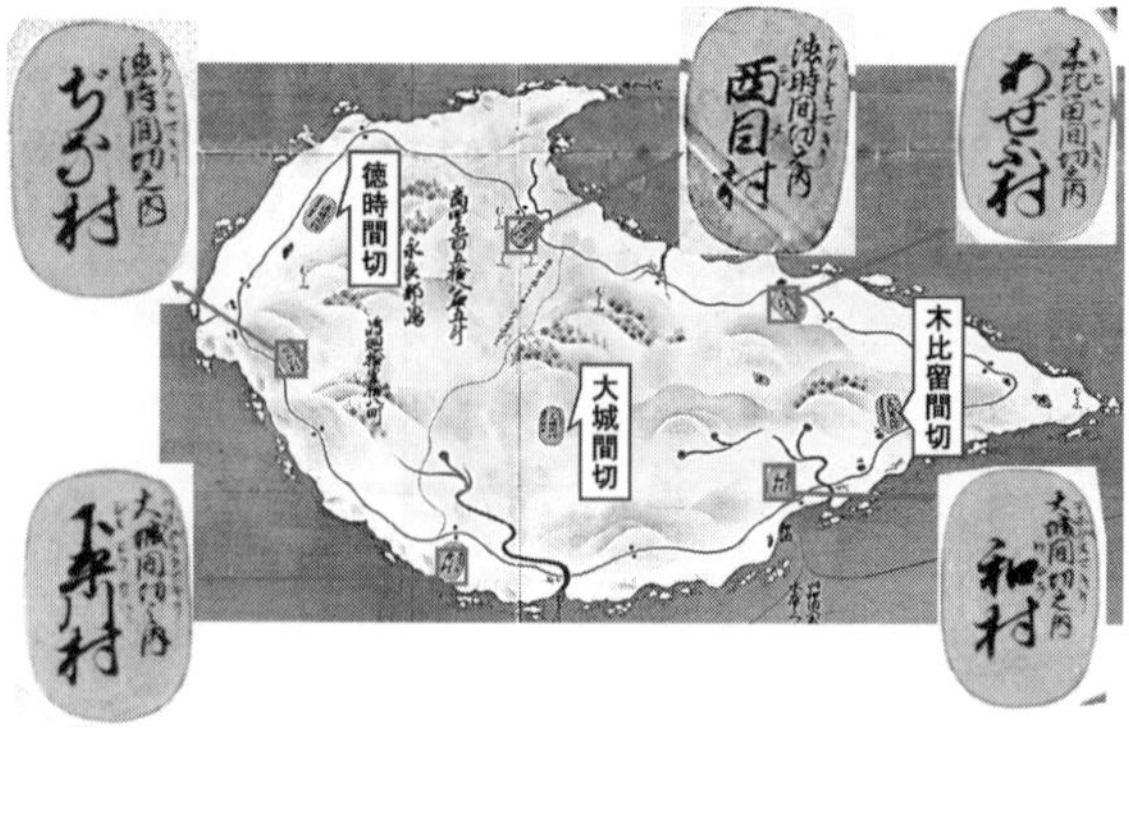

西目《にしめ》村（仁志）の由来

新人Ａ君「思い出した。久米島の西銘は、昔の記録名〝西目〟でしたね。やっぱり〝北見《ニシミ》〟が由来かな？」

さーみぃさん「ほぼ同じだけど、古い文献からひもといた郷土図書がありました」

仁志集落は古くは「ニシバル」といい、「西原」と混同されるため頭音をとり佳字《けいじ》「仁志」とした。（また隣接集落の）上城、下城、新城を総称して「ニシミ」と呼んでいる。「ニシミ」の「ニシ」は西原の「ニシ」と同様の「北」の意である。

「ニシミ」とは「ニシを見る」で「北方からの外敵を監視する所」、すなわち倭寇の侵攻に対する備えであった所ということになりそうである。

※出典／永吉毅『沖之永良部島地名考』（1976年）102～106頁を要約（著者は沖永良部島出身）。

新人B君「久米島の西銘は〝北の空を見る〟。少しニュアンスが違うけど北の敵を監視する場所に由来ということか。だけど発想は似てますね」

さーみぃさん「琉球時代、島を治めた世之主の家臣（西目国内兵衛佐）の名前や『おもろさうし』に〝にしめたけ〟の表記もあるそうですよ」

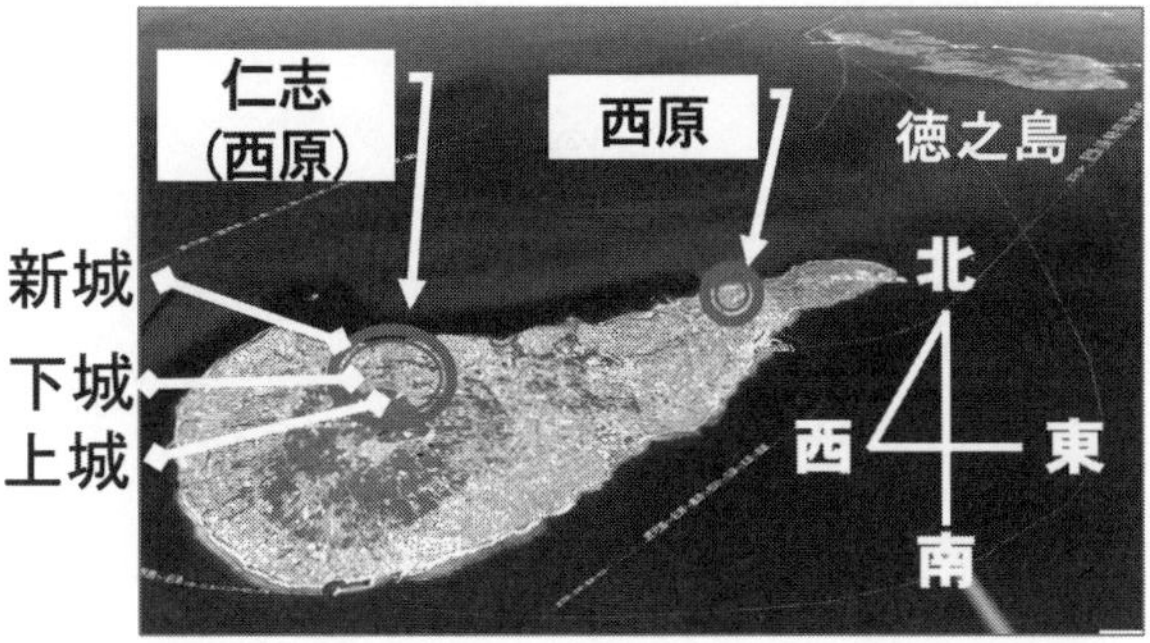

刀自の呼び名に満足のメンバー、島々で背景が微妙に異なる同一地名。さて次回は……。

2．月と地名

「名月を　とってくれろと　泣く子かな」（小林一茶）

【訳】秋の澄んだ夜空にくっきりと浮かんでいる十五夜の月を、子どもが、「取ってくれ、取ってくれ」としきりにせがんで泣くことだ。

――先週は満月輝く旧暦の15日、集落々《シマジマ》のあちらこちらで太鼓と島唄が響く頃、〝汝きゃ吾きゃゆらとぅて（一緒になって）踊りんしょろーや〟のあいさつことばが……。

ニッサン車「……と、例年なら言いたいところだったけど。今年は孫《まーが》に〝じいちゃん、あの月取って来て〟とせがまれて、頭疾《かまちやまし》(注1)しゅんちょ。きゃしするばいっちゃかい（頭痛めているよ。どうすればいいのだろう）」

※注1／古語「疾し」＝悩ましい気持ちがする。

シボレー車「吾きゃ孫《まーが》や〝ウサギさんがついたお餅を食べ

たい〃と泣かれて大変だったが、誰かいい知恵ないかね」

さねんさん「先輩！　ごちそうしてくれるならお月さんとお餅取ってきますよ」

――そして満月の夜、桶《おけ》一杯に水を入れ縁側に置くと、なんと水面にお月様が浮かび、そして手のひらにはいつの間にかお餅が……。お孫さん大はしゃぎで喜んだそうです。

新人A君「一休さんのとんちみたいだ。でも、平安時代は貴族が盃や池に映る月を眺めて楽しむ宴、江戸時代は庶民が収穫に感謝する行事として広がったようですね」

さーみぃさん（沖永良部島出身）「古代、仁志や西原（ニシミ）の人たちも北方の外敵を監視しながら、四季折々の夜空の月を観察し風情を楽しんだと思いますよ」

新人B君「そうだ！　農業は、ギリシア語のアグリ（土地・畑）とカルチャー（心を耕す・文化）に由来するんだった。農業盛んな沖永良部島の人たちの感性を養う原点は、地名からもうかがえるということかな」

大城《おほぐすく》間切（現地名／おおじろ）の由来

さねんさん「先輩からご馳走してもらったし、それじゃ、南西諸島に多い『城』が付く大城間切について、いくつか文献を紹介します」

◆川に由来する説

字音に従って「ふうぐすく」、また「ぐ」が脱落して「ふうすく」と称《とな》えているが、もともと「城《ぐすく》」を原義とする地名ではないようである。

世之主由緒書（1710年）に大城村「川内《ほううち》の百《ひゃ》」と記され、明治3年（1870年）シニグ祭り記事に「大城の主」のことを「フーシの主」とし「大司の主」の字を配しているのを見ると「ホウウチ」「フーシ」に深いつながりがあるのでは。「フウスク」も「川底《ほーすく》」と解するのが案外正しいのではないか。ここ大城集落は、小川ながら3つの川に取り囲まれた島内他集落には例のない地理的な条件下にある。この特徴をとらえた地名といえるようである。（永吉毅『沖之永良部島地名考』1976年、113頁）

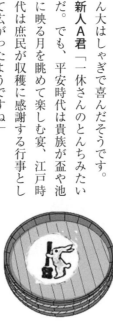

◆聖地（祖先の葬地）に由来する説

グスクに「城」を当て字にしたことも素因となって、歴史・民俗・考古学などの研究者をまきこんだ論争が盛んであった。大きく、①聖地拝所、②城（しろ）説、③集落説、他に按司などの館を指す御宿（ごしゅく）説もでた。グスクのスクは、一定の区画を指す古語のシキ、ニレースク（ニライカナイ）のスクとの説やソコ（底）との説もある。琉球の古代思想、遠い海の彼方にある〝万物充足の常世の国〟の理念から〝占ムル所〟の意味のシキ（敷）の変化と見るのが正しいようである。グは、ゴーマーキー（車座）のゴで囲むの義をもつことで、〝囲まれた祖先の葬地〟とするのが妥当のようである。（南島地名研究センター編著『地名を歩く　増補改訂』１９９頁）

新人A君「専門家の間でも議論されているということか。地名由来のむずかしさですね。太古の人たちが〝場所を相手に伝える手段〟として地名を付けたと推測すると地元研究者の地形説が理解しやすいかな」

さーみぃさん「私もA君と同じ推理でしたよ。世之主さんが島を平定する以前から地名は存在したと思うし、でも、大城集落の地形的な位置を考えるとニライカナイ思想も面白いかな」

新人B君「確か、奄美ではネリヤカナヤで、理想郷が東の海の彼方にあるという信仰でしたね。先輩が飲むと〝long long ago 昔々、太平洋にムー大陸があってなぁ、そこは理想の国で……〟と、よく夢のような話をしますよね」

さーみぃさん「エラブには、前回紹介した下城・上城・新城・玉城や政治的中心地で世之主のお墓がある内城の集落名もありますよ」

さねんさん「そうそう、〝城〟の名が付く地名は、奄美、沖縄に２００以上あるそうです」

満天の星空を家族で楽しもうと張り切るメンバー……。今日もみへでぃろ。（沖永良部島の方言でありがとう）

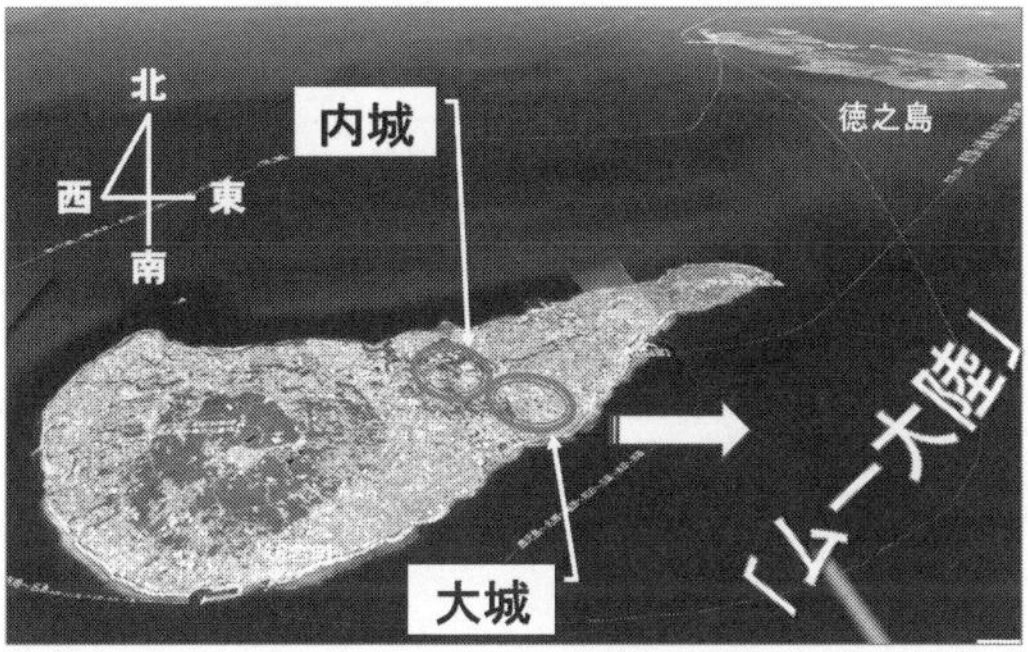

3．星と地名

「天ぬ天《あま》の川《ほーら》　今や南《へー》と北《にし》と　夜の明き次《し》第や西《いり》と東《あがり》」

（沖永良部島の民謡）

【訳】天の天の川は今（宵の口）は南から北に流れているが、夜更けに従い西から東に向かって流れる。

※出典／文潮光『奄美大島民謡大観　復刻版』１９８３年、４１４頁。

さーみぃさん「A君たち、前回〝古代の仁志や西原（ニシミ）集落の人たちは、北方の外敵を監視しながら、夜空の月を観察していた〟と紹介したのを覚えているかな？　そんな祖先の歌が冒頭なんだけど……」

新人A君「なるほど、東西南北をしっかり詠み込んで情景がイメージできますね」

さねんさん「島人の詩的センスを感じさせる歌をいくつか紹介するね」

天の群星《むれぶし》や　他所の上どぅ照ゆる
　黄金三つ星や　吾上照ゆい
（※天の星は他人を照らすが、黄金三つ星は私の上で輝く）

天ぬ星だまり　ゆみやさにしゆい
　吾が思ぬ事や　さにやしやむ
（※天の星でさえ数えれば数えることができるのに、私の思いは多くて数えることができない）

※出典／『和泊町誌　民俗編』８９３頁。

新人B君「天の群星《むれぶし》か。子どもと星空観察会で見たオリオン座の三つ星を思い出しましたよ」

新人A君「あっ、そうか。古代エジプトのギザ三大ピラミッドの配置は、オリオン座の三つ星を眺めて決めたのでは、と考古学者や天文学者の間で話題になったんだよね。

地球の裏側の太古の人たちと同じ星を観察していたということか。ワクワクしますね」

けぃんむん博士「ほ～、夜空の星に話題が集中しているようじゃな。秋空の天気は変わりやすいが〝男心（女心）と秋の空〟との故事もあるぞ。そろそろ地名に戻そうか」

さーみぃさん「そうでした。天の川から地上の川で、大城間切下平川村の由来をアジ（注1）から聞いてきました」

※注１／沖永良部島で祖母。

下平川村《しもひらかわ》（方言名／ユシキャ）の由来

下平川集落は「ユシキャ」と「シンビョウ」の二つの小地名に分かれている。それぞれに、「ユシキャ川」「シンビョウ川」があって、この川を中心に人が住みつくようになったのだろう。

この「ユシキャ川」の「キャ」は、川が「ホー」→「コー」と転訛し、さらに拗音《ようおん》化して「キャ」なったもので、つまり「ユシキャ」だけで意味は通じ、「よい川」の義である。下平川と表記したのは「シンビョウ」を漢字訳とし、それに「ユシキャ」の川を付加したものと思われる。（永吉毅『沖之永良部島地名考』1976年、113頁）

ニッサン車「ちゃ、童《わらぶぃ》の頃タナガ（テナガエビ）捕りはコー（川）だったし、学校帰りで飲む水はソージゴ（注2）だったやー」

※注2／「ソージ」の語源は寒水・清水・早水などがあるようです。

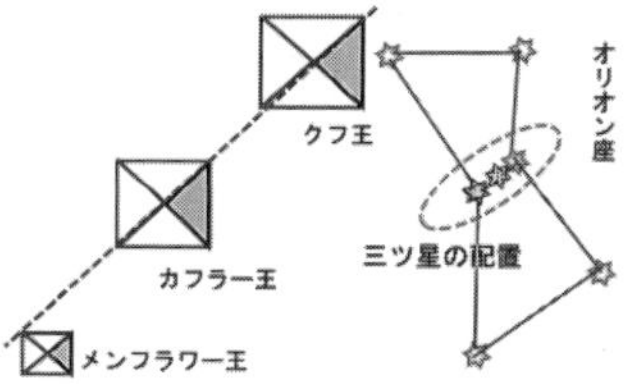

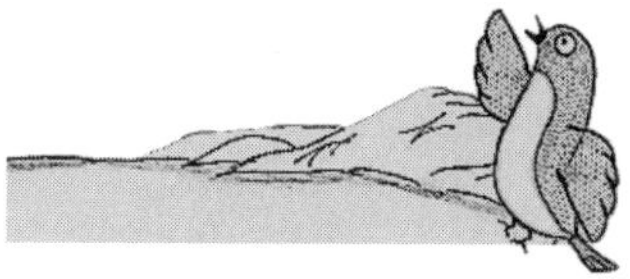

新人B君「確か、奄美の古代集落には屋仁川《ヤンゴ》、神川《カンギョ》、清川《キュッキョ》の小川とか泉があって、小字名の由来になっているのでしたね」

さねんさん「そうそう、徳時間切も川に由来するんだったよね」

さーみぃさん「漢字名からでは、想像できないけど、今日はばあちゃんから聞いた由来を昔話風に紹介するね」

徳時《とくどき》間切（方言名／トウドゥキ）と大津勘《おおつかん》集落（方言名／フチカヌ）の由来

昔々、地名がない頃。エラブは鍾乳洞が多く、地下水が傾斜を下って海に流れていたそうな。

ある嵐の日、ゴーゴーという水音が鳴り響いてくるので、集落のみんなで探索したそうな。すると、水連洞出口付近が大河のようになっていたんだと。

〝わー！　こんな大きな川は見たことがないぞ〟と驚いたそうだ。

いつしか、島の人たちは、水音が聞こえる場所を「トウドウキ（轟）」と、川が流れる場所を「フチカヌ（大きな川）」と名付けたそうな。

※参考／永吉毅『沖之永良部島地名考』91〜93頁。

新人Ａ君「面白い！　その後、薩摩の役人さんが２カ所の集落名を漢字にする時に発音から『徳時』『大津勘』と記録したということか。そうだ！　天城町の『轟木《とどろき》』も音に由来するって、ゆんどら君が説明していましたね」

さーみぃさん「そうそう、〝集落後方の天城連山にこだまする雷音や前方の万田川から流れるとどろき音などの音に由来〟していて、地形も山裾に位置していて、共通項が多いよね」

～川にちなむ「徳時と大津勘」～

　先日はオリオン座流星群ピークの夜、世界のどこでも観測できる天体ショー。余韻冷めやらず、ギザのピラミッドまで話題が広がり……。

今日もみへでぃろ。

4．変化する地名

野山に薄紅色のフヨウの花咲く島の秋景色、地名の話題は上級編へ……。

けぃんむん博士「今日は、暦ではカネサル（注１）の行事じゃったな。みんなカシャムチを作って食べたかな」

※注１／今年（２０２１年）は11月8日。奄美大島北部では種おろし（『笠利町誌』）。

新人Ａ君「奄美の歳時記の一つでしたね。月桃の葉で包む餅は子どもたちの大好物ですよ」

さーみぃさん「それじゃ、今日も水にちなむ地名を紹介します。だけど、少し上級編だからね」

さねんさん「瀬利覚集落のことでしょ。有名なジッキョヌホー（泉）に関係すると思うけど、漢字名からは想像できないよね」

瀬利覚《せりかく》（方言名／ジッキョの由来）

さーみぃさん「昔の呼び名のジッキョが、どうして瀬利覚と記録されたのか、地元の研究者も不思議だって。

沖縄にも似たような地名で〝勢理客〟があるんだけど、ちょっと面白い展開だったので紹介するね。まずは地元の研究者の説から」

◆湧泉にちなむ地名説

「ヂ」は清音に直し「チ」で、「地」と解することに異論はないであろう。「キャ」は川の意である。河川は「ホーラ」、井泉は「ホー」と区別している。「ホー」が「コー」になり、拗音化《ようおんか》して「キャ」「キョ」に転訛する。したがって、ヂッキョは「地中を流れる川」の意である。（永吉毅『沖之永良部島地名考』86頁）

※1986年の国の改定（国語審議会）で「ヂ」は「ジ」の表記になりました。

◆おもろさうし〝せりかく〟からの展開説

さねんさん「次は沖縄の研究者の説だけど、古い歌謡集(注2)をヒントにしていて面白かったよ」

※注2／外間守善、西郷信綱校注『日本思想体系18　おもろさうし』1972年。

さーみぃさん「歌詞にある〝せりかく〟という集落名を手掛かりにしたそうよ。

勢理客《せりかく》の　のろの
あけしの　のろの
雨《あま》くれ　降《お》ろちへ
鎧《よるい》　濡《ぬ》らちね
又　運天《うむてん》　着《つ》けて
（第14巻一〇二七の一部）

源為朝が琉球に上陸した歌らしいから大昔の地名だよね」

さねんさん「言語学の研究者が、琉球発音から推定したのが次の表なんだけど、ちょっと難しくて……先輩助けて！」

クラウン車「そうじゃやー、島々の代表的な発音事例を参考に推理したらどうかい。

・風（カゼ）はハジ（南奄美）
・「リ」は前後発音で詰まって「ッ」
・烏賊（イカ）はイキャ
・タコはタフ（北奄美）、トー（南奄美）

表　　―「せりかく」発音の変化過程―

時代変遷	昔昔	14C～17C頃	→	→	→	現在
方言名	ゼリカコ	ゼリカク（せりかく）	ゼリキャク	ゼリキャフ ジリキョホ	ジッキョ	リッチョー
漢字地名		瀬利覚	勢理客			立長

※参考文献：狩俣繁久『歴史地名通信50号』（2005年・平凡社）、「せりかく」は『おもろそうし』（琉球王国時代の歌謡集）の表記。

単語を並べて発音すると、ジッキャーからジッキョ、リッチョーになるけど、似てないかい？」

さーみぃさん「ちょっと苦しいけど、さすが先輩。〝瀬利覚〟の地名は〝勢理客〟より古く、方言の変化が終了した形が〝立長〟ということですね」

新人B君「え〜、〝ジッキョ〟の語源は〝ゼリカコ〟ということですか。面白いけど地名の由来がますます分からず混乱してきました」

さねんさん「そうでしょう。気になって2人でさらに調べたら……。

・沖縄の同地名は、
①伊是名村勢理客《せりきゃく》　②今帰仁村勢理客《せりきゃく》　③浦添市勢理客《じっちゃく》
（3地域の古い呼称／じっちゃく）

・3地域の共通点は、①昔、海岸の崖内陸部で段丘面に形成された集落　②背後に丘陵が広がり聖域の丘陵がある　③その後、海岸近くの農地開拓で漁労に便利な低地へ移動している

現在の姿と少し違うけど、ちょっと地形がイメージできたかな」

さーみぃさん「そうそう、表の〝立長〟は与論の立長集落のことだけど知ってた？　昔は〝瀬利覚〟(注3)と表記されていたんだって」

※注3／『与論町誌　追録版』116頁。

さねんさん「〝ゼリカコ〟の由来も諸説あるらしく、地形の共通項から〝絶着・網代・絶郭……〟じゃないかって」

新人A君「やっぱり、薩摩藩の役人さんが漢字記録の際（17世紀頃）に、琉球と奄美の同一地名を使い分けたのかもしれませんね」

新人B君「湧泉説も納得だし、発音変化の過程で地名決定の時期を知る説も面白いし、やっぱりタイムマシンがほしいなぁー」

　島口発音の変化や地形に由来する地名、諸説あるも時代背景に思いを馳《は》せながら……。今日もみへでぃろ。

5．農業と地名

「月に願《がん》立てぃてぃ　星に願《にげ》立てぃてぃ　二人親《たいうや》がなし百世願《にご》ら」（沖永良部島の民謡）

【訳】月と星に願立てをして、2人の親が百歳まで長命にあることを願おう。（『和泊町誌』892頁）

クラウン車「ターリウヤ（2人の親）が百歳まで元気であるように、お月さんと星にお願いする親孝行の歌か。くゎーまーがにも／ゆすらんば／いかんが（子どもや孫に教えないといけないいな）」

新人A君「島の古い歌には、人生訓が凝縮されていますよね。もったいないので、現代訳して子どもたちに教えていますよ」

新人B君「我が家も家内が、あっ！　刀自《とぅじ》（注1）が古語の勉強になると熱心に聞いていますよ」

※注1／〔第5章第5節1〕以降、B君宅では妻を尊敬する呼び名ということで刀自に決定したそうです。

さーみぃさん「今回は地形じゃなく植生にちなむ地名を紹介するね。ここで質問。〝木比留《きびる》間切〟の由来は、①作物　②地形　③草木のどれでしょうか？」

新人A君「エラブは農業が盛んだから、サトウキビのきびにちなんだ名前で、①作物だと思いますよ」

シボレー車「う〜ん、サトウキビの伝播《でんぱ》時期（注2）を考えるとちょっと微妙じゃやー。地名の始まりは、もっと時代をさかのぼるはずじゃが」

※注2／江戸時代の文化文政年間（1804〜30年）頃とされている。（『和泊町誌　民俗編』）

さーみぃさん「さすが先輩。地元研究者の解説を紹介しますね」

木比留（喜美留）間切（方言名／キビル・チビル）の由来

「キビル」はサトウキビの「キビ」ではなく昔話に出てくる桃太郎の鬼が島征伐のキビ団子のキビである。沖永良部島の甘藷伝来は1818年頃、それ以前に栽培されていたというのはキビ団子のキビであろうと思われる。「ル」は領格助詞「ノ」の変化したもの。文法的には体言と助詞の複合語で、「キビル」とは「黍《きび》の」ということになり「黍のよくできる所」との意である。おそらく付近の火田に作った黍の生育が

他に優れて良かったので、この呼び方が生じたのであろう。（永吉毅『沖之永良部島地名考』54頁抜粋）

さねんさん「『元禄国絵図』（1702年）の作成時期を考えると、なるほどでしたね。そうそう、少し興味をひく著書もあったんだよね」

琉球国王が久高島を行幸するのは、アマミコの神が天に上り、五穀の種子を乞ひ下り、初めてムギ・アワ・マメ・キビ数種を久高島にまいたことに由来する。一方、久高島の村長が海岸に流れてきた白壷を見つけたらムギ・アワ・キビその他七種の種がはいっていた。農業がここからはじまった。（『琉球国由来記』1713年）

※参考／『改訂名瀬市誌1巻　歴史編』1996年、189頁。

新人A君「そうか、琉球の島々は、さとうきび伝来以前、ムギ・アワ・キビが主要作物だったということですね。15世紀頃エラブは、北山王（北部沖縄）の支配下にあったそうだし、納得です」

新人B君「いつ頃、奄美で稲作が始まったのかが分かると、地名の始まりのヒントになりそうですね」

さーみぃさん「最近、鹿児島大学の研究者が、〝農耕（栽培作物／アワ・ムギ・イネ・キビ）は奄美群島で8～12世紀、沖縄諸島では10～12世紀に始まりました。農耕はまず奄美群島に導入され、そこから沖縄諸島へ伝わったのです[注3]〟と発表したでしょ。そこから稲作に由来する地名が皆川（和泊町）だそうです」

※注3／『魅惑の島々、奄美群島――歴史・文化編――』（鹿児島大学島嶼研ブックレット15）12頁。

皆川《みながわ》集落（方言名／イニャグ）の由来

方言名の「イニャ」は、「イニャヒヤ」（田舎平）、「イニャトゥ」（稲当）の稲のことである。「グ」は「コ」の音便変化したもので「川」の意である。だから「イニャグ」とは「稲川」の義である。

和泊町でため池を必要としない村は、ここ皆川と前述の田舎平（現谷山）の両集落とされている。

※田舎平＝稲の収穫を行う傾斜地＝稲坂の意、宇検村古志に稲平（イニャヒヤ）がある。

※出典／永吉毅『沖之永良部島地名考』71・78頁抜粋。

さねんさん「農業に関係する地名は、▼後蘭《ごらん》（グラル）＝穀倉地帯に由来でクラ（倉）のある所、▼玉城《たまじろ》（イニャトウ）＝稲の収穫を行う広場に由来で小字西稲戸《いなとう》・北稲戸の昇格地名、「戸《とう》」は「当」の役人記録時の誤字で、▼余田《あまた》（アマタ）も水田にちなむ地名じゃないかって」

昔の人たちの生活文化を知る手がかりとなる地名。さて、次回は……、今日もみへでぃろ。

第6節　与論島編

1．村と間切

「秋深き　隣は何を　する人ぞ」（松尾芭蕉）

【訳】秋も深まり、隣の人は、何をしているのだろうか。

※1694年11月15日（旧暦9月28日）に体調を崩した芭蕉が最後の句会で詠んだ歌だそうです。

クラウン車「さて、冒頭の句からちょっと質問。〝隣は何をする人〟？」

さねんさん「先輩のいつものとんちクイズだ！　与論と芭蕉だからバショウ布(注1)を織る娘さんだよね」

※注1／国の重要無形民俗文化財『与論島の芭蕉布製造技術』指定。

さーみぃさん「秋の夕暮れ時に機織る姿を想像しますね。あっ、そうだ。久しぶりにあたびく君が登場するんだった」

あたびく君(注2)「ふがみゃーびらん／ふがんどぅーさぬ（こんにちは久しぶりです）。それじゃ、『元禄国絵図』を見てください。図では間切名が見当たらず、2村のみなんですが、その後の薩摩藩の検地（1727年）では2間切6村（表）になっています」

※注2／「あたびく」＝「カエル」の与論方言。

新人A君「え～、村の中に村があるんだ。他の島々では間切の下に村でしたよね。面白い！」

表

「与論島」集落名の今むかし

江戸時代前期	むきや村の内あがさ村	むきや村				
享保内検（1727年）	東間切			西間切（大水間切）		
	茶花村	麦屋村	中間村	足戸村	瀬利覚村	古里村
現在	赤佐《あがさ》・茶花《ちゃばな》	麦屋《むぎや》	那間《なま》	朝戸《あさと》	立長《りつちょう》	古里《ふるさと》
方言名	アガサ・チャバナ	ムギヤ	ナーマ	サトゥ アシトゥ	トゥモライ リッチョー	プルサトゥ

※出典：村名「元禄國絵図（1702年）」（国立公文書館所蔵）、間切名：「与論町誌」、方言名：上段；東恩納寛惇「南島風土記」（1964年）、下段；奄美群島 広域事務組合調べ

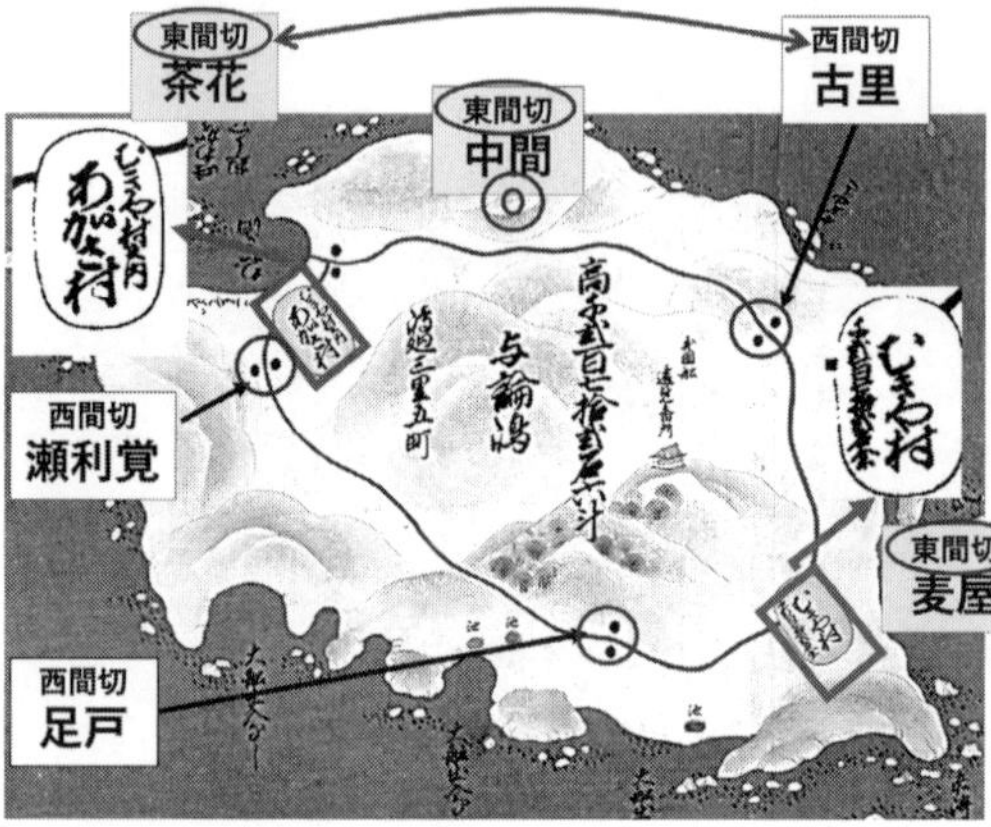

新人B君「〃間切は現在の市町村、村は集落で琉球王から辞令を受けて役人を配置した。その体制は薩摩藩時代も引き継がれた〃と、博士が教えてくれましたよね」

あたびく君「国絵図に間切の記載がないのは不思議なんだけど、『与論町誌』でも疑問視していて……」

> 万治内検(注3)で、徳之島、沖永良部島に間切が記してあるのに、与論だけ間切が記してないのは与論が単一の間切であったのか、あるいは何かの手落ちからであろうか。

※出典／『与論町誌』1988年、225頁。

※注3／薩摩藩が独自に行った田畑面積や収量調査。万治内検（1658年～61年）、享保内検（1716年～36年）。

シボレー車「え～、江戸時代前期は間切がなかったのか。ミィジラサ(注4)くぅと聞ちゃ（面白い事を聞いた）」

※注4／【ミィジラサ】＝奄美地域の方言で「面白い」。

さねんさん「だけど、沖縄本島や沖永良部島以南の島々には東西の間切名はないと思ったけど、新たな発見でしたね」

さーみぃさん「国絵図を見て、ちょっと面白いことに気づきました。茶花村は位置的に西間切、古里村は東間切だけど逆転しているんだよね」

あたびく君「よく気づきましたね。実は、〃茶花（あがさ村）

は与論の玄関であり唯一の重要港で、ここから物資や人の出入りがなされていた。当時、島の中枢機構は全て麦屋村の城《ぐすく》にあった。茶花は城の出先機関としての港・蔵・番所などが置かれて、城の直轄村的存在であったのではないか〟と、『与論町誌』では推測しているんです」

新人A君「なるほど、だから〝むきや村の内あがさ村〟になったのか。だけど、あがさ村がどうして茶花の漢字名なったのか不思議だ」

あがさ村と茶花村の由来

あたびく君「あがさ村＝茶花じゃなく、絵図にも湊名をあがさ泊と記録があるように海岸近くに位置する現在の小字名赤佐のことだと思いますけど、う〜ん、由来は文献が見つからず降参でした」

新人A君「そうか、薩摩藩の検地で〝茶花〟を村に昇格させたということか。確か〝茶（チャ）〟の由来は、名瀬知名瀬《きなじょ》や笠利町赤木名《はきな》のキナ（ケナ）の語韻変化でしたね」

けいんむん博士「みんなよく勉強しているな。南島地域に多い焼畑耕作地域に由来するのじゃが……」

あたびく君「そうなんです。地名研究者も同じ見解でした」

図：「〈ケナ〉の語韻変化の過程」

ケナ ─ ⑴キナ → キノ → キヤ → ニヤ
　　 ─ ⑵チナ → チャ
　　 ─ ⑶ケナ → ケン → テン

【キナ】＝知名瀬《きなじょ》・赤木名《はきな》（奄）・阿布木名（徳）
【ニヤ】＝古仁屋《くにや》・万屋《まにゃ》（奄）・知名《じんにゃ》（沖）
【チャ】＝茶花（与）・手々知名（沖）

出典：柏常秋「南東の地名（奄美郷土研究会第８号）」

茶花の発音は、古くは「チャヌパナ」と発音したのでないか。「チャ」はキナ系で焼畑農耕地帯を表し、「パナ」は「塙《はなわ》」からきたもので土地が盛り上がって丘陵をなす所。パナは「ミンダラ山」一帯を指し、チャはその麓あたりの農耕法を言ったのであろうか。（徳富重成『与論島地名表』徳之島町図書館蔵書）

地名の変遷も間切の構成も少しミステリアスな与論島。今日もとーとぅがなし。

2．移動する地名

〽秋の夕日に照る山もみじ　濃いも薄いも数ある中に
松をいろどる楓《かえで》や蔦《つた》は　山のふもとの裾模様《すそもよう》（童謡・唱歌「紅葉《もみじ》」）

クラウン車「はげー、なつかかん歌じゃやー、島ぬ秋風景となーりっくわ異なるけど楓をハゼの木にたとえて歌ってたな」

ニッサン車「吾《わ》んが好きな唱歌や、〝里の秋〟じゃが、一番だけ歌てぃにょ……。

〽静かな静かな里の秋　お背戸(注1)に木の実の　落ちる夜は
　ああ母さんとただ二人　栗の実煮てます囲炉裏ばた

※注1／「背戸」＝家の後ろの方。家の裏手。

さーみぃさん「先輩、歌うまい。そうだ、〝里の秋〟は、1945（昭和20）年12月の年の瀬に、戦地からの引揚者や復員兵を励まそうと、NHKラジオで発表された歌でしたね。当時すごい反響があったと、ばあちゃんから聞きましたよ」

けぃんむん博士「そうじゃな。歌が終わるとラジオを聞いたリスナーから〝曲名は？〟とか〝もう一度聞きたい〟と電話が殺到したそうじゃ。昔の生活と秋の景色を思い浮かべながらみんなも歌ってみてはどうかな」

新人A君「日本の歌百選（2007年）にも選ばれて、子どもたちもたまに歌っていますよ。確か、2番の歌詞は〝明るい明るい星の空〟でしたね。与論の星空もすごいとか……」

あたびく君「そうなんです。山が低いので360度見渡せるんですよ。サザンクロスセンター（町立資料館）は、南十字星が見える最北限の島に由来する名前なんです。

それじゃ、今日は、前回の茶花村の続きを紹介します」

——ということで、あたびく君があがさ村から茶花村になった背景を推理したのですが……、

琉球役人「この地域は湊名の『あがさ村』でよいかな？」

島役人「はい、それでよろしいです」

時は過ぎ、薩摩時代……。

薩摩役人「この村（あがさ）は、麦屋村・城《ぐすく》の出先機関（港・蔵・番所等配置）の直轄村のようだけど」

島役人「はい、担当している者は、ほとんど茶花《ちゃばな》や大水地《うぷみじ》域から通っています」

薩摩役人「そうか、将来ここが発達するはずだ。これからは、ここを茶花村、そして間切名は大水と記録しよう」

島役人「分かりました。あがさ村を忘れないように海岸地区を『赤佐』と記録してください」

※図は、菊千代『与論方言集』（与論民俗村、1985年）の「与論町小字配置図」を参考にしています。

あたびく君「おそらく、こんな会話があったのではと想像してみました。現在の小字の茶花は〝ヤパナ〟の呼称なんですけど、〝チャバナ〟のチが脱落したからか、あるいは〝ヤパナ〟から漢字読みの〝チャバナ〟になったのではと勝手に推理してみました」

さねんさん「あたびく君、面白い！　麦屋村・城って、サザンクロスセンターやお城跡の石垣が残っている地域なんだよね。薩摩のお役人さんが配慮したのかな」

あたびく君「とーとぅがなし。茶花と隣接する大水地区の人口規模や島役人数で間切と村を決めたのではないかと思いますよ」

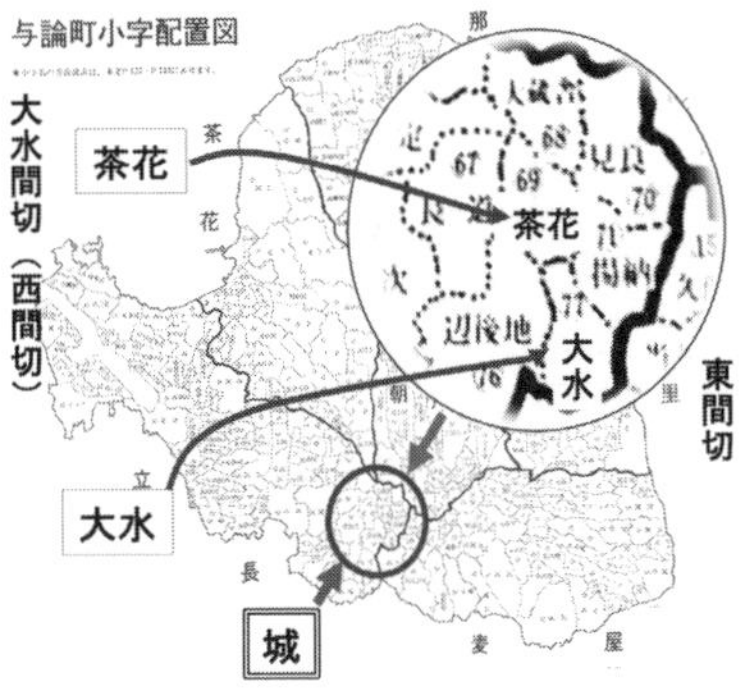

新人B君「そうだ！　与論や大島北部の佐仁集落が〝ぱぴぷ〟の発音でしたね。奈良時代より古い時代の日本語の特徴を残しているんでしたね。国語の勉強にもなっています」

新人A君「奈良時代で思い出しましたけど、与論も遣唐使の寄港地だったそうですけど、中国に由来する地名は？」

麦屋村の由来

あたびく君「麦屋村の由来が少し関わりありそうだけど、あまり自信ないのですが地元研究者の説を紹介します」

麦屋は、「ムギャ」が正確な発音であろう。古くは「ムヌキャ」がヌの脱落によってムキャ・ムギャになったと思える。「ム」は中国の「毛（モウ）」からきた語で植物を意味している。「キャ」は前回の木名（ケナ）の変化の言い方で焼畑農耕地帯の意味である。すなわち「ムギャ」とは草木が生い茂る焼畑農耕地帯と類推。（徳富重成『与論町地名表』徳之島町立図書館所蔵）

星座観察で有名な与論島。秋の夜長、寒さを忘れて夜空を眺めては。今日もとーとぅがなし。

3．場所を示す地名

「月見りばさやか　年ゆみば十八　今咲かぬ花ぬ　ないち咲ちゅんが」

【訳】月見れば美しく輝いている　年を数えると十八。今咲かない花がいつ咲くというのでしょうか。

※出典／菊千代『与論方言集』与論民俗村、109頁。古語「さやか（明か／清か）」＝明るい。

あたびく君「奄美には〝花や月〟を題材にした歌がたくさんあるんです。自然を愛《め》でる気持ちにたけていたと思いますよ。こんな歌も……

〽いちょうき長浜に　うちゃいひく波や　茶花《あがさ》娘《みやらび》ぬ
微笑《みわれ》歯ぐき」

【訳】イチョーキ長浜に寄せたり返したりする波は、茶花娘のほほえみと似ています。

さねんさん「茶花じゃなく、やっぱり〝あがさ〟の娘さんなんだね。諸鈍長浜、塩道長浜は、〝地名＋長浜〟だけど、いちょうき長浜も同じかな？」

あたびく君「地名かなぁと思ったけど……、う〜ん、古老のみなさんに聞いてみますので。今回は、中間と朝戸の由来を地名研究者の説から紹介します」

中間《なま》・那間（方言名／ナーマ）村の由来

那間は、古くは「ナーヌマ」であり、「ヌ」が脱落して「ナーマ」となり「ナマ」と縮まったものと思える。「ナー」は「ナーグィ」とか「ナープス」とか言われるように「中」または「内」（裏）の意味である。「マ」は「アマ」「フマ」（注1）の場所・辺・方面などの意味である。従って「ナーマ」とは「中の辺」あるいは「裏にある場所」の意であると思える。朝戸あたりから北を向かって、東西の中にあたるか、南の方を表とし北を裏として裏に当たるかどちらかであろう。（『与論町地名表』）

※注1／奄美大島では「クマ」。

新人A君「なるほど、以前博士から教えてもらった時間空

間を表す語の〝あまくま〟だ！　〝今〟の方言は〝なま〟でしたね。関係あるのかなぁ？」

新人B君「〝ま〟は完全・純粋なもの〝な〟は土地の意味だったし、理想の場所とかの意味もあるんじゃないかな」

あたびく君「とーとぅがなし。いろんな推理ができそうですね。次は、朝戸の由来です」

足戸・朝戸、古里（方言名：アサトゥ・サトウ、プルサトゥ）

村の由来

朝戸・古里は、古くは両者ともに「サートー」「サトゥー」であったろう。「村里」とか言う言葉が示すように「人里」すなわち人の住む集落の意味である。この島に住みついた人たち、おそらく水の湧き出る所を求め住みついたと思う。古里地区には、大金久や船倉の間に注ぐ川状のものや赤崎のあたりの湧水等から、そこに人類が住みついたことは容易にわかるし、朝戸地区には「シャーシチャゴー」(注2)など、小さな湧水が多いことから、人里ができあがっていたのであろう。

（『与論町地名表』）

※注2／小字名「尾下川」（シーシチャゴー）（『与論方言集』）

あたびく君「朝戸の地名は、途中『足戸』に変わったそうです。だけど〝足に踏みつけられる戸のイメージがある〟ということで1945年頃、元の朝戸に変わったと伝えられているらしいです」

（『与論町誌』285頁）

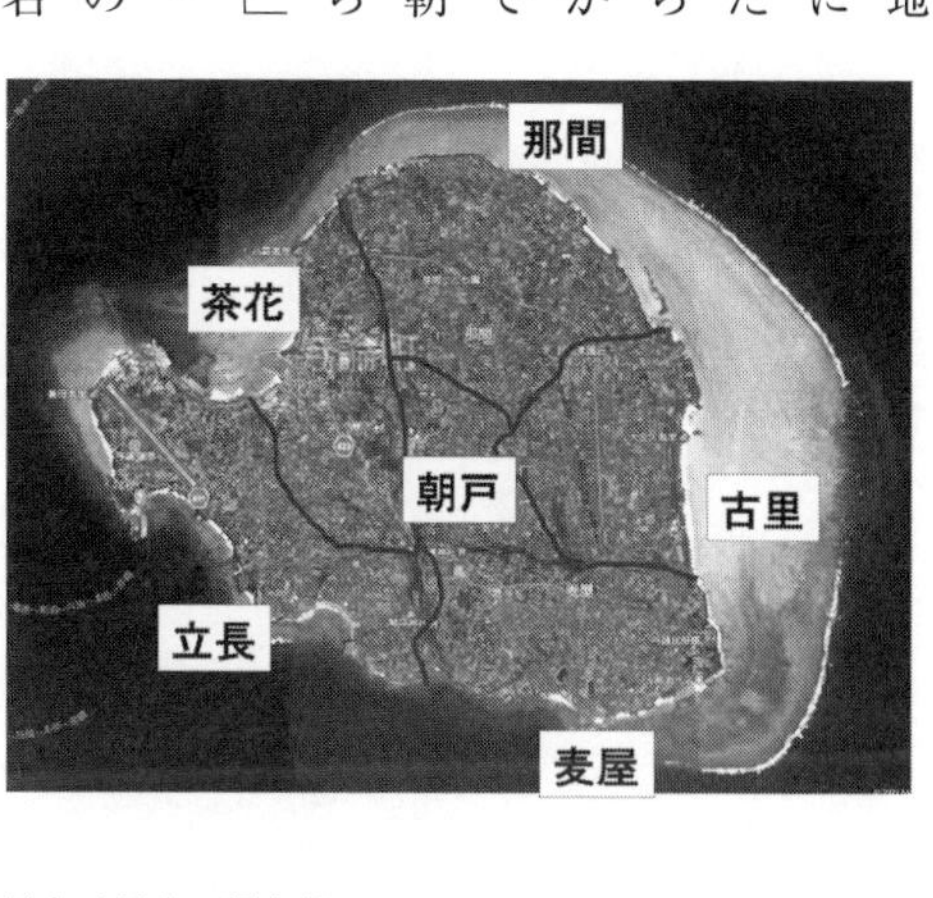

さーみぃさん「朝戸の地名は、エラブの知名町余多朝戸・名瀬小湊朝戸もあるけど、サト（里）の地名も奄美には結構多いよね。関係ありそうだけど……」

けぃんむん博士「みんな、よく調べているぞ。実は、もう少し詳しく説明した文献があるんじゃ。少し長いが紹介しよう」

・赤崎（ハーサキ）のハと朝仁《アサン》・朝戸《アサト》・阿三のアは、遠い所、端の方を表す意味に当たる。

・大和村の戸円に朝戸という地名がある。ここは、里・美里・

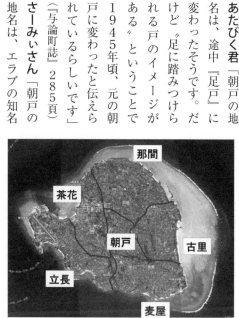

朝戸・前里などの里が残っている。村の起こりが先ず里で、遠里が朝戸で新開の里が美里である。この美里は古里に対する新里の意に違いない。

・瀬戸内町の嘉鉄にもア里原がある。アをかな書きにし、里を漢字にした点に注意してほしい。

・喜界町に大朝戸という大字がある。地元ではウィンサトと発音している。単に上里であれば、何も朝戸の字を当てる必要はなく、上里で十分である。わざわざ朝戸と表記したところに里に対して上の方にある遠里の意が含まれているわけだ。既にアサトのアが消えてウィンサトだが、命名者の心がその字面に残されているではないか。

※出典／田畑英勝『奄美の民俗』法政大学出版、1976年、127頁。傍点はけぃんむん君が記載。

さねんさん「わーすごい。地名に中心地からの遠近関係や村の発祥過程を読み取ることができるんですね。太古の人たちの知恵と暮らしの光景が見えるような気がします」

もういくつ寝るとお正月、子どもたちはそわそわ、大人は忘年会と大掃除で大忙し？　今日もとーとぅがなし。

第7節　ちょっと道草・地名の全国編

1．地形と行政の地名

妻の里帰りで子どもと一緒に炊事洗濯、B君が見つけた島のことわざは、

〝舟は船頭次第　家は女次第〟

【訳】船が目的地に行けるのも行けないのも船頭次第。家の暮らしが立っていくのもいかないのも主婦（妻）次第。

（小川学夫『奄美シマウタへの招待』161頁）

さねんさん「家事の大変さが、ようやく分かったみたい。家計のやりくり、子どもの健康管理に気配りしながら、毎日の食事を作っているんだからね！」

さーみさん「そうだよね。中国には〝母は食医であり人生の師匠でもある〟という古いことわざがあるんだって」

新人B君「う〜ん、肩身が狭い。博士話題を変えて！」

けぃんむん博士「晩酌は、ほどほどにということじゃな。さて、喜界島編では、地名から島が隆起している科学的な

裏付けを知って驚いたところじゃったな。今回は、ちょっと道草しながら全国の話題を少し紹介しよう……」

新人B君「あっ、そうか。奄美ばかり気にしていましたけど、地名は日本に限らず世界共通のテーマだ」

新人A君（岩手出身）「そうそう、最古の地名とか、面白い地名とか知りたいところですね。奄美の語源との比較にもなりそうだ」

けぃんむん博士「そうじゃな。地名学はまだまだ研究段階だそうじゃが、一つの地名でも諸説あるとのこと。少し文献から紹介するとしよう」

——ということで、博士の説明を子ども向けに整理すると……。

地名の由来（分類）

▼地名を付ける時の由来は、
①自然環境（地形・気象・生物の古語）を表した地形語　②土地制度などで行政の記録を名残とした法制語　③農耕・漁労・狩猟などからの経済・生産等地名　④信仰・伝承・暦・衣食住などの生活文化地名に分類される。

▼この由来から長い歴史の中で、
①音声（方言など）が当時のまま残されたor変化した型　②文字表記が変化した型　③全く別表記に変化した型が現在の地名として残った。

※参考／吉田金彦編『日本地名学を学ぶ人のために』世界思想社、２００４年、22頁。

新人A君「あっ、そうか。知名瀬の方言名〝キナジョ〟の『キナ』は火田（焼畑）で農耕が由来だった。なるほど、③経済・生産等地名ということか」

※琉球方言で焼畑を火畑《きなわばたけ》。キナーバタキ。山を伐り焼いて畑とした所（『伊波普猷全集　第11巻』１９０頁）。

けぃんむん博士「それじゃ、全国の事例じゃが……、ただし諸説あるようじゃから要注意じゃな」

自然環境を表した地形語

【例1】平らな土地・奈良は平城（なら）

・高校受験で出題される和歌から、
「あおによし　寧楽《なら》の都は咲く花の……（万葉集）」
ただし、万葉集ではナラ（奈良・名良・平城・平）の表記がある。

「奈良時代の都 平城京」

奈良＝平城・平（なら）と訓《よ》むのは、「平らなところ」「平らな土地につくられた都」だから。
・土地の高低をナラス（均す、平す）も同義語である。習志野市（千葉県）のナラシも「平らな野」の意で……。

【例2】川・山・原・峠に関係する地名
・土佐藩主の山内一豊は、河中山《かうちやま》城を築城し城下町を「河中（こうち）」と命名した。しかし、水害に悩まされたことから高智～高知に改名。（他に上高地は上川内から）
・丘陵・平地のタワんだところが拓けるタワ原、訛って田原。（他に広い原を意味する古いことば、奈良県の長原は名柄へ）
※参考／池田末則『地名風土記』東洋書院、1992年。

さねんさん「え～、奈良と習志野の語源は同じで、高知は水害をなくす願いから、そして広い原が名柄ということですか。宇検村の名柄集落と同じ地名ですね。面白い！」

行政の記録を名残とした法制語

奈良時代に「国・郡・郷[注1]」の地名は、「すてきな漢字（好字化）2文字にしなさい」との法令が公布された。
※注1／大宝律令（701年）で制定された行政組織。

【例3】古代地名が2字化、そして現代へ
・古代北関東の「ケノ（毛野《けの》）」地域は、「上毛野《かみつけぬ》・下毛《しもつけ》野《ぬ》」の国に分割。2字化で〝毛〟を省いて上野《こうつけ》・下野《しもつけ》の国（群馬・栃木）へ。ただし、毛は木・気で五穀が実る平野の意味から。
・「みちのおく」→道の奥→陸奥→青森
・「意紫沙加」→意佐加→忍坂→小坂→大坂→大阪
※参考／加藤巳ノ平『旧国・県名の誕生』令文社、1974年。

けぃんむん博士「事例は、まだまだあるんじゃが、みんながあぐまかそうじゃ[注2]から今日はここらでおしまいじゃ」
※注2／奄美語「あぐま・か」＝眠くなる。古語【あぐむ】＝いやになる。疲れて飽きがくる。の意味が変化？

漢字や方言、そして歴史・地理と範囲が広い地名、少し頭が混乱しながら全国散策と気を取り直して……。

2．都《みやこ》と地名

地名は総合学習、だけど漢字も難しく、少々お手上げ気味のメンバー、さて今回は……。

さねんさん「そうそう、A君とB君は、出身地の旧県（国）

名を覚えている?」

新人A君（岩手出身）「世界遺産〝奥州平泉中尊寺の金色堂〟で超有名なんだけど……。そう！　奥州は、陸前・陸中・陸奥《むつ》……5カ国の総称で、現在の……」

新人B君（横浜出身）「Just a moment!《ちょっと待って！》　高校の日本史で学んだけど、ややこしいから次の表で説明しようか」

都《みやこ》との遠近が地名の由来

さーみさん「すごい！　A君たち勉強しているね。ちょっと見直した。やっぱり地形の由来が多いのかな。でも、鷹の名前から「岩手」になったのは面白いね」

ゆんどり君「思い出した。カラオケでたまに歌う、〽みちのくひとり旅　月の松島　しぐれの白河……。そうか、古くは〝道の奥〟か。やっぱり、都から遠いから〝奥〟の漢字があてられたのか」

表1　「島ロメンバーの出身県と旧国名の由来」

県　名	旧国名	県名の由来	旧国名の由来
岩手県	陸前国 陸中国 陸奥国	平城天皇に献上した鷹を「岩手」と名付けたことから。他多数。	「みちのおく」→道の奥→陸奥が「前・中・後」に分割。
神奈川県	相模国 武蔵国	水源なしの川「上無川」が訛って神奈川との説、「狩野川」「金川」…からとの説。	「む」は広い「さし」は焼畑、古名「牟佐志美」＝武蔵、「牟佐」は草・「志美」は茂るなど説多数。
鹿児島県	薩摩国 大隅国	桜島の古い呼び名「鹿児島」、「籠舟」、鹿の多い地域からなど諸説。	薩摩は狭端《さつま》、「つま」は国の「はて」「すみ」、日向の西南の隅に出ている地形から大隅。

※参考：加藤巳ノ平「旧国・県名の誕生」令文社（1974）、「鹿児島市史」

けぃんむん博士「さすがじゃ、大昔（7世紀頃）、全国を五畿七道（注1）という名称に区分した、その〝道〟の奥ということだそうじゃ」

※注1／五畿（大和・山城・摂津・河内・和泉）、七道（東海道・東山道・北陸道・山陽道・山陰道・南海道・西海道）、19世紀（明治時代）に北海道が制定され五畿八道となった。

新人A君「なるほど。天気予報で〝○○地方は晴のち曇りです〟は、七道の名残で前回の法制地名ということですね」

新人B君「薩摩や大隅の由来、〝国のはて〟も都の端（狭端《さつま》）（注2）に位置しているということですね。諸説あるけど、

面白い」

※注2／『鹿児島市史第1巻』第2編、1969年、101頁。

けぃんむん博士「それじゃ、地名の変遷を眺めてみるとしよう。キーワードは日本史で学んだ律令制度じゃな」

さねんさん「奈良の平城京や七道も、確か遣唐使の影響でしたね。奄美が遣唐使の寄港地だったことを考えると、もしかしたら島々の地名にも伝播《でんぱ》の跡が……」

さーみさん「なんか、ワクワク感があって島々地名の散策が楽しみになってきましたね。先輩はちょっと眠そうだけど」

ましきょ君「う～ん。久しぶりに勉強会になったようで、〝だれやめ〟（晩酌）のつまみになりそうな面白い地名とかがあるとね……」

――ということで、

「日本史における地名の変遷」

表2

	時　代	概　要
1	狩猟採集～農耕時代	音声（ことば）伝達
2	古墳時代前期～後期	漢字文字表記のスタート
3	飛鳥時代～奈良時代	律令制度・畿内７道（国・郡・郷）→好字２字化
4	平安時代以降	漢字とひらがな表記
5	明治維新以降	道府県（廃藩置県）へ、郡の統合、市の設立、町村合併
6	昭和～平成期	市町村大合併

※「旧国・県名の誕生」令文社(1974)を参考に作成。

国内・海外の珍しい地名を紹介。

◆紬の産地・長い短い地名の国内版

▼結城紬の「結城」／昔、総《ふさ》の国と呼ばれた。総（麻の古字）や木綿《ゆう》の木の産地から「ゆうき」＝結城。

▼日本一画数の少ない？／「一《かず》」（奈良県橿原市）

▼雨が降って！／「雨降り」（東京都奥多摩町）

▼同一漢字が最も多い？／「志布志市志布志町志布志」(注3)（鹿児島県）

新人A君「志布志はNHKの番組〝日本人のおなまえ〟で有名になったね。だけど、雨ごい祈願で〝雨降り〟は、なんか切実な思いが現れていますね」

※注3／鎌倉時代の地名、天智天皇滞在中に主人の妻と侍女がともに布を献上、「上下より志として布を献じたことは誠に志布志である」と感激したことに由来。（「志布志市」HP他参考）

◆日本語変換で変な地名の海外版

▼スケベニンゲン（オランダ）▼シリフケ（トルコ）▼オナラスカ（米

「雨降り祈願のびっきゃ君」

国）

※出典／「珍地名の例」（ウィキペディア）。

新人B君「う〜、ちょっと女子会メンバーには内緒にしよう。博士の品性が問われる！」

けぃんむん博士「いやいや、ローマ字読みということで勘弁じゃ」

第8節　地名の総括編

諸説ある地名の由来。太古の人たちの地名に寄せる思いに想像を膨らませながら……、また拝《うが》みよーろ。

1．まとめ

「正月前《しょうがちめん》ぐゎや　なりゅり　働けよ
うない(注1)　しの巻(注2)と機と　主《ぬし》と三人《みちゃい》」（徳之島の歌）

【訳】正月前になります。働きなさいよお姉さんたち。しの巻と機と貴女と三者一体になって。

※注1／姉妹、注2／糸を紡ぐ道具の名前。

※出典／小川学夫『奄美シマウタへの招待』春苑堂出版、1999年、59頁。

けぃんむん博士「昔は、年の初めに子どもたちに芭蕉布や大島紬を着せてあげてたそうじゃ。子どもを思う母心、奄美の女性の心意気、芭蕉の繊維糸・真綿糸を紡ぐ姉妹の姿が思い浮かぶじゃろ」

新人A君「そうだ！　今年（2021年）の女の子の名前は〝紬〟が1位だった。世界自然遺産で奄美が注目されて、大島紬にあやかろうとしたのかなぁ？」

さーみさん「う〜ん、ちょっと飛躍した感ありだけど正月も間近だし、おまけだね」

けぃんむん博士「みんなを育ててくれたのは紬のおかげじゃな。それじゃ、今回は地名のおさらいじゃ。島々で学んだことを整理してみようか」

さねんさん「博士！　まんが昔ばなし風にまとめたので紹介します」

地名の歴史と今むかし

▼昔々、人々が集団生活を始めた頃。

狩猟採集地や居住地（集落）の位置情報を共有するため、その場所に名前（地名）を付けました。

太古は河川・山岳の地形や気象など自然の特徴を、その後、時代とともに社会的（信仰・歴史・産業・政治……）な特徴を基に地名を付けるようになりました。

▼時は奈良・平安時代。

ヤマトの国では〝縁起の良い2字の漢字を用いた地名に〟との制度（好字2字）が制定されました。

例えば、上毛野《かみつけぬ》・下毛野《しもつけぬ》は上野《こうつけ》・下野《しもつけ》の国（群馬・栃木）、道の奥は陸奥《むつ》（青森）と改正されました。

▼所は奄美の島々、そして琉球時代。

島の人たちは、地名を琉球方言(注3)で名付けていました。そして、琉球王は間切（現在の市町村）と村（集落）という行政組織を作り島々を治めることにしました。当時の間切名は自然・民俗方位や古代の思想（「日本書紀」）に由来する地名もあるそうです。

【例1】西・西目間切（琉球で北をニシ）・東間切（琉球で太陽が昇る方角をアガリ）

【例2】与路・請島（寄る島・浮く島）

※注3／日本の方言は、大きく本土方言と琉球方言に区分される。（木部暢子『奄美ニューズレター№11』鹿児島大学

▼時は過ぎ、薩摩の時代。

薩摩藩は、税を徴収するため田畑の面積を調べた検地帳を作成したそうです。その時の記録簿は、ほとんど漢字を用いました。

知識豊富で真面目な藩の役人は、方言の意味から漢字を当てましたが、お酒好きで慌て者の役人は適当な漢字を当てました。

その後、検地は数回実施されましたが、同名の地名が多く、上司に報告する時に困るので変更された例もありました。

また、方言発音が時代とともに変化した地名は、担当役人さんの意向で当て字の漢字に変更された例もあります。

【例3】沖永良部の「仁志」（古くはニシバル）

▼そして、今。

地名の由来を知ることで、先人の生活の情景や人と自然の関わり、地形の変化、歴史の移り変わりが理解できて面白く楽しい研究分野になっています。

さーみぃさん「地名を付けた太古の祖先の思いを想像しながら推理して面白かったよね。だけど、方言を知らないとハードルが高いことがよく分

かりました」

新人A君（岩手出身）「島口の大切さでしたね。地名には歴史が内蔵されていると教えてくれたけど、まさに〝足元に郷土史あり〟だよね。正月帰省時に岩手の地名を調べてみることにします」

来年《やね》（2022年）は地上の暦で寅年、天空の暦では島唄に登場するオリオン座の三つ星（和名／親孝行星）で、希望にあふれる年とか。今日《きゅう》もありがっさまりょ〜た。

第6章　コーヒータイム——島口むんばなし

1. 鯨に乗った少年

さ〜て、今日は、え〜本当？ っていう、ちょっとびっくりするような話を紹介しよう。

最近は奄美でも人気のホエールウオッチング。先日も自宅から鯨の遊泳する姿を見た！ との話も。だが、昭和20年代は、群れをなして海岸近くまで押し寄せていたそうだ。

【標準語説明①】

昔々、笠利町のある集落に元気で活発な少年がいました。その頃は、田畑も少なく食糧難で肉類などのタンパク質は、自然の恵みの中から、また、電気もそれほど普及してないために火力となる薪木は、山から調達しなければなりませんでした。

ある日、両親から垣根の竹と風呂焚きの薪を切ってくるように言われ、新調したばかりの斧を持って自転車で出かけました。

大通りに出ると、集落の人達が、〝大変だ、鯨の大群が海岸に押し寄せているぞ〟と大声で叫んでいたので、好奇心旺盛な少年は、急いで海岸に向かいました。

【島口説明（奄美大島北部発音）】

浜ち／着ちゃっとぅが／いしょしゃぬ／A兄が／舟乗てぃ／捕獲に行きょち／言うんから／ま〜じん／舟乗たんっち

【現代語訳】

海岸に着いたところ、漁師のA兄さんが、舟に乗って捕獲に行こうと言うので一緒に舟に乗ったとのこと。

【標準語説明②】

A兄と舟で少し沖に出る少年。しばらく漕いでいると、突然、舟の横から鯨の頭が。

とっさに持っていた斧を鯨の頭（潮吹き付近）をめがけて振り下ろす少年。

さ〜て、ここから本番。

鯨は驚き、一気に笠利湾の立神を目指して直進した。これには、少年もびっくり。新しい斧がもったいないと必死に柄を握り、鯨の背中に乗ったまま沖へ。

少年は、少々水泳に自信があったそうだ（大島中学時代に名瀬湾の立神遠泳で鍛えたとのこと）。そのうち鯨も疲れて動きを止めるだろう。新しい斧を失うのは惜しい。このまましばらく様子を見ることに。

だが、鯨は一向にその気配を見せず、ついに龍郷町の今井崎が見えてきた。

困った！　これで人生終わりだ……、と思った瞬間、なんと鯨は急旋回。赤木名海岸を目指して猛スピードで直進した。これには少年もびっくり。

柄を離すまい！　渾身の力を振り絞る少年。波打ち際で動きが鈍くなった鯨。

その瞬間、斧を抜いて陸まで泳ぎ九死に一生を得たそうだ。

A兄は、溺れてしまったのでは？　と心配したそうだ。

当時（戦後間もなく）は、食糧不足で生きるのがやっとの時代。海からの恵みとして貴重な食料資源であった鯨だが、今はホエールウオッチングで重要な観光資源だ。

どうして、これだけ大群で押し寄せたのか諸説あるが原因は不明。

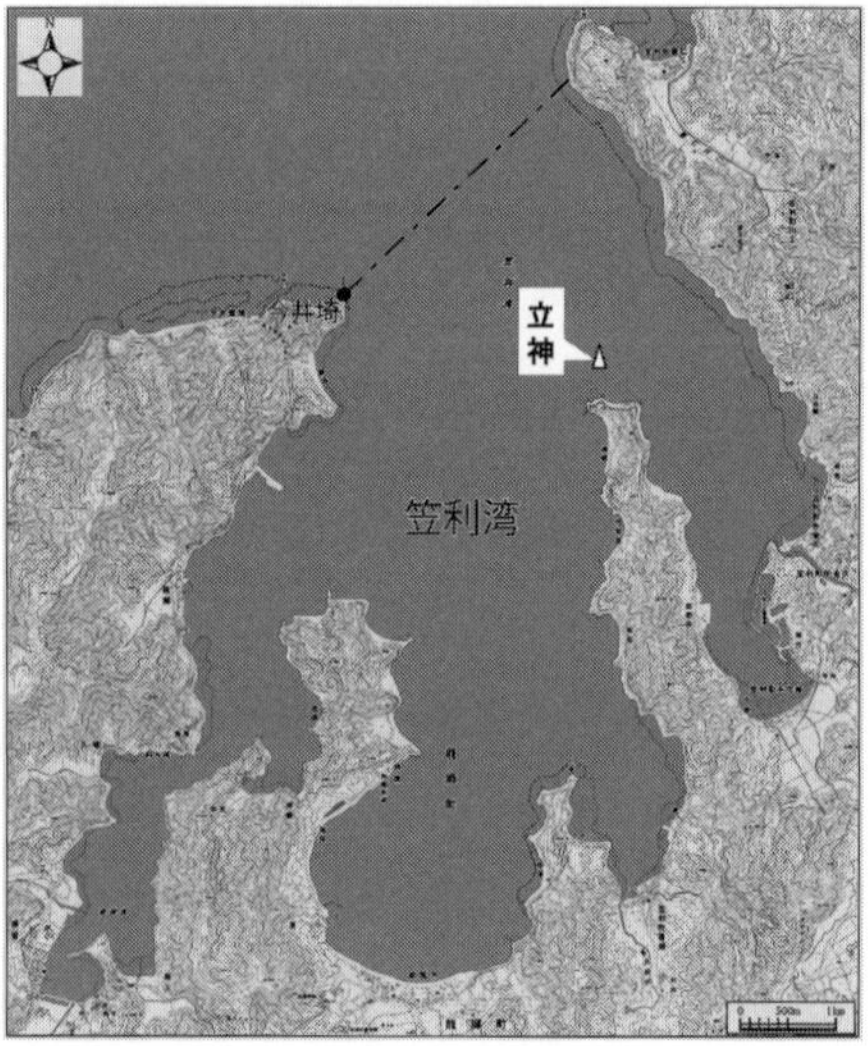

けぃんむん博士「をぅじぬ／いむぃ（夢）話？　じゃがと／な〜りっくぁ／しわ／しゃんじゃが……。

なんと嘘のような話だが、地元紙にしっかり、その時の記事(注1)が掲載されていた。

現在、少年は老いてなお矍鑠《かくしゃく》として元気に暮らしている。最近まで五右衛門の薪風呂だったそうだ」

まさに『イルカに乗った少年』じゃなく『鯨に乗った少年』が奄美にいた！

そうそう、思い出した。昔のヒット曲『イルカに乗った

少年』（1974年第16回日本レコード大賞新人賞）の歌詞の冒頭は、

♪誰も知らない南の海からイルカに乗った少年がやって来た♪だった。

もしかしてモデルは、あの少年だった……⁉

※注1／「笠利に鯨の大群」『南海日日新聞』1947（昭和22）年2月26日付。

その五十二頭（5萬斤）を捕獲

一昨日24日午後1時頃笠利村赤木名の港湾に数十頭の鯨群があばれ込み同日夕刻六時頃までに在住の部落民や龍郷村の漁師たちが総出動しその中の五十二頭（五萬斤）を捕獲した。鯨のどう体はあまり大形ではなく一番大きいので目方1千斤、小さいので五、六百斤位と見當されてをり漁師仲間ではまっこう鯨ではないかと見ている。捕獲した鯨は同部落民などが夫々れ好みのままに切取り一部は名瀬市に回された。（ちなみに、同年4月、請島・池地で180頭上陸との記事も）

さて、今日の会話から古語探し！

【奄美古語】

①「いむぃ」＝【いめ（夢）】＝寝目《いめ》の意。「ゆめ」の古形。北奄美で「め」は「むぃ」と発音。

②【いしょ／しゃ】＝磯（海）＋者（人）で、漁師。古語「いそ（磯）」が「いしょ」？

③【ま〜じん】＝一緒に。

④【をぅじ】＝おじ。⑤【しわ】＝心配。

また、拝《うが》みよ〜ろ。

2．愉快な仲間たち①

はげ〜　稀稀《まれまれ》だりょん。拝《うが》ん遠《どっ》さや〜。

さて、新社会人の皆さん！　仕事慣れよたかい。え〜残業ば〜り、だりょんな。

それじゃ、ちょっと愉快な話で、たまには大声で笑ってみようか。

その前に、前回（第1章第2節5項）の奄美語の続き、（昔は）母・父、（最近は）祖母・祖父についてじゃ。

スライドした「アンマとジュウ」

（前略）奄美方言では、お母さんのことを「アンマ」というのだと、すっかり思い込んでいました。ところ

が、喜界島を訪れたときに、アンマはお婆さんのこと
と聞かされて、驚いてしまいました。
　赤ん坊が生まれると一時期、一つの家族に二人、お母さんがいるという状態が生まれます。一人は赤ん坊の母親、もう一人は赤ん坊の母親の母親……喜界島方言では、古くは母親を「アンマー」、祖母を「アニー」と。近年、鹿児島本土から「オッカー、オッカン」が入ってきて、若いお母さんはこれを採用します。（木部暢子『じゃっで方言なおもしとか』岩波書店、2013年、43頁）

すぃばむ君「そうか！　若いお母さんが、自分のお母さんに『アンマー』というから、子ども（祖母からは孫）は『祖母』のことを『アンマー』と思うようになったんだ」

けぃんむん博士「そうじゃな。『ジュウ』も同じようにスライドしたということだ」

イラスト：ただの乙子

作業靴と革靴

　これは、けぃんむん博士が全国のどぅし（妖怪仲間）から聞いた話だそうだ。
　三十数年前、地方の技術系の職員は、机の下に作業靴と革靴、スリッパを並べておいて、出勤後にTPO（状況）に合わせて履き替えていたそうだ。

まずは、奄美語での紹介！
〈この話はフィクションではありません〉

ある日のある△△課の光景
▼電卓を叩く職員A（この頃電話をしながら電卓と間違えて電話番号を叩く職員あり）▼図面を描く職員B ▼ワープロ（この頃パソコンがない時代）を操作する職員C
▼給料袋の明細を修正する職員D（この頃自宅に持って帰る明細を書き換え小遣いを増やす先輩多数）
　そんなある日の△△課の職場光景。

課長「お～い。○○前道路の測量は、早めに済ませておけよ」
係長「課長！　分かりょた」
　――いゃ～れば（言われたら）／すぐ／しゅんが（するのが）／吾《わ》きゃん職場。△△町一番ち／町長ら／褒められたんから／と心でつぶやき、
係長「お～い／ゆんどり！／測量頼《たん》びゅっと（頼むよ）」

——とゆんどり君に仕事を任せる係長。慌てて、スリッパから作業靴に履き替え、後輩のましきょ（まちきょ）君とまったぶ君(注1)を連れて○○前道路へ。そして後輩2人に、

ゆんどり君「吾きゃん／仕事や子孫《くゎまがぁ》きゃぬ／財産なりゅんから／ま～じんま（一緒に）／きばろや」

——と作業を始めるが、通りすがりの人達がニコニコ笑顔で測量風景を眺めて往来する。ゆんどり君、愛想良く、時折あいさつを交わすが、どうも不思議に思い、後輩になぜかと尋ねる。

ゆんどり君「今日《きゅう》／歩《あっ》きゅん／人《ちゅん》きゃ／むじらさ（面白い）顔／しゅんや　ぬがよ（しているのはどうして）」

まったぶ君「A兄！　はぎ（足）はぎ（足）！」

——と先輩の足元を指さすまったぶ君。足元を見るゆんどり君。

あっ！　何と右足は半長靴（工事現場用安全靴）、左足は革靴を履いていたことに気付く。

〈はげ～ばくらっしゃ（失敗した）〉と、急に恥ずかしくなったゆんどり君。測量終了まで、目立たないように右足に左足を乗せたり降ろしたりしながらカムフラージュ。

ゆんどり君「いしょなか（忙しい）／あたんかな／じゃが／きゃし／しゅり（訳／忙しかったからだよ。仕方ないよ）」

——と話す先輩の姿に、後輩二人は感心することしきり。さすが先輩と……。測量後、さっと職場に。

数日後、自宅に帰宅したゆんどり君を迎えた3歳のかわいい娘さんから一言。

娘「お父さん、靴買ったの？」

——えっ！　足元を見ると、何とまた作業靴と革靴を履いていたのでした。

けぃんむん博士「全国には、おっちょこチョイが居るもんじゃ。奄美では、こういう事を〝穂が無い(注2)〟って言うんじゃな」

【奄美古語】（その他古語は次回へ）

※注1【まったぶ君】＝アカマタ。（琉球列島に生息する無毒の蛇）採用2年目体育系職員。

※注2【穂／帆が無い】＝しょうがない。考えがない。ドジなど。稲の穂・舟の帆がないことに由来？　南九州で使われることば。（イラスト／ただの乙子）

3．愉快な仲間たち②

さ〜て、今日もちょっと愉快な話じゃ。

そうそう、島言葉には、「親や先輩の教《ゆ》しごとや宝どぅなりゅん」、そんな格言もあるね。島ゆむたの奥深さを知れば、もっと奄美語が好きになるはずだ。

それじゃ、今回は、奄美のどぅし（仲間）んきゃから聞いた話じゃ。

ある朝の情景。

〈キョロロロ〜　キョロロロ〜（リュウキュウアカショウビンの鳴き声）奄美の朝は、鳥の声から始まります〉

あやびき君(注)「はげ〜／遅刻じゃがな〜／かあちゃん！／起こさんなよ〜」

※注／「あやびき君」＝ある町役場の中堅職員。ただし、前回の「ゆんどり君」同様、〝穂（帆）が無い〟ところがある。

方言名【あやびき】＝ロクセンスズメダイ。

あやびき君の刀自《とうじ》（妻）「ほらね。ほらね。夕べ、穂が無い（考えのない）酒飲み、するからよ。私は知らんからね」

あやびき君「ちゃ〜や／つぶる（頭）ぬ／病《や》みゅんから／なりっくゎ（少し）／飲み過ぎたや〜」

——と言いつつ、慌てて着替え、とっつぶると、しぶりの入った味噌汁を食べて出勤。

あやびき君「じゃ／母ちゃん／行きょい〜」

——奥さんにやさしく声かけて、外国風のあいさつ（ほっぺにチュ）で、職場に到着。

あやびき君「おはようございます。おはようございます！　先輩！　きゅう（今日）や／いい天気だりょんや／今日もきばりよろや〜」

——と職場の先輩・同僚に元気にあいさつ。しばらく仕事を続けるが、下腹部が少しきつく、痛みを感じるように。よく見ると、いつものズボンと違う！　なんと奥さんのズボンと間違えたことに気付く。

あやびき君「アイタタタ／今日《きゅう》や／ワタ（おなか）ぬ締め付けられる

リュウキュウアカショウビン
（平城達哉『野生動物写真集』より）

イラスト：ただの乙子

～／ぬがかい／ワタぬ／ほでぃたん／にしぃ／しゅうり（なぜかな、おなかが大きくなったような気がする）」

職場の後輩「兄！　きゃし／しょてぃよ（どうしたんですか）／顔色悪《わ》っさりょっとぉ」

あやびき君「はげ～／刀自ぬ／ズボン履《は》し／しちゃっかな～」

――と職場全員に聞こえる声で説明するあやびき君、職場は大爆笑。

職場の上司「やっぱり／あやびきじゃや～／刀自ば／好きちゅっ／事《くとぅ》じゃが／いゃ（君の）～刀自や／おれましゃや～（うらやましいね）」

――おっちょこチョイのあやびき君、奥さんのズボンを慌ててはいて出勤したそうです。

　その後、彼は即作業服に着替えて何事もなかったように仕事を続けたとか……。

けぃんむん博士「先輩達の失敗も教訓の一つということじゃ。冒頭の格言は、アンマとジュウがよく使いよったな。それじゃ、次は、さすが島人の感性！　の島唄を紹介しよう」

「**島朝花**《しまあさはな》」（**徳之島の発音と歌詞**）

▼天《てぃん》ぬ群れ星（むれぃぶし）や／数《ゆ》でぃか／数《ゆ》まゆい　▼親《うや》の数《ゆ》しぐとぅや／算《さん》ぐゎむさるめぃ

【訳】▼空のたくさんの星は、数えようと思えば数えることができるが。　▼親の教えやいいつけは、数えることができない。（計算することができない）

「**池当節**《いきんとうぶし》」（**沖永良部島の発音と歌詞**）

▼親《うや》ぬ／ゆしぐぅとぅや／身の上《うい》ぬ／たから　▼耳し／聞《ち》ちとぅみてぃ／ちむに／すみり

【訳】▼親が教えは一生の宝。　▼耳で聞き留めて心に染めろ。（記憶して忘れないで）

　さて、前回、今回の会話から古語探し！

①「はぎ」＝**【**脛（はぎ）**】**＝足。
②「とぅじ」＝**【**刀自（とじ／とうじ）**】**＝主婦。
③「つぶる」＝**【**つぶり（頭）**】**＝あたま。
④「ワタ」＝**【**腸（わた）**】**＝はらわた。（おなか）
⑤「数しぐとぅ」＝**【**教ふ（をし・ふ）事**】**＝伝授する。
　さとす。
⑥「ちむ」＝**【**肝（きも）**】**＝心。気持ち。

※出典／『旺文社古語辞典　第10版』

【奄美古語】

①【むづ（じ）らか】＝おもしろい。古語「珍（めずら）か」＝めったにない。

②【ばくらしゃ／ばちくらっしゃ】＝失敗した。誤った。

③【ほでぃたん】＝成長する。

④【ぬ・がかい】＝古語「なに【何】」が変化。話し手がわからない物や事柄を尋ねる時に使うことば。類語【いきゃしゃん】＝どういう。

⑤【きゃし】＝古語「いかに」の「い」が脱落し「いきゃし」が転化？　どうして。どんなに。

⑥【おれましゃや】＝うらやましいね。

※島唄・奄美古語は『島唄から学ぶ奄美のことば』（奄美群島広域事務組合、２０１０年）から抜粋。

４．ちょっと昔の島の野球

球児の熱い甲子園で盛り上がった夏も終盤。今回は、ちょっと昔の南西諸島の野球の話。当然、毎日夏休みのオールドメンバーたちの会話。

ニッサン車「はげ～、今年（２０１９年）ぬ鹿児島大会あたらかたやー。大高が決勝行きゅんち思たんじゃが」

パッカード車「ちゃ、わきゃだか、刀自《とうじ》とぅまーじん甲子園じゃ！　ちし、ゆるくだんじゃが（喜んだよ）」

クラウン車「２０１４（平成26）年春を思じゃしゃ。アルプススタンドが奄美一色になったな～。応援最優秀賞受賞、なつかしい！」

けぃんむん博士「そうじゃな。島の野球レベルが上がったということかもな。優秀な子どもたちが島に残れば……、う～ん。やね（来年）は甲子園行き？　そうそう、昔のなつかしい新聞記事を紹介しよう。島の野球史がのぞけるかもしれん」

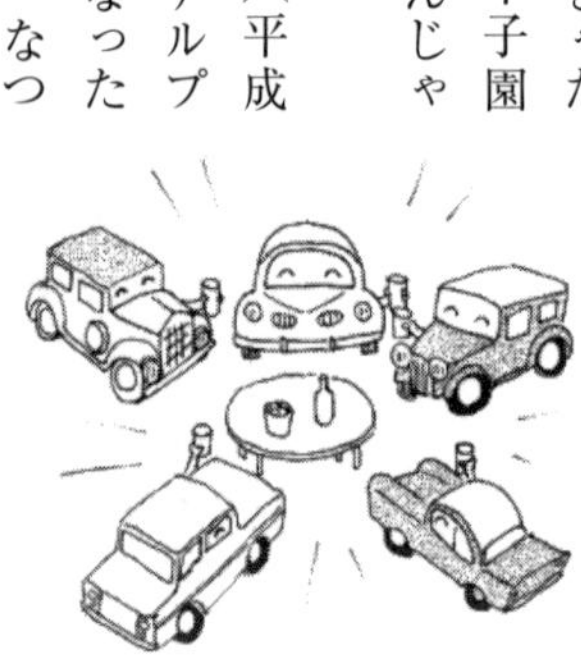
イラスト：ただの乙子

沖縄遠征大中チームと決定

沖縄遠征をかけた大中と大農（注1）の野球試合12日午前9時半から。観衆も早くから大中グランドを埋め尽くし、白熱戦を展開。２勝０敗と大中が遠征の栄。ファンたちも久しぶりに硬式野球の味を満喫し楽しい日曜を送った。試合結果はつぎのとおり。

１回戦　大中16－大農13

2回戦　大中12—大農0（コールドゲーム）

※注1／大中＝現大島高校、大農＝大島産業試験場付属農学校（大島実業高等学校の前身）、現奄美高校

※出典／『奄美タイムス』1948（昭和23）年9月14日付。

親善野球団沖縄へ

奄美野球連盟、沖縄親善野球団の一行20名は今日午前11時沖縄に出発することになった。一行は約20日にわたって沖縄各地で親善試合を行う予定である。

※出典／『南海日日新聞』1948年9月23日付。

シボレー車「え～島の高校野球は歴史があるんだ。それも硬式野球だったのか」

けぃんむん博士「そうなんじゃ。大正13年に大島中学校で野球部がスタートしたそうじゃ。約100年の歴史ということだ」

トヨペット車「え～たまがり！　わきゃ、あんまとじゅうが産《ま》れたん頃らあたんじゃ。三角ベースの間違いやあらんな？」

名瀬市でキャッチボールの姿が見受けられるようになったのは大正中期、ボールはすべて硬球。町の親父さんたちは、見なれない青年たちの遊びに目をむき石丸《いしまる》遊びと呼んだ。大島中学校が道具一式を27円で譲り受け、野球部がスタートしたのが大正13年。時代を反映するエピソードも多い。教練用の兵器庫があり、いつの間にか壁を破ってボールが飛び込み、菊の紋がついた鉄砲にあたって倒すことたびたび。

イラスト：ただの女の子

※出典／「戦前戦後の高校野球」『南海日日新聞』1978（昭和53）年7月9日付。

けぃんむん博士「ということじゃ。米軍統治下、奄美群島・沖縄本島・宮古諸島・八重山地域の選抜された学校で南西諸島学徒体育大会（注2）と親善野球大会が開催されていたそうじゃ。学徒大会の成績は大島1勝3敗だったそうだ」

※注2／スポーツを通して南西諸島の融和と団結を図るため米軍政府の許可を得て、高校生の野球とバレーボール大会を開催。ただし、記録では1回のみ。

※参考／「沖縄県高校野球五十年史」『朝日新聞』夕刊総合、
2010年7月13日付。

ニッサン車「そうか。奄美と沖縄の高校生交流が70年前にあったのか。こねだ（この間）奄美と沖縄の子ども環境調査隊交流があるとか新聞記事にあったな。時代はくり返しているんじゃやー」

さて、今日の会話から古語探し！

①「あたらしゃ」＝古語【惜（あたら）し】＝惜（お）しい。もったいない。残念である。

②「とぅじ」＝古語【刀自（とじ／とうじ）】＝主婦。妻。

③「たまがり」＝古語【魂（たま）消（ぎ）る】の転化？＝肝をつぶす。驚く。たまがる。

高校球児の甲子園とともに夏休みも残すところ1週間。暑さはまだまだ続きそう。さかのぼって沖縄との交流、不思議な縁かな。

また、拝《うが》みよ〜ろ。

5．本土から見た島唄と踊り

今日も、はあときから拝《うが》みよ〜ろ。

第1章第1節14項で、作家・田辺聖子さんの「刀自《とうじ》」エピソードを紹介したが、他にも島唄と踊りの感想も述べていた。

作家・田辺聖子さん「島唄」エピソード

司会「田辺さん　何回も奄美に？」

田辺「初めて行った時はビックリしました。歓迎してくれまして。

▼焼酎がでますと、すぐ歌がでますの。歌いますと、今度は、三味線がでますね。歌と音楽が出ますと、たちまち踊りと、三点セットになっていますの。

▼すぐ踊るというのは、一番先におばあちゃん、こ

イラスト：ただの女の子

れを皮切りに、みんな席を立って踊ってしまう。あれよあれよ、という間にですね。狭いものですからね、庭へ下りられて。
▼そうすると、庭は垣根一つで海端なんです。今度は渚の方へ、海岸めがけて。海岸というほど大げさなもんじゃなくて砂浜なんです。きれいな砂浜に、向こうに月が昇ってきますの。そして海がキラキラ光っていますの。
▼そこへ行って、『シマやだぬシマも〜』と言いながら歌って。まあ夢みたいっていったら……。浦島太郎が竜宮へ行ったら、こうもあろうかと思いまして、楽しかったんですよね。
▼シマ唄は採譜できないメロディーですね。リズムもそうですし。そこで生まれて、あそこの空気を吸って、あそこの出来物を食べた人間じゃないと歌えない歌ね。
▼でも、とってもとってもいい唄。沖縄の唄もいいんですけど、奄美の唄は、もう少し哀感があって、骨身に沁みるような唄」
※参考／2019年6月30日放送NHK　Eテレ「こころの時代　追悼　田辺聖子さん」。

けぃんむん博士「少し長くなったが、奄美の風景を情緒豊かに表現したエピソードじゃ。若手メンバーに自慢したくなるじゃろが」

ニッサン車「竜宮か！　さすが著名な作家の観察力じゃや。ちゃ、昔、あんまとじゅーたが十五夜ぬ晩、踊《うど》とぅたん思《おも》じゃしゃ」

「奄美の八月踊り」と「富山のおわら風の盆」

パッカード車「そうそう、島と内地ぬ踊りば、〃奄美の八月踊りは動、おわら風の盆は静、対照的です。奄美は一体感が生まれ大変ユニークですね〃とか言しゃん研究者ぬゆむた思い出したが」

クラウン車「ちゃ、見るより〃まーじんま踊りましょ！〃ちゅ雰囲気があるや。English風だと、映画〃Shall we dance?〃じゃが。ヤンゴでたまに応用したことがあったが」

けぃんむん博士「……？　まあー暑い日が続くから勘弁しよう。せっかくじゃ、おわら風の盆について少し紹介しよう」

富山県富山市八尾地区で、二百十日の初秋の風吹く頃の毎年9月1日から3日に行われる。300年余(江戸時代)の歴史がある。
哀切満ちた旋律にのって、無言の踊り手たちが洗練された踊りを披露する。艶やかで優雅な女踊り、勇壮な男踊り、

「越中八尾観光協会HP」より
（2019年閲覧）

哀調のある音色を奏でる胡弓、三味線、太鼓、尺八の調べ。

名の由来は、収穫前の稲が風の被害に遭わないよう豊作祈願から「風の盆」といわれている。

3日間、約25万人の観光客が八尾町を訪れる。

※参考／「おわら風の盆行事運営委員会」HPほか。

ニッサン車「豊作祈願の行事か。やっぱり、稲作文化の延長じゃやー。自ら楽しむ島の踊り、見せる風の盆、地域性がでるなー」

けぃんむん博士「そうじゃな。雪国と太陽の亜熱帯、時代の背景（琉球・薩摩と加賀藩）など様々な要因が重なって、動と静の形が完成したんじゃろな」

クラウン車「そ～か。気温の差か。ちゃ、テンポの速かん、沖縄のカチャーシー、ブラジル・リオのカーニバルなどや暑《あつ》っさん地域じゃが」

――ムンばなしは盛り上がり、全国各地に伝統がある、だから故郷は素晴らしい！　そのうち石川啄木の歌まで飛び出した。

〝ふるさとの山に向ひて言ふことなし　ふるさとの山はありがたきかな〟

ここでムン尋ね（質問）。奄美をふるさとに持つ出身者は全国にどれぐらいだと思う?

①30万　②50万　③100万　④150万　⑤200万

※答えは第3章1項。

今日《きゅう》も　ありがっさまりょ～た。

6．正月門松の今むかし①

若正月迎えて　若松ば活《い》けて　若松のごとに若くなてたぼれ（注1）（徳之島の正月唄から）

さて、今回は門松のあれこれから……。

※注1／若正月を迎えて、若松を活けて飾る。若松のように若

くなってください。（小川学夫『奄美シマウタへの招待』61頁）

新人B君（横浜出身）「先輩、旧正月でひぐるか（さ）なりましたね。やっぱり島は、旧暦が四季の気候と合致します」

ましきょ君「感心じゃが、島口も島の風習にも少し慣れたやー」

新人A君（岩手出身）「今年の正月は、岩手の実家に帰らずに、B君家族と一緒に先輩宅で三献をごちそうになりましたよ。

そうそう、子どもたちがお替わりねだって、冷や汗かきましたよ。おいしくて珍しかったようで……。

でも、〝三献〟を辞典で調べると、平安時代の公家社会の宴《うたげ》の儀式『式三献』」と似ていて、ちょっとびっくりでした」

門松の竹はなぜ斜め切り？

新人B君「私の子どもたちも門松を見て、〝横浜の実家と違う〟って驚いていましたよ」

ゆんどり君「あっ、そうか。本土とちょっと違うね。島はどっちかというと質素だけど古風で趣あるしな」

けぃんむん博士「最近は本土風も見かけるけど、子どもたちが驚いたのは竹の形じゃろうな。

さて、ムン尋ねじゃ。本土風の門松は竹の先端が斜めじゃな。なぜだか分かるかな？」

新人B君「あっ、〝チコちゃんに叱られる！〟だ。徳川家康の八つ当たりでしょ」

▼元来門松は「寸胴《ずんどう》」で飾られていた。

▼西暦1572年、「三方ケ原の戦い」で家康は武田信玄に敗北。

▼翌年の正月。武田信玄から次の句が届いた。

『松枯れて　竹たぐひなき　あした哉《かな》』

※「松」は家康の旧姓松平、「竹」は武田

【意味】松平が滅んで、武田が栄えるよき年の始めだ。

▼その悔しさから、

『松枯れで　武田くび（首）なき

本土の門松　奄美大島の門松

「本土と島の一般的な門松」

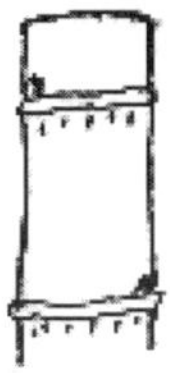

寸胴

あした哉』

【意味】松平は滅びず、武田信玄の首が飛ぶ、なんともめでたい年の始めだ。

と返事を書き「武＝竹」の意味を込め、年初に竹を斜めに切ったことから、門松の竹が斜めに切られるようになった。

※2021年1月8日放送、NHK「チコちゃんに叱られる！」から。

さねんさん「私も見ましたよ。諸説あるとの解説でしたね。だけど、傍点を打って意味を逆にしたって、家康さん頭いい！

『まつかれて、たけ　たぐひなき、あしたかな』

『まつかれで、たけだ　くびなき、あしたかな』

だけど、昔から門松があったのにはびっくりでした」

門松の由来

けぃんむん博士「書物によると、平安時代（8～12世紀）の貴族が、正月初めの子《ね》の日(注2)に野外で小さい松を引き抜いたり若菜を摘んだりして遊び、その松を長寿を願って玄関に飾ったのが由来、と言われているそうじゃ。

実は、門松のことを詠った当時の歌がいくつかあるんじゃが、2首紹介しよう」

※注2／十二支の子《ね》のこと、今年（2021年）は1月4日。

新年春来れば　門に松こそ立てりけれ

松は祝ひのものなれば　君の命ぞ長からん

※出典／「梁塵秘抄」巻一12番（平安時代の歌）

門ごとに　立つる小松に飾られて

宿てふ宿に　春は来にけり

※出典／「山歌集」（平安時代の歌）

新人B君「え～、冒頭の島唄〝松・若さ〟と平安時代の貴族の歌〝松・長寿〟の構成が似ていてびっくりです。島の人の感性の高さですね。それと、貴族の長寿を願う遊び心が千年の昔から今に受け継がれている、なんかすごいですね」

ましきょ君「チュッチュ（ちゃちゃ）、門

―平安時代の小松引きの風景（抜粋）―
※出典：「小松引絵巻」国立国会図書館所蔵

松や、最初は松だけ、室町時代にデー（竹）が加わったと書物で読んだけど、江戸時代の頃やきゃし(注3)あてぃかい？」
※注3／【きゃし】＝古語「いかに」の「い」が脱落し「いきゃし」が転化？　どうして。どんなに。

江戸時代の門松　その1

けぃんむん博士「そうじゃな、興味あるところじゃな。文献から紹介するとしよう。
　この絵図は、江戸後期の絵師が描いたのじゃが、江戸城の竹は『寸胴』（絵の中央）になっているのが面白いじゃろ」
新人B君「本当だ！　時代が変わって、先祖家康の八つ当たりのことを忘れたのかも知れませんね」

―正月元日に諸侯が江戸城を登城する玄関前の風景―
※出典：「千代田之御表」国立国会図書館所蔵

　千年の昔から続く門松、長寿を願いつつ……。また、拝みよ〜ろ。

7．正月門松の今むかし②

初春に出《いじ》て　野原《ぬはら》眺むれば　花や咲き揃《す》ろち実《なり》や繁《しげ》く(注1)
（島の正月唄から）

　さて、門松の形はさまざまあるそうで……。
※注1／初春に外に出て野原を眺めて見れば花は咲きそろって実もびっしり稔《みの》っている。（小川学夫『奄美シマウタへの招待』62頁）

新人B君「先輩、横浜の実家に江戸時代の門松風景を描いた古い書物があったので紹介しま〜す」
けぃんむん博士「そうだった。今回は、B君の実家から届いた古い書物を先に見せてもらったが、島の門松に似ていて興味深かったぞ」
新人B君「やっぱり！　実は、奄美の門松のことを祖父に教えてあげたら、〝え〜曾祖父(注2)から聞いていた形とそっくり〟と驚いていました。それじゃ、実家の書物から……」
※注2／B君のひいじいちゃんは、江戸末期に天秤棒担いで江戸町を歩いていた。（第1章第3節7項）

江戸時代の門松　その2

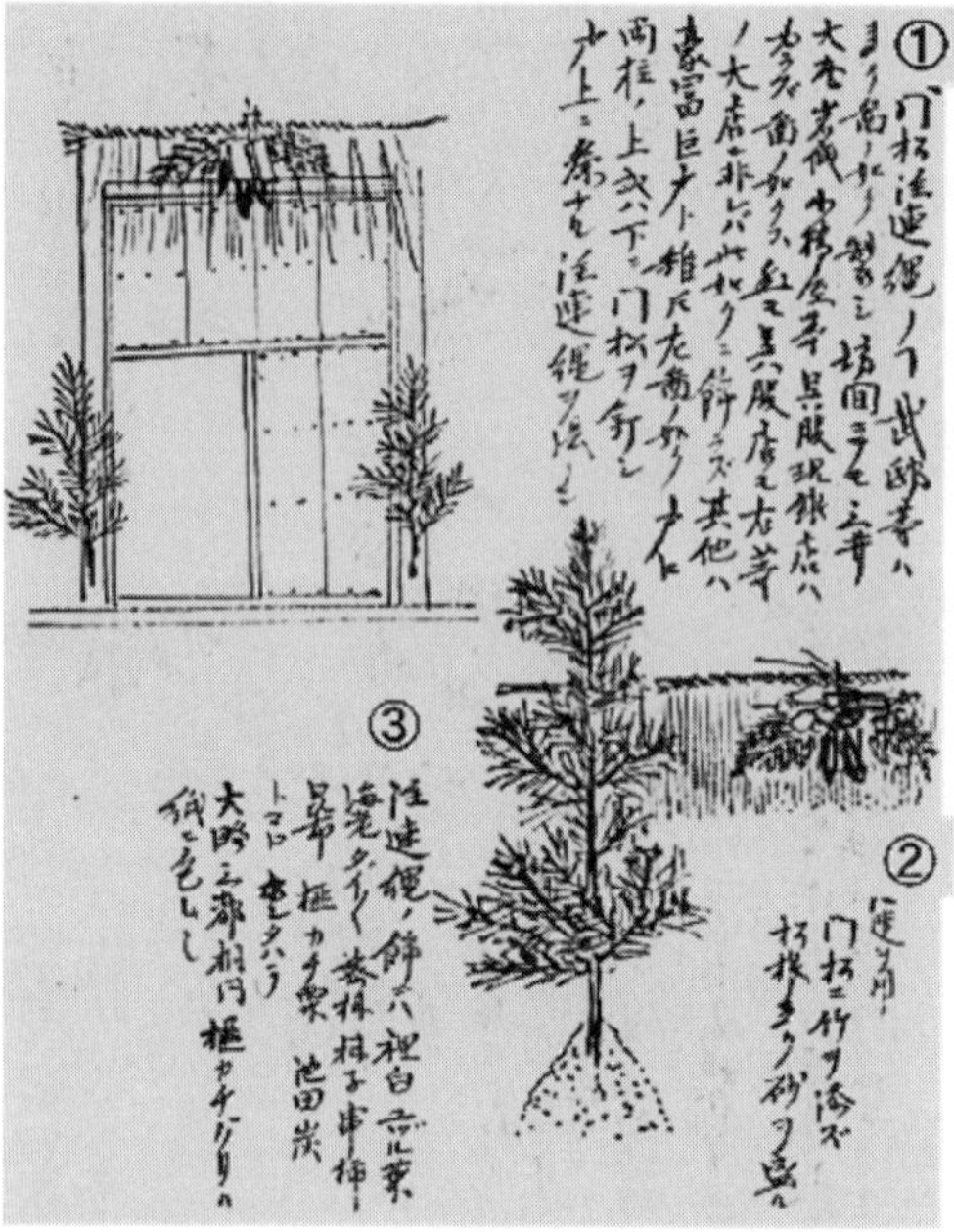

【訳①】京都と大阪の門松と注連縄について。

武家の屋敷等は多くが図のように作り……三井、大丸、……呉服現金店では必ず図のようにしている。……その他は富豪の家だとしても、左の図のように戸の両柱の上あるいは下に門松を釘で打ち、戸の上に注連縄を張る。

【訳②】……門松には竹を添えず、松の根にたくさん砂を盛る。

【訳③】注連縄の飾りにはウラジロ、ユズリ葉、エビ、ダイダイ、ミカン、ユズ、串カキ、昆布、カヤ、かち栗、池田炭、等を飾る。

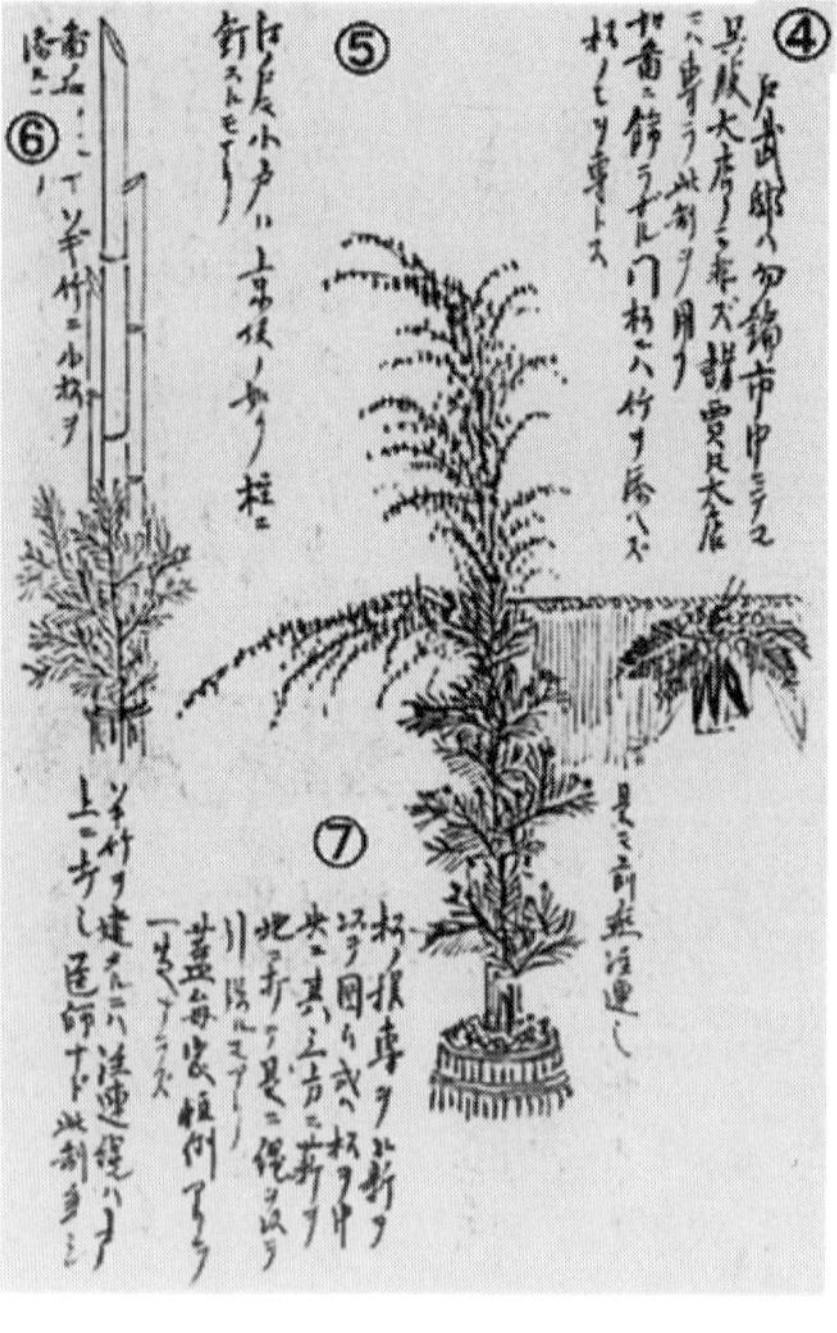

【訳④】江戸の武家の屋敷……呉服の大商店……他の大商店でも専らこの形を用いる。図のように飾らない門松には竹を添えず、松のみで飾る。

【訳⑤】江戸も小さな家では、京都と大阪のように柱に釘で打ち付ける場合もある。

【訳⑥】図のように太くて削いだ竹に小さな松を添えるものもある。

【訳⑦】松の根を薪で囲む。

松を中央に置き、その三方に薪を地面に打ち、これに縄で引っ張ったものもある。ただし、家ごとにしきたりがあるので決まった方法ではない。

削いだ竹を建てた場合は戸の上に打つ。医師などの家ではこの形である。

※出典／「守貞謾稿　巻26」国立国会図書館所蔵、江戸後期の風俗誌、喜田川守貞著（現代訳／山下和）。

ましきょ君「え～面白かやー。江戸と京都・大阪では、立て方が少し違うんじゃ。

・京都・大阪は、主に松だけで、砂を盛る。

・江戸は、竹がメインで松を添えて薪で囲む。

・3都市とも、しめ縄を門松と一緒に飾る。

・一般家庭、武家、大商店等で飾り方が異なる」

ゆんどり君「関東は竹、関西は松が要の木ちゅことじゃや。そうか！　平安時代（京都）の小松引き、その松を玄関に飾る貴族の遊びの名残が受け継がれている、ということじゃが」

新人B君「さすが先輩です。古文が分からず苦労したんですけど……。だけど、竹の斜め切りが江戸に多いのは、家康の八つ当たりの名残かも知れませんね」

新人A君「京都・大阪の松に砂を盛る＋江戸の松と竹＝奄美の門松、両方の良さ（貴族と武家）をミックスさせたということでしょうか」

さねんさん「なるほど、いい表現ですね。絵図のしめ縄に飾るユズリ葉とか、ウラジロ（裏白）が島の門松に添えられているのも、その影響を受けているのかも知れないですね」

ましきょ君「チュッチュ（ちゃちゃ）、松とデー（竹）が主賓あんば、吾《わ》んが朝鳴きする梅や南天の枝を添えたの最近じゃや」

ゆんどり君「ちゃ、本土風は、なま（今）や葉牡丹とか笹とかにぎやかな門松になたが、わきゃ島々やきゃしあてぃかい？」

島々の門松

けぃんむん博士「若手が調べたのが下表じゃが、島々の特徴がよく表れている

■「島々門松の飾り木比較」（昔から伝わる門松です）

飾り木＼島・町村		奄美大島	宇検村一部	喜界島	小野津集落	加計呂麻島・請島・与路島	徳之島町・伊仙町	天城町	沖永良部島	与論島
1	松	○	○	○	○	○	○	○	○	○
2	竹	○	○	○		○	○	○	○	○
3	ユズリハ	○	○			○	○	○	○	
4	椎の木		○			○	○	○		
5	ガジュマル				○					
6	ウラジロ		○					○	一部	

※出典：「奄美群島広域事務組合調べ」（島々の代表的な事例です。薪や他の木々を添えるなど地域によって多少異なります）

梅と南天とウグイス

じゃろ。

スダジイなど山々が深い照葉樹林地域（奄美大島南部・徳之島など）は、
・ユズリハ（譲葉）に椎の木が加わり、一部地域はウラジロ（裏白）も。
喜界や与論など低地の島は、
・松と竹のみの門松。
沖永良部は、その中間ということじゃな。

島々の地勢と植生を表現する正月風景、旅人への話題としてどうじゃろ」

さねんさん「正月歌（冒頭歌）に、1年の願いを託して〝花・実〟の単語を織り交ぜるってすごい！　正月の過ごし方が変わりました。あっそうだ。博士、飾り木の由来や背景も知りたいですね」

自然の特徴を生かした島々の門松、江戸時代の形に似ていることに驚くメンバー。次回は、飾り木の由来を……。

8．正月門松の今むかし③

ちとせふる松のみどり葉の下に　亀の歌しれば鶴ぬ舞ゆり(注1)（島の正月唄から）

さて、時代背景の中で門松の形も変化して……。
※注1／千歳経る松の緑葉の下で、亀が歌を謡えばそれに和して鶴が舞うている（文潮光『奄美大島民謡大観　復刻版』36頁）

けぃんむん博士「さて、前回の質問。飾り木の由来じゃったな。諸説あるそうじゃが、古老のムン話から……」

飾り木の意味は?

さねんさん「椎の木を飾るのは、昔から奄美の人にとって貴重な食料(注2)だった、そのことへの感謝と来年もたくさん稔《みの》ってほしいとの願いの意味があるのでしょうね」
※注2／「南島雑話」には、椎の実が米に次ぐ上等食料で蒸菓子やみそ、焼酎の材料にも利用されてい

【松】＝平安時代の頃から伝わる「長寿」の祈願。

【竹】＝成長が早いことから「生命力・繁栄」祈願。

「若葉のユズリハ」

【ユズリハ】＝春に若葉が出て、前年の葉が譲るように落葉することから親が子を育てて家庭が代々続くことを願う「縁起物」。
【裏白】＝別名は穂長で「長寿」の象徴。裏が白いことから「心の潔白」と白髪まで「長生き」。左右の葉が対になっていることから「夫婦円満」の象徴。

「裏白（ウラジロ）」

たと詳しく掲載されている。

さーみさん「沖永良部島では、竹と松、ユズリハに鬼を追い払う役目があったらしいですよ」（『知名町誌』1018頁）

新人B君「子ども向けに分かりやすい！　今夜〝全集中〟で聞かせてあげようかな」

けぃんむん博士「最近人気の〝鬼滅の……〟じゃな。先輩のように毎晩だれやん（晩酌）ばかりで刀自鬼に叱られんようにな。

　さて、前回はB君の古書のお陰で、島々の門松の変遷が少しひもとけたような気がしたが、どうじゃ」

さーみさん「島々の比較もできたし、飾り木の意味も分かったし、来年からちゃんと願いを込めて立てることにします」

ゆんどり君「そうそう、内地や『紙門松』ば門口に貼る家も増えたが、ぬがかい(注3)（どうして）？」

※注3／【ぬ・がかい】＝古語「なに【何】」が変化。類語【いきゃしゃん】＝どういう。

紙門松はいつ頃から？

新人A君「横浜の実家は、1970（昭和45）年ごろまで紙門松でしたけど、最近は自然の松竹ですよ。昔は山が荒廃して手に入らなかった、と祖父から聞いたことがあります」

ましきょ君「ちゃ、わきゃ、いなさりん〝緑を回復して国土を豊かにしよう〟ち先生が言しゅたが、確か『国土緑化運動の推進』とかチョークで書いていたが」

けぃんむん博士「さすがじゃ。実は、明治以降、特に戦後（1940年代）の物資不足で薪《まき》や炭を得るため森林が伐採された、門松やクリスマスツリーでも松が切られた、これは大変だ！　山が危ないということで、

　――国や自治体が紙門松を推薦した――

　そんな時代背景があったということじゃ」

・国土に緑を回復・平和で文化的国家再建、衆参両院決議（1950年）

・主婦連合会、全国知事会、地方自治体、「門松」自粛運動（1954年）

・総理府　新生活運動――「紙

緑は災害を守り心も豊か…！
『国土緑化運動の推進』

門松」購入費で助け合い運動（1958年）
※出典／『北海道立図書館レファレンス通信　No.31』
新人A君「なるほど、紙門松には国土保全の目的もあったのか、最近の自然災害を考えると納得です。最近は、手入れする後継者不足で、計画的な伐採を推進しているのですよね」
ゆんどり君「昔と今、伝統文化の伝承と資源保全に苦労したということじゃや。
だけど、千年の歴史の中で、門松事情もいろいろあったわけだけど、京の都から全国各地に広がったのも、うとぅまらしゃくとぅじゃ[注4]」
※注4／奄美語【うとぅまらしゃ】＝「不思議だ」の意味。

島々の門松由来

けぃんむん博士「そうじゃな、ことばと同じように人の往来とともに少しずつ伝播したんじゃろうな。源平の落人伝説も参考になるかもしれんな。皆の宿題じゃ！」
さねんさん「博士！『南島雑話』に少し記載がありましたよ」
年中行事　年始迎には、立松、寿老人、床飾りの餅、門には賑門松、内には賑をし、肴《さかな》大根を掛、於婦婆氏《おふばし》（しめ縄のこと）あり。……元日には早朝より新衣を着し規式あり。……雑煮、吸物……是を三献といふ。（名越左源太著、國分直一・恵良宏校注『南島雑話2』平凡社、2007年、205頁）
新人B君「なるほど、江戸時代の頃から奄美では、門松が立てられていたのですね。
そうそう、注連縄《しめなわ》のこと忘れていた。先輩宅のしめ縄と『守貞謾稿』（前回掲載）の絵図とほぼ同じでしたよ」
ましきょ君「そうじゃが、門松・しめ縄・しめ飾り・鏡餅は正月飾りのセットだけど、やっぱり昔からだったのかい？」
繁栄、長寿、夫婦円満、世代をつなぐ、門松に込められた願いと千年続く歴史の重さを感じながら……。また、拝みよ〜ろ。

9．正月しめ縄と料理①

加那《かな》がしま吾しま　いちゅ縄《なわ》ば掛けて　うら切れるとき
や　互《たげ》に詰《つ》めよ[注1]（島の恋歌）

コーヒータイムが長くなったが、門松とセットにする飾りと言えば……。

※注1／恋人のしま（郷里）と私のしまに絹の縄を掛けて、恋しいときは互いに、その縄を詰めて近づこう。（小川学夫『奄美シマウタへの招待』126頁）

けぃんむん博士「さて、ムン尋ね。しめ縄を漢字で表記すると〝注連縄〟じゃが、①由来は？　②島にはいつ頃定着？」

新人A君（岩手出身）「う～ん、Q①は確か祖父から〝豊作や健康をもたらす神様を家庭に迎えるため〟とか聞きましたけど、Q2はやっぱり江戸時代かな？」

新人B君（横浜出身）「A君、ほら！　前赴任地の職場で、ものしりの先輩が『官報』（国の広報紙）も面白いからたまには読むんだぞって」

しめ縄としめ飾り

言葉の履歴書【しめ飾り】

正月の「しめ飾り」は、長い歴史をもった言葉です。「注連（しめ）」「七五三（しめ）」「標（しめ）」の漢字が当てられますが、「しめ」はもともと「占める」という意味。注連縄（しめなわ）は、神が占める清浄な区域を示し、不浄の侵入を防ぐ縄張りの標識だったのです。古代の日本人は、新年には年神（としがみ）が訪れてきて人々の暮らしを見守り、一年の幸せを約束してくれると信じていました。門口の注連飾りは年神が滞在中という目印だったわけです。（「官報資料版」2004年1月7日付）

さーみさん（沖永良部島出身）「え～、沖永良部島の鬼を追い払う由来と重なりますね。なんか新しい発見でうれしいです」

けぃんむん博士「実は、しめ縄としめ飾りはちょっと意味が違うのだそうじゃ。辞典で調べると……。

【しめ縄】神聖な場所・結界という意味。神社で『通年』飾るもの。天照大神《あまてらすおおみかみ》の神話から。

【しめ飾り】正月の期間だけしめ縄に裏白の葉やユズリハな

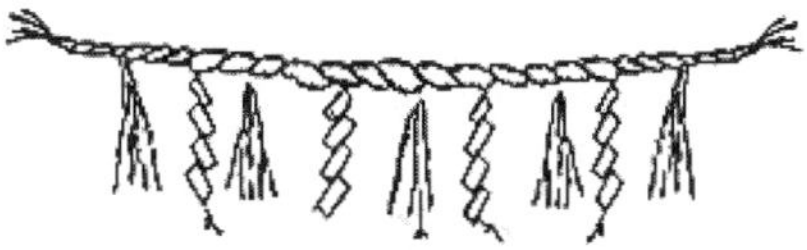

「一般的なしめ縄」

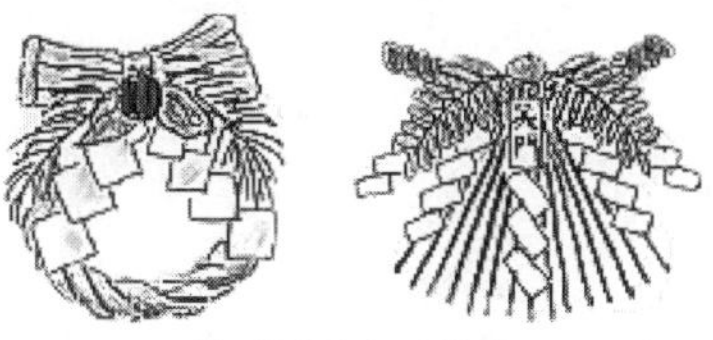

「一般的なしめ飾り」

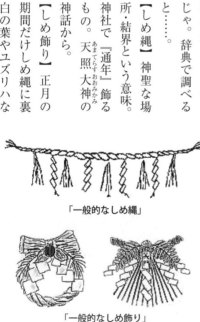

どの縁起物をつけ、年神様をお迎えする目印。
――だそうじゃ。
さて、正月しめ縄は、『南島雑話』(注2)にちょっと載っていたけど覚えているかな？」
※注2／江戸後期、名瀬小宿集落に遠島中の薩摩藩士・名越左源太が記録した奄美の生活史。

年中行事　年始迎には、立松、寿老人、床飾りの餅、門には賑門松、内には賑をし、肴《さかな》大根を掛、於婦婆氏《おふばし》あり。(注3) 是を於バリと云ふ。

※注3／しめ縄をいう。

【訳】正月を迎えるにあたって、松を立て、七福神の一人で長寿を授ける神を供え、床の間には餅を飾る。門口には賑々しく門松を飾り、門の内側には魚と大根を掛け、しめ縄を飾る。これを「於バリ」という。
（名越左源太著、國分直一他校注『南島雑話2』平凡社、205頁）

島々のしめ縄（しめ飾り）

ましきょ君「チュッチュ（ちゃちゃ）、昔の話じゃが、刀自の島（喜界）で、門松と一緒に飾っていたのを見て、くゎぬ（子どもが）〝大きく張るから〝オオバリだ〟と言ってはしゃいでいたが」

新人A君「先輩、与論のあたびく(※)さんから、昔（1987年頃）のしめ縄写真を送ってもらいましたよ。江戸時代の門松の絵図（下図左）と似ていて、ちょっとびっくりでした」

※「あたびく」＝「カエル」の与論方言。

新人B君「そうそう、江戸時代の京都・大阪風のしめ縄に飾るのは、裏白・だいだい・ミカン・炭・ユズリハ・昆布などでしたね」

けいんむん博士「よく勉強したが。だけど、懐かしい写真じゃ。しめ縄の今昔を島々で比較するのも記録保存として大事なことじゃな。ちょっと文献から紹介しようか」

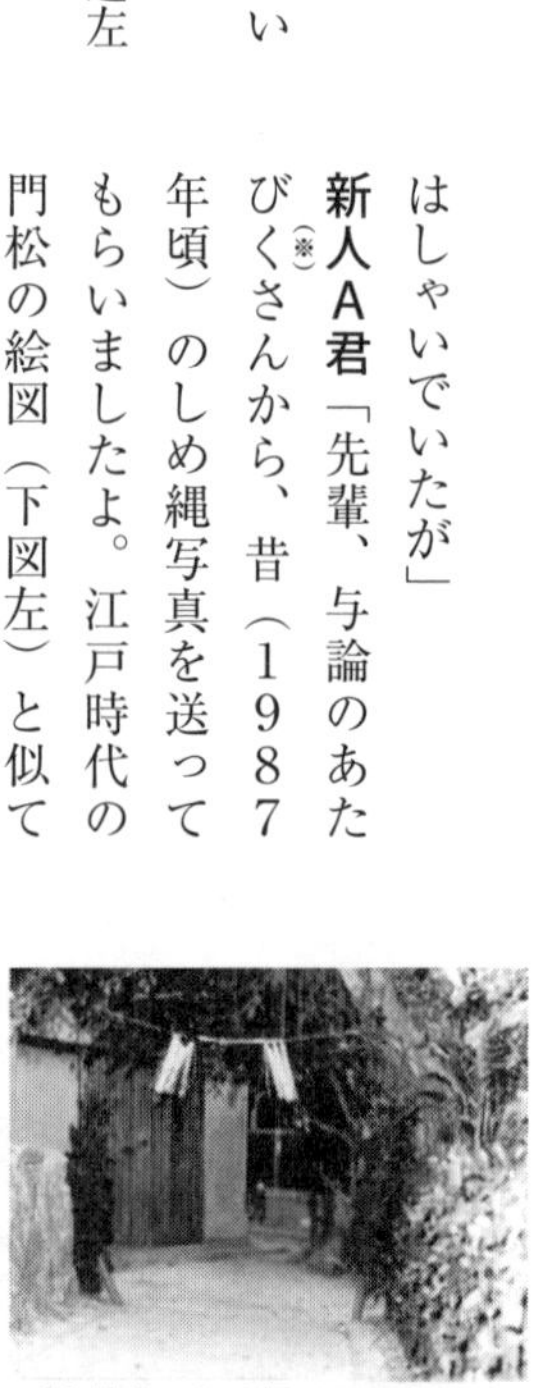
「与論島のしめ縄(1987年)」

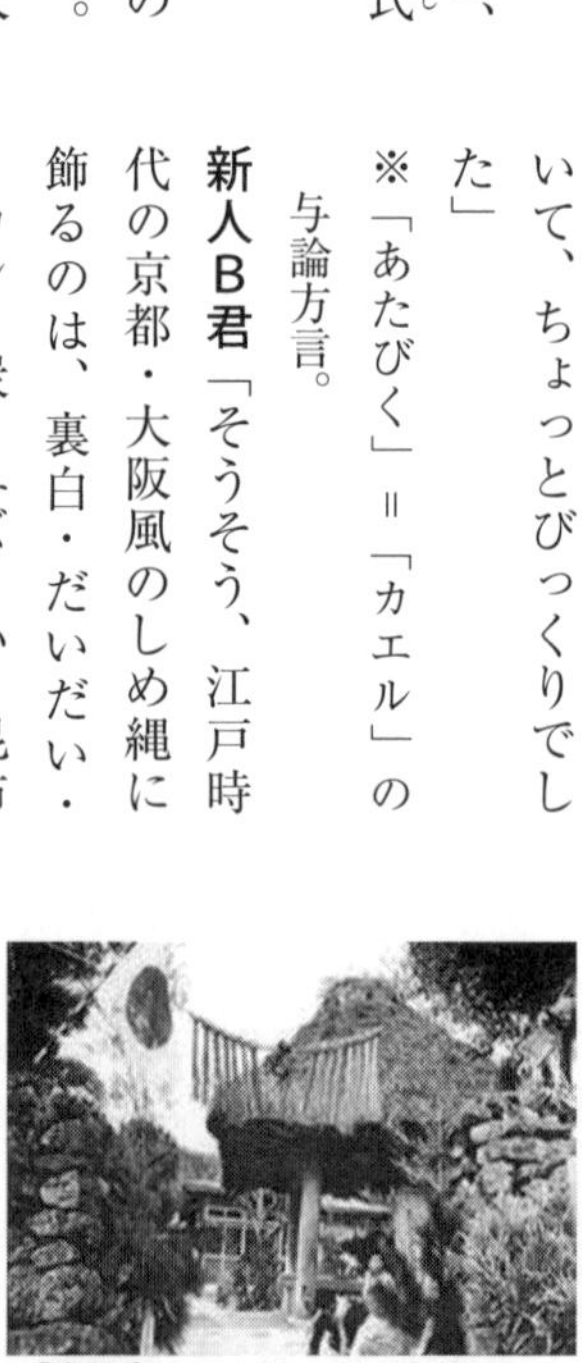
「喜界島のしめ縄(1950年代頃)」

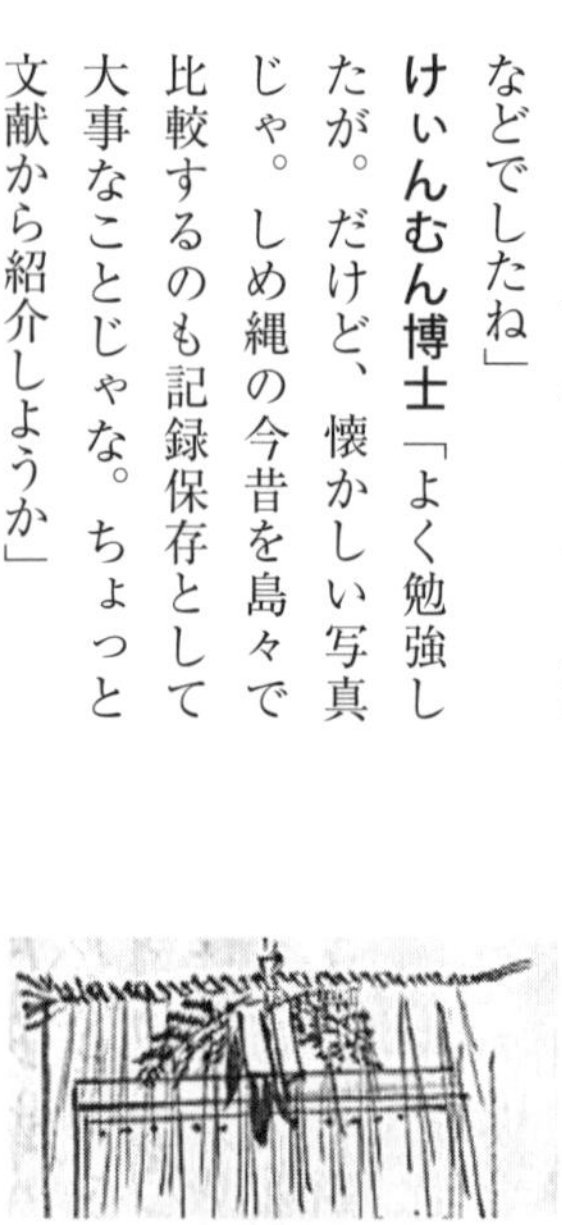
※出典：「守貞謾稿巻26」
国立国会図書館所蔵

・玄関や門口などに掛ける正月の太い〆縄はヤマトからの新しい流行で……奄美の島々の本来の〆縄はそんな形のものでなかった。

・〆のことを名瀬ではセムェと言っており、正月に限らず何か悪いものを入れないためにもセムェをする。

「オオバリ」大和村名音(1987年)

・この〆縄のことを喜界島ではオオバリ（オオバイ）といっている。

・大笠利では、オオバリ大根といって、〆縄に掛けて軒につるして……瀬戸内町管鈍では、ヲゥバリガキと言って椎の丸棒を……掛けた。亀津では、オオバンゲ……面縄ではウウバンゾオ……松原ではバンジョオ木……与論ではカササギという。

※出典／『名瀬市誌3巻　民俗編』15頁、抜粋編集。

すぃばむ君「わきゃ親《うや》ぬ集落《シマ》（大和村名音）や大根と裏白を吊るして、1月中に噛みゅたんちじゃが(食べたようだ)」

さーみさん「冒頭の恋歌は、想いを引き寄せ縁結びを願うシンボルのしめ縄ですね」

ウグイスのさえずりが、春の足音を後押しする季節。余寒まだまだ続く予感も……。

※写真／奄美市立奄美博物館提供、参考／「喜界町図書館だより」２０１７年1月号。

10．正月しめ縄と料理②

花ぬ下草になとれ玉黄金　花折りなちけて　見りがきゃをろ[注1]（島の恋歌）

春山笑う季節、正月気分も遠くなりにけりと思ったが、しめ縄談義はまだ続き……。

※注1／花の下草になっていてください、いとしい人。花折を口実に逢いにいきますから（文潮光『奄美大島民謡大観　復刻版』94頁）

――久しぶりに参加した与路島出身のふくろべー君が、思わず笑いのダジャレを披露。

山羊さんと島口

ふくろべー君「最近、大笑いした会話から質問です。次の島口を翻訳できたら昼飯ごちそう。島々で単語が違うけど、ヒントは山羊さん」

▼ひんま／ひんがしゃん／

いんが／ひんじゃ／みんじゃ。

（※早口で読んでみてください。

奄美大島の発音表記です）

さーみさん「先輩！ いきなりですね。なんか〝♪坊主が屏風に上手に坊主の絵を描いた〟みたいなリズム感だけど……？？です」

「昼間逃がした雄山羊捕まえた―島々方言比較―」

島名／語句	奄美大島	加計呂麻島・請島・与路島	喜界島	徳之島	沖永良部島	与論島
昼間	ひんま	ひんま	ひんまー	ひんま	ひんま	ぴゅーま
逃がす	ひんぎゃし	ひんぎゃし	にがちゃん	ひんぎゃちゃん	ひんじゃしゅん	ぴんがしゅん
雄（男）	いんが（動物はウー）	ひぃんが	うー	ひぃんが	いんが	ふー うー
山羊	やぎ ひんじゃ	やぎ ひんじゃ	やじー	やぎ	やぎ	やぎ(一般的) ぴーじゃ
捕まえる	みんぎゃ	みんぎゃ	かでぃ	みんじゃん	てぃかまー	みんぎゅん

※出典：「奄美群島広域事務組合調べ」　発音・表記は地域・集落で異なります。

ましきょ君「島ラジオのトーク番組じゃや。昼飯代タダなら正解は、

▼昼間／逃がした／

雄／山羊／捕まえた。

はい、うな丼注文！」

さーみさん「先輩ずるいな～、教えてくれたら、うな重だったのに……」

※「南島雑話」（江戸時代後期）には、山羊＝「比奴知屋」（ヒンジャ）との記録が残っています。

島のしめ縄今むかし

けぃんむん博士「さて、島々のしめ縄、最近は見る機会が少なくなったようじゃな。さーみさんが現在の状況を調査したそうだ」

【喜界島】門の両側に竹と松の枝を立て、縄で縛って取り付ける。竹の上部にしめ縄（オーバイ）を張り、間に木炭と柑橘（だいだい）をつるす。しめ縄はさとうきびの葉で作るとのこと。

【徳之島】伊仙町東部地域はしめ縄あり。ウラジロやミカン・木炭・餅などをくり飾る。昔はどの家庭でも飾っていた。

【沖永良部島】内陸部の赤嶺集落などでしめ縄あり。昆布、

炭、ミカンをくくり飾る。
【与論島】多くの家庭で門松としめ縄の両方を玄関や門に飾る。方言で「カキ」という。しめ縄の中央部にミカンや松葉、昆布や炭などの縁起物をくくり、玄関上に飾っている。

※出典／「奄美群島広域事務組合調べ」、参考文献／『奄美郷土史選集　1巻』（国書刊行会）、登山修『奄美民俗の研究』（海風社、1996年）

さねんさん（瀬戸内出身）「奄美大島は飾ってなかったのですか⁉　〝温故知新〟私も、あんまとじゅーから再度聞き取りしてみますね」

島の正月料理

けぃんむん博士「さて、新人君たちにムン尋ね。島々の正月料理といえば、代表は『三献』じゃが、大みそかから正月に欠かせない料理名は？」

新人A君（岩手出身）「え〜、三献以外の郷土料理が…。黒糖焼酎飲み過ぎて覚えてないです。先輩、すみょうらん」

新人B君（横浜出身）「A君、ほら！　豚骨野菜（ウァンフネヤッセ）、子どもの豚骨横取りして、奥さんに怒られて……」

新人A君「あっ、ツワブキ・昆布・大根・骨付きの豚肉を煮込んだ……、刀自（妻）がレシピをもらって喜んでいたっけ」

さねんさん「この時期は、アザンヤッセ（注2）がおいしいとか、やっぱりツワブキだ！　とか先輩たちが自慢していますね」

※注2／「アザンヤッセ」＝アザミと豚骨を煮込んだ正月料理。葉から棘のある部分を取り、葉軸だけをツワブキのように煮物にして食べる。主に北大島の佐仁・節田集落（笠利町）、芦徳集落（龍郷町）など。

ましきょ君「わきゃ童《わらぶぃ》の頃、冬休みの仕事は、アザミ摘みだったがよ。海岸のモクマオウ林の中を探して歩いたね。棘《とげ》が刺さって痛かった！」

くねんさん（徳之島出身）「島アザミは、ポリフェノールや抗酸化作用が高い健康食品として、徳之島では注目されているんですよ」

新人A君「来年は岩手の正

月料理〝くるみだれ雑煮〟をごちそうしましょうか。異動がなければ……」

新人B君「異動の季節か。冒頭の恋歌、独身時代が懐かしい。奄美に魅せられて(注3)(妻のこと)よく出張を組んだな。〝花ぬ下草……〟か、そんな表現でプロポーズしてみたかった!」

※注3/B君は独身時代に奄美出身の女性と出会い結婚した。

出会いと別れの季節、奄美の自然・文化の香りをお土産に、元気しもーれよ　また拝《うが》みよーろ。(〝さようなら〟の奄美ことば)

11. 正月は若返るって本当?

はげ〜拝《うが》ん遠《どう》っさや〜。

さて、ちょっと昔の島の新年あいさつから、「改まりょーてぃ　新年《みとうし》取りんしょし　若《わー》さなりんしょたやー」

【標準語】明けましておめでとうございます。新しい年をお迎えになって、さぞかしお若くおなりになったでしょう。

※参考/田畑英勝『奄美の民俗』法政大学出版、1976年、67頁。

すぃばむ君(注1)「昭和初期の正月あいさつじゃが、お互いを祝福することばの奥深さだけど、島人《しまちゅ》の感性の豊かさだよな」

※注1/「めじろ」の大島北部、十島村の方言。名瀬=「おくさま(む)」、沖永良部=「さーみぃ」など多数の呼び名がある。

新人A君「わ〜、すごい。今風だと〝健康で長生きしてください〟だけど、若くなったって。お屠蘇《とそ》の由来と似ているね」

さーみぃさん「確かNHK番組『チコちゃんに叱られる』で、

・お屠蘇は邪気を払い、命を蘇らせる不老不死の薬酒

・正月に若い人から飲み、年長者は後から飲んでエネルギーをもらうとか……。

奄美はお屠蘇じゃなく三献と黒糖焼酎だけど、昔の島の風習と共通するよね」

新人B君「今年の正月は、横浜の実家でお餅を食べ過ぎて太りました。子どもは背が伸びたって喜んでましたけど」

すぃばむ君「そうじゃやー。そのお腹見るとダイブックになったけど、子どもはダイバンになったような気がするが」

新人A君「吾きゃ子どもは、祖父母からの知恵で〝お父さん、今年は金運ある寅年だからお年玉もお餅もたくさんちょうだい〟って、おねだりしていたな」

けぃんむん博士「新年早々、愉快な話題じゃなー。それじゃ、みんなの会話からむんばなしを少し……」

お屠蘇と三献・若水で若返る？

【お屠蘇】酒やみりんに5～10種類の生薬（屠蘇散《とそさん》／白朮《びゃくじゅつ》・山椒《さんしょう》・桔梗《ききょう》・肉桂《にっけい》・防風《ぼうふう》・陳皮《ちんぴ》等）を浸け込んだ薬草酒。平安時代に中国から日本に伝わり、宮中正月行事として始まり江戸時代には一般庶民に広まる。若者の精気を年長者に渡すという意味で、年少者から年長者へと盃を順番に進める。東の方角を向いて飲むと良いとする説も。

※参考／『お宝！日本の「郷土」食6』（農林水産省）

【三献と若水】正月の行事は、イヅンゴとかショジゴなどの泉の若水汲みから始まる。その水で家族一同洗顔して若返るほか三献料理やお茶の水にする。家族年齢順に床の間の前に座り、餅の吸い物、刺身、豚か鶏肉の吸い物と3回膳を代え、各膳の合間に焼酎杯が回り、高膳の昆布と干魚やスルメを盛塩につけて授ける。

※参考／恵原義盛『奄美生活史』木耳社、1973年（図含む）。

図172　床飾り

さーみぃさん「大晦日にあんまが、〝明日は早起きして、タライに入れた水で顔洗いなさいね、もっと美人《きゅらむん》になるからね〟と言うのは、そういうことだったんだ」

新人A君「だから、さーみぃさんはきゅ（よ）らむんなんですね。ちょっと褒め過ぎかな……」

ダイブックとダイバン

〈ある飲み会の会話〉

すぃばむ君「びっきゃ君、ダイブック（太く）なたやー。運動不足じゃが」

びっきゃ君「ちゃっ、雨が少なくてゲロゲロの鳴き方ぬ足らんてぃじゃが。すぃばむ君は、ダイバン（大きく／背が伸びて）なって小枝が邪魔じゃないね」

けぃんむん博士「この〝ダイブック〟は、主に大島北部の方言のようじゃが、

餅食べ過ぎてダイブックになった！

ダイバンなって枝が邪魔だな…。

ちょっとおもしろい文献があったので紹介しよう」

〈ダイブックの由来〉

飛鳥時代、推古天皇が奈良県の荘園地（現桜井市大福）に大仏を建てた際、この地域の農家が協力したことから「大仏供（ダイブク・ダイブック）」と地名が付き、これが転じて「大福」となった。

※参考／池田末則『地名風土記』東洋書院、1992年。

びっきゃ君「え～、〝太っている〟じゃなくて〝大仏さんのようにどんと構えている姿〟っちこと？ 遣唐使が伝えたんじゃや。ゲロゲロ自信持ったぞー」

次回は、地方で異なる凧《たこ》の呼び名、正月遊びで自慢する先輩の話題。また拝《うが》みよーろ。

12．絵で見る正月今むかし

春恋し、それでも旧正月の話題で盛り上がり、ちょっと昔の正月歌まで……、

〽たこたこあがれ　凧よくうけて
雲まであがれ　天まであがれ

※明治43年発表の文部省唱歌「たこの歌」

さねんさん「甥《おい》っ子にこの歌を教えたら〝海のタコがどうして天まであがるの？ 深く潜るんじゃないの〟って聞かれて困ったわ」

さーみぃさん「結局お年玉でごまかしたんだよね。でも、どうしてタコなのかな？ イカでもよさそうだけど……」

新人A君「さーみぃさん、すごい！ 実家の岩手では、てんばた（天旗）揚げだけど、大阪ではイカ揚げと言うらしいですよ」

けぃんむん博士「たこ揚げは世界共通の遊びじゃが、由来や呼び名、形など話題豊富じゃぞ。ちょっと整理して紹介しよう」

たこ揚げの由来と呼び名

【たこの由来】紀元前4世紀頃にギ

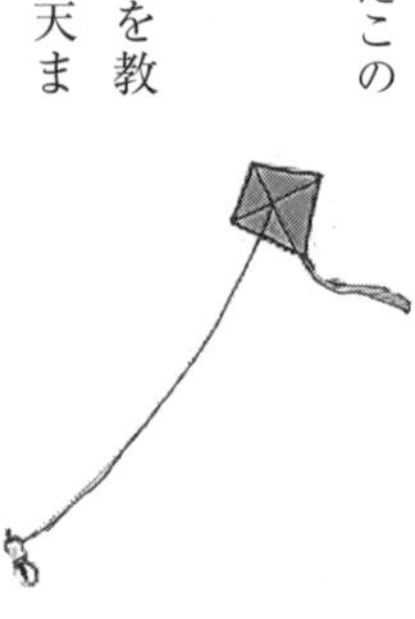

せみだこ
（北九州市戸畑）

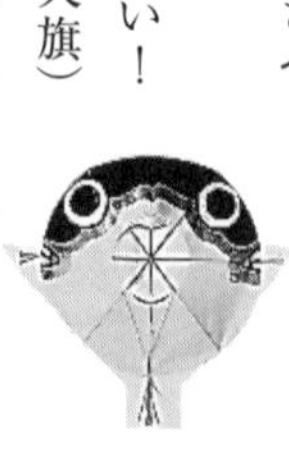
ふぐだこ
（山口県下関）

とんびだこ
（愛知県安城桜井）

江戸やっこだこ

リシャ、紀元前3世紀に中国へ伝えられたと言われ、日本には平安時代末期に中国から伝わり紙老鴟《しろうし》・紙鳶《しえん》と呼ばれていた。江戸時代、正月の代表的な子どもの遊び道具となった。

【たこの名前と形】たこ（関東）、イカ（関西）、ハタ（長崎）、ぶーぶーだく（沖縄首里）など地方に多数の呼び方。

※参考／『ブリタニカ国際大百科事典』、『日本方言辞典』（小学館）。「鴟」＝とび（鳶）、とんび。

すぃばむ君「え～、たまがり！　島の〝三角だこ〟と江戸の〝やっこだこ〟は分かるけど、アバスもアササのたこもあったんだ（注1）」

※注1／奄美語【アバス】＝一般にハリセンボンのこと。【アササ・アサシャ・アシャシャ】＝蝉。

——正月遊びで盛り上がり、話題はさらに昔のこま回しやかるたまで。

「鉄腕アトム」「スーパーマン」

「コマの綱渡り」

「かるた取り」

こま回しとかるたの技自慢

びっきゃ君「いなさりん（小さい頃）、こま回しの名人ちと言われたがよー。こまの綱渡りとか上手だったね」

すぃばむ君「ちゃっ、吾《わ》んやかったの名人だったから、おろまかすらったが（注2）」

（標準語／そう、僕はかるたの名人だったからうらやましがられたね）

※注2／奄美語【おろまく】＝うらやむ。

※かるた取り／はたいて相手の札をひっくり返すか相手の下にもぐると札を取れるが、相手の上になると取られる遊び。

餅にまつわる話（賃餅《ちんもち》とナリムチ）

けぃんむん博士「年末に各家庭の臼《うす》で餅をつくのが一般的じゃが、江戸時代、本土では賃餅という臨時の商売があったそうじゃ。

B君宅も昔の棒手振《ぼてふ》り（注3）習慣から家庭で餅つきしたんじゃろ～な」

※注3／江戸時代、天秤棒を担ぎ魚や野菜などを売る仕事。

新人B君「先祖は臨時に看板を掲げてお餅をついていたそうですよ。当時の絵図が残っていたので紹介します（次頁上図）」

新人A君「1月14日に見た先輩宅のナリムチ飾りは華やかでしたね。奄美大島と徳之島の一部らしいですけど、全国では『餅花』や『繭玉』『稲の花』とかさまざまな呼び名があるようですね」

干支《えと》の由来

けぃんむん博士「さて、今年（2020年）は壬寅（みずのえ・とら）じゃな。36年に一度訪れる金運の年らしいぞ。

それじゃ、ここでみんなにムン尋ね。

Q1　干支の意味、いつどこから伝わった?

「ナリムチ」

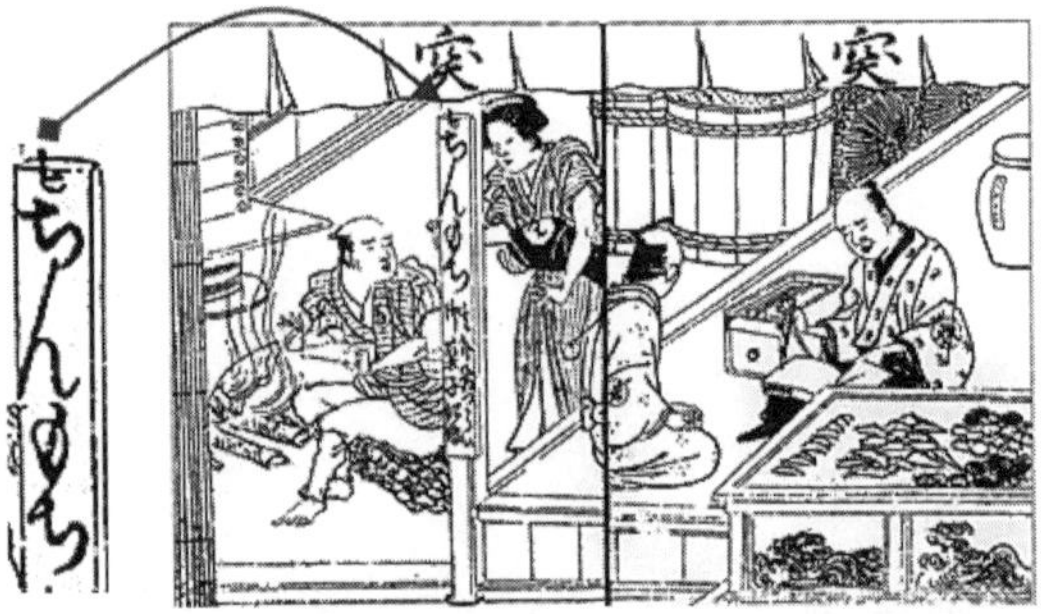

※出典：北尾政美画「縁組連理鯰」（国立国会図書館所蔵）

Q2　干支に猫がいないのはなぜ?

Q3　海外に干支はあるの?

子どもたちに聞かれて慌てないように少し整理しておこうか」

すぃばむ君（注4）「え〜と（干支）、水の江（瀧子）さんと寅さんの年……? すまん、昔のダジャレを思い出して……。勘弁、次回挽回するから」

※注4／1960年頃のNHKクイズ番組「ジェスチャー」の出演者、女優。映画「男はつらいよ」の寅さん。

先輩のおかしな掛詞《かけことば》に首をかしげながら、干支の話題に発展……、さて次回は。

13．干支にまつわるお話

立春が過ぎ、ふと口ずさむ昔の歌。

〽春は名のみの　風の寒さや　谷の鶯《うぐいす》　歌は思えど　時にあらずと　声も立てず〜」

※明治43年発表の文部省唱歌「早春賦」

――前回のダジャレの挽回にと高校時代のノートをあまくま（注1）探したすぃばむ君。

すぃばむ君「前回のQ1だけど、高校時代に習ったがよ。今《なま》から3700年前、中国で使われていた暦・時間・方位を表す数字の文字あたんち。先生が書いた黒板で説明しようか」

※注1／奄美語【あまくま】＝あっちこっち。

干支《えと》の由来はいつどこから伝わった?

①干支＝十干《じっかん》＋十二支《じゅうにし》の組み合わせ。

②十干＝甲《こう》・乙《おつ》・丙《へい》・丁《てい》・戊《ぼ》・己《き》・庚《こう》・辛《しん》・壬《じん》・癸《き》を順に10日のまとまりで数える呼び名。10日＝一旬《いちじゅん》、三つの旬（上旬・中旬・下旬）＝1カ月。

▼古代中国……万物は「陰《いん》と陽《よう》」に分けられる「陰陽説」（a）と、「木＋火＋土＋金＋水」の要素からなる「五行説《ごぎょうせつ》」（b）の思想。（a）＋（b）を「陰陽五行説」という。木の陽（甲）と木の陰（乙）・火の陽（丙）と火の陰（丁）……。

▼日本……陽の気を「え（兄）」、陰の気を「と（弟）」に分け、甲（きのえ）・乙（きのと）・丙（ひのえ）・丁（ひのと）……となる。

③十二支は、12種の動物で12カ月の順を表す呼び名。

※参考／「日本の暦」（「国立国会図書館」HP）

「カイゼル髭の先生」

ゆんどり君「ちゃ、日本には600年頃（飛鳥時代）伝わったっち、カイゼル髭(注2)の先生が教えてくれたやー。〝寅年は十二支の中でも最も金運が強い年じゃ。わしも寅年、お金をいっぱい持っとるぞ〟と威張っていたなぁー」

※注2／「カイゼル髭」の由来はドイツ語で皇帝の意味から。

すぃばむ君「そうそう、思い出したがよ。期末テストで〝①十干十二支の組み合わせは何通りか ②一巡する歳の呼び名は ③1924（大正13）年、甲子《きのえね》の年に建設された球場名を書きなさい〟――という質問があったなぁ。

数学得意だったから①60通り、②還暦っち書いて「〇」もらったね。③は甲子園で簡単だったが。当時〝島から甲子園〟は夢だったやー」

さねんさん「先輩、すごい！　さすが年の功だー。前回のダジャレの挽回ですね。Q２の猫が干支にないのは、学者の説らしいけど、寅が猫より先に存在していたからだって。そうだ！　『鬼滅の刃』の鬼殺隊の階級は、十干に由来して名付けられたそうよ」

新人A君「そうだったのか、納得。干支の順番だけど、昔見たテレビ番組を思い出しました」

子ども向け十二支の由来

大昔、神様が「1月1日の朝1番から12番目までに御殿に来たものを1年交代で動物の大将にする」というお触れを出したそうな。

全国の動物たちは、一番になろうと暗いうちから一斉にスタートしたんだと。でも猫は「1月2日の朝だよ」とネズミから聞いていたので、ゆっくり出発したんだと。

さて元日になると、前日の夕方から出発していた牛が1番に現れました。でも突然、牛の背中からぴょんと飛び下りたネズミが、「神さま、新年おめでとうございまチュゥ」と、神さまの前に走っていったとさ。

驚いた牛は2番になって「モゥモゥ！」と悔しがりました。その後、虎が到着、そして兎、龍、蛇、馬、羊、猿、鶏、犬、猪、蛙の順番となりました。13番目になってしまった蛙は、がっかりして「もうカエル」と言って帰っていきました。

仲間に入れなかった猫は、今でもネズミを恨んで、追い回すのだとさ。

※参考／「まんが日本昔ばなし」１９７７年1月2日放送。

新人A君「びっきゃ先輩の13番目は、想定内だったなぁ。おそらく大晦日（みそか）に飲み過ぎて寝坊したからだと思うよ。あっ！　今日は、先輩が休みでよかった～」

さねんさん「Q３の海外の干支だけど、海外留学中の友人に聞いたら、アジアの国々には結構あるそうよ。動物も少し違うって」

〈世界の干支〉

▼日本と同じ／中国、台湾、韓国[注3]、ロシア

▼異なる国／猪→豚（チベット・タイ）

虎→豹（モンゴル・チベット）

兎→猫（ベトナム・タイ・ベラルーシ）

けぃんむん博士「なぜこの12の動物が選ばれたのか、諸説あって学者も頭痛めているらしいぞ」(注4)

※注3／中華圏の国々では亥は豚。

※注4／字を読めない人たちに暦を知らせるために、覚えやすい動物名を配したなどの説。

干支の由来を知り満足のメンバー、また拝《うが》みよーろ。

あとがき

〝うんユムタや……、ぃやーや、だーぬちゅよ、シマグチ話すぃ（その言葉は……、お前はどこの人間だ、島・シマのことばで話せ）！〟

学生時代、帰省の度に父に叱られた。

私の年齢が方言で会話をする最後の世代だと思うが、当時は〝方言を使わないようにしよう〟が小学校の週間努力目標。今振り返ると、普段の会話は方言が一般的だったのだが、時折標準語が交じっていたからだろう。

いつしか島で就職することに、しかも地域に密接に関わる行政職。東京勤務や広域行政に携わる貴重な経験にも恵まれた。仕事柄、全国自治体を見て歩くことは必須条件、生活文化等を見比べるのも楽しみの一つであった。

その経験で気づいたのが、奄美の歴史や文化の特異性はしかりだが、方言は単なるシマグチでなく日本の古いことば（古語）が残っていることだった。

そのきっかけになったのが奄美群島広域事務組合時代に関わった『島唄から学ぶ　奄美のことば』の島口教本の制作だった。奄美には「唄半学」（歌詞の意味を知ると学問の半分は覚えたのと同じ）という格言がある。島唄は芸術だという学者もいるほどだ。鹿児島大学、琉球大学等の先生に島々の代表的な歌にどれだけ古語が含まれているのか抽出をお願いし出来た一冊である。当時、全国の学者の方々は、現代の文化遺産だと評価されていたと記憶している。

これはもったいない。若手の職員に伝えたいと思ったのが、２０１１（平成23）年3月の企画調整課長の時だった。

時折しも、世界自然遺産登録に向けて国が注目し、交流人口も増え始めた頃である。〝ヤンゴ（奄美市の夜の社交場）〟で旅人と出会う機会が多く、話題の一つになる。同僚には〝出愛い触れ愛い語り愛い〟だと勝手な理屈を並べたが、さすがに今思うと恥ずかしい。

業務に支障がないようにと、金曜日の午後に全職員にメールを届けた。テーマも忙しい中の息抜きになればと「ちょっと一休み　島口むんばなし」とした。新聞掲載の経緯については、まえがき紹介のとおりである。ただし公的立場からペンネーム、ボランティアを条件との無理なお願いをした。

同僚（上野和夫君）と後輩（中村実夢さん）にイラストをお願いし、わかりやすく楽しい構成に努めたが、会話形式で方言を多用するとさすがに読みづらい。話し言葉と文字表記のむずかしさを痛感した。職員にはまずまずの反響だったが、さて一般の方にはどうだったのだろう。

当初は職員用のストック分で間に合っていたが、次第に連載回数（週一回）に追いつけず土日の休暇に仕上げることに。テーマは豊富にあって特に苦労することはなかったが、統計的な裏付けが必要な内容については資料収集に難儀をした。ただ、県立図書館（奄美図書館）、鹿児島大学図書館、国立国会図書館等には奄美の貴重な蔵書があることにも驚いた。これほど話題に事欠かないのが奄美のすごさかもしれない。また、今回の連載にあたり、多くの郷土研究書にも出会えた。先輩方の造詣の深さ、探求心に心から感謝と敬意を表したい。やはり彩り豊かな歴史と文化に包まれる島々だと再認識させられた。加えて地理学や地政学の専門的な分野に及ぶことは言うまでもない。（この本を編集する期間、「奄美のシルクロード」、「サンゴの海の贈り物」と最終テーマ「不思議な北緯28度」を連載中であったが別の機会とした。）

連載執筆中、毎回新たな発見があった。特に、海外の論文等の閲覧が可能になったことで研究が進み、従来文献との相違に出会えて興奮したこともあった。

原稿作成にあたっては、多くの職員の協力があった。島々散策や集落の地名では、奄美群島広域事務組合の出向職員が役場の担当者や郷土研究者に聞き取りを行い整理をしてくれた。島々で方言や風習の違いを知り、また各市町村誌を手に取る機会ができて良かったとの感想を聞いて少しほっとした。統計データの分析は、市の中堅職員が自宅に持ち帰り汗を流してくれた。

また、歴史的な考証や文語体訳は奄美博物館の学芸員（山下和さん他）にチェックをお願いし、出稿前の原稿は歴代の秘書室の青木（当時武原）吏さん、惠島佑佳さん、酒井美沙子さんが担当した。最終校正は、当然、南海日日新聞社の久岡学さん（元編集局長）と富川真知子さん（3月末まで）が担当してくれた。

この一冊が世に出るきっかけを作ってくれた二人と業務の合間に汗を流してくれた市と広域の職員に心から感謝を申し上げたい。また、構成から校正まで実に丁寧な編集作業を担当していただいた南方新社の梅北優香さんには感謝しかない。彼女の実務能力には脱帽であった。

最後に、深夜しかも晩酌帰りにもかかわらず、連載原稿のテーマ設定から構成、チェックと全作業にわたって読み手の視点で協力してくれた刀自にとーとぅがなし。

２０２２年11月　著者

■著者プロフィール

東 美佐夫（ひがし・みさお）

1957年鹿児島県奄美市出身。鹿児島大学工学部卒業。

1982年名瀬市採用、農林水産省出向、東京事務所、奄美群島広域事務組合、企画調整課長、総務部長、奄美市副市長を経て現在に至る。

【業績】

奄振法や旧名瀬市及び群島の長期計画策定、海洋展示館整備、スポーツアイランド構想策定、未利用資源の研究（特許出願）などに携わる。

他に放送大学や各種シンポジウム（青森県トップセミナー、内閣府地方創生シンポジウム、鹿児島大学国際島嶼教育研究センター等）での報告・講演発表など。

島口むんばなしⅠ

二〇二三年六月三十日　第一刷発行

著　者　東　美佐夫
編　者　南海日日新聞社
発行者　向原祥隆
発行所　株式会社　南方新社
〒八九二―〇八七三　鹿児島市下田町二九二―一
電話　〇九九―二四八―五四五五
振替口座　〇二〇七〇―三―二七九二九
URL　http://www.nanpou.com/
e-mail info@nanpou.com

印刷・製本　シナノ書籍印刷株式会社
定価はカバーに表示しています　乱丁・落丁はお取り替えします
ISBN978-4-86124-501-5　C0081